Etudes sur l'économie et la société de l'Occident médiéval XIIe-XVe s.

Professeur Michel Mollat

Michel Mollat

Etudes sur l'économie et la société de l'Occident médiéval XIIe-XVe s.

VARIORUM REPRINTS
London 1977

ISBN 0 86078 007 4

Published in Great Britain by *Variorum Reprints*
21a Pembridge Mews London W11 3EQ

Printed in Great Britain by *Kingprint Ltd*
Richmond Surrey TW9 4PD

VARIORUM REPRINT CS63

TABLE DES MATIÈRES

Ce volume est composé de 364 pages

PRÉFACE

Une certaine disparité semble affecter la vingtaine d'articles et de conférences assemblés en ce recueil. Leur objet, économique et social, n'est pourtant pas un titre de circonstance.

La plupart d'entre eux concerne la deuxième partie du Moyen Age et, parfois, débouche sur le XVIe siècle. C'est en fonction de cette convergence qu'on a placé en tête de l'ouvrage, comme une sorte d'introduction, un exposé et un débat tenus en 1956 sur le thème "Y a-t-il une économie de la Renaissance?". Continuité, interaction des facteurs économiques et de la décision de l'homme, seul et en société, sont, dès lors, le fil directeur de l'ordonnance du recueil.

En plaçant les études économiques au début de l'ouvrage, nous n'entendons pas leur conférer une priorité, mais traduire l'antécédence chronologique de la rédaction de la plupart d'entre elles. Cela exprimera aussi une sorte de progression vers la considération de quelques aspects de la vie sociale et des mentalités.

Sur le plan de l'économie, quelques centres d'intérêt, thématiques ou géographiques retiennent l'attention: l'Etat bourguignon du XVe siècle, avec les ressorts financiers de sa puissance, décelables grâce à une documentation presque inépuisable et l'on en trouvera seulement un aperçu et une invitation à la recherche; on en dirait autant de quelques études sur le sel, fragments détachés et géographiquement divers d'une enquête plus vaste et qui déboucha en France sur deux colloques (Paris 1961, Besançon 1974); l'économie normande enfin avec une des bases de son rayonnement commercial, l'industrie drapière. Avec la physionomie d'un changeur rouennais au terme de la guerre de Cent Ans d'une part, et l'étude de l'action constructive des polders des rivages flamands par les hôtes de l'abbaye de Bourbourg, une liaison se fait avec la seconde partie du recueil, plus délibéremment sociale. Nous avons volontairement écarté huit articles concernant Jacques Coeur et ses affaires; car la matière s'insérera dans le cadre d'un ouvrage que nous nous proposons de consacrer à ce personnage et à sa fortune.

La mort vécue, si l'on ose dire, aux XIV et XVe siècles, avec ses temps forts, la Peste Noire, et ses incidences religieuses, ont donné aux formes de la piété "populaire" à la fin du Moyen Age une tonalité particulière; la considération de la douleur rédemptrice s'inscrit alors dans un développement des phases antérieures dont l'esquisse a été tentée. Enfin, dessinée dans son ensemble, puis accentuée pour les XIIe et XIIIe siècles, l'étude de la pauvreté-notion et de la pauvreté-état regroupe quelques éléments d'un dossier dont la synthèse exigeait un ouvrage entier[1] .

Telle est la composition de ce recueil qui n'aurait, sans doute, pas vu le jour sans l'obligeance de Mrs Eileen Turner, à laquelle grâces doivent être rendues.

M. MOLLAT

Paris,
mai 1977

[1] Les Pauvres dans la société médiévale, Paris (éd. Hachette), 1977

ÉTUDES D'HISTOIRE ÉCONOMIQUE

I

Y A-T-IL UNE ÉCONOMIE DE LA RENAISSANCE ?

La question ne cesse pas d'être débattue. Les précédents congrès, colloques et rapports (Florence 1952, Varsovie 1953, Rome 1955) ont insisté sur les symptômes de continuité entre le « Moyen Age » et la « Renaissance »[1]. Le choix d'un médiéviste pour en traiter à Paris, en 1956, dans le cadre d'un colloque d'histoire moderne procéderait-il de la même tendance ? Le problème mis en discussion a été formulé de façon interrogative et ne présuppose pas une réponse affirmative, ni une démonstration. On observera également que le libellé du sujet n'est pas : la Renaissance économique, ce qui impliquerait le fait comme une donnée acquise, dans sa nature et dans sa détermination chronologique.

Quelques formules connues suffisent pour rappeler le *contraste des positions adoptées*. Faisant écho à Henri Hauser (« la Modernité du XVIe siècle ») R. Mousnier estimait, récemment, que la rapidité et l'ampleur du développement économique au XVIe siècle justifient parfaitement les termes de Révolution et de Renaissance[2]. W.E. Penc-

1. *Atti del III Convegno Internazionale del Rinascimento*, Florence, 1957 ; voir surtout l'exposé d'A. Sapori, *Il problema economico*, pp. 107-132. — *Conferencia Slaska* (Congrès d'Etudes Silésiennes organisé par l'Institut Historique de l'Académie des Sciences), 2 vol., Wroclaw, 1954. — *Odrodzenie w Polsce* (La Renaissance en Pologne, t. I, Varsovie, 1955, 575 pp., — D. Cantimori et E.F. Jacob, *La periodizzazione dell'Età del Rinascimento nella Storia d'Italia e in quella d'Europa*, in *Relazioni* (IV, pp. 305-365) du Xe Congrès Intern. des Sc. Hist. de Rome, Florence 1955. — Cf. article et notes bibliogr. de Stan. Arnold, *Les idées politiques et sociales de la Renaissance en Pologne*, dans *La Pologne au Xe Congrès Intern. des Sc. Hist. à Rome*, Varsovie, 1955. — Le meilleur exposé récent, condensé, mais clair et suggestif, a paru dans la revue Monde Nouveau, paru (juin 1956, pp. 93-105), sous le titre *Le Capitalisme au XVIe siècle* et la signature d'E. Coornaert.

2. H. Hauser, *La Modernité du XVIe siècle*, Paris, 1930. — R. Mous-

kert évoque un « bouleversement rapide ; une discontinuité brusque qui fait succéder une civilisation urbaine et rationaliste à une civilisation agraire et mythique »[1]. Préfaçant l'édition française du livre de R.H. Tawney, *Religion et Essor du Capitalisme*, E. Labrousse parle de « coupure », de « rupture », et d'une « nouvelle morale » économique ; ce à quoi souscrit Mme Doehaerd, affirmant « délibérément neuf » l'homme d'affaires du XVIe siècle[2]. En revanche, on sait quelle signification a le mot « Renaissance » dans l'esprit d'A. Sapori et de R. Lopez, et combien antérieurement au XVIe siècle ils en aperçoivent les réalités économiques[3]. Nul lecteur du *Rabelais* de L. Febvre n'ignore l'imprégnation médiévale du XVIe siècle, et, en Italie même, selon F. Chabod, « dans la pensée économique, rien ne changea, immédiatement, la vieille manière de voir »[4]. De son côté, enfin, J.U. Nef, en quête des origines de la *Civilisation Industrielle*, constate que « la prépondérance des objectifs quantitatifs », formule préférée par l'auteur de capitalisme à celle pour caractériser l'économie moderne, n'était pas évidente dans la vie et la pensée des hommes du début du XVIe siècle ; à cette époque, le facteur qualitatif l'emportait, comme au Moyen Age[5].

Entre les nuances d'opinions aussi autorisées, la question reste ouverte et le restera, sans doute, encore un certain temps. Sans préjuger de sa solution, proche ou lointaine, il n'apparaît pas vain de faire le bilan des données acquises et de déterminer quelques

NIER, *Les XVIe et XVIIe siècles*, Coll. Hist. Géné. Civilisations, vol. 4, Paris, 1954, p. 47.

1. W.E. PENCKERT, *Die grosse Wende*, Hambourg, 1948.

2. R.H. TAWNEY, *La Religion et l'essor du Capitalisme*, éd. franç., Paris, 1951, p. XII et suiv. — R. DOEHAERD, *Commerce et Morale à Anvers au XVIe siècle*, Rev. Hist., CCIV, 1950, pp. 226-233.

3. A. SAPORI a traité à plusieurs reprises de la précocité de la Renaissance, notamment dans la communication indiquée plus haut p. 37 n. 1, Nous remercions les Directeurs de la revue *Annales E.S.C.* de nous avoir communiqué le texte manuscrit d'un important article, à paraître prochainement dans cette revue, où le Prof. Sapori développe le même thème sous le titre *Moyen Age et Renaissance vus d'Italie.* — R.S. LOPEZ, Hard times and investment in culture, dans « *The Renaissance* », *A Symposium*, New-York, 1952

4. L. FEBVRE, *Le problème de l'incroyance au* XVIe *siècle. La religion de Rabelais*, Paris, 1942.—
F. CHABOD, *Il Rinascimento*, dans *Questioni di Storia Moderna*, publ. sous la direction d'E. Rota, (Milan, 1951, pp. 53-99, avec bibliogr), pp,81-82

5. J.U. NEF, *La naissance de la civilisation industrielle et le monde contemporain*, Paris, 1954,pp. 32. Parmi les récentes critiques de cet ouvrage, cf. celle de A. Fanfani, *Recenti opinioni sull' origine dell' economia moderna*, Economia e Storica, 1955 (3), pp. 245-265.

points de discussion. Le problème posé est de savoir si vers le XVIe siècle on peut définir spécifiquement une économie de la Renaissance, et dans quel cadre chronologique et spatial une telle notion devrait s'insérer. Il semble que l'enquête pourrait s'organiser de la façon suivante.

Convenons, par exemple, avec les spécialistes, qu'au terme du Moyen Age, que la « Renaissance » soit caractérisée par une affirmation de la valeur autonome, indépendante des fins métaphysiques, de toutes les activités de l'individu. Nous nous demanderons alors, selon les propres termes de M. Chabod, qui, pour sa part, répond négativement, si « à l'art pour l'art » d'Alberti, à la politique pour la politique de Machiavel, ne correspond pas à une affirmation de principe qui dirait « *l'agire economico per l'agire economico* »[1]. A partir de là, on pourrait rechercher si ce que l'homme de la « Renaissance » a fait de vaste et de grand sur le plan économique, il l'a fait neuf, et avec une conscience affranchie.

La correspondance entre *l'extension spatiale* de l'économie et l'ouverture d'esprit des hommes de la « Renaissance » est un lieu trop commun pour qu'on s'y attarde. Mais est-il sûr, toutefois, qu'un lien nécessaire unisse les deux faits ? L'allongement des itinéraires atlantiques par les Portugais et les Espagnols dès le XVe siècle, la tendance à la « dérégionalisation » et l'interdépendance des économies locales permettant un certain degré de spécialisation de la production (par ex. pour le blé, le vin, le sel, la laine, le pastel, l'alun, l'étain, les fourrures) : autant de faits qui ne sont pas innovations du XVIe siècle[2]. Quant à la naissance des économies coloniales, doit-elle tout à l'esprit du siècle ? Le transfert des structures économiques de l'Occident aux archipels atlantiques a débuté avant le XVIe siècle ; et la traite des Noirs ne prolonge-t-elle pas l'esclavage médiéval[3] ?

1. CHABOD, *op. cit.*, pp. 79, 82

2. On nous permettra de renvoyer le lecteur au rapport présenté au Xe Congrès des Sc. Hist. à Rome par M. MOLLAT, P. JOHANSEN, M. POSTAN, A. SAPORI et Ch. VERLINDEN sur *L'économie européenne aux deux derniers siècles du Moyen Age*, in *Relazioni....* (t. VI, Florence, 1955), not. pp. 818 spp.

3. Ch. VERLINDEN a commencé une enquête sur les précédents européens et les influences médiévales dans la colonisation moderne du Nouveau Monde. Il en a publié les grandes lignes sous des titres différents, en divers revues ou recueils (*O Instituto*, 1949 ; *Studi Colombiani*, II, 1951 ; *Hist. de America*, 1951 ; *Medelingen.... Vlaamse Academie*, XIII, 1951 ; *Rev. de Estudios Americanos*, 1952 ; *Nuova Rivista Storica*, 1952 ; *Rev. de Indias*, 1952. enfin dans les *Cahiers D'Histoire Mondiale*, I, 1953, pp. 378-398 .A confronter avec les observations de L. FEBVRE, en sa préface au tome I de l'ouvrage de H. et P. CHAUNU sur *Séville et l'Atlantique* (p.XIII).

Faut-il alors décaler chronologiquement le concept de Renaissance pour tenir compte de tout ce que le Moyen Age connaît du monde oriental ?

D'autre part, on observe que chronologiquement l'ouverture vers l'Ouest de l'horizon économique diffère selon les pays : antérieure au XVIe siècle pour le Portugal, elle ne s'est faite que peu à peu, au rythme, on le sait bien, de la diffusion des métaux précieux. Ainsi, F. Braudel a exposé que la Méditerranée a inauguré sa fonction de drainage de l'argent espagnol vers l'Orient dans la seconde moitié du XVIe siècle[1]. La notion d'économie de la Renaissance, considérée comme une ouverture des horizons économiques, n'a pas partout la même valeur chronologique.

Enfin, s'il est évident que l'élargissement du champ de l'économie illustre la conscience du « cosmos » propre à l'homme de la Renaissance[2], il faut aussi admettre que les deux expressions « économie de la Renaissance » et « économie mondiale » ne sauraient coïncider l'une avec l'autre. Quand on dit « mondial », à propos de l'économie du XVIe siècle comme à propos de l'Empire de Charles Quint, en fait, le plus souvent, on rapporte le monde à l'Europe. Au surplus, appliquer le vocable usuel de *Renaissance* à des régions (Afrique, Asie, Amérique même) dans l'évolution historique desquels il n'a aucun sens, n'est-ce pas une généralisation arbitraire ? A l'échelle du monde, géographiquement parlant, l'économie de la Renaissance est un aspect régional, primordial sans doute, mais régional.

Si la grandeur, voire la « démesure » (honnie par le Moyen Age comme un péché capital) est un trait de l'esprit « renaissant », imprime-t-elle aussi les faits économiques de la marque de l'accélération et du volume ? L'étonnement admiratif de Seyssel (Louanges du Roy Loys XII) atteste que le progrès démographique et économique était, en France, un fait acquis dès avant le début du XVIe siècle[3]. Si, plus tard, du Moulin, Malestroit, Bodin, Guichardin, Gresham analysent l'accroissement de la production, des échanges, de la circulation monétaire et du coût de la vie, c'est qu'il s'impose à eux comme une réalité éclatante, sans besoin de preuves statis-

1. F. BRAUDEL, *La Méditerranée et le Monde Méditerranéen à l'époque de Philippe II*, Paris 1949, pp. 374 sqq. Sur la reprise du trafic occidental dans le proche Orient, cf. V.M. Magelhâes GODINHO, *Le repli vénitien et égyptien et la route de Cap*, dans *Hommage à L. Febvre* II, pp. 283-303.

2. A. CHASTEL. *Conscience du « Cosmos »* in Catalogue de l'Exposition sur *L'Europe Humaniste*, Bruxelles, 1955, pp. 27-30.

3. Claude de SEYSSEL, *Les louanges du roy de France Loys, douzième de ce nom*, Paris, Ant. Vérard, 1508.

tiques, étrangères, on le sait, à des générations imperméables à la valeur du chiffre. Quels résultats apporte notre effort pour savoir quantitativement ce que les contemporains n'ont pas eu les moyens de nous dire ?[1]

Déjà, l'interprétation d'une information moins pauvre qu'on pourrait croire, révèle que dès le cours du XVe siècle *l'augmentation* du nombre des hommes commença à préparer l'armée de travailleurs, de consommateurs et d'émigrants du XVIe siècle[2].

Appréhender directement le *volume de la production* d'une économie fondamentalement agricole, est presque une gageure. Les problèmes d'approvisionnement, les crises frumentaires, les disettes et les famines constituent un témoignage négatif, subjectif, et, la plupart du temps, non mesurable. La documentation (comptes d'exploitation) est généralement disparate et discontinue. Force est de s'en tenir aux renseignements indirectement fournis par les courbes des prix et des échanges. Certains symptômes du moins sont révélateurs de la préoccupation de produire plus pour vendre davantage. Comme les familles italiennes du XIVe siècle (Alberti Del Giudice), la bourgeoisie française des XVe et XVIe siècles, dont Marc Bloch avait salué l'accession à la propriété foncière, applique à la gestion du sol la prudence calculée de la « marchandise »[3]. On constate l'accroissement des surfaces cultivées ; la reconstitution de vastes domaines, par exemple en Europe centrale et orientale : pisciculture de Bohême, production de céréales en Allemagne et en Pologne. Le capital associe

1. Pour la méthode et les difficultés de la reconstruction des données statistiques, cf. les pages 6 à 11 du t. I du *Séville et l'Atlantique* (Paris, 1956) de H. et E. CHAUNU. Des mêmes auteurs, cf. *Economie atlantique. Economie mondiale* (1504-1650), Cahiers d'Histoire Mondiale, I, 1953, pp. 91-104. — Nous nous rallions tout à fait à l'opinion exprimée par H. Lapeyre au cours de la discussion de ce rapport, opinion qui rectifie la formule « générations imperméables à la valeur du chiffre » en celle, par exemple, de « générations impuissantes à tirer des chiffres une interprétation statistique digne de ce nom ».

2. BRAUDEL, *op. cit.*, 347-361. De son côté, J. Heers, en étudiant la société génoise du XVe siècle, a constaté, nous dit-il, vers 1450-70, une immigration considérable des deux « Rivieras » vers la ville. — Il faudrait aussi mentionner l'émigration génoise vers les ports de la Péninsule Ibérique, et à partir de ceux-ci, l'émigration hispano-portugaise vers les « Indes », conséquence vraisemblable d'une poussée démographique commencée au XVe siècle. Mêmes faits en France, semble-t-il, depuis la deuxième moitié du XV e s. Il y aurait beaucoup à travailler en un tel domaine.

3. A. SAPORI, *I Libri degli Alberti del Giudica*, Milan, 1952. — M. BLOCH, *Les caractères originaux de l'histoire rurale française* (2e éd., Paris, 1952, 130-131).

la terre aux profits, plus grands, espérés de l'industrie et du commerce. On rencontre ici un autre aspect du problème, important à mentionner : les rapports des villes et des campagnes, et la tonalité urbaine de l'économie[1].

Quelques données mesurables relatives à la production industrielle, aux Pays-Bas par exemple (industrie linière de Flandre et Hainaut, sayetterie d'Hondschoote, draperie de Leyde) prouvent, depuis la fin du xve siècle, une « tendance majeure » *(trend)* progressive dans son ensemble, capable d'une vive reprise, même après une profonde dépression dans les années environnant 1580[2]. Autres cas symptomatiques : l'activité minière en Europe centrale, l'essor de l'imprimerie[3]. On voudrait corroborer par des chiffres de production l'essor des exportations françaises de produits frabriqués, prouvés à partir de 1475-80 par les douanes étrangères : la balance commerciale française devient, et reste, excédentaire[4].

La mesure des échanges pallie l'impossibilité de connaître directement celle de la production. Une information discontinue, mais concordante (Anvers, Rouen, Nantes, La Rochelle, Marseille) révèle l'accélération et l'augmentation du trafic international à partir du dernier quart du xve siècle[5]. Surtout l'évidence de quelques séries

1. V.L. Tapié, *L'Europe Centrale de* 1598 *à* 1660, Paris, C.D.U., s.d., pp. 31-42. — *Odrodzenie w Polsce*, cf. *supra* p. 37 n. 1. De même, Braudel, *op. cit.*, 624-628. A. Renaudet, *Guichardin économiste*, dans *Hommage à L. Febvre*, t. II, 209-219. J. Delumeau, *Vie économique et sociale de Rome dans la deuxième moitié du XVIe siècle*, th. Let. Paris, 1955, exempl. dactyl.

2. Ch. Verlinden, en un article des Annales, E.S.C., 1952 (pp. 21-30), intitulé *En Flandre sous Philippe II : durée de la crise économique*, appuie ses conclusions sur les données fournies par les travaux de E. Sabbe, N.W. Posthumus, E. Coornaert.

3. Exposé de J.U. Nef au tome II, chap. VII, pp. 430-494, de la *Cambridge Economic History* (Cambridge-Londres, 1952).

4. Quelques indications pour la conversion de la balance commerciale dans M. Mollat, *Le Commerce Maritime Normand à la fin du Moyen Age* (Paris, 1952). Cf. aussi, A. Chamberland, *Le commerce d'importation en France au milieu du XVIe s.* (Rev. Géographie, 1892-93), d'après un mémoire manuscrit du xvie s., B.N., mss. fr. n°s 2085 et 2086.

5. Aux ouvrages, antérieurs à 1950, de Goris, Denucé, Prims, Strieder, pour Anvers, de Fréville, Bréard pour la Normandie, Jeulin pour Nantes, Fr. Michel et Th. Malvezin pour Bordeaux, L. Blancard pour Marseille, on ajoutera ceux de O. de Smedt, *De Engelse tratie te Antwerpen in de XVIe eeuw* (1496-1582), 2 vol., Anvers, 1950-54, et de E. Sabbe, *Anvers, métropole de l'Occident* (1492-1566), Bruxelles, 1951 ; M. Mollat, *op. cit.* ; M. Delafosse et E. Trocmé, *Le Commerce Rochelais de la fin du XVe siècle au début du XVIIIe*, Paris, 1952 ; R. Collier et J. Bil-

homogènes parfois continues, concernant des secteurs d'importance primordiale, emporte la conviction : Customs Accounts, tables du péage du Sund (depuis 1498), registres du trafic de Séville avec l'Amérique (depuis 1504), comptes de Livourne (depuis 1547)[1]. Le gonflement des trafics est général vers 1540. La méthode mise au point par H. et P. Chaunu dans leur travail sur Séville développe encore davantage les conclusions suggérées par l'étude du mouvement du trafic. Une analyse qualitative du rapport entre le négoce et l'armement permet d'abord de déterminer le double, et inverse, mécanisme des crises de tonnage (correspondant aux périodes d'expansion économique) et des crises de fret (correspondant aux périodes de contraction) ; ce qui ouvre des perspectives sur la conjoncture. Un procédé plus efficace encore lorsqu'il est possible, consiste à comparer la courbe globale d'un trafic avec la courbe du mouvement des prix ; la répétition de juxtapositions de ce genre non seulement en Espagne, mais partout où l'information le permettrait, ouvrirait certainement d'utiles aperçus sur l'ensemble de l'économie européenne[2].

Ce qui précède dégage une fois de plus, l'opportunité des recherches sur les *prix* et sur les *monnaies*. Chaque année, les chantiers, ouverts à cette fin (il y en a maintenant, à peu près partout), ajoutent des résultats à ceux de van Houtte, Beveridge, Hamilton[3]. En résumé,

LIOUD, *Hist. du commerce de Marseille*, t. III, 1480-1599, Paris, 1951 ; M. BAULANT, *Lettres de négociants marseillais : les Frères Hermitte* (1570-1612), Paris, 1953.

1. Rappelons l'ouvrage ancien de G. SCHANZ, *Englische Handelspolitik gegen Ende des Mittelalters*, 2. vol., Leipzig, 1881 ; récemment, la valeur documentaire des *Customs Accounts* a fait l'objet d'un article de P. RAMSEY, *Overseas Trade in the Reign of Henry VII The Evidence of Customs Accounts*, Econ. Hist. Rev., 2e s., VI, 1953, pp. 173-183, et des observations divergentes des Prof. M.M. Postan et Ch. Verlinden dans le rapport cité plus haut p. 39 n. 2, aux pages 805 note, 808-809. — Les comptes de la douane du Sund publiés par N.E. BANG (*Tabeller ober Skibsfart og Varetransport gennem Oresund*, 1467-1660, Copenhague-Leipzig 1906) ont suscité divers travaux dont l'un des derniers est celui de P. JEANNIN, *L'économie française au milieu du XVIe s. et le marché russe* (Annales E.S.C., 1954, pp. 23-44). — Pour l'Espagne, on dispose déjà des trois premiers volumes de l'ouvrage monumental d'H. et P. CHAUNU, *Séville et l'Atlantique* (1504-1650), Paris 1956. — Pour Livourne, *Navires et Marchandises à l'entrée du Port de Livourne* (1547-1611), Paris, 1951, par F. BRAUDEL et R. ROMANO. — Pour Civita-Vecchia, la thèse complémentaire, dactylographiée, de J. DELUMEAU (Paris, 1955) sur « Civita-Vecchia » et la commerce de l'alun au XVIe siècle ».

2. H. et P. CHAUNU, *A la recherche des fluctuations cycliques dans l'économie des XVIe et XVIIe siècles. Crise de tonnage, Crise de fret*, dans *Hommage à Lucien Febvre*, t. II, 389-407.

3. On notera, en particulier les travaux du *Centre Universitaire belge*

du premier au troisième quart du XVIe siècle la hausse des prix paraît générale, tandis que les salaires, fort décalés, semble-t-il, vers 1550-60, cherchent péniblement à réduire leur écart avec les prix vers la fin du siècle. Au centre du problème demeurent le rôle joué par l'afflux des métaux précieux du Nouveau Monde, leur diffusion à travers l'Europe et, même, leur évasion vers l'Extrême-Orient ; cela, du coup, ouvre à « l'économie de la Renaissance » un horizon effectivement mondial jusqu'ici peu étudié. Sur ces questions la mise au point présentée au Congrès de Rome, en 1955, par MM. Braudel et Spooner est assez récente pour que l'on s'y reporte[1]. On discute l'influence de l'or et de l'argent espagnols sur la hausse des prix ; en Italie, par exemple, la hausse serait due aux investissements et les métaux américains auraient joué le rôle d' « amortisseurs » (Cipolla)[2]. Ajoutons l'avilissement de la monnaie de compte. Mais la multiplication des signes monétaires, l'accélération de la vitesse de leur circulation sont considérées comme les explications d'ensemble les plus plausibles. Bodin avait bien noté la première. Ses contemporains accusaient les monopoleurs ; avaient-ils entièrement tort ? Les spéculations sur le sel semblent, à elles seules, expliquer leur opinion[3]. En tous cas, à la fin du siècle, les prix, les fortunes s'énon-

pour l'histoire des prix et du *Centre de Recherches Historiques* de Paris. Celui-ci a publié de C. CIPOLLA, *Mouvements monétaires dans l'Etat de Milan* (1580-1700) et annonce une édition française de l'ouvrage de E.J. HAMILTON, *Les trésors d'Amérique et les mouvements des prix en Espagne* (1501-1650), ainsi que celle du livre de F. SPOONER, *L'économie internationale et les frappes monétaires en France de* 1493 à 1680.

1. F. BRAUDEL, *La Méditerranée....* F. BRAUDEL et F.C. SPOONER, *Les métaux monétaires et l'économie du XVIe siècle*, dans *Relazioni...*, t. IV, (Florence 1955), pp. 233-265. Cf. également : M.J. ELSAS, *Umriss und Gesch. der Preise und Löhne in Deutschland vom ausgehenden Mittelalter bis zum Beginn des neunzehnten Jahrhunderts*, t. II, Leyde 1940-49 ; St. HOSZOWSKI, *Les prix à Lvow (XVIe-XVIIe s.)*, trad. du polonais, Paris, 1954 ; Ch. VERLINDEN et divers, *Mouvements des prix et des salaires en Belgique au XVIe s.* (Annales E.S.C., 1955, pp. 173-199). Les recherches, encore inédites, de M. van der Wee aboutissent à des conclusions analogues à celles des auteurs précédents en ce qui concerne *la conjoncture à Anvers aux XVe et XVIe s.* (Nous remercions l'auteur de ces renseignements.) A paraître, trad. française de : MANKOV, *Les Prix et leur mouvement dans l'Etat russe du XVIe siècle.*

2. C. CIPOLLA, *La prétendue révolution des prix et l'expérience italienne*, Annales E.S.C., pp. 513-517.

3. H. HAUSER, *La Response de Jean Bodin.*, pp. LII et 16. Les spéculations des « grosses bourses » sur le sel ont pris une ampleur croissante depuis le XVe siècle ; cf. R. GANDILHON, *Polit. écon. de Louis XI* (Paris, 1941), pp. 311-319 ; MOLLAT, *op. cit.*, 308-313 ; VERLINDEN, *art. cité*, p. 188.

çaient en sommes affolantes pour les anciens, tandis que, sur les marchés internationaux, la richesse circulait à un rythme accéléré. L'économie paraissait s'ajuster aux dimensions rêvées par l'âge « renaissant ».

En revanche, *méthodes* et *techniques*, restent celles des temps antérieurs. Rien de surprenant pour l'agriculture ; ses pratiques et son outillage courants ne comportent aucun progrès sensible. Au contraire, certains secteurs ne bénéficient-ils pas du progrès technique ? Ainsi l'imprimerie ; ainsi la circulation maritime, soutenue par le développement des connaissances astronomiques, de la géographie et par l'expérience des navigations hauturières ; le tonnage des navires augmente et leur vitesse s'accroît. L'exploitation minière et la métallurgie utilisent le haut-fourneau, les machines-outils, les appareils de pompage, les applications du système bielle-manivelle, la diffusion de l'automatisme. Mais en réalité, tout cela est l'héritage de l'ère d'inventions des XIVe et XVe siècles, que le XVIe utilise et perfectionne. Les traités (d'Agricola par ex.), en dépit de leur vogue, sont plus descriptifs que pratiques. On vit sur un acquit[1].

Les usages de « l'art de la marchandise » demeurent étonnamment traditionnels. La forme des transactions, les procédés comptables n'évoluent pour ainsi dire pas ; la structure des sociétés également. Les pratiques italiennes n'ont guère dépassé leur cercle d'initiés de la fin du Moyen Age et les Français, disait-on au XVIe siècle, n'osaient pas encore s'y lancer. Le premier endossement connu d'une lettre de change est de 1519 ; rien ne prouve encore qu'il soit le premier. En matière de change, le XVIe siècle n'a pas innové, surtout dans les pays restés catholiques, les plus évolués en la matière ; le pacte de *ricorsa* lui-même avait eu des précédents au XVe siècle. Les princes, les villes recourent au crédit ; l'émission des rentes se multiplie ; l'intensité, la fréquence en sont nouvelles, non la chose. Progrès quantitatifs certes ; mais tonalité médiévale[2].

1. Cf. J.U. Nef, participation déjà citée à la Cambr. Ec. Hist. Bonne mise au point de B. GILLE : *Léonard de Vinci et la technique de son temps* (paru dans Techniques et Civilisations, II, 1952, pp. 68-83 et dans le recueil intitulé *Léonard de Vinci et l'expérience scientifique au seizième siècle*, colloque du C.N.R.S., Paris 1952), et *L'évolution des techniques au XVIe s.* (Techn. et Civilis., *ibid.*, pp. 119-132). Cf. R. RUSSO, *Hist. des Sciences et des Techniques* (bibliographie), Paris, 1954.

2. La plupart des historiens (à commencer par E. COORNAERT, *art. cité*, plus haut p. 37 n. 1), qui ont étudié le problème au cours des vingt dernières années ont confirmé les conclusions du même auteur dans son article sur *La genèse du système capitaliste. Grand capitalisme et économie traditionnelle à Anvers au XVIe s.* (A.H.E.S., VIII, 1936, pp. 127-139).

Les âmes restaient à l'unisson. Nous évoquons un problème embrouillé, dont il serait nécessaire de clarifier les données. Le dynamisme du « marchand » du XVIe siècle a, certes, la vigueur entreprenante de la jeunesse, jointe à l'inquiétude des crises de croissance, mais on admettra aisément, depuis le *Rabelais* de Lucien Febvre, la persistance d'une atmosphère religieuse médiévale, à laquelle nul n'échappait. D'autre part, on sait que l'éloge du marchand enrichi n'est pas une innovation du XVIe siècle ; avant les justifications de Guichardin, il y avait eu Poggio et Alberti. Et ni Giovanni Dominici, ni Bernardin de Sienne, ni Antonin de Florence, ni Clavajo, ni Ridolfi, ni Fra Rucellaï, ni enfin Cajetan n'avaient formulé d'autres condamnations que celles de l'enrichissement sans travail et de l'usure qui lèse autrui. Les premiers réformateurs — Calvin en tête — n'ont d'ailleurs pas tenu un langage très différent[1].

On citera par ex., MOLLAT, *op. cit.* ; H. LAPEYRE, *Une famille de marchands : les Ruyz* (Paris, 1955) par ex. pp. 335, 375, 598-599 (indic. bibliogr. nombreuses) ; P. JEANNIN, *Le cuivre, les Fugger et la Hanse* (Annales E.S.C., 1955, pp. 229-237). — Sur les origines de l'endossement, F. MÉLIS, *De alcune girate cambiate dell'inizio del Cinquecento rinvenute a Firenze*, Moneta e Credito, n° 21, 1953, pp. 96-120 ; et R. de ROOVER, *L'évolution de la Lettre de Change*, Paris, 1953, not., p. 100 sqq. — Sur les débuts de la *ricorsa*, cf. G. MANDICH, *Le pacte de Ricorsa et le marché italien des changes au XVIIe siècle*, Paris, 1953, ainsi que les remarques de H. LAPEYRE, *Deux livres sur les changes*, Annales E.S.C., 1955, pp. 245-248. — Sur le crédit et son rôle dans les affaires publiques, la bibliographie récente comporte notamment : G.F. von POLNITZ, *Jakob Fugger, Kaiser, Kirche und Kapital in der oberdeutschen Renaissance*, 2 vol., Tübingen, 1949 ; et du même auteur, *Fugger und Hanse*, Tübingen 1953. R. CARANDE, *Carlos Quinto y sus banqueros*, 2 vol. parus, Madrid, 1943-49. H. LAPEYRE, *Simon Ruyz et les « asientos » de Philippe II*, Paris 1953. Cf. également les pages consacrées par M. François à la politique financière de son héros dans son *Cardinal François de Tournon*, Paris, 1951. Quoique ancien, le texte de R. EHRENBERG, *Le siècle des Fugger*, résumé en français (Paris, 1955), rend toujours d'utiles services. — Sur les antécédents médiévaux de la dette publique, cf. l'intéressant mémoire de Y. ROUSTIT, *La consolidation de la dette publique à Barcelone au milieu du XIVe siècle*, Estudios de Historia Moderna, IV, pp. 13-157. — Pour la renaissance de la notion d'intérêt public sur le plan économique, des pages suggestives de A. VIALA, *Le Parlement de Toulouse et l'Administration Royale Laïque*, 1420-1525 *environ* (2 vol. Albi, 1953), not. t. I, 574 sqq. ; II, 84 sqq. La discussion du rapport a mis en évidence l'importance des liens entre l'Etat et l'économie : il y a, au moins depuis la 2e moitié du XVe siècle, des « politiques économiques », et, parfois, des « économies d'Etat » ; V.M. Godinho a fait observer à quel degré l'Etat portugais, par exemple, devint une entreprise économique ; J. Vicens-Vivès a rappelé les vues économiques, statistiques même, de Ferdinand le Catholique.

1. A. FANFANI, *La préparation intellectuelle et professionnelle à l'activité*

L'inquiétude de l'homme d'affaires du XVIe siècle n'est pas essentiellement différente de celle des siècles antérieurs.

Ce n'est pas la nature des problèmes moraux qui change, mais leur fréquence. De récents travaux (de Roover, Lapeyre) tendent à établir que la morale scolastique des affaires, loin de s'estomper au XVIe siècle a prolongé son rôle bien au delà. A telle enseigne qu'il semblerait difficile de continuer à parler d'un « fossé » profond entre la conduite du marchand et ses principes religieux. Ajoutons tout de suite qu'il serait prudent, si l'on voulait reviser les thèses de Max Weber et de Tawney, de considérer séparément les pays restés catholiques et les pays devenus calvinistes. Quoi qu'il en soit, il demeure en tout cela beaucoup de médiévalité[1].

* * *

Pour définir la place d'une « économie de la Renaissance » dans la conjoncture générale, les difficultés sont les mêmes que pour en caractériser les éléments. Très médiévale à beaucoup d'égards, et se prolongeant dans le XVIIe siècle, la période devrait être prise sur un espace très large : environ deux siècles, du milieu du XVe siècle (plus tôt pour l'Italie et plus tard pour l'Europe Orientale) jusqu'aux premières décades du XVIIe[2], c'est-à-dire du moment où s'annonce

économique en Italie du XIVe au XVIe siècle, Le Moyen Age, LVII, 1951, pp. 327 sqq. — Y. Renouard, *Affaires et culture à Florence aux XIVe et XVe siècles*, dans *Il Quattrocento*, Florence, 1954. — F. Borlandi, *L'età delle scoperte e la rivoluzione economica dell' Europa nel secolo XVI*, dans *Quest. di St. Mod.*, a c. di E. Rota, pp. 312-342 (bibliogr). — Tawney, *op. cit.* — Renaudet, *op. cit.* — E. Garin, *L'Umanesimo Italiano*, Bari, 1953, pp. 61, 82. — G. Le Bras, art. *Usure*, dans *Dict. Théol. Cath.* XV (2), 1950, col. 2336-72. — Cf. l'opinion de R. de Roover dans le *Rapport*... cité *supra* p. 39 n. 2. Au cours de la discussion du présent rapport, P. Vilar a justement attiré l'attention sur l'importance des opinions formulées vers 1540 par certains théologiens espagnols sur les problèmes économiques ; il prépare une édition de quelques-uns de tels textes.

1. R. de Roover, *Anvers comme marché monétaire au XVIe siècle*, Rev. belge Philol. et Hist., XXXI, 1935, pp. 1043-4. — H. Lapeyre, *Deux livres sur les changes* (cité *supra* n. 29), p. 244. — Au reflet moral et religieux du mouvement économique, il faut ajouter un autre aspect, les liens entre l'économie, les arts et la vie intellectuelle ; on se reportera sur ce point au passage de rapport de M. Chastel sur les « investissements culturels ».

2. H. et P. Chaunu, *A la recherche des fluctuations cycliques dans l'économie des XVIe et XVIIe siècles* dans *Hommage à L. Febvre*, t. II, Paris, 1953, pp. 389-407. — H. Lapeyre, *Une famille de marchands, les Ruiz*, Paris, 1955, pp. 126-137, not. pp. 131-132. — A. Sapori, v. *supra* p. 37 n. 4

l'accélération et l'accroissement de l'économie, après la longue dépression des XIVe et XVe siècle, jusqu'à celui où se perçoit une baisse par paliers. L'extension, le volume des affaires, encouragés par l'augmentation de la vitesse de la circulation monétaire et la hausse des prix sont des symptômes d'une phase d'expansion (phase A). Symptôme de même sens : le caractère traditionnel et statique des méthodes et des techniques, entre deux époques d'inventions.

Dans le détail, les courbes accusent, à l'intérieur de la période, une extrême nervosité : des crises cycliques multiples, quelques-unes profondes et prolongées, par exemple à l'époque des grandes banqueroutes de 1557-59 et de la dépression des années 1570-90. Encore faudrait-il nuancer localement. On parle d'une « économie cassante, constamment tendue », d'une « atmosphère quasi permanente de crise et de banqueroute » (Braudel et Spooner)[1]. Encore le rythme haletant du Moyen Age ?

Sans doute, pour serrer de plus près la réalité, peut-on distinguer deux phases, dont la charnière se placerait vers 1540, à l'époque où l'économie a réalisé son extension, où l'or d'Amérique conquiert le continent, où les prix délibérément montent et où la spéculation triomphe[2].

« Age central », ainsi a-t-on appelé l'époque de « spéciale productivité » qui nous occupe[3]. « Seuil »[4] : passage qui, sans inventer de structures nouvelles, donne à l'économie une tonalité insolite qui change progressivement l'atmosphère. Mais nous devons nous jouer tellement des limites chronologiques conventionnelles, et introduire tant de nuances et de réserves, que, même pour le seul Occident, on finirait par se demander s'il faut parler d'*une* « économie de la Renaissance[5].

***

1. BRAUDEL et SPOONER, *op. cit.*, p. 251-252. — H. et P. CHAUNU, *Economie atlantique, économie mondiale* (1504-1650), Cah. Hist. Mond., I, 1953, pp. 98-102.
2. F. BRAUDEL, *Qu'est-ce que le XVIe siècle* ? Ann. E.S.C., 1953, p. 73.
3. E.F. JACOB, *Renaissance Origins*, The Times Litterary Supplement, 6 janvier 1956, pp. XXIV-XXV.
4. G. CASTER, *Les pastelier toulousain (XVIe s.)*, Annales E.S.C., 1954, pp. 63-75.
5. « Il y a *des* conjonctures, dont celle de l'Atlantique espagnol est tout au plus une résultante. L'espace économique du XVIe, et plus encore du XVIIe, est certainement beaucoup plus compartimenté que l'espace économique du XXe et à plus forte raison du XIXe s. » (H. et P. CHAUNU, *Economie atlantique, économie mondiale* (1504-1650), p. 103.

M. Coornaert félicite et remercie M Mollat pour cet exposé vivement applaudi, qui a dressé avec une clarté magistrale un état des questions très complet. « La prudence et le sens des nuances qui caractérisent l'historien n'ont pas manqué à votre effort pour dégager les traits essentiels, pour retracer un dessin général. Mais la variété des questions posées, en un domaine où la recherche s'enrichit tous les jours, est particulièrement propre à nourrir la discussion. »

M. Georges Lefebvre. — La conjoncture économique du XVIe siècle est marquée par une hausse de longue durée : la phase A de Simiand. Mais les perturbations qui interviennent au cours de ce mouvement sont-elles bien ces crises cycliques d'origine agricole dont Labrousse a analysé le mécanisme au XVIIIe csièle ?

M. Mollat. — La documentation relative aux crises ne permet pas toujours d'avancer autre chose que des présomptions.

M. Nef. — Pour revenir sur la liaison entre l'esthétique, dont nous avons parlé ce matin, et l'économie, une mise au point me semble nécessaire. L'esprit qui régna au temps de Rabelais est l'esprit qualitatif de la Renaissance, différent de l'esprit qualitatif du Moyen Age. La période 1470-1530 est une période d'expansion économique, expansion que nous saisissons par diverses données statistiques. Cette expansion a été animée en partie par l'art de la Renaissance, dont la diffusion stimulait la demande de certains produits. A mon avis il y a eu une économie spécifique de la Renaissance.

M. Meuvret. — L'histoire des prix connaît une distinction classique entre le mouvement séculaire et les fluctuations courtes, avec leurs épisodes de crise. Aucun doute n'est possible sur l'existence au XVIe siècle, de ces crises d'ancien type que l'on retrouve au XVIIe et au XVIIIe siècles. Pour la fin du XVIe siècle, j'ai pu étudier certaines de ces crises avec la même précision documentaire que pour le XVIIe siècle. On a beaucoup travaillé depuis Simiand sur le mouvement séculaire, sans que la question du reste ait été parfaitement éclaircie. Mais à l'intérieur de ce mouvement que l'on appelle révolution des prix au XVIe siècle, l'observation distingue non seulement des crises et des mouvements cycliques, mais aussi des phases intermédiaires, intercycliques, dont l'étude est très importante à un double point de vue : celui de la chronologie de la hausse et celui de la localisation des fluctuations, de la géographie des prix. Car ces phases intercycliques ont souvent une extension géographique limitée.

M. Mollat. — En effet, M. Verlinden dans son article sur la

Durée de la crise économique en Flandre sous Philippe II (Annales, 1952) met en évidence une telle phase.

M. Chaunu. — Pour appuyer l'intervention de M. MEUVRET, je peux signaler que des intercycles apparaissent très nettement dans un indice d'activité comme celui du trafic de Séville avec l'Amérique, en corrélation avec ceux que donnent les courbes de prix.

M. Vilar. — Il me semble qu'en juxtaposant dans le tableau les caractères médiévaux et les caractères modernes de ce que nous voulons étudier, nous mélangeons un mode de pensée analytique et un mode de pensée synthétique. La Renaissance, ce que nous envisageons sous ce nom, c'est un ensemble de phénomènes complexes ; de 1450 à 1550, pour fixer les idées, nous trouverons de tout, beaucoup d'ancien et également du nouveau. La tâche d'analyse impose dès lors une option : étudier sans l'appui de notions, de définitions préalables ? ou se munir de certaines définitions avant d'étudier ? Il ne me paraît pas possible de caractériser l'économie de cette époque si l'on ne part de certaines notions théoriques, même assez peu raffinées, et quitte à les retoucher si nécessaire. Ainsi pour le capitalisme. Partons de cette notion que, dans une économie capitaliste, il existe entre la valeur des marchandises vendues sur le marché et la rétribution du travail, sur un marché libre, une différence qui va aux propriétaires des moyens de production. Au Moyen Age, les transactions n'atteignant qu'un volume très restreint, alors que l'auto-consommation est énorme, nous constatons d'énormes difffé-rences de cours, génératrices de gros profits de hausse rapide ; ces profits ont souvent un caractère de monopole. Par opposition, un trait essentiel d'une économie moderne est la réalisation de profits moyens, mais sur des marchés beaucoup plus larges : vendre plus, vendre massivement, en gagnant moins sur chaque unité. C'est à partir d'analyses de ce genre qu'on peut étudier l'avènement du système capitaliste.

En ce qui concerne les grands emprunts à Barcelone, peut-on y voir un signe de développement du capitalisme ? Ils indiquent plutôt des entrepreneurs qui deviennent rentiers. Les grands profits de spéculation ont un caractère médiéval, même s'ils peuvent donner lieu à investissement.

M. Mollat. — Plusieurs problèmes importants ont été soulevés. Je veux préciser seulement pour l'instant, à propos des emprunts de Barcelone, que j'entendais montrer l'apparition des techniques, des méthodes capitalistes.

M. Sardella. — La question essentielle est de savoir s'il y a progression ou stagnation économique. On n'y répondra que par l'appel à une documentation comme celle sur quoi se fonde mon enquête à Vérone, de 1400 à 1600 ; enquête dont je peux présenter les résultats. N'oublions pas, en outre, qu'à cette époque économie signifie économie familiale, il n'y a pas d'économie-monde au XVIe siècle.

M. Lapeyre. — Dans le judicieux rapport qui nous a été présenté, et que je ne veux pas contredire, je discuterai l'expression « générations imperméables à la valeur du chiffre ». Il existe au XVIe siècle de nombreux ouvrages d'arithmétique, et des auteurs comme L. Guichardier, Nicolay ou Pedro de Medina notent les indications chiffrées. A côté des marchands, des bureaucrates s'efforcent de faire des dénombrements, de dresser des états statistiques. Si variable que soit la valeur de ces documents administratifs, il reste tout de même qu'un certain goût de la statistique se dessine au XVIe siècle.

L'étude de la technique des affaires est d'une importance essentielle, elle implique en particulier qu'on s'attache avec une rigueur de philologue au vocabulaire de l'époque. Mais si nous partons de termes et de notions beaucoup plus récentes — par exemple, le mot capitalisme est du XIXe siècle —, nous risquons de ne plus comprendre les méthodes et la mentalité des hommes d'affaires du XVIe siècle, qui étaient différentes des nôtres. Les travaux de M. de ROOVER ont fait avancer considérablement nos connaissances dans ce domaine.

La conjoncture du XVIe siècle n'est pas encore bien connue ; son étude présente de grandes difficultés que connaît bien l'historien qui fréquente les dépôts d'archives. Il existe des conjonctures locales ; certains éléments particuliers y interviennent, qu'il n'est pas facile de distinguer de ce qui a valeur générale. Il convient au surplus de retrouver derrière les courbes les disette, les épidémies, les hommes, d'humaniser l'histoire de la conjoncture en évitant d'en faire une sorte de divinité abstraite.

M. Mollat. — Nous sommes tout à fait d'accord là-dessus. Dans le cas du trafic de Séville, l'étude de la conjoncture n'a rien d'abstrait ; elle donne d'autre part un indice dont la signification a une portée très vaste.

M. Trevor Roper. — Je partage les vues générales qui se dégagent du rapport de M. MOLLAT. Je ne vois pas au XVIe siècle de changements fondamentaux, significatifs, dans la vie économique. Si nous nous demandons pourquoi certains historiens ont parlé de révolution économique au XVIe siècle, — par exemple, Henri HAUSER —, nous apercevons deux raisons. D'abord l'expansion européenne, qui est une véritable révolution dans la géographie : l'Europe entre contact avec d'autres mondes jusque là peu connus ou inconnus ;

la puissance économique européenne s'impose à ces mondes, mais c'est là le résultat du développement des forces dans la période antérieure, pendant le Moyen Age. En second lieu, il y a la révolution religieuse, dans laquelle certains ont voulu trouver la source de l'esprit capitaliste du XVIIe siècle. Et nous rejoignons là les explications de la révolution anglaise comme révolution bourgeoise, commandée par un développement des forces capitalistes. Mais en réalité les milieux anglais auxquels on peut reconnaître les caractères d'une bourgeoisie capitaliste constituent un secteur très étroit de la société, et ces gens ont les yeux fixés sur les Pays-Bas, la plus grande puissance mercantile du temps. Si l'on considère même l'économie des Pays-Bas au début du XVIIe siècle, elle présente plus de traits féodaux que de traits capitalistes. Les structures économiques, les politiques économiques ne diffèrent pas fondamentalement de celles des Etats Italiens aux XVe et XVIe siècles. Les changements profonds n'interviennent que plus tard, bien après le milieu du XVIIe siècle.

M. Mollat. — Est-il possible de dire que l'économie européenne absorbe celle des continents étrangers ?

M. Magalhaes-Godinho. — Ces problèmes d'extension spatiale ont une importance considérable. Au XVe et au XVI siècles, il se produit un élargissement de l'espace économique, une transformation des complexes géographico-économiques. On ne peut soutenir qu'il n'y ait pas de nouveauté en matière agricole. Le peuplement des archipels atlantiques, le développement de l'agriculture coloniale entraînent une transformation des paysages. En Europe même, l'introduction de cultures d'origine tropicale entraîne des changements qui, au Portugal, ont une très grande portée.

Un autre aspect à souligner, c'est le grand rôle de l'Etat dans la vie économique. Au Portugal, l'Etat devient l'entreprise la plus puissante. L'étude des finances publiques fait apparaître une série d'innovations capitales, en plusieurs étapes, au cours des XIe et XVIe siècles. Par le jeu de la fiscalité, l'action de l'Etat touche même à la redistribution des revenus. Parmi les conséquences sociales de l'essor des économies coloniales, la recrudescence de l'esclavage mérite une attention particulière ; l'esclavage avait presque disparu au Portugal au XVe siècle, mais l'économie nouvelle exige la reconstitution d'entreprises esclavagistes.

M. Mollat. — Il faut tenir compte en effet des importantes observations de M. GODINHO. En ce qui concerne le rôle de l'Etat, l'étude par M. VIALA des arrêts du Parlement de Toulouse dans les années autour de 1500 apporte également des éléments intéressants.

M. Vives. — Le problème posé, qui a été analysé surtout à partir de données italiennes ou françaises, peut être envisagé dans un autre secteur, et je voudrais retrouver à cette occasion une liaison entre notre sujet de ce matin et celui de cet après-midi. Si nous considérons la Castille, passablement isolée des influences étrangères, nous voyons apparaître entre 1450 et 1500 une série de nouveautés sur tous les plans, un style nouveau dans l'esthétique comme dans l'économie. Jusque vers 1490 on construit des chateaux gothiques, puis brusquement l'aristrocratie adopte le style nouveau.

Dans le domaine économique, ce style nouveau est défini par l'Etat. C'est le gouvernement qui oriente la production vers la culture ou l'élevage ; c'est son action qui fait de la Castille un Etat pastoral. En même temps apparaît dans l'administration un souci de statistique. Le style nouveau de vie et de pensée manifeste une volonté qui rayonne à partir de la Cour du roi catholique.

M. Coornaert. — Les découvertes ouvrent une période d'expériences, pour ce qui concerne le contrat entre l'économie européenne et l'outre-mer. Sauf pour l'Espagne et le Portugal, c'est au début du XVIIe siècle seulement que l'on recueille les fruits, que l'on passe à l'exploitation. Et c'est alors qu'apparaît la carence de l'Italie. Les Italiens ont été les grands moteurs, les maîtres à penser en matière économique. Mais les Etats italiens à base urbaine ne sont pas adaptés à ces tâches nouvelles outre-mer.

Du point de vue des techniques économiques, le XVIIe siècle a beaucoup à nous révéler : constitution des sociétés, utilisation des capitaux, meilleure organisation. A la fin du XVIIe siècle, les techniques sont au point.

M. Reulos. — Les contemporains ont-ils le sentiment de vivre une transformation économique ? Le texte de Seyssel, les sources utilisées par M. VIALA, apportent des témoignages intéressants. On en trouverait d'autres dans les auteurs politiques, dans des textes parlementaires, ou dans les délibérations des synodes protestants que j'étudie actuellement.

M. Sardella. — La nouveauté du XVIe siècle est évidente dans bien des domaines. Dans le secteur de mon enquête, je constate que la population passe de 1 à 3. Qu'on pense également à la création en 1541 à Padoue d'un jardin botanique, avec la première chaire d'agriculture expérimentale, à l'importance aussi des travaux médicaux.

Colonel Villatte. — Henri Berr avait fondé une Commission du vocabulaire historique. Il y aurait intérêt à demander au Centre de Synthèse où en est le travail de cette Commission. En ce qui concerne les crises économiques dont on a parlé, s'agit-il de crises locales, régionales ou mondiales ?

M. Mollat. — Il me paraît difficile de parler de crise mondiale au XVIe siècle.

M. Meuvret. — La crise de type ancien, crise de subsistances, est un phénomène maintenant bien connu. Il convient pour chacune de ces crises d'étudier son extension géographique. Les mouvements de plus longue durée couvrent des espaces étendus, mais pas l'ensemble du monde dans le cas des fluctuations intercycliques : il n'y a pas identité entre le mouvement des prix méditerranéens et celui de l'Europe du nord-ouest.

M. Vilar. — En réponse à la question qui vient d'être posée, je peux indiquer que Charles PARAIN a livré au Centre de Synthèse une étude du mot agriculture. Pour revenir à la question de la pensée économique au XVIe siècle, il y aurait intérêt à examiner les œuvres des théologiens espagnols, trop peu connus ou mal compris. Ils contiennent des textes bien supérieurs à ceux de Bodin, et antérieurs à celui-ci.

Miss Hyslop. — Il me paraît difficile de s'entendre sur le sens du mot Renaissance. La chronologie des transformations économiques aurait besoin d'être précisée.

M. Chaunu. — Il est certain que des distinctions s'imposent. Après une première poussée, il apparaît entre 1540 et 1560 une série de difficultés. Mais après 1560 s'ouvre une nouvelle période de montée.

M. Coornaert. — Il m'appartient à la fin de cette large discussion de réconcilier les optimistes et les pessimistes, en écartant les sceptiques. Nos connaissances s'élargissent sans cesse, si nos conclusions sont toujours sujettes à révision. Nous savons de quoi nous parlons quand nous parlons d'économie. Renaissance est assurément un terme élastique, qui ne doit pas servir à enfermer les réalités dans des catégories rigides. Il se produit à ce moment-là un élan nouveau, moins neuf sans doute qu'on ne l'a cru parfois. Sur les caractères modernes reconnus dans l'économie de cette époque, on ne saurait apporter trop de nuances, nuances nécessaires pour tenir compte de tout ce que l'histoire de ce monde de la Renaissance comporte d'ambiguité.

Après avoir remercié et félicité encore M. MOLLAT, M. COORNAERT lève la séance en rappelant le rendez-vous du dimanche matin.

II

RECHERCHES SUR LES FINANCES DES DUCS VALOIS DE BOURGOGNE

Les Valois de Bourgogne ont été puissants parce qu'ils étaient riches. Sire Georges Chastellain, Olivier de La Marche et Philippe de Commynes le perçurent en leur temps ; depuis eux, les historiens l'ont répété ; à satiété. On a défloré, au point d'en faire des lieux communs, les expressions de « fastes bourguignons », de « terres de promission », de « meilleure part en Europe » et du « plus grand héritage du monde ». Mais décrire et conter sont une chose, expliquer en est une autre : la tâche véritable de l'historien. Or, le secret des ressources dont disposaient les ducs est à portée de main ; une chance exceptionnelle a préservé les archives financières de l'État bourguignon du sort fâcheusement subi par celles du royaume de France. Pourquoi, cependant, avoir attendu le début de ce siècle pour tirer d'un fonds si précieux autre chose que des renseignements épisodiques ou, parfois, simplement pittoresques? Était-ce découragement devant la masse considérable de la documentation dont certains archivistes courageux avaient commencé d'inventorier la richesse[1]? N'était-ce pas, surtout, défaut d'intérêt pour les aspects économiques de l'histoire? En 1896, A. Coville avait écrit un bref article sur les *Finances des ducs de Bourgogne au commencement du XVe siècle*[2]. Mais c'est à Pirenne, en ce domaine comme en tant d'autres, qu'on doit la première orientation de recherche et le premier essai de synthèse, en quelques pages de sa classique *Histoire de Belgique*[3]. Il a fallu néanmoins attendre jusqu'aux dernières années pour voir les chercheurs aux prises avec l'essence même du problème ; après l'étude descriptive des institutions, quelques monographies ont été consacrées à leur fonctionnement et des aperçus plus larges sont, dès lors, devenus possibles ; les travaux récents de MM. P. Bonenfant et J. Bartier en portent, déjà, témoignage[4]. L'enquête, toutefois, est seulement amorcée.

1. L.-P. Gachard et H. Nélis, *Inventaire des Archives des Chambres des Comptes*, 6 vol. Bruxelles, 1837-1931. — Chanoine Dehaisnes, *Inventaire sommaire des Archives départementales du Nord*, série B, t. IV. Lille, 1881. — M. Bruchet, *Répertoire numérique de la série B*, Chambre des Comptes de Lille. Lille, 1921. — L. de Laborde a publié des extraits nombreux de ces comptes dans *Les ducs de Bourgogne* (Paris, 1849-1851), 2 vol.

2. A. Coville, in *Études d'histoire du Moyen Age*, dédiées à G. Monod. Paris, 1896, p. 405-413.

3. H. Pirenne, *Histoire de Belgique*, t. II, 3e éd. Bruxelles, 1922. — J. Pirenne a soutenu une thèse devant la Faculté de philosophie et lettres de Bruxelles, en 1914, sur les *Finances des ducs de Bourgogne* ; ouvrage manuscrit et inédit dont nous n'avons pas eu connaissance.

4. J. Bartier, *Charles le Téméraire*. Bruxelles, 1944. — P. Bonenfant, *Philippe le Bon*,

La documentation, d'une extraordinaire abondance, est dispersée à travers les pays qui constituèrent « la Bourgogne ». Son dépouillement ne saurait être effectué dans un délai raisonnable que par le concours d'équipes, et sur le plan international. L'entreprise a été facilitée par les Centres belge et français de la Recherche scientifique; microfilmée par leurs soins, à Dijon et à Lille [1], la partie la plus importante des comptes « bourguignons » peut, désormais, être étudiée, simultanément et contradictoirement, à Lille et à Bruxelles, à Louvain et à Dijon, à Gand et à Besançon, comme à Paris. Plusieurs *Mémoires*, encore inédits, ont été rédigés ou sont en cours d'élaboration ; ce sont les résultats de quelques-uns d'entre eux qui nous ont fourni la matière de cet article et nous savons gré à leurs auteurs de nous les avoir communiqués [2].

On comprendra sans peine que nous fassions état principalement des travaux effectués au sein du *Centre régional d'études historiques* de la Faculté des Lettres de Lille [3]. Les Archives départementales du Nord possèdent le fonds le plus riche des documents financiers bourguignons. Depuis six ans, même pendant la période des grandes vacances et en dehors des conférences hebdomadaires de séminaire, les jeunes chercheurs lillois ont exploité leur dépôt d'archives avec une ténacité de mineurs. Le fruit de leurs investigations n'est, sans doute, que travaux d'approche ; leurs conclusions ne prétendent pas être définitives. On voudrait, du moins, que des études plus importantes y trouvent leurs bases de départ. Peut-être, enfin, au moment où, dans les Facultés des Lettres, des centres de recherches s'organisent, n'est-il pas sans intérêt de présenter les efforts et les résultats de l'un d'entre eux.

3e éd. Bruxelles, 1955. L'aperçu général le plus récent sur les finances de Bourgogne a été donné par J. Bartier et coll., dans le tome III de l'*Algemene Geschiedenis van Nederlanden* (Utrecht, 1951), p. 260-270.

1. Les films des documents photographiés à Dijon sont en dépôt aux Archives du Nord et ceux pris à Lille le sont à Dijon. L'ensemble se trouve aux Archives nationales (Paris), aux Archives générales (Bruxelles) et dans les quatre universités de Belgique ; une partie (à partir de l'année 1450) se trouve au Centre de Recherches historiques de la VIe section de l'École des Hautes Études, organisme dont l'aide nous a été précieuse.

2. Nous remercions spécialement deux chercheurs belges de nous avoir communiqué leurs travaux : Mlle A. van Nieuwenhuysen, élève du séminaire de M. Bonenfant (*La Recette générale de Philippe le Hardi*, dactyl., 1955) ; M. J.-L. Voglaire, du séminaire de M. Génicot (*Les finances de l'État bourguignon et leur gestion sous Philippe le Bon*, dactyl., 1950).

3. P. Cayez, *Les finances de la ville de Lille de 1418 à 1421* (1955). — P. Dancoine, *L'évolution des finances bourguignonnes de 1384 à 1477* (1957). — C. Desmet, *Les emprunts de Philippe le Bon* (1956). — M. Lajus, *Le bailliage de l'Eau de l'Écluse sous les ducs de Bourgogne* (1955). — P. Lecerf, *Les relations commerciales entre Paris et la région du Nord aux environs de 1450* (1953). — X. Maeght, *Les emprunts de Charles le Téméraire* (1956). — D. Penzak, *Finances bourguignonnes et finances royales à l'époque du traité de Troyes, 1418-1420* (1957). — J.-M. Pesez, *Chevaucheurs et courriers de Charles le Téméraire* (1954). — R. Roffin, *Le tonlieu du port de Gravelines* (1953). — J. Ruckebusch, *Les finances de Philippe le Bon à l'époque de la paix d'Arras* (1954). Quatre autres mémoires sont en préparation sur les finances bourguignonnes.

I

La source la plus importante de l'histoire financière bourguignonne est constituée par *les comptes des « receveurs généraux de toutes les finances »*. Ces documents ont une rare valeur ; à la richesse de l'information s'ajoute l'avantage d'une continuité presque intégrale pour les quatre règnes de Philippe le Hardi, Jean sans Peur, Philippe le Bon et Charles le Téméraire.

L'office de Receveur général de toutes les finances est l'une des institutions créées par Philippe le Hardi en 1386, au lendemain de son accession au comté de Flandre après la mort de Louis de Mâle, pour centraliser le maniement des fonds dont il se réservait la disposition. En instituant une nouvelle charge, il n'était pas dans les intentions de Philippe de bouleverser l'organisation financière intérieure de ses diverses principautés. Avec des titres différents, mais avec des fonctions analogues, dans les deux Bourgogne, en Artois et en Picardie, des officiers subalternes administraient les « recettes particulières » du domaine, encaissaient les revenus extraordinaires les plus variés ; au-dessus d'eux, Philippe le Hardi et ses successeurs maintinrent aussi les offices des receveurs généraux « provinciaux ». Au temps de Philippe le Hardi et de Jean sans Peur, il y eut ainsi deux recettes générales de « pays », l'une pour les deux Bourgogne et le Charolais ; l'autre pour la Flandre et l'Artois ; à celle-ci furent rattachées Malines et Anvers. Unis à leur tour au domaine bourguignon, les comtés de Nevers, de Rethel et de Namur, le Limbourg, le Hainaut, la Hollande, le Brabant et le Luxembourg conservèrent leurs institutions financières locales. Ce ne fut que par souci d'économies et de manière temporaire que les recettes générales de « pays » furent parfois supprimées ; au terme d'un délai plus ou moins long, elles étaient rétablies ; ce fut le cas, par exemple, de la Bourgogne en 1426 et 1465, du Hainaut en 1426 et 1463, du Brabant et du Luxembourg au temps du Téméraire. Superposé aux receveurs particuliers et aux receveurs généraux de régions, le Receveur général de toutes les finances ne se substituait pas à eux. Après la succession flamande, Philippe le Hardi avait chargé, pendant deux ans, son receveur de Bourgogne de prendre en compte les revenus de ses nouvelles possessions. La tâche était trop lourde ; on ne pouvait pas traiter les pays flamands comme de simples annexes de la Bourgogne et continuer à ne leur consacrer, dans les comptes, qu'une dizaine de mentions en face des quatre-vingts à quatre-vingt-dix rubriques relatives aux recettes bourguignonnes, comtoises et charolaises. Ainsi l'existence de l'office du Receveur général de toutes les finances satisfaisait, en premier lieu, à une nécessité pratique.

Placé au premier rang des receveurs ducaux, le Receveur général de toutes les finances n'était pas, cependant, le chef de l'administration financière. La tendance centralisatrice ne fut pas le seul principe organisateur de l'État bourguignon ; l'exemple de la royauté, les habitudes d'un personnel formé aux pratiques parisiennes, les exigences enfin d'une politique ambitieuse inclinèrent les ducs à perfectionner leurs méthodes administratives. En 1386, Philippe le Hardi généralisa le principe, expérimenté par lui en Bourgogne depuis quatorze ans déjà, de la séparation de l'ordonnancement des dépenses et des recettes et du maniement des fonds. A cette fin, la Recette générale de toutes les finances fut subordonnée à un organisme supérieur, la Trésorerie générale. Le Receveur général ne pouvait exécuter un paiement que si le mandement qui l'ordonnait portait la signature du Trésorier ducal. La Trésorerie était donc une fonction essentielle, au point qu'il y eut parfois deux trésoriers, un pour le groupe flamand, un pour le groupe bourguignon (1400-1410), et que la Trésorerie ne fut jamais supprimée. Si, à certains moments, par exemple de 1391 à 1397, on voulut, par économie, revenir à l'unicité des hautes charges financières, ce fut la Recette générale qui en fit les frais, annexée qu'elle devint à la Trésorerie. Mesure temporaire, cependant, car la dualité des fonctions du receveur et du trésorier paraissait aussi nécessaire que la distinction et la subordination de leurs attributions[1].

Subordonné au Trésorier-Gouverneur général des Finances, le Receveur général dépendait également du Conseil ducal. Celui-ci usa, surtout à partir de 1433, époque des réformes de Philippe le Bon, du droit de regard qu'il avait hérité de l'ancienne *Curia.* Une succession d'ordonnances organisa ce contrôle. Sans préjudice du rôle du trésorier, le visa des mandats et l'examen des comptes du Receveur général furent dévolus tantôt à quelques conseillers délégués à cet effet, tantôt à une commission nommée pour « signer en finances » ; quelquefois, le Conseil tout entier semble retenir la compétence en matière financière. En définitive, le Conseil paraît avoir évolué vers la spécialisation d'une section créée en son sein pour superviser les finances ; mais le problème demeure encore assez obscur[2].

L'activité du Receveur général de toutes les finances, guidée par les décisions du trésorier et du Conseil, était, à son terme, soumise au contrôle de la Chambre des Comptes. Cela était conforme à la logique, aux usages et aux principes monarchiques qui inspiraient la politique ducale. C'est encore en 1386 que Philippe le Hardi fixa, de façon durable, le rôle des Gens des Comptes. Il détermina les attributions de la Chambre de Dijon et, avec le concours de conseillers parisiens, organisa celle de Lille, héritière de l'Audience des Comtes de Flandre. On sait qu'en acquérant le Brabant et la Hollande, Philippe le Bon respecta l'existence de la Chambre des Comptes de Bruxelles et du Conseil de La Haye. Mais on n'ignore pas, non plus, que la concentration du contrôle alla croissant, au profit de la Chambre de Lille, depuis le règne de Jean sans Peur, jusqu'au jour où

1. Bruchet, *op. cit.* ; P. Riandey, *L'organisation financière de la Bourgogne sous Philippe le Hardi.* Dijon, 1909.

2. E. Lameere, *Le Grand Conseil des ducs de Bourgogne.* Bruxelles, 1900.

une initiative, d'ailleurs éphémère, de Charles le Téméraire, institua, à Malines, en 1473, une chambre unique[1].

Agent d'exécution supérieur à tous les autres receveurs, le Receveur général ne dirigeait cependant pas, malgré son titre, la totalité des finances. Un usage général, et constant jusqu'à la fin de l'Ancien Régime, laissait aux administrateurs subalternes le soin d'ordonnancer et de liquider les dépenses locales avec les deniers encaissés sur place ; les mêmes officiers étaient, ainsi, à la fois, receveurs et liquidateurs, et ne se justifiaient qu'après coup devant les Gens des Comptes. De ce fait, il résulte que la majeure partie des recettes et des dépenses effectuées par les officiers des finances dans les divers lieux et pays échappait au Receveur général. La comptabilité de ce dernier portait donc essentiellement sur des « revenants-bons ». En 1432, par exemple, c'est à peine si 40 % de l'argent liquidé par le receveur de Flandre se retrouvent dans les comptes de la Recette générale[2].

D'autre part, la Recette générale n'était pas la seule caisse centrale. Il en existait deux autres, au milieu du XVe siècle. L'une, traditionnelle dans toutes les cours princières du temps, était la Chambre aux Deniers ; à sa tête, le Maître de la Chambre aux Deniers gérait l'hôtel ducal ; des officiers de titre semblable, mais de moindre rang, exerçaient le même rôle dans les hôtels de la duchesse et des princes. Cependant, Recette générale et Chambre aux Deniers ne s'ignoraient pas ; une grande partie des fonds dont disposaient les secondes était fournie par la première qui l'incluait en ses comptes ; mais le reste lui échappait.

L'autre organisme était le Trésor de l'Épargne, institué par Philippe le Bon. L'Épargne bourguignonne, dont les comptes ont, malheureusement, disparu, passe pour l'héritière d'un service plus ancien, la « Garde des Joyaux ». La création de l'Épargne répondait, comme en France au temps de François Ier, au besoin éprouvé par le souverain d'avoir à sa disposition une caisse de maniement facile, sans complications administratives. Au dire de P. Kauch[3], son historien, l'Épargne ducale aurait été une sorte de succursale de la Recette générale, sur les fonds de laquelle elle opérait des prélèvements. En outre, l'Épargne était approvisionnée directement par certains revenus bien définis, réguliers ou occasionnels. C'étaient, par exemple, les droits de sceaux, reliefs, confiscations, amendes, quints et épaves. Un cas fameux est celui d'Odot Molain ; l'énorme somme qui racheta ses fraudes, en 1450, fut versée directement à l'Épargne ; le montant en surpassait le total des sommes alors versées à la Recette générale par le comté de Namur ou le comté de Hainaut[4]. Grâce à l'Épargne, le duc

1. BRUCHET, *op. cit.* — E. ANDT, *La Chambre des Comptes de Dijon à l'époque des ducs Valois*. Paris, 1924.

2. RUCKEBUSCH, *op. cit.*

3. P. KAUCH, Le Trésor de l'Épargne création de Philippe le Bon (*Rev. belge de Philol. et Hist.*), t. XI, 1932, p. 703-720.

4. J. BARTIER, L'ascension d'un marchand bourguignon au XVe siècle : Odot Molain (*Annales de Bourgogne*, t. XV, 1943, p. 201), et VOGLAIRE, *op. cit.*, p. 95.

disposait de ressources importantes ignorées du Receveur général. Ce dernier, malgré l'étendue de ses attributions, ne gérait donc pas la totalité des finances ; ses comptes, par conséquent, sont incomplets.

Pour connaître les finances bourguignonnes dans leur ensemble, il faudrait, théoriquement, dépouiller tous les comptes généraux et particuliers des villes et des « pays » qui composèrent la « Bourgogne », de Saint-Claude à Abbeville et d'Amsterdam à Nevers. Aujourd'hui encore, en effet, la dispersion des archives « bourguignonnes » reflète la structure de l'État construit par les cadets de la Maison de Valois. Mais le volume de la documentation est inégal selon les séries. Les hasards des destructions, complices des aléas de la conservation, n'ont pas laissé survivre assez de documents contemporains les uns des autres pour qu'il soit possible de reconstituer, ne fût-ce que pour une seule année, un exercice complet de comptabilité.

II

Tout incapables que soient les comptes de la Recette générale de fournir les éléments d'un bilan intégral des finances bourguignonnes, leur *valeur documentaire* demeure grande. La continuité est leur première qualité. Depuis l'avènement de Philippe le Hardi au comté de Flandre (1384) jusqu'à la mort du Téméraire (1477), la série des comptes de la Recette générale de toutes les finances présente peu de lacunes. Vingt-deux registres des Archives de la Côte-d'Or[1] couvrent presque intégralement les vingt années pendant lesquelles le premier duc régna sur l'ensemble des « pays de par deçà » et « de par delà » ; seuls manquent les comptes de vingt-cinq mois et demi, donc à peine plus de deux ans. Au contraire, pour les quinze années du règne de Jean sans Peur, nous n'avons plus que sept comptes, répartis — fait significatif de l'évolution politique bourguignonne — entre les dépôts de Dijon et de Lille[2]. L'attraction exercée par les Pays-Bas s'affirme par le fait que la quasi-totalité des comptes de la Recette générale, pour la période suivante, est demeurée à Lille. Du règne de Philippe le Bon, il manque seulement quatre comptes[3], et la série est complète pour le règne de son fils[4] ; la continuité est ainsi presque absolue de 1419 à 1477, pendant cinquante-huit ans. En conclusion, pour les quatre-vingt-quatorze années de

1. Arch. Côte-d'Or, B. 1461, 1462, 1463, 1467, 1469, 1479, 1487, 1495, 1500, 1501, 1503, 1508, 1511, 1514, 1517, 1519, 1521, 1526, 1532, 1538.

2. Arch. Côte-d'Or, B. 1543 (double, Nord B. 1878), 1547, 1554, 1556, 1558, 1560, 1562, 1570 (double, Nord B. 1894), 1571 (double, Nord B. 1897), 1572, 1573, 1576, 1601, 1603.

3. Arch. Nord, B. 1920 (double, Côte-d'Or, B. 1605), 1923 (Côte-d'Or, B. 1612), 1925 (Côte-d'Or, B. 1617), 1927 (Côte-d'Or, B. 1622), 1929, 1931, 1933, 1935, 1938, 1942, 1945, 1948, 1951, 1954, 1957, 1961, 1963, 1966, 1969, 1972, 1975, 1978, 1982, 1988, 1991, 1994, 1996, 1998, 2000, 2004, 2008, 2012, 1020, 2026, 2030, 2034, 2040, 2045, 2048, 2051, 2054, 2058, 2061. — Bruxelles, Arch. gén., compte nº 1921 (année 1452). — Courtrai, Bibliothèque, G. V. 322, XVI, 1 (année 1427).

4. Arch. Nord, B. 2064, 2067, 2072, 2077, 2078, 2084, 2090, 2094, 2099, 2104, 2108.

la période bourguignonne, le mouvement des fonds de la Recette générale de toutes les finances est saisissable dans une proportion de près de 90 %.

Il faut ajouter qu'un certain nombre de pièces justificatives présentées à la Chambre des Comptes par les receveurs généraux, à l'appui de leurs registres [1], complète heureusement ceux-ci et permet l'étude des méthodes de comptabilité et de contrôle [2].

L'homogénéité de l'information apparaît dès qu'on procède à l'étude externe des comptes de la Recette générale. Une impression d'ordre se dégage de la masse imposante de ses gros registres, bien reliés, faits de parchemin de qualité uniforme. La disposition des rubriques est aérée et claire. L'écriture, presque calligraphiée, ne présente qu'un nombre réduit de difficultés de lecture ; seules les notations abrégées et cursives, jetées en marge ou accumulées à la fin des comptes par les vérificateurs, troublent, à la manière désinvolte d'un juge sans pitié, la disposition d'une ordonnance affectée. Il n'est pas jusqu'aux comportements humains des gens de finances dont la disposition des documents ne révèle les aspects.

Tout Receveur général entrant en charge place en tête de son premier compte le texte du mandement ducal qui le délègue en ses fonctions et qui définit sa compétence. Un tel genre de documents contribue, avec les ordonnances ducales [3], à faire connaître les attributions du receveur et sa place dans l'administration ducale. Mais son rôle effectif apparaît mieux encore dans le détail des recettes et des dépenses dont il présente, avec précision, la nature et l'objet.

Le schéma général des comptes est assez constant, dans son ensemble, malgré quelques variantes occasionnelles. Les recettes d'abord, les dépenses ensuite, selon l'usage du temps, s'en partagent, inégalement, le texte.

L'énumération des recettes constitue un témoignage saisissant de la formation historique de la puissance bourguignonne. Il y a quelque grandeur dans l'indication, en ordre géographique, et allongée au fur et à mesure des acquisitions territoriales, des revenus des principautés, seigneuries et villes associées dans l'État bourguignon. Et la volonté d'organisation se traduit dans la tendance à simplifier les comptes, avec un esprit centralisateur. Cette tendance se manifeste dès la fin du règne de Philippe le Hardi, s'accentue par la suite. Peu à peu, l'éparpillement des rubriques des recettes fournies par les diverses possessions bourguignonnes fait place à un groupement plus rationnel. La centaine de rubriques du début du xve siècle,

1. Les pièces justificatives des receveurs sont classées dans la série B des Archives départementales, à la suite immédiate des comptes auxquels ils se rapportent.

2. MM. Ganshof et Richard ont décrit respectivement les institutions financières traditionnelles de la Flandre et de la Bourgogne, dans l'*Histoire des Institutions françaises au Moyen Age* ; t. I : *Institutions seigneuriales*, sous la direction de F. Lot et de M. R. Fawtier. Paris, 1957, p. 229-247 et 419-426.

3. Arch. Nord, B. 1596 et suiv. Quelques ordonnances ont été publiées de-ci de-là. La Commission Royale d'Histoire de Belgique prépare une édition systématique.

se réduit à une vingtaine sous le Téméraire, pour des possessions beaucoup plus vastes. De règne en règne, les accroissements territoriaux en modifient l'ordre. Sous Philippe le Bon, le Brabant enlève le deuxième rang à la Flandre ; la liste s'allonge des revenus du Boulonnais, de l'Amiénois et du Ponthieu (les « villes de la Somme »), du Hainaut, du Namurois, de la Hollande et de la Zélande, enfin du Luxembourg. Le règne du Téméraire modifie cette disposition. La Bourgogne, patrimoine de la dynastie, reste en tête, en dépit de l'importance désormais secondaire de son apport financier. Ensuite, comme par une manifestation intentionnelle d'esprit d'indépendance vis-à-vis de la couronne de France, viennent les revenus des terres d'Empire : comté de Bourgogne, Brabant, Utrecht et pays d'outre-Meuse, Luxembourg, Gueldre et Zutphen, la Flandre impériale. La Flandre galligante s'interpose. Voici Hollande, Zélande et Hainaut. Enfin, Artois, Namurois, Boulonnais, Amiénois, Ponthieu, Péronne et Mortagne ; les amendes prélevées « en Liège » clôturent la liste.

Sous la rubrique de chaque territoire, les comptables inscrivaient les revenus ordinaires dont les revenants-bons étaient à la disposition du Receveur général. La nature de ces revenus est du type habituel : profits des Monnaies, émoluments des sceaux, exploits et amendes, rentes viagères, revenus des greniers à sel ou à grains (les *espiers* de Flandre), ceux des péages et des tonlieux, des morte-mains et des nouveaux acquêts, « gavènes » perçus aux dépens des établissements ecclésiastiques, sommes versées par les maîtres des eaux et des polders (*watergraafs* et *moormeesteers*). Conformément à l'usage, les revenus extraordinaires occupent une place à part, après le classement géographique ; ce sont, tout spécialement, les aides, certaines rentes, les emprunts, et, sous les deux premiers ducs, les dons du roi.

Si la disposition des rubriques de recettes traduit la physionomie des États bourguignons, la variété des dépenses reflète la puissance et l'ambition des ducs. A travers tout le siècle, les dépenses se rattachent à trois catégories principales. Les dépenses de gouvernement et d'administration générale constituent un premier ensemble, dont certaines rubriques sont particulièrement développées : les crédits délégués à des officiers de tout ordre pour l'exercice de leurs fonctions (« *deniers baillés à officiers qui en doivent compter* »), les gages et les pensions, les frais d'ambassades, voyages et messageries, enfin les fonds secrets mis à la disposition personnelle du prince (« *deniers baillés ès mains de Monseigneur* », « *deniers payés en l'acquit de Monseigneur* », « *deniers comptans ès mains de Monseigneur pour en faire son plaisir et dont il ne veult aultre déclaration estre faicte* »).

Un deuxième groupe de dépenses correspond à une partie des frais de l'Hôtel ducal et se retrouve dans les comptes du Maître de la Chambre aux Deniers, quand ils subsistent. Ce sont : dons et récompenses, dépenses d'écurie, achats de draps d'or, d'argent et de soie, de pelleteries et de tapisseries, d'épices, de joyaux et de vaisselle d'or et d'argent, offrandes et aumônes, frais de constructions, « dépense commune ».

Également complexe et variant davantage en fonction des circonstances est la troisième catégorie, celle des dépenses extraordinaires. Là s'entremêlent les dépenses publiques et domestiques : achats d'armes et d'artillerie, paiement de gens d'armes, achat de rentes viagères. La formule « dépenses extraordinaires » couvre, d'ailleurs, un ensemble de frais que les comptables ne jugeaient pas utile de répartir sous des rubriques spéciales, comme l'exigerait notre souci de logique.

III

Impressionné par la belle ordonnance extérieure des comptes, l'esprit est, ensuite, déçu par leur enchevêtrement interne. Leur analyse révèle des difficultés et détermine les *conditions auxquelles est soumise l'interprétation correcte de leurs données.*

On est d'abord gêné par la variabilité de la durée et par l'instabilité des termes des exercices financiers. L'échéance annuelle changea assez souvent. Capricieuse sous les deux premiers ducs, elle fut fixée au 31 décembre en 1427, pour revenir au 1er octobre en 1459 et au 31 décembre sous le Téméraire. C'est pourquoi la construction d'un graphique d'ensemble a exigé le blocage des données numériques de certaines années.

Si l'enchevêtrement chronologique contrarie ainsi les intentions statistiques de l'historien, l'enchevêtrement des opérations financières présente encore plus de difficultés. Tel chapitre des dépenses, « *deniers baillés à officiers qui en doivent compter* », a l'allure d'un « fourre-tout », dont les éléments devraient, semble-t-il, être distribués à travers toutes les autres rubriques. Qu'on se souvienne, alors, que les receveurs généraux se souciaient beaucoup moins de faire ressortir la destination des fonds que les noms des délégataires [1]. C'était à ces derniers qu'il appartenait de justifier leur emploi, en même temps que celui des sommes encaissées et ordonnancées par eux sur place pour l'administration locale.

L'esprit moderne conçoit mal des habitudes différentes de la centralisation des dépenses publiques ; il doit faire l'effort de retrouver les intentions et l'esprit des méthodes administratives et comptables du Moyen Age. L'administration bourguignonne, comme ses contemporaines, usait de deux procédés pour mobiliser des fonds. L'un est un ordre adressé à un receveur particulier de verser une somme déterminée à la Recette générale ; c'est l'*obligation.* L'autre consiste à prescrire à un receveur particulier d'effectuer un paiement déterminé au porteur désigné d'une « lettre de recette » ducale ; l'administration se décharge ainsi d'une dépense en l'as-

1. Toute indication de dépense commence par l'indication du nom du bénéficiaire : « A (un tel)... pour... (tel objet). »

signant sur un service subalterne choisi par elle : d'où les expressions de *décharges* et d'*assignations* employées en telle occurence. Une somme unique peut, d'ailleurs, faire l'objet, par fractionnement, d'assignations multiples sur plusieurs bureaux de recette. Le procédé a l'avantage d'éviter les transports de numéraire. Il présente, nous allons le voir, l'inconvénient de compliquer les écritures.

Les décharges servaient, notamment, pour les dons et les récompenses, les gages et les pensions, les frais d'ambassades et de messageries. Signées par le duc, elles recevaient, après un délai variant de quelques jours à un an, le contreseing du Receveur général. En général, l'assignation se faisait sur une recette du pays où le prince se trouvait au moment de son émission et où le bénéficiaire habitait. Procédé souple, le système ne pouvait, cependant, bien fonctionner que dans le cadre d'administrations déjà évoluées. On explique ainsi qu'employé par Philippe le Hardi en Bourgogne, Artois et Flandre gallicante, il ne fut généralisé ailleurs que sous Philippe le Bon [1]. A priori, rien de plus simple que d'inscrire les décharges simultanément parmi les recettes et les dépenses de la Recette générale. En fait, il arrivait souvent qu'au terme de l'exercice, certaines décharges n'avaient pas été payées ; en ce cas, le receveur devait, en l'un de ses comptes suivants, les porter de nouveau soit à titre de dépenses effectives, soit sous la rubrique des décharges impayées. Il en résultait des chevauchements d'exercices.

Les chevauchements d'exercices étaient une pratique tout à fait habituelle. Les causes en étaient multiples. Il en résultait souvent des arriérés ; pour faire face à quelque nécessité pressante, il arrivait que le duc payât avec retard gages, pensions ou rentes, ou accordât des délais à ses débiteurs ; parfois, certains créanciers présentaient leurs titres plusieurs mois après leur délivrance. C'était souvent, aussi, des avances exigées par le duc sur ses revenus à venir ; quelquefois, des acomptes délivrés par un officier complaisant à un créancier du duc sur le vu d'une quittance en blanc ; une telle pratique semble être devenue si courante qu'une ordonnance fut promulguée en 1439 pour y remédier [2].

La constance des chevauchements apparaît lorsqu'on examine les comptes d'une période un peu longue, par exemple pendant toute la durée de la gestion d'un Receveur général. Chaque compte se termine, après la récapitulation des recettes et des dépenses, par ce qu'on appelle l'*état* ; c'est là qu'on inscrivait, selon les cas, ce que le receveur devait encore ou ce qui lui était dû, ainsi que les obligations et les décharges restées impayées. Sur ce point, comme sur le détail des rubriques, les vérificateurs portaient

1. Observation faite par Mlle van Nieuwenhuysen dans son mémoire manuscrit indiqué *supra*, p. 286, n. 2.

2. Arch. Nord, B. 1605, fol. 270. Des reports d'exercice résultent aussi de la liquidation des dépenses des ducs après leur décès, par exemple après la mort de Philippe le Hardi (Arch. Côte-d'Or, B. 1547, 1554, 1556). Voir aussi B.-A. Pocquet du Haut-Jussé, Les dons du roi aux ducs de Bourgogne Philippe le Hardi et Jean sans Peur (*Mém. Soc. Hist. Droit... anc. Pays Bourg...*, 1939 et 1940-1941), p. 172.

l'attention la plus minutieuse. De compte en compte, les bonis et les déficits se reportent jusqu'à ce qu'en sortie de charge le receveur soit invité à apuration, s'il veut obtenir quitus. Les mentions finales et marginales portées sur les registres par les Gens des Comptes sont du plus grand intérêt ; cela est vrai des finances bourguignonnes comme de toutes les autres de ce temps. La méthode de travail des Gens des Comptes, codifiée par une ordonnance de 1407, exigeait que le Receveur général produise, en personne, une copie de ses comptes avec ses quittances à l'appui ; contrôle, enquête, vérifications, annotations constituaient la tâche du « grand burel », ainsi nommé parce qu'aux maîtres lillois s'adjoignaient des commissaires extraordinaires, dijonnais ou bruxellois[1]. Le travail était minutieux et long. L'arrêt de clôture survenait, souvent, de longues années après le commencement du contrôle. En effet, les Gens des Comptes, pas plus que les receveurs, n'étaient, et ne pouvaient être, préoccupés par la notion d'exercice budgétaire. Ils ne jugeaient que de gestions.

Ne cherchons donc pas dans les comptes de la Recette générale le « budget » de la Maison de Bourgogne : la chose, comme le mot, ne faisait pas partie de la mentalité du temps. Les anciens comptes ne sont que des comptes de gestion, personnels, destinés à la justification du comptable ; ce ne sont pas des relevés officiels des recettes et des dépenses publiques. C'est la raison pour laquelle ils nous paraissent incomplets et placés moins dans le cadre impersonnel du temps que dans les limites individuelles de la mission d'un officier. Ce sont les comptes d'un Guy Guilbaut ou d'un Pierre Bladelin ; ce ne sont pas ceux du « duché » de Bourgogne.

Dénoncer, de ce fait, l'imperfection administrative serait pire qu'une injustice : un contresens. Le personnel financier des ducs, maintenant bien connu[2], était qualifié au point que les habiletés abusives de certains témoignent en faveur de leur savoir-faire. Les erreurs sont extrêmement rares ; d'ailleurs, les « auditeurs » des comptes ne se seraient pas fait faute de les redresser. Enfin, nous avons vu que l'enchevêtrement n'est qu'apparent, puisque la disposition des comptes procédait d'un esprit différent du nôtre.

Si les financiers du XVe siècle ne dressaient pas de budgets, ils n'étaient pas, pour autant, inaccessibles à la notion de prévision de recettes et de dépenses. Le Conseil du roi de France, au XVe siècle, travaillait sur les « états par estimation » et sur les « états au vrai ». Tout conduit à penser que les ducs de Bourgogne ont, à plusieurs reprises, cherché à connaître leur situation financière. Philippe le Hardi ne dissimulait pas son mécontentement si son Trésorier était incapable de lui déclarer sur-le-champ le montant des

1. Arch. Nord, B. 1605, fol. 240 ; 1607, fol. 145. ANDT, *op. cit.* — BARTIER, *ouvr. cité* ci-dessous, p. 159-161, pour les ordonnances ducales sur la reddition des comptes.

2. J. BARTIER, *Légistes et gens de finances au XVe siècle*. Bruxelles, 1955. — POCQUET DU HAUT-JUSSÉ, *Les chefs des finances ducales de Bourgogne, 1463-1479*. Dijon, 1937, 76 p., tirage à part des *Mém. Soc. Hist. Droit... anc. Pays Bourg...*, 1937. — Une thèse de l'École des Chartes est consacrée, cette année même, par Mlle F. LECLERCQ, à l'*Étude du personnel de la Chambre des Comptes de Lille sous Philippe le Bon*.

pensions arriérées[1]. Chastellain prétend que Philippe le Bon « avoit trésor, mais ne le congnoissoit ; de son amas ne voulut oncques rien voir, ne argent manier, ne en sçavoir nombre... Tout commettoit en aultres mains » ; pourtant, à plusieurs reprises au cours de son règne, il demanda à ses officiers de finances un relevé annuel, « afin que tout ce que nous avons et prenons, tant en ordinaire comme par extraordinaire, se puisse veoir par un compte et estat »[2]. Il était du rôle du Trésorier général d'être au courant des ressources et du mouvement des fonds ; on ne saurait imaginer qu'il pût procéder aux « assignations » sans connaître la répartition des revenus disponibles. Or, la base de son information se trouvait dans les comptes des receveurs généraux. De son côté, le Conseil ducal[3], voulant, aux environs de 1440, affirmer son droit de regard sur les finances, exigea un état mensuel et une récapitulation annuelle des recettes et des dépenses[4].

Les comptes des receveurs généraux fournissaient la substance des *états* qui renseignaient les ducs sur leur situation financière. Ne pouvons-nous pas, à notre tour, y rechercher l'une des explications de leur destin, à condition, bien entendu, de se souvenir que les comptes n'épuisent pas la matière et qu'ils ne sont pas des budgets, sous réserve, également, de procéder avec prudence.

* * *

L'interprétation statistique des comptes de la Recette générale rencontre, d'autre part, l'obstacle de la multiplicité disparate des monnaies et de la difficulté de leur évaluation.

La diversité des espèces mentionnées par les comptables fut extrême jusqu'au milieu du règne de Philippe le Bon, c'est-à-dire jusqu'au moment où les mesures de stabilisation et d'unification adoptées par ce prince commencèrent à porter leurs fruits. On ne connaît pas assez la politique monétaire des ducs de Bourgogne[5], mais son étude approfondie, tout

1. F. Quicke et H. Laurent, Documents pour servir à l'histoire de la Maison de Bourgogne en Brabant et en Limbourg (*Bull. Comm. Roy. Hist.*, t. XCVII, 1933, p. 67, nº 12 (1394).

2. Arch. Nord, B. 1602, fol. 62 (Arras, 20 novembre 1419). Bartier, *op. cit.*, p. 160 et 164. — Chastellain, *Œuvres* (éd. Kervyn de Lettenhove, VII, p. 223).

3. Arch. Nord, B. 1605, fol. 270.

4. M. Voglaire dans son mémoire manuscrit déjà cité (p. 106) note que la disposition des dépenses dans la rubrique « *deniers baillés à officiers* » ... ressemble à l'ouverture de crédits par chapitres correspondant aux diverses branches de l'administration dans les budgets modernes.

5. On trouvera des éléments pour l'étude du problème dans Pirenne, *Hist. de Belgique*, t. II, réf. citée. — G. Bigwood, *Le régime juridique et économique du commerce de l'argent en Belgique au Moyen Age*, t. I. Bruxelles, 1921, p. 604-636. — L. Lièvre, *La monnaie et le change en Bourgogne sous les ducs Valois*. Dijon, 1929. — H. van Werweke, De ekonomische en sociale gevolgen van de muntpolitik der graven van Vlaanderen, 1337-1433 (*Ann. Soc. Émul. Bruges*, t. LXXIV, 1931, p. 7-24). — G. Pusch, *Staatliche Münz-und Geldpolitik in der Nederlanden unter den Burgundischen und Habsburgischen Hersschen*, Inaug. Dissert. Munich, 1932 (avec tableau). — R. de Roover, *Money, Banking and credit in mediaeval*

ardue qu'elle serait, apporterait quelque lumière. L'extrême variété des espèces comptabilisées par les receveurs s'explique, d'abord, par la structure territoriale composite de l'État bourguignon. Les « pays » conservèrent leurs types monétaires et leurs ateliers propres, si bien que les « estèvenants » et les « engrognes » voisinent avec les « clinquars » et les « écus de Flandre », que les « florins du Rhin » se rencontrent avec les « moutons » du roi. Jusqu'au Téméraire, la Bourgogne « frappa » pour le royaume. Du moins, les progrès de la centralisation sous Philippe le Bon apportèrent une simplification : l'émission, en 1433, du *philippus* ou *ridder* d'or, celle du *vierlander* d'argent, communs à toutes les possessions bourguignonnes.

En second lieu, les monnaies étrangères sont mentionnées en très grand nombre dans les comptes bourguignons. Les vicissitudes politiques, surtout pendant la guerre de Cent ans, en sont l'une des causes. En certains de ses territoires, Philippe le Bon battit monnaie au nom d'Henry VI. La concurrence monétaire ne faisait qu'accroître la complexité ; on connaît la rivalité des monnaies des « trois France » aux environs de 1420, et la « guerre monétaire » du temps de Louis XI ; la présence de l'atelier de Tournai, aux portes mêmes de la Flandre, posait un grave problème, dont l'importance exigerait l'étude [1]. Le commerce international, enfin, par Anvers et Bruges d'un côté, Chalon et Genève de l'autre, introduisait dans les pays « bourguignons » une foule d'espèces monétaires de toute origine.

Une dernière source de complexité provenait des déplacements perpétuels des princes. Les séjours fréquents des deux premiers ducs à Paris supposaient d'incessants transferts d'argent pour l'entretien de leur Hôtel et les frais de leur politique. Leurs successeurs ne ménagèrent pas davantage leurs équipages et se déplaçaient constamment des « pays de par deçà » aux « pays de par delà ». Des problèmes de transfert se posaient à chaque fois ; la pratique des assignations et des obligations tirées sur les recettes locales du voisinage ne suffisait pas à les résoudre. Nombre de décharges, assignées sur des recettes éloignées ou payées longtemps après leur signature, étaient liquidées en espèces de types et de cours différents. Souvent, on s'adressait aux marchands et aux banquiers, italiens et autres, de Paris, Bruges et Genève. Dans le premier cas comme dans le second, tout transfert supposait une opération de change dont nos comptes, parfois, conservent la trace [2].

Bruges. Cambridge (Mass.), 1948, p. 220-247. — Fr. DUBOURG, *Le monnayage des ducs de Bourgogne, 1363-1477*, thèse manuscrite. École des Chartes, 1957.

1. Observations intéressantes dans M. REY, Le Z 1 B 305 (2e partie), étude d'histoire monétaire en France au début du XVe siècle (*Ann. Littér. Univ. Besançon*, t. I, 1954), p. 27-52.

2. Certains comptes comportent une rubrique intitulée « change et perte de monnaie ». On souhaiterait voir développer et étendre à la période tout entière le sujet abordé par Mlle A. NIEUWENHUYSEN, Le transport et le change des espèces dans la Recette générale de toutes les finances de Philippe le Hardi (*Rev. belge Philol. et Hist.*, t. XXXV, 1957), p. 55-65.

La disparité des espèces et la variabilité des changes s'aggravaient en période d'instabilité. Les variations monétaires de la première partie du xve siècle se reflètent dans les comptes et leur donnent un caractère de grande complexité, surtout dans les dernières années du règne de Jean sans Peur, et même au delà de la réforme de 1433. Les clercs ont été contraints, ici comme ailleurs, de noter que telle et telle espèce s'exprime en monnaie ancienne ou nouvelle, forte ou faible, selon son cours à telle date donnée. Les Gens des Comptes eux-mêmes s'y retrouvaient difficilement ; on les voit, pour vérifier les estimations des comptables, se communiquer les cours de Lille à Dijon [1] et recourir à l'avis du Maître de la Chambre aux Deniers ; ce dernier, de par ses fonctions, était au courant des cours commerciaux des monnaies et des métaux et s'exprime souvent par référence à la valeur du marc d'argent [2].

L'historien s'estime heureux quand les comptables ont pris soin de le renseigner, car il n'en est pas toujours ainsi. Par négligence voulue ou involontaire, certains se dispensaient d'observer les ordonnances ducales qui prescrivaient « d'énumérer les espèces avec leur prix, afin d'obvier aux embarras qu'occasionnent les différentes monnaies » [3]. J. Bartier, dans son ouvrage sur les *Légistes et gens de finance au XVe siècle*, a expliqué que les spéculations sur les monnaies étaient, alors, tolérées, sinon admises, comme un complément naturel des gages des officiers de finances [4]. En tout cas, ce n'est guère que dans la récapitulation finale de leurs comptes que les clercs ont noté l'équivalence des espèces en monnaie de compte, quand il en ont eu le souci. Assez souvent, pour les comptes antérieurs aux années 40 du xve siècle, le chercheur doit effectuer lui-même le calcul, après un patient dépouillement des rubriques et par comparaison avec les registres des années antérieures et postérieures.

La monnaie de compte employée par l'administration financière bourguignonne fut, d'abord, le franc ou la livre tournois, ensuite, au cours du règne de Philippe le Bon, la livre flamande de quarante gros [5]. Un tel fait illustre la prépondérance croissante des Pays-Bas dans l'État bourguignon. Afin de rendre les résultats de leur travail plus intelligibles et de faciliter les comparaisons avec les finances du roi et celles des autres princes français, nos équipes de travail ont converti en monnaie tournois les sommes exprimées en monnaie de gros flamande. Ainsi avaient fait, d'ailleurs, leurs

1. Arch. Côte-d'Or, B. 1511, fol. 173 v°.

2. On en trouverait un exemple avec Jean de Velery, Maître de la Chambre aux Deniers de Jean sans Peur, notamment dans le registre B. 1589 des Archives de la Côte-d'Or, fol. 80.

3. L. Deschamps de Pas, *Essai sur l'histoire monétaire des comtes de Flandre de la Maison de Bourgogne*. Paris, 1863, p. xxiii, n° 114.

4. Bartier, *Légistes...*, p. 146 sqq.

5. Les totaux sont donnés en monnaie tournois presque jusqu'à la fin du règne de Jean sans Peur. La totalisation en monnaie de compte n'est pas effectuée, ensuite, jusqu'à 1431. Après cette date, elle est indiquée en monnaie flamande.

devanciers, notamment Mgr Dehaines, bien qu'il soit nécessaire de rectifier certains de leurs calculs [1].

En conclusion, nos résultats ne prétendent pas, redisons-le, à l'absolue rigueur statistique. Ils sont incomplets par suite des lacunes de la documentation, faussés parce que la Recette générale n'enregistrait pas la totalité des recettes et des dépenses, altérés par l'incidence de la dépréciation simultanée de la livre tournois et de la livre flamande [2]. Cependant, ils ne semblent pas dénués d'intérêt. Leurs données reposent sur des bases homogènes ; on les a toutes exprimées en une même monnaie de compte ; elles sont donc comparables. Leur continuité est suffisante, n'étant suspendue que par intervalles relativement courts. Les chevauchements d'exercices, ainsi, se compénètrent et, par là, se compensent. Le sens de l'évolution, les tendances générales peuvent se dégager. Un ordre de grandeurs, le mouvement dans le temps, voilà ce qu'exprime l'analyse de la documentation.

IV

Fleuve de chiffres, la série des comptes bourguignons peut être soumise à la méthode des géographes : coupe transversale, à quelque étape cruciale de l'évolution, pour analyser *la situation financière à un moment donné* ; profil longitudinal, pour en observer l'évolution d'ensemble au cours de près d'un siècle.

Il est certains moments du siècle bourguignon dont on aimerait particulièrement connaître la situation financière. On sait que l'espoir est vain, malheureusement, de pouvoir confronter simultanément, pour une même année, les comptes de la Recette générale avec ceux des recettes des principales provinces de l'État bourguignon, de quelques grandes villes, voire de villages [3]. Quelques essais ont été tentés ; des recherches sont en cours. Il serait intéressant, par exemple, d'approfondir l'étude du passage, sous Philippe le Hardi, d'une comptabilité exclusivement bourguignonne à celle du complexe des « pays de par deçà » et des « pays de par delà » [4]. L'exa-

1. Il est arrivé parfois à Mgr Dehaisnes (*op. cit.*) d'indiquer, par inadvertance, en monnaie tournois des nombres effectivement calculés en monnaie flamande de 40 gros, par exemple pour B. 1925, 1969, 2026, 2034, 2040, 2058 ; parfois, un boni est transformé en déficit et vice-versa, par exemple pour B. 1942 (où il a négligé un gros compte de gens d'armes) et pour B. 1945.

2. Cf. Deschamps de Pas, *op. cit.* ; de Roover, *op. cit.*, p. 223 sqq., et Natalis de Wailly, *Mém. sur les variations de la livre tournois* (Mém. Acad. Inscr. et Belles-Lettres, t. XXI (2), 1857), dont les données ont servi à la construction du graphique joint à cet article.

3. Un entretien de séminaire donné au séminaire médiéval lillois par M. M.-A. Arnould, sur l'incidence de la fiscalité sur les finances d'un village hennuyer aux XVe et XVIe siècles, nous a permis de noter tout ce qu'une recherche en ce domaine pourrait avoir de fructueux.

4. On souhaiterait que Mlle van Nieuwenhuysen continue et approfondisse ses travaux sur les finances de Philippe le Hardi.

men de la situation en 1435-1436 permet de dégager les premiers effets des réformes de 1433 et ceux de la paix d'Arras [1]. On pourrait, aussi, considérer l'équilibre acquis par l'État bourguignon à l'apogée du règne de Philippe le Bon, en une année de la décennie 1450-1460. De même, il serait utile d'ouvrir le panorama du dernier exercice financier du Téméraire. Un jeune chercheur belge a commencé l'étude simultanée de quelques comptes de la Recette générale de toutes les finances, et de comptes du Namurois, du Luxembourg, de la Flandre, du Brabant et de la ville de Bruges, échelonnés entre 1440 et 1447 [2]. Nous retiendrons, à titre d'exemple, le cas de la période 1418-1420, qui vient de faire l'objet d'un Mémoire de diplôme d'Études supérieures à la Faculté des Lettres de Lille [3].

La période 1418-1420 est particulièrement propice à une telle analyse. La Recette générale de toutes les finances a laissé, pour sa part, les deux derniers comptes du règne de Jean sans Peur (1er janvier-10 septembre 1419) et le premier de celui de Philippe le Bon (3 octobre 1419-3 octobre 1420) [4] ; il s'y ajoute un compte de la recette de Flandre (24 juin 1418-6 février 1420), ceux des villes de Lille (1418-1420) et de Saint-Omer (1419-1420) [5], auxquels on pourrait ajouter ceux de Dijon (1418-1420) [6]. La période choisie coïncide avec un moment particulièrement critique de la conjoncture politique, économique et financière : guerre civile et étrangère, traité de Troyes, crise monétaire et dépression économique. L'État bourguignon est à la veille d'incorporer le comté de Namur : il est encore constitué, pour l'essentiel, de territoires relevant de la Couronne de France. Enfin, la période 1418-1420 est peut-être l'unique où il soit possible de comparer finances ducales et finances royales : survivants de l'immense désastre de l'incendie des comptes royaux, les registres de Pierre Gorremont s'étendent du 14 janvier 1418 au 9 septembre 1420 [7]. Les chances de comparaison sont exceptionnelles.

Les deux administrations s'inspirent du même esprit, usent des mêmes méthodes, mais les formes de leurs comptabilités respectives traduisent les

1. Ruckebusch, *op. cit.*
2. Voglaire, *op. cit.*
3. Penzak, *op. cit.*
4. Arch. Côte-d'Or, B. 1601 et 1603 ; Arch. Nord, B. 1620, et Côte-d'Or, B. 1605. Extraits succincts d'un compte pour 1416-1418 à la Bibl. nat., Bourg. ms. 100, p. 145-154.
5. Arch. Nord, B. 4091 (compte de Flandre), B. 15870 (Saint-Omer). — Arch. comm. Lille, no 16, 162-165.
6. Arch. comm. Dijon, M. 55 et 56. Il faudrait utiliser les comptes du Receveur général de Bourgogne, dont il n'a pas été fait de microfilms (Arch. Côte-d'Or, B. 1594, 1598, 1606).
7. Arch. Côte-d'Or, B. 1593 et 1602 ; pris récemment, des microfilms de ces deux registres sont aux Archives nationales. Les recettes de Gorremont ont été étudiées par M. Pocquet du Haut-Jussé dans la *Bibliothèque de l'École des Chartes*, t. XCVIII, 1937, p. 66 sqq. et 234 sqq. Nous remercions l'auteur d'avoir eu l'obligeance de nous communiquer le manuscrit d'une étude des dépenses du même compte. Les finances de Charles VI doivent faire l'objet d'une thèse de M. Rey.

degrés différents d'évolution des deux États Valois. En réformant les finances de Charles VI et en aménageant, au profit d'un de ses fidèles, la charge de Receveur général, pour coordonner, comme en Bourgogne, les différents organismes financiers de la royauté, Jean a fait preuve de l'esprit ordonnateur traditionnel, introduit en Bourgogne par sa dynastie. Mais, tandis que l'énumération des revenus bourguignons, pays par pays, laisse l'impression d'une fédération fondée sur une union personnelle, les comptes de Gorremont ordonnent, bailliage par bailliage, catégorie par catégorie, les ressources d'un royaume où les particularités historiques et géographiques sont déjà subordonnées à une entité supérieure : l'État. Pourtant, cet État n'est que le royaume de Charles VI, amputé des conquêtes d'Henry V et des provinces fidèles au dauphin.

Le compte royal et les comptes ducaux ont beau couvrir des périodes d'inégale durée, leur comparaison ne laisse pas d'être significative moins par les chiffres bruts que par leurs proportions. On peut évaluer les recettes et les dépenses du premier à 1.826.000 lb. t. et 1.661.000 lb. t. respectivement, les recettes des deux comptes bourguignons à 600.000 lb. t., leurs dépenses totales à près de 525.000. L'excédent fut proportionnellement plus élevé du côté royal (165.000 lb. t. en 33 mois ; moyenne mensuelle : 5.000 lb.) que du côté ducal (75.000 lb. ; moyenne mensuelle : 3.750) ; mais l'illusion ne résiste pas à l'examen. Plus saines, les finances bourguignonnes s'améliorent, alors que se détériorent celles du roi.

Les recettes, dans les deux cas, font une part considérable à l'Extraordinaire : 60 % en Bourgogne, 90 % dans les comptes royaux. Mais vu de près, le contraste est pire. Jean sans Peur, en 1419, fit un appel exceptionnel aux ressources extraordinaires et bénéficia, en Artois, d'un reliquat sur les aides : en tout, plus de 327.000 lb. t., soit les 9/10 des revenus de l'année ; en revanche, l'année suivante, l'Extraordinaire ne représente plus que les 1/10 des recettes. Au contraire, privé de l'appoint des aides supprimées par la démagogie de Jean sans Peur, Gorremont n'en a encaissé qu'un infime reliquat (12.300 lb. t.), et le plus clair de ses recettes vient des expédients des jours troublés. Ce sont les emprunts, les profits des confiscations, et ceux des monnaies surtout qui donnèrent, en 1418, presque les 5/6, et en 1419-1420 à peu près la totalité de l'Extraordinaire ; la gabelle, versée par quarante-six greniers seulement, connaissait une moins-value importante, descendant de 65 % d'un exercice à l'autre (de 52.000 lb. à 16.000).

Même contraste en ce qui concerne les revenus ordinaires. Sans doute, est-ce un trait connu des finances royales que le fléchissement des revenus du Domaine au XVe siècle. Au temps de Gorremont, la situation est pire que jamais ; le Domaine ne lui verse que 1/24 de ses encaissements (74.500 lb.) ; les revenus des vingt-un mois de l'exercice 1419-1420 sont inférieurs d'un cinquième à ceux des douze mois de 1418 ; le manque à gagner, du fait de la conquête de la Normandie et de la coupure entre Paris et les provinces du Centre et du Midi, se fait cruellement sentir ; les sommes reçues

I. — Principaux chapitres de recettes dans les comptes des Receveurs généraux du roi de France et du duc de Bourgogne (1418-1420)
(en livres tournois)

Recettes totales (arrondies)	Comptes de Pierre Gorremont, receveur général de France — 1418 (1er janv.-31 déc.) 674.000		Comptes de Pierre Gorremont — 1419 (1er janv.)-1420 (9 sept.) 1.152.000		Compte de Jean de Nordent, l'un et l'autre receveurs généraux de toutes les finances ducales — 1419 (14 janv.-10 sept.) 367.000		Compte de Guy Guilbaut — 1419 (3 oct.)-1420 (3 oct.) 234.000	
Revenus ordinaires								
Royaume : Bailliages	41.500	*58.000*	33.150	*48.000*				
Languedoc	16.500		14.850					
État bourguignon : Duché et Comté de Bourgogne					12.000		130.000	
Flandre					6.800	*22.000*	54.800	***191.600***
Domaine d'Artois					3.200		6.800	
Revenus extraordinaires								
Royaume : Monnaies	514.000		1.053.000					
Aides, tailles, gabelle	69.000[1]	*612.000*	44.200[2]	*1.103.000*				
Emprunts	21.000		1.500					
Confiscations	8.000		4.300					
État bourguignon : Aides d'Artois et recette extraordinaire						327.800		29.000
Trésor laissé par le duc Jean								13.500

1. Dont 52.800 provenant de la gabelle. — 2. Dont 16.400 provenant de la gabelle.

II. — Principaux chapitres des dépenses dans les comptes des Receveurs généraux du roi de France et des ducs de Bourgogne (1418-1420)
(en livres tournois)

Dépenses totales (arrondies)	Comptes de Pierre Gorremont — 1418 (1er janv.-31 déc.) 549.600	Comptes de Pierre Gorremont — 1419 (1er janv.)-1420 (9 sept.) 1.111.500	Compte de Jean de Nordent — 1419 (14 janv.-10 sept.) 258.000	Compte de Guy Guilbaut — 1419 (3 oct.)-1420 (3 oct.) 267.000
Deniers baillés à officiers qui en doivent compter	192.350	364.100	123.000	171.800
Dépenses pour la guerre	120.600	363.800	5.450	10.800
Deniers payés en l'acquit du prince, achats divers et dépense commune	26.400	39.130	16.600	22.900
Ambassades, voyages et messageries	21.750	52.950	12.350	10.800
Gages et pensions	9.750	41.920	14.600	12.100
Dons et récompenses	177.200	230.630	22.800	41.300
Deniers rendus et non reçus			19.700	
Change et perte de monnaie			1.327	69
Décharges du roi			19.700	

ne proviennent que des bailliages de « France », de Champagne et d'une partie seulement de la Haute-Normandie ; depuis janvier 1419, Rouen et la Touraine ne versent plus rien ; le Languedoc ne fournit pas même 1 /48 des recettes. Au contraire, le duc de Bourgogne continue à tirer de son Domaine plus du tiers des fonds dont dispose sa Recette générale ; en 1419-1420, la proportion s'élève même à 85,5 % ; les deux Bourgogne, pour l'une des dernières fois, fournissent, encore, la plus grosse part, soit 55 %. Cette année-là, Philippe le Bon eut aussi la chance de bénéficier de près de 14.000 lb. t. trouvées dans le Trésor de son feu père. A la précarité des ressources de Charles VI s'opposait la sécurité bourguignonne.

L'État bourguignon avait l'avantage de ne pas avoir à faire face aux circonstances exceptionnellement graves dans lesquelles se débattait la royauté française. Le contraste de leurs dépenses respectives en fait également foi. Des deux côtés, les principaux chapitres sont de même nature ; mais leur importance diffère. Au premier rang, de part et d'autre, les dépenses de caractère administratif et gouvernemental (*deniers baillés à officiers qui en doivent compter*) font 33 % en France, 57 % en Bourgogne ; ici, l'hôtel ducal en absorbe, pour sa part, un peu plus du tiers. Le roi, lui, était sollicité par les exigences de la guerre, consommatrice d'au moins 25 % des dépenses ; au contraire, les ducs n'affectaient guère plus de 3 % de leurs débours à des frais de caractère militaire. Roi et ducs, enfin, affectaient de fortes sommes aux dons et aux récompenses : 12 % en Bourgogne, 25 % en France ; c'était, dans le second cas, d'ailleurs, une pluie favorable aux sujets bourguignons sur lesquels souvent elle retombait, secondant d'autant la Trésorerie ducale. Celle-ci a contribué aux dépenses du roi, faisant de celui-ci son obligé : en 1419-1420, le duc fit verser plus de 53.000 lb. t. au Trésorier des Guerres et 1 /10 des dépenses a eu pour objet d'honorer des décharges émises au nom du roi. La différence fondamentale est que le duc peut, en toute liberté d'esprit, disposer de la majeure partie (55 %) de ses ressources, et que ces ressources sont généralement stables. Inversement, les revenus encaissés par Gorremont, provenant des mutations monétaires, sont essentiellement précaires.

Si l'on compare, enfin, les deux situations dans leur ensemble, l'opposition est encore plus frappante. Les comptes de Gorremont font ressortir des excédents apparents, mais nullement significatifs d'un réel équilibre financier. Aux faux bonis français, s'oppose le faux déficit bourguignon de 1419-1420 ; la balance établie à la date du 3 octobre 1420 fait apparaître que le Receveur général de Philippe le Bon doit encore décaisser 56.000 lb. t., mais qu'il a à recevoir 85.000 lb. ; en additionnant ces sommes respectivement aux dépenses et aux recettes effectives, l'équilibre se rétablit réellement aux environs de 320.000 lb. t. tant pour les unes que pour les autres.

Les méthodes, autant que les chiffres et la nature des recettes et des dépenses, mettent en relief l'antithèse entre l'empirement des finances françaises et l'assainissement des bourguignonnes. On constate du relâchement dans l'administration royale ; tandis que le duc, maître de ses deniers, peut, en 1419-1420, les mobiliser, sous forme d'obligations dans la proportion de 80 %, Gorremont abuse des décharges. Celles-ci représentent 80 % de ses dépenses en 1418, 90 % les deux années suivantes. L'abus fut tel que Gorremont se fit dégager, par lettres en bonne et due forme, de la responsabilité des excès résultant du trop grand nombre de décharges. On s'explique qu'il y ait eu fort peu d'argent, alors, dans les caisses royales. Les décharges, pour cette raison, n'étaient pas toujours honorées ; elles devenaient de véritables chèques sans provision. Faisant retour au Receveur général du roi, elles allongeaient démesurément la rubrique des « deniers rendus et non reçus » (4.150 lb. t. en 1418, 146.327 en 1419-1420). Au contraire, l'assainissement des finances ducales, réalisé, d'ailleurs, en partie aux dépens des finances du royaume, fait apparaître, à la fin du règne de Jean sans Peur, une résorption notable des vieilles créances. Jean de Nident, receveur général de ce prince, avait trouvé, lors de son entrée en charge, en 1413, un découvert d'environ 80.000 lb. t. en quatre-vingt-six créances remontant au début du siècle ; il n'en laisse à Guy Guilbaut, son successeur, en octobre 1419, que dix-huit, récentes, montant à 38.000 lb. t. La créance flottante était donc à peu près résorbée. C'est là, semble-t-il, le signe d'une gestion avisée et saine [1].

De leur côté, les comptes de provinces et de villes confirment la santé des finances ducales. En 1419 et 1420, les deux Bourgogne ont versé une grosse somme à la Recette générale. L'apport de la Flandre et de l'Artois ne lui fut peut-être pas tellement inférieur, bien qu'il n'apparaisse que dans les comptes de la recette régionale. Le receveur de Flandre effectua des rentrées et des débours importants : 150.000 lb. t. de recettes, 146.000 lb. t. de dépenses. La prépondérance des revenus domaniaux est très nette ; l'importance des tonlieux et, plus spécialement, celle du complexe « Bruges-Damme-L'Écluse », capable de fournir 35 % des recettes (52.000 lb. t.), met en relief l'influence du facteur économique. La Flandre et l'Artois assument les frais de leur propre administration ; ils sont capables, aussi, d'affecter 57 % de leurs sorties d'argent aux assignations prescrites par le Trésorier ducal au profit du Receveur général, du Maître de la Chambre aux Deniers et de divers autres officiers [2].

Le duc vit également de ses villes, surtout de celles des Pays-Bas. Plus que Dijon, semble-t-il [3], Saint-Omer et Lille ont subi le poids des exigences ducales. Les sommes payées « par mandement de Mgr » dépassent le tiers des dépenses annuelles de Saint-Omer ; et la moitié en est absorbée, en

1. Pocquet du Haut-Jussé, *Les dons du roi...*, p. 174-175.

2. Penzak, *op. cit.* Les conclusions de ce travail concernant Bruges seront publiées dans la *Revue du Nord*.

3. Mlle Fr. Humbert a bien voulu nous communiquer sa thèse d'École des Chartes (1958), sur *Les finances municipales de Dijon du milieu du XIVe siècle à 1477*.

1419-1420, par le paiement des rentes vendues depuis le début du siècle pour répondre aux demandes du prince. Pas de reliquat de recettes ; c'est à peine si les plus fortes, les assises et les maltôtes créées pour satisfaire le Trésor ducal, dépassent le montant nécessaire au paiement des rentes[1]. A Lille, la taxe du « quart denier » a un objet semblable. La ville a dû secourir Senlis en 1418, contribuer à une levée de gens d'armes en 1420. En 1418, elle verse au duc près du cinquième de ses revenus ; en 1421, une somme (26.000 lb. t.) supérieure au volume de ses ressources annuelles. Sans emprunt, elle n'y eût pas pu subvenir[2]. Ainsi apparaissent quelques-uns des aspects essentiels de la situation financière de l'État bourguignon : le rôle des provinces et des villes, l'importance du crédit. Ils se retrouvent à toutes les étapes.

V

Un exemple a permis d'analyser la structure des finances bourguignonnes à un moment donné. Le graphique joint à ce travail a pour objet de présenter *l'évolution et le rapport des recettes et des dépenses* comptabilisées par la Recette générale de 1383 à 1477.

La caractéristique commune des recettes et des dépenses est, entre les deux termes de la période, l'augmentation du volume. Leur moyenne annuelle a doublé du règne de Philippe le Hardi à celui de Charles le Téméraire. D'un mouvement synchrone, les unes et les autres projettent, de 1471 à 1473, un clocher d'une singulière acuité, près de deux fois plus élevé que les pointes marquant les premières années du siècle et le maximum de 1436. Ce dernier maximum semble constituer un seuil ; à partir de ce point, l'irrégularité, auparavant fort accentuée, fait place à une phase prolongée de stabilité. Au cours des quarante ans qui suivent, recettes et dépenses descendent seulement quatre fois au-dessous de 300.000 lb. t. De son côté, le contraste des moyennes annuelles par règnes met aussi en relief la progression d'ensemble.

Recettes et dépenses par règnes
(en livres tournois)

	Philippe le Hardi	Jean sans Peur	Philippe le Bon	Charles le Téméraire
Recettes				
Totaux	6.878.000	3.942.000	14.953.000	7.086.000
Moyenne annuelle	340.700	355.700	348.000	773.000
Dépenses				
Totaux	6.976.000	3.577.000	14.622.000	6.981.000
Moyenne annuelle	324.200	322.800	345.200	761.600

1. PENZAK, *op. cit.*
2. CAYEZ, *op. cit.*

II

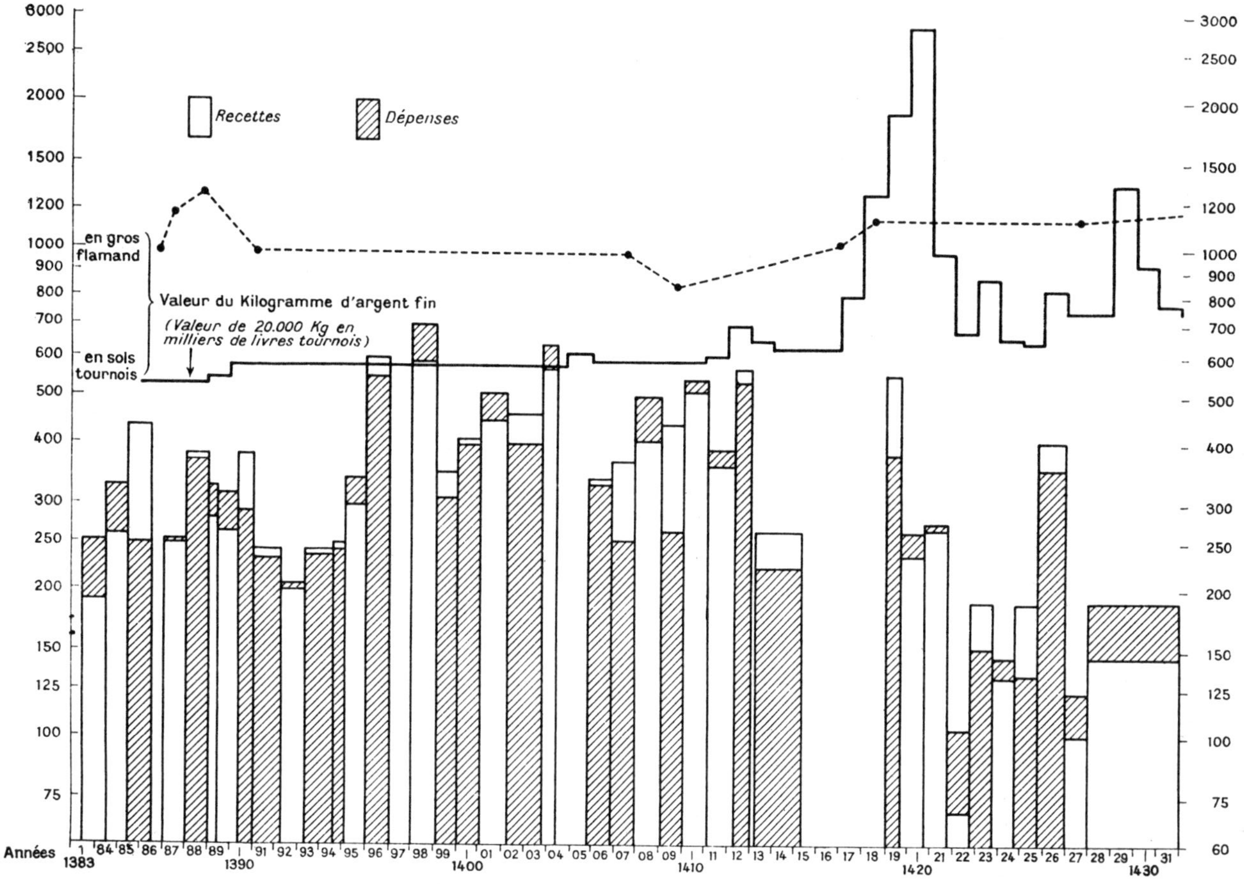

Recettes
Dépenses
en gros flamand
Valeur du Kilogramme d'argent fin
(Valeur de 20.000 Kg en milliers de livres tournois)
en sols tournois
Années
6000
2500
2000
1500
1200
1000
900
800
700
600
500
400
300
250
200
150
125
100
75
3000
2500
2000
1500
1200
1000
900
800
700
600
500
400
300
250
200
150
125
100
75
60
1383
1390
1400
1410
1420
1430

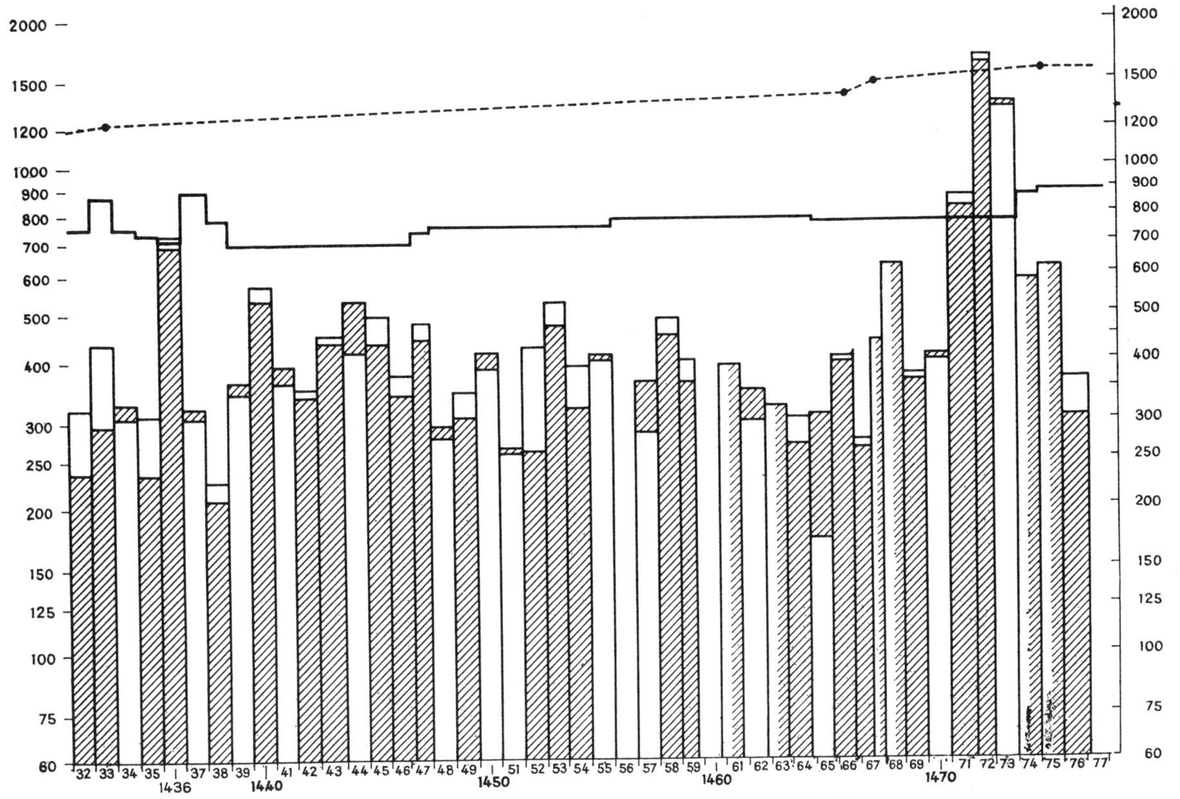

Mouvement des Fonds de la Recette générale de toutes les Finances

(Niveau annuel en milliers de livres tournois)

Remarques importantes pour la lecture du graphique : 1. Les chiffres de dépenses et de recettes se rapportant à des durées inférieures ou supérieures à l'année ont été l'objet d'une péréquation. Ainsi, pour une durée de six mois, les chiffres ont été doublés et, pour une durée de quinze mois, ils ont été réduits d'un cinquième. — 2. Pour les chiffres se rapportant à de très courtes durées, la majoration aurait produit assez souvent des contrastes de très faible signification. Dans ces cas, on a bloqué ces chiffres avec ceux du compte précédent ou suivant. — 3. On se rappellera que les Receveurs généraux n'effectuaient pas la totalité de toutes les opérations de trésorerie et que leurs comptes révèlent des ordres de grandeurs et un mouvement d'ensemble.

(Graphique construit avec la collaboration de M. Jean Meuvret)

L'évolution du mouvement des fonds de la Recette générale a été sensible à des influences diverses. La première qu'on voudrait dégager est la conjoncture économique. L'état actuel du problème n'autorise pas encore de conclusions précises ; on ne dispose pas d'un nombre suffisant de monographies ; l'histoire monétaire est, on le sait, trop peu connue ; quant aux prix, pour le xve siècle, c'est toujours aux données recueillies par H. van Houtte qu'il faut recourir[1].

Il semble, néanmoins, que les informations fournies par nos comptes concordent avec ce qu'on connaît de l'évolution économique. Les dépenses publiques, et, par nécessité d'adaptation, les recettes, paraissent suivre un mouvement parallèle à l'évolution des prix. Au seuil observé vers 1436 dans les mouvements des fonds de la Trésorerie ducale, correspond une hausse accentuée des prix des grains, due à une disette, aux environs de 1438. A l'irrégularité des recettes et des dépenses annuelles avant ce moment, correspond l'oscillation spasmodique des prix. Les deux décennies suivantes, de 1440 à 1460, voient s'atténuer l'amplitude des variations dans les deux cas. Enfin, les prix s'élèvent et culminent vers 1476-1478, comme les sommes maniées par le Trésor.

En outre, une relation, logique, mais de sens inverse, paraît s'établir entre le mouvement des prix et celui des fonds du Trésor, d'une part, et l'évolution de la valeur des monnaies, d'autre part. A l'élévation lente des prix et au gonflement, plus rapide, du « budget » ducal, s'oppose la dépréciation, progressive et parallèle, de la livre tournois et de la livre flamande de quarante gros. Celle-ci perdait environ la moitié de sa valeur intrinsèque pendant que doublait la valeur moyenne annuelle, en monnaie de compte, des recettes et des dépenses. Cette double dépréciation monétaire peut, d'ailleurs, être traduite inversement sous la forme d'une augmentation de l'argent fin évalué en monnaie de compte[2].

1. H. van Houtte, *Documents pour servir à l'histoire des prix de 1381 à 1794* (Bruxelles, 1902). — Prix du blé à Lille, d'après les archives hospitalières de la ville, dans A.-J. van Costenobel, *Les emphytéoses concédées par les hospices civils de Lille...* (Lille, 1929). — Voir aussi le début de la courbe publiée dans Mouvements des prix et des salaires en Belgique au xvie siècle, par C. Verlinden, J. Craeybeckx et E. Scholliers (*Annales E. S. C.*, 1955, p. 175). — Il vaudrait la peine de comparer la situation du Trésor bourguignon avec celle du Trésor anglais ; étudiant celui-ci au xive siècle, M. Perroy (A l'origine d'une économie contractée : Les crises du xive siècle, *Annales E. S. C.*, 1949, p. 167-182) observe (p. 172-175) l'accélération du mouvement des fonds, l'augmentation des dépenses publiques, l'aggravation de la fiscalité et la multiplication des emprunts, en relation avec les difficultés économiques et monétaires. Une meilleure connaissance de la conjoncture permettrait de vérifier s'il s'agit de phénomènes de grande ampleur, affectant tous les États à la fin du Moyen Age. — Il faudrait aussi tenir compte des remarques d'Albert Girard (La guerre monétaire, xive-xve siècles, *Ann. Hist. Soc.*, II, 1940, p. 207-219, notamment p. 216-217) et de R. Gandilhon (*Politique économique de Louis XI*. Paris, 1941, p. 318 sqq. et graphique II, p. 238), sur les répercussions de la concurrence des espèces faibles sur la circulation monétaire dans les États de Bourgogne.

2. Cf. *supra*, p. 299, n. 2. Les réformes monétaires de 1433 et 1467 constituent des paliers de l'évolution monétaire et le mouvement des fonds semble aussi les connaître.

Quant à l'économie, très différente d'ailleurs, entre les pays « de par deçà » et ceux « de par delà », en quoi a-t-elle pu influencer les comptes de l'État bourguignon? On retrouve l'importance de Bruges. D'autre part, les enquêtes fiscales[1], effectuées surtout dans les campagnes, les difficultés sans trêve des finances urbaines, les plaintes continuelles des métiers laissent l'impression d'une succession de crises plus ou moins accentuées. Dans une certaine mesure, nos comptes peuvent corroborer une telle observation ; la stabilité relative des revenus tirés du domaine, contrastant avec l'accroissement des ressources extraordinaires, n'est-elle pas un symptôme d'atonie économique, alors que l'État se fait plus exigeant?

Les fluctuations politiques et l'action personnelle des souverains constituent, à leur tour, un facteur majeur. C'est sur elles, au moins autant que sur les phases de la conjoncture, que se moulent les variations de la courbe des finances ducales. Mariages, campagnes militaires, manifestations de prestige, achats de terres accroissent les dépenses ; mais dots, héritages, acquisitions sont les gages de nouveaux revenus.

A l'origine, l'héritage flamand augmente d'environ un tiers le volume des finances ducales ; cette influence, sensible dès 1385 et 1388, s'accentue à partir de 1396 jusqu'à élever les sommes de 1398 et de 1403 de près des deux tiers par rapport à celles de 1383. « Grand marieur », Philippe dépense beaucoup pour les noces de Jean avec une Wittelsbach (1385) et veut affirmer son prestige quand il unit sa petite-fille Marguerite et son petit-fils Philippe avec les enfants de France, le dauphin Louis et Michelle (1403). Sa prééminence au Conseil royal est, au moins, l'occasion de compensations fructueuses. Il y a des opérations payantes : la campagne de Gueldre (1388), financée par le roi, l'acquisition du Limbourg et la patiente pénétration dans le Brabant. Mais la rançon du prisonnier de Nicopolis est lourde ; Jean sans Peur avait alourdi les finances avant même que de régner.

Les « budgets » du second duc croissent au rythme de la guerre civile : 1409-1410, 1412-1414 sont des exercices difficiles ; 1419 a vu faire un appel considérable aux ressources extraordinaires, quoique sans rapport avec l'effort imposé par la guerre aux finances royales. Les premières années du règne de Philippe le Bon connaissent les chiffres les plús bas ; le duc n'a plus l'accès des caisses royales ; à part l'acquisition de Namur, cause d'une hausse légère des dépenses (1421), les années consécutives au traité de Troyes, paisibles, ignorent les entreprises. La mainmise (1426) sur l'héritage de la malheureuse Jacqueline de Bavière, comportant la triple acquisition du Hainaut, de la Hollande et de la Zélande, détermine une poussée, excédentaire, du mouvement des fonds. Situation inverse à partir de 1429, du fait de la reprise des opérations militaires, surtout devant Compiègne, de concert avec les Anglais ; le receveur a laissé un intéressant

1. M. Braure, *Étude économique sur les châtellenies de Lille, Douai et Orchies, d'après des enquêtes fiscales des XVe et XVIe siècles* (Lille, 1928).

« compte des armes », contemporain de la chevauchée de Jeanne d'Arc[1]. Au même moment, il a fallu faire face à d'autres dépenses assez lourdes : guerre en Bourgogne, révolte à Liége, mariage du prince avec Isabelle de Portugal.

En 1436, dépenses et recettes doublent ou presque leurs moyennes. Si les secondes l'emportent, après l'acquisition, depuis 1430, des revenus du Brabant, et, depuis le traité d'Arras, de ceux des villes de la Somme, la brouille avec l'Angleterre engendre de fortes dépenses pour assiéger Calais et mettre à la raison les Brugeois révoltés. On enregistre de nouveaux efforts financiers pendant les années 1440 à 1445 : engagère du Luxembourg, préparatifs pour mâter Gand (1453) et en vue de la Croisade (1449-1445, 1458). Les tout derniers temps du règne du duc vieilli et malade appartiennent déjà, en fait, aux ruineuses entreprises de son successeur : guerre du Bien Public, affaire liégeoise, guerre de Picardie, conquête de la Gueldre, affaire de Cologne et siège de Neuss, entrevue de Trèves avec l'empereur. Tous les projets rhénans, lorrains, alsaciens, réalisés ou non, sans oublier le rêve royal, se lisent en filigrane dans l'invraisemblable montée des sommes extorquées et dilapidées par le Téméraire : plus d'un million et demi de livres de recettes, et davantage encore de dépenses en 1472. Les ressorts de l'État apparaissent tendus à l'extrême.

* * *

Revenus et débours évoluent parallèlement dans les comptes de la Recette générale de toutes les finances. Leur écart est rarement très élevé, et les bonis semblent plus fréquents que les déficits. Il serait, néanmoins, hasardeux d'en conclure hâtivement à l'équilibre habituel de la Trésorerie ducale, encore plus d'affecter tel ou tel exercice d'un signe absolu positif ou négatif. Rappelons que la Recette générale n'avait pas à prendre en compte la totalité des fonds et que la coutume des chevauchements d'exercices fausserait le calcul de bilans annuels, si l'on n'y prenait pas garde. Pour connaître l'évolution de la situation financière, il vaut mieux considérer l'ensemble et suivre les fluctuations des catégories principales de recettes et de dépenses.

Puisque ce sont les recettes qui s'adaptent aux *dépenses*, celles-ci doivent être étudiées les premières. Les trois grandes catégories notées en 1419-1420 ont toujours été les principales. A travers tout le siècle, bon an, mal an, les deux tiers des dépenses sont destinés à couvrir les frais d'administration générale : 50 % aux officiers comptables, 10 % pour les gages et pensions, 4 % pour les ambassades, voyages et messageries. L'entretien de l'Hôtel et les dépenses personnelles du prince constituent le deuxième groupe, qui, normalement, n'excède pas 10 à 12 % du total. Les fastes de la Cour et

1. Arch. Nord, B. 1942. Cf. Gachard, *Archives de Lille* (Bruxelles, 1841), p. 355-363.

les frais du mécénat ont quelquefois élevé la proportion ; ainsi les fêtes et les bâtiments de Philippe le Hardi, à l'époque des « ors du couchant »[1]. Le mariage portugais mit un terme à l'austérité relative des années de guerre et de deuil ; Philippe dépensa beaucoup pour le Congrès d'Arras, ses projets de pèlerinage oriental, ses palais et la Toison d'Or. Ensuite, on ne revit qu'au temps du rêve royal du Téméraire un train de l'Hôtel comparable à celui des brillantes années du « bon duc Philippe » ; c'est que la décrépitude du père avait sclérosé l'étiquette monotone de la Cour et que les aventures du fils détournaient les fonds disponibles vers la guerre.

La guerre, voici le troisième facteur déterminant de la situation financière. Le duc laissait aux villes la charge de se fortifier ; lui s'occupait de ses châteaux, soldait les gens d'armes, achetait l'artillerie et les chevaux, dédommageait les vétérans vieillis ou blessés. En moyenne, la guerre coûtait un peu plus du quart des dépenses annuelles. Cette proportion, considérable, ne fut pas constante. Les charges militaires ne commencèrent véritablement à croître que vers 1409, à l'époque des armements partisans ; elles furent importantes en 1426-1427, 1432-1433, puis lors de l'affaire de Calais, de la révolte gantoise et des projets de Croisade. Jusque-là épisodique, l'effort militaire devenu permanent sous le Téméraire se tendit à ce point qu'à l'époque des réformes de Thionville (1473), les frais en avaient quintuplé et dévoraient plus des trois cinquièmes des dépenses totales de la Recette générale (840.000 lb. t. sur un total de 1.330.000 lb. t.). Rien ne pourrait mieux qu'une telle proportion prouver que c'est à l'accélération des grandes entreprises politiques et militaires qu'il faut attribuer l'origine du gonflement insolite des dépenses et, par suite, la mobilisation de toutes les ressources possibles.

* * *

Les *revenus ordinaires* des ducs de Bourgogne suffisaient-ils à faire face aux dépenses ? Un axiome voulait que le prince vécût « du sien », c'est-à-dire de son domaine. La royauté française souffrit de la « distorsion » entre ses revenus propres et l'ampleur croissante de ses charges : on a estimé ses ressources ordinaires à 1/5 des extraordinaires en 1380, à moins de 1/36 en 1461. Ce mal général des États monarchiques à la fin du Moyen Age, les Valois de Bourgogne semblent l'avoir éprouvé à un moindre degré[2].

L'importance des revenus du domaine observée en 1419-1420 n'était, sans doute, pas exceptionnelle. Le domaine des ducs de Bourgogne semble avoir constitué le noyau solide et constant de leurs finances. Les aliénations,

1. H. David, Philippe le Hardi au début du xve siècle ; I : Patriarcat d'un prince du sang ; II : Les ors du couchant (*Ann. Bourg.*, 1944, p. 137-157 et 201-228).

2. Commynes (éd. Calmette, II, p. 217 sqq.) développe le principe que le souverain doit vivre de son domaine et non de l'impôt. — G. Dupont-Ferrier, *Études sur les Institutions financières de la France à la fin du Moyen Age*, t. II (Paris, 1932), p. 346.

pour autant qu'on les connaisse, n'ont pas atteint l'importance des accroissements. Il est difficile d'évaluer de façon rigoureuse le volume réel des revenus ordinaires, parce qu'il faudrait pouvoir additionner les données des comptes de la Recette générale avec les sommes encaissées et dépensées sur place par les officiers subalternes[1]. Néanmoins, sur la base des seuls renseignements de la Recette générale on perçoit l'importance de ces revenus. La valeur du domaine est prouvée aussi par le fait qu'il constituait le gage du crédit ducal. Même pendant le règne du Téméraire considéré dans son ensemble, l'Ordinaire l'emporta sur l'Extraordinaire. Les pourcentages des revenus ordinaires par rapport à l'ensemble des recettes du Trésor bourguignon sont, en effet, les suivants :

sous le règne de	Philippe le Hardi	: 59 %
—	Jean sans Peur	: 57 %
—	Philippe le Bon	: 61 %
—	Charles le Téméraire	: 53 %

La composition des ressources ordinaires est la même que dans les autres principautés. Tonlieux et péages étaient cependant d'un rapport particulièrement avantageux, surtout aux Pays-Bas. Par un privilège rare, le Domaine des ducs n'est pas lié aux seules conditions, alors défavorables, d'une agriculture déprimée ; il bénéficie des profits de l'activité commerciale soutenue des ports de la Reie et de l'Escaut. On a noté déjà à propos de la période 1419-1420, la place tenue dans les revenus de la Recette générale par le complexe brugeois ; on pourrait utilement en prolonger l'étude pour tout le siècle bourguignon ; on y trouverait une source peu exploitée jusqu'ici pour l'histoire de Bruges. Le péage de l'Escaut n'était pas non plus d'un profit négligeable ; il fut, d'ailleurs, l'enjeu de la révolte anversoise de 1435[2]. Le tonlieu de Gravelines, de son côté, fut d'un rapport suffisamment stable jusqu'à la fin du XVe siècle pour servir de gage entre les mains des créanciers italiens de la Cour de Bourgogne, successivement les Arnolfini, les Portinari, puis les Gualteroti[3]. Même le péage de Bapaume ne fut pas affecté d'une décadence si radicale que J. Finot l'avait pensé[4] ; l'activité de la route des vins et du marché d'Arras contribua à son maintien[5].

1. Quelques travaux sur les finances domaniales : M. Bruwier, Notes sur les finances hennuyères à l'époque bourguignonne (*Le Moyen Age*, t. LIV, 1948, p. 153-160) ; un mémoire inédit de l'Université de Bruxelles (1946) par N. Huberti sur le *Domaine brabançon sous Philippe le Bon*, dont nous n'avons pas eu connaissance.

2. Ruckebusch, *op. cit.* K. F. Prims, *Geschiedenis van Antwerpen*, t. VI (2), Anvers, 1937. Arch. Nord, B. 1957.

3. Roffin, *op. cit.* ; Bigwood, *op. cit.*, t. I, p. 662-663 ; A. Grunzweig, *Correspondance de la filiale de Bruges des Médicis* (Bruxelles, 1931).

4. J. Finot, *Étude historique sur les relations commerciales entre la France et la Flandre au Moyen Age*. Paris, 1894.

5. Lecerf, *op. cit.*, d'après Bibl. nat., Moreau, mss. 1062-1063.

La répartition géographique des revenus ordinaires met en évidence la prépondérance des Pays-Bas, alors que fléchit le rôle des deux Bourgogne. La discordance s'esquisse dès le règne de Philippe le Hardi ; les versements des Bourgogne au receveur de Jean sans Peur correspondent au tiers de ceux des Pays-Bas. La différence devient très forte sous le règne suivant, surtout après la réunion de la Hollande et du Brabant. La part des deux Bourgogne n'est plus que de 5 % au temps du Téméraire. Ainsi s'affirmait la prédominance de régions de fort peuplement, d'urbanisation évoluée et d'économie différenciée, sur des régions purement agricoles.

Répartition géographique des versements à la Recette générale (par règnes)
(en livres tournois)

	Philippe le Hardi	Jean sans Peur	Philippe le Bon	Charles le Téméraire
Flandre et Artois	2.105.742 (31 %)	1.622.749 (38 %)	2.986.726 (20 %)	829.632 (13 %)
Bourgogne et Comté de Nevers	1.990.813 (28 %)	567.934 (13 %)	1.901.662 (12 %)	331.810 (5 %)
Brabant			1.682.179	211.328
Hollande et Zélande			46.642	86.602
Hainaut			14.233	14.112
Gueldre				18.066

(Il n'a été tenu compte, dans ce tableau, que des versements les plus importants.)

Le classement des principales régions selon leur contribution moyenne annuelle aux revenus ordinaires donnerait les résultats suivants, aussi révélateurs que les précédents :

Régions versant plus de 60.000 lb. t. par an : Flandre,
— de 50.000 à 60.000 lb. t. : duché et comté de Bourgogne, Hollande,
— environ 40.000 lb. t. : Brabant,
— de 10.000 à 20.000 lb. t. : Artois, Hainaut, Gueldre, Zélande,
— moins de 10.000 lb. t. : Luxembourg, Namur, Rethel.

La primauté de la Flandre, unie presque constamment à l'Artois en une recette commune, est évidente. De 1384 à 1477, elle versa, au titre des revenus ordinaires, la somme de 7.544.849 lb. t. Si l'on considère que la totalité des recettes ordinaires et extraordinaires, sous les quatre règnes, s'éleva à 32.859.000 lb. t., c'est presque le quart de tous leurs revenus que les ducs tirèrent de la Flandre et de l'Artois, au seul titre de l'Ordinaire. Encore allons-nous y ajouter le volume des ressources dites extraordinaires prélevées en ces régions.

* * *

La constance des revenus ordinaires ne dispensait pas de recourir à l'*Extraordinaire* dans des proportions que les pourcentages établis plus haut font ressortir à 41 % sous Philippe le Hardi, 43 % sous Jean sans Peur, 39 % sous Philippe le Bon, 47 % sous Charles le Téméraire.

L'équilibre des finances sous Philippe le Bon, leur état de tension au temps de son fils se dégagent clairement de ces proportions.

Par leur nature, les recettes extraordinaires bourguignonnes ne diffèrent guère de celles des autres souverains : aides demandées aux États ou exigées des villes, dons gratuits réclamés au clergé, ventes de rentes, emprunts plus ou moins bénévoles[1]. Les premiers ducs, vivant tout près du trône, vécurent aussi de lui. Les dons du roi, les aides et les emprunts se sont relayés et combinés pour soutenir le Trésor de Bourgogne.

Répartition des ressources extraordinaires
(en livres tournois)

	Totaux	Dons du roi	Aides	Emprunts
Philippe le Hardi	2.782.000	2.117.473[2]		
Jean sans Peur	1.575.200	1.047.700[3]		
Philippe le Bon	4.465.000	173.000	1.532.800	2.760.000
Charles le Téméraire	3.348.000		1.378.000	1.970.000

L'importance des *dons du roi* à Philippe le Hardi et à Jean sans Peur est connue ; des recherches récentes apportent cependant des précisions nouvelles[4]. Les dons du roi fournirent à Philippe le Hardi plus de deux millions de livres tournois, soit les trois quarts de ses ressources extraordinaires et environ 30 % des revenus de sa Recette générale ; la moyenne annuelle des dons fut de 105.000 lb. t. Il est, sans doute, « plus difficile d'établir la moyenne des dons faits par Charles VI à Jean sans Peur », observe M. Pocquet du Haut-Jussé. Cependant, pour les années dont la Recette générale a laissé les comptes, les sommes annuelles des dons n'y sont jamais inférieurs à 34.000 lb. t., et montent parfois à 150.000, 178.000 et même 200.000 lb.t. D'après les comptes dont nous disposons, Jean dut recevoir environ un million, équivalent à peu près aux deux tiers de sa

1. Quelques revenus tirés de la vénalité des offices, par exemple 12.000 lb. t. en 1436 (Arch. Nord, B. 1957, Ruckebuch, *op. cit*). — Bartier, *Légistes...*, p. 83-92.

2. D'après les chiffres de M. Pocquet du Haut-Jussé (*Dons du roi...*, p. 165), revus par Mlle van Nieuwenhuysen, *op. cit.*).

3. D'après M. Pocquet du Haut-Jussé, *ibid.*

4. Pocquet du Haut-Jussé, *Les dons du roi...* — Nieuwenhuysen, *op. cit.*

recette extraordinaire[1]. Quoique Philippe eût moins aisément accès aux caisses du roi, on voit le Receveur général Jean Abonnel subvenir aux dépenses du « compte des armes » effectuées de 1428 à 1431 à l'aide d'une somme de 173.000 lb. t. reçue des gens du roi (Henry VI)[2]. Ce fut des dons du roi l'un des derniers exemples.

Compensation fut trouvée d'abord dans le recours aux *aides*. A défaut d'étude d'ensemble sur la fiscalité bourguignonne, les aperçus de Pirenne pour les pays « de par deçà », ceux de MM. J. Billioud et Pocquet du Haut-Jussé pour les pays bourguignons, permettent de noter le caractère occasionnel des aides sous les deux premiers ducs[3]. Concession, et, encore en quelque sorte, don du roi, la levée des aides, en Artois et en Bourgogne, était soumise à son autorisation ; il est vrai qu'on s'en passa après 1399. Avec Philippe le Bon, l'aide devint une ressource normale de l'État et se généralisa, sans être oppressive : Commynes ne ment pas lorsqu'il écrit que ce prince « tailloit peu ses subjectz »[4]. On peut estimer que sous son règne, les aides ne formaient que le tiers des revenus extraordinaires (1.532.800 lb. t. sur un total de 4.465.000). Mais ici la part des Pays-Bas est encore plus forte — 75 % — que pour les revenus ordinaires.

En aggravant le poids de la fiscalité, Charles le Téméraire n'en modifia pas la répartition. En neuf ans et demi, il exigea une masse de subsides presque égale à la somme payée à son père en quarante-cinq ans : Charles reçut 1.378.000 lb. t. M.-J. Bartier a décrit la lourdeur de ses exigences, surtout de 1472 à 1475[5]. Des ponctions successives avaient tari les réserves laissées par son père : en 1467, 364.500 lb. t. ; en 1468, 214.700 ; pour la dernière fois, en 1471, le Receveur général en reçut seulement 94.000 lb. t. L'année suivante, le chancelier Hugonet déclarait que le duc avait épuisé « tout ce qu'il avait en ses coffres, qui n'était pas petite chose, tous les revenus de son domaine, les aydes à lui deues et accordées »[6]. La poussée considérable des recettes en 1472-1473 traduit la grandeur de l'effort fiscal. Une fois épuisées les réserves, exploitées les ressources du domaine, usés les procédés fiscaux, il restait encore une possibilité : le crédit.

Les *emprunts* furent, avec les aides, la variable dont les changements expliquent le destin de la Maison de Bourgogne. Leurs modalités étaient

1. Pocquet du Haut-Jussé, *Les dons du roi...*, p. 167.
2. Arch. Nord, B. 1942.
3. Pirenne, *Hist. Belgique*, t. II, réf. cit. — J. Billioud, *Les États de Bourgogne aux XIVe et XVe siècles* (Dijon, 1922). — Pocquet du Haut-Jussé, Les aides en Bourgogne (1362-1419), *Mém. Acad. Dijon*, 1940-1942, p. 195-217. — Du même, Le don des aides (*Ann. Bourg.*, t. X, 1938, p. 261-289), et Les aides en Bourgogne (*Rev. hist. droit français et étranger*, t. LXIII, 1939, 388-422). — D. D. Brouwers, *Les aides dans le comté de Namur au XVe siècle* (Namur, 1929).
4. Pocquet du Haut-Jussé, *réf. sup.* — Commynes, *Mémoires*, éd. Calmette, t. I (Paris, 1924, p. 13).
5. Bartier, *Charles le Téméraire*, p. 188-192, 197, 244-248.
6. Id., *ibid.*, p. 188.

conformes aux usages du temps et demeurèrent les mêmes pendant les quatre règnes ; c'est la manière d'en user qui changea. Aucun duc ne recourut à l'emprunt autant que le Téméraire, mais nul de ses prédécesseurs n'en avait négligé la ressource.

Tout ce qu'on sait déjà des rapports des princes avec le marché flamand de l'argent[1] est confirmé et complété par les renseignements tirés des comptes de la Recette générale. Auprès des Italiens de Bruges et de Paris, Philippe le Hardi trouva un précieux concours[2] ; Dino Rapondi fut, pour lui, un créancier sûr, un intermédiaire averti et habile, notamment auprès de Jean-Galéas Visconti, dont les relations financières avec le duc Philippe furent un aspect curieux de la rivalité de la Maison de Bourgogne avec celle d'Orléans. A la fin du règne, le crédit ducal, alourdi par la rançon du prisonnier de Nicopolis, dut consentir des intérêts de 48 et même 55 % au lieu de 10 et 15 %, taux fréquents jusque-là. L'intérêt, selon la coutume, se dissimulait sous le couvert de dons, d'indemnités de perte au change, d'achats fictifs, avec revente immédiate, et à perte, de marchandises précieuses, telles que soie, poivre ou vaisselle d'argent.

Jean sans Peur, pour autant qu'on en soit renseigné[3], suivit l'exemple paternel. Il bénéficia, lui aussi, des services du milieu lucquois de Paris[4]. Mais il semble avoir sollicité, de façon particulière, le concours des villes de ses États. A elles seules, huit villes, ressortissant de la recette de Flandre et Artois, lui auraient prêté 55.000 lb. t. de 1408 à 1418. Or cet exemple n'est pas unique. On connaît le cas de Lille et de Saint-Omer[5].

Sous les règnes de Philippe le Bon et de Charles le Téméraire, les opérations de crédit prirent valeur d'institutions car elles pouvaient, opportunément, fournir l'appoint reçu naguère de la libéralité royale. Il n'est pas facile, malheureusement, de retrouver la trace des emprunts dans les comptes, car ils y sont dissimulés et dispersés ; rarement ils constituent un chapitre spécial. Néanmoins, les travaux de deux jeunes chercheurs lillois[6] permettent d'évaluer les emprunts de Philippe le Bon à 2.760.000 lb. t. environ, et ceux de son fils, à près de deux millions.

L'objet des emprunts les plus importants correspondait généralement à une circonstance exceptionnelle : une guerre, la répression d'une révolte urbaine, un mariage princier, un congrès diplomatique. C'était donc, dans la plupart des cas, des emprunts de consommation et non d'investissement. Il y eut cependant des exceptions, par exemple les emprunts contractés

1. Ouvrages cités plus haut, notamment p. 312, n. 3.
2. Nieuwenhuysen, *art. cit.*
3. Mémoire de diplôme d'Études Supérieures en cours à Lille sur les relations de Jean sans Peur avec les milieux d'affaires parisiens.
4. L. Mirot, *Études lucquoises* (Bibl. Éc. Chartes, t. LXXXVIII-XCI, XCIX, 1927-1930, 1938, XCVI, 1935).
5. Penzak, *op. cit.*
6. Desmet, *op. cit.* ; Maeght, *op. cit.*

par Philippe le Bon pour l'achat du Namurois et l'engagère du Luxembourg. On pourrait alléguer, aussi, que les frais engagés par le Téméraire à l'occasion de l'entrevue de Trèves eussent pu constituer une opération bénéfique, s'ils lui avaient procuré la royauté qu'il postulait.

Philippe le Bon et Charles le Téméraire ont emprunté à tout le monde et partout. Mais alors que la modération du premier assura l'équilibre de ses finances en affermissant son crédit, les abus du second ruinèrent la confiance et le conduisirent à la ruine. Le duc emprunte à son entourage et à ses officiers, sous les formes les plus variées. Aux gens de finances il demande des avances sur leurs rentrées d'argent. Il ajourne le paiement des gages et des pensions. Il impose des prêts impossibles à refuser, si l'on veut se maintenir et progresser dans la grâce du souverain. Philippe le Bon trouva auprès de ses gens le quart environ des sommes qu'il emprunta : 650.000 lb. t. Charles exigea davantage encore ; en la seule année 1475, la plus difficile, il extorqua de ses officiers plus de 6.000 lb. t. Plus proches de la Cour et pourvus de charges plus riches, les officiers flamands étaient les plus frappés.

Auprès des villes, Philippe le Bon fit preuve d'une certaine mesure. Après avoir demandé au prêt pur et simple le moyen de subvenir aux entreprises de sa jeunesse, il avait fait des rentes le procédé normal des temps paisibles de la deuxième moitié de son règne. Le système des rentes viagères était traditionnel et courant à l'époque. Le duc autorisait le magistrat urbain à émettre des rentes en échange du versement immédiat de la somme dont il avait besoin. L'intérêt diminuait selon que l'échéance de la rente, une ou plusieurs vies, était plus ou moins éloignée : 6 à 11 % en général. L'avantage était pour le duc ; il obtenait, sans délai, des subsides de catégories sociales qu'il n'eût pas atteintes par un autre procédé ; il laissait aux villes la charge et la responsabilité de l'opération. Philippe tira de ses villes 25 % de ses emprunts. La majeure partie en provint des « pays de par deçà », de la Flandre notamment pour plus du tiers et du Brabant pour un cinquième. Lille (45.000 lb. t.) d'un côté, Anvers (38.000 lb. t.) de l'autre se plaçaient en tête.

En revanche, c'est auprès des villes que le crédit du Téméraire vint à fléchir en premier lieu. Le duc les soumit à un rude effort, exigeant d'elles, en dix ans, 645.000 lb. t., alors que son père, en une quarantaine d'années s'était contenté d'environ 687.000 lb. t. Comme d'habitude, les régions les plus sollicitées furent la Flandre (50 %) et le Brabant (20 %). Mais les finances et le crédit urbains étaient, d'une façon générale, dans le plus mauvais état. Les rentes ne trouvaient plus d'acheteurs. Les finances de Lille ne se relevèrent pas, en dépit d'un essai de réforme en 1467, et la ville perdit, au profit de Gand, le rang de première créancière qu'elle avait tenu jusque-là. Le rayonnement du crédit de Gand se manifesta particulièrement lors du grand appel à l'emprunt lancé par le duc en 1472 ; une carte du placement des rentes gantoises montre qu'elles attirèrent l'argent de toutes les grandes places des Pays-Bas : Anvers, Bruges, Bruxelles, Tournai, et même Lille. Gand était, ainsi, l'un des ultimes soutiens du crédit ducal ; de toutes les villes, la prêteuse principale : elle versa 52.800 lb. t. en 1472 ; Bruges, après elle, 32.000 lb. t. On s'explique aisément que les réactions des créanciers gantois aient orienté celles des autres ; on comprend le retentissement du refus répété des Gantois de souscrire aux nouvelles exigences du prince, en 1475, puis à la nouvelle de ses défaites. C'est la défection des villes qui sonna le glas du crédit du Téméraire [1].

Le soutien des banquiers fit défaut à Charles le Téméraire presque en même temps. Mais véritablement, il avait fallu qu'il abusât de leurs bons offices pour que fût ébranlé un appui constamment fidèle à la Maison de Bourgogne depuis le début de sa grandeur. Après ses père et grand-père, Philippe le Bon avait reçu des manieurs d'argent professionnels à peu près la moitié de ses emprunts, soit un peu plus de 1.314.000 lb. t. Pratiqués tout au long de son règne, les emprunts connurent leurs maxima vers 1430, 1434, puis entre 1444 et 1453, c'est-à-dire pendant la période où la gloire du prince inspirait la plus grande confiance. La durée des prêts variait de deux à quinze mois, sauf pour les grosses avances remboursables en deux ou trois ans ; le taux de l'intérêt annuel, élevé (21 et 20,6 %) pour les échéances brèves (deux mois) et moyennes (dix mois), s'abaissait pour les prêts longs (13,2 % pour quinze mois) et de gros volume (5 % pour 30.000 lb. et plus). Bien que les remboursements, opérés par assignations, fussent parfois assez lents, Philippe le Bon trouvait aisément des bailleurs de fonds. Les anciens fournisseurs de la dynastie lui furent fidèles : les Lucquois (Philippe Rapondi, Marc Guidichon), quelques Parisiens (Guillaume Sanguin). On vit venir les Florentins, d'abord les Alberti, puis vers 1450 les agents, bien connus, des Médicis ; le nom de Francesco Sassetti apparaît en 1454. Il y eut des Génois (« Aubert Thouse » en 1424, Olivier Maroufle en 1431), des Milanais (un Borromée en 1445). La plupart des prêteurs habitait Bruges, d'autres Tournai dont l'importance apparaît encore ; d'autres enfin illustrent l'entrée en scène des ports de l'Escaut, Anvers à partir de 1435. Les prêts comportent un mouvement de capitaux à grande distance, avec usage de lettres de change, tirées le plus souvent de Genève sur Bruges, quelquefois de Chalon ou même de Venise, et parfois sur Bruxelles ou Anvers. Les finances ducales se plaçaient dans le grand circuit international et il n'est plus besoin d'insister longuement sur la justesse du jugement de Louis XI estimant nécessaire de détourner vers Lyon le courant d'argent qui alimentait le Trésor de son adversaire.

En abusant du recours à l'emprunt, Charles le Téméraire seconda les vues de Louis XI. Il ne semble pas que, sous son règne, les modalités des « con-

1. Maeght, *op. cit.* — H. van Werweke, *De Gentsche stadsfinanciën in de middeleeuwen* (Mém. Acad. Roy. Belgique, Cl. L. Sc. Mor., coll. in-8°, 2e série, t. XXXIV. Bruxelles, 1934). — Bartier, *Charles le Téméraire*, p. 245-261.

trats de finances » aient beaucoup changé ; on regrette que les comptes de la Recette générale ne permettent pas de savoir si et dans quelle mesure le loyer de l'argent s'est élevé. Un fait certain est la difficulté, de plus en plus grande, à trouver des créanciers. Les prêteurs se sont pratiquement réduits aux Médicis ; le rôle de leur principal représentant, Tommaso Portinari, est connu. Encore en 1473, quand les prêteurs des villes flamandes commencent à se récuser, Portinari soutient son ambitieux client. A Genève, le Téméraire trouve encore 4.000 marcs d'or. Et pourtant, les Médicis, instruits par l'expérience, voyaient venir le danger. On sait le reste [1]. Trois ans plus tard, en 1476, les caisses ducales n'ont plus à espérer d'argent frais ; il reste à encaisser à peu près 18.000 lb. t., reliquat d'un prêt antérieur, et c'est tout. Antoine de Bourgogne peut claquer ses chevaux sur les routes d'Italie pour essayer de mettre en gage les joyaux du duc. Peine perdue. Un ambassadeur milanais écrivait, non sans raison, le 2 mai 1476, que « le duc de Bourgogne est en grande pénurie de deniers et a fait faire toutes démarches... pour emprunter des deniers aux banquiers, et à intérêt ; cette démarche n'a pas servi ». Francesco Petrasanta voyait juste [2]. La défection des Médicis avait donné le coup de grâce au crédit ducal.

* * *

Des résultats partiels d'une enquête limitée, on ne peut attendre qu'une position, provisoire, des problèmes. Ceux-ci, fort nombreux et de large portée, mériteraient une étude approfondie [3]. A cette fin, il faut souhaiter la publication, non pas intégrale vu le volume, mais aussi large que possible, d'une partie caractéristique des documents financiers bourguignons. Nous savons que ces archives constituent une exception unique face à la disparition presque totale des archives similaires de la Couronne de France. De ce fait, les réflexions que leur étude suggère dépassent le seul point de vue bourguignon.

Une première constatation est qu'au xve siècle, les finances publiques ne se distinguent pas encore des deniers privés du prince. Les comptes se présentent comme les comptes de gestion personnels des officiers qui en ont la charge. Plus encore que le royaume, la Bourgogne, issue d'un grand fief et apanage, semble imprégnée par la notion patrimoniale des ressources publiques. La notion d'État ne s'y est dégagée que vers le milieu du siècle. Il ne faudrait donc pas étendre, sans discernement, à l'administration

1. Grunzweig, *op. cit.*

2. F. de Gingins la Sarra, *Dépêches des ambassadeurs milanais sur les campagnes de Charles le Hardi, duc de Bourgogne, de 1474 à 1477*, t. II (Paris, 1858), p. 110. — H. Stein a publié une lettre sur la gravité de la situation financière en 1474, dans Un diplomate bourguignon du xve siècle, Antoine Haneron (*Bibl. Éc. Chartes*, t. XCVIII, 1937, p. 341-343).

3. M. F. Grosjeanne se propose de préparer un travail d'ensemble sur la question.

royale les conclusions suggérées par les documents financiers bourguignons.

Puisque ces finances étaient plus encore celles d'un prince que celles d'un État, le risque était grand de les voir inadaptées le jour où un prince ambitieux exigeraient d'elles un effort particulièrement tendu. Commynes, qui sut réfléchir sur les causes des vicissitudes de la Maison de Bourgogne, a justement noté, à propos des dépenses de guerre, la nécessité de « tout faire modérément »[1]. La modération dont Philippe le Bon fit preuve manquait, chacun le sait, au Téméraire. Un simple coup d'œil sur la courbe du mouvement des fonds de la Recette générale en apporte la preuve. Tout exigeant qu'était Louis XI à l'égard de ses villes, il ne leur demandait pas tant que son rival aux siennes[2]. Les documents de la Recette générale confirment, d'autre part, ce trait de la psychologie du Téméraire qu'il semble avoir été plus soucieux de poursuivre ses propres plans que de connaître exactement la situation à laquelle il devait faire face ; le renseignement semble chez lui inférieur à la transmission des ordres[3]. Connaissait-il bien ses possibilités financières? N'a-t-il pas surestimé ses ressources, l'organisation administrative de ses possessions et surtout n'a-t-il pas méconnu la mentalité de ses contemporains troublés par l'ampleur de ses entreprises?

Est-ce à dire qu'il exigea de ses États un effort supérieur à leurs moyens? Nous avons vu à quel point les revenus ducaux sont liés à la puissance économique des Pays-Bas et combien la compétence des officiers de finances fut réelle. Les tonlieux, les villes ont fourni des sommes considérables et il n'est pas sûr que leurs capacités aient été épuisées. Pour le savoir, il faudrait encore d'autres travaux. Sans doute, la longue période de stagnation économique de la fin du Moyen Age n'était pas encore terminée, surtout dans les anciens centres drapiers ; mais il est permis de douter que les Pays-Bas aient été à bout de ressources.

Ne faudrait-il pas rechercher plus loin certains facteurs importants des difficultés financières finales de la Maison de Bourgogne : État ruiné dans des pays économiquement bien dotés. Le manque d'argent du Téméraire ne serait-il pas dû surtout aux étroitesses de la conception du crédit, aux limites de ses possibilités? C'est un lieu commun que de rappeler l'insuffisance du numéraire et de la circulation monétaire. Le crédit ne se concevait pas sans gages et c'est à peine si la notion de la seule garantie morale d'une entité sociale ou politique, Ville ou État, commençait à

1. Commynes, éd. Calmette, t. II (Paris, 1925), p. 218.

2. R. Gandilhon, *Politique économique de Louis XI*. Paris, 1941, p. 287-291.

3. Ainsi le montre l'organisation des services de messageries (Pesez, *op. cit.*). On pourrait objecter un certain souci d'information sur le plan financier, manifesté par l'ordonnance du 8 février 1468 (édité par H. Stein, *op. cit.*, p. 324-332) et par le dénombrement général des feux de 1469 ; il est vrai qu'en ce dernier cas, le Téméraire a pu fausser les résultats en bousculant le travail des commissaires. Cf. l'opinion, de même nature, présentée par Bartier, *Charles le Téméraire*, p. 280-281.

informer la pratique de l'emprunt [1]. Or, le Téméraire avait engagé largement son Domaine ; quant à la confiance qu'il inspirait personnellement, elle était plus qu'ébranlée en ses dernières années. En fait, Charles n'eut pas des ambitions plus vastes que son petit-fils Charles-Quint ; mais il vivait en une autre époque, et sa génération ne suivit pas son rythme [2]. Serait-il hasardeux de penser que sa « témérité » fut surtout de la hâte, et que, dans l'imprudence de la précipitation dont on peut lui faire grief, il faut faire la part de la précocité de ses ambitions? L'État semble, en son temps, progresser plus rapidement que les structures économiques et financières. L'exemple de la Maison de Bourgogne illustre ainsi un aspect fondamental de la fin du Moyen Age : le passage de la principauté médiévale à l'État moderne. Il montre le jeu complexe des causalités politiques et économiques, asujetties cependant, comme toujours, à l'élément psychologique, c'est-à-dire au comportement et à la décision de l'homme [3].

1. A. Bossuat, Les emprunts royaux au début du xve siècle (*Rev. hist. droit français et étranger*, 1950, p. 351-371).

2. Cependant la comparaison entre les crises financières de la Maison d'Espagne et la faillite de celle de Bourgogne ne laisserait pas d'être instructive. Ne montrerait-elle pas, toutes proportions gardées quant au volume des ressources, le prolongement des faiblesses du crédit éprouvées au xve siècle? L'État espagnol ne souffrit-il pas aussi, comme la « Bourgogne », de la même incohésion géographique, la France s'interposant au centre des possessions du premier, comme la Lorraine séparait les deux groupes de territoires de la seconde?

3. Nous tenons à citer les noms de ceux qui ont collaboré depuis six ans aux travaux du séminaire lillois. En premier lieu, celui de J. Le Goff, assistant d'histoire du Moyen Age. A la liste des auteurs de mémoires de diplômes d'Études Supérieures cités plus haut (p. 286, n. 3) s'ajoutent les noms des autres étudiants qui ont participé aux recherches : Mmes et Mlles Biens, Canler, Carpentier, Casteur, Coupez, Croysez, Dècle, Deffontaines, Dejuine, Denis, Duchastelle, Ghienne, Gravez, Hémery, Knockaert, Kuhnast, Leclerc, Lecuppe, Le Morvan, Lobry, Lucas, Nerrant, Pesez-Cader, Pidault, Sainthomé, Thomassin, Warin ; MM. Bocquet, Bourdrez, Boutier, Fagart, Godard, Hémery, Hemsen, Hennequin, Hus, Legru, Libert, Lottin, Pierreuse, Puvion, Thiébault, Watiez. Nous avons également bénéficié du concours de Mlle Bruchet (Cons. Bibl. Univ. Lille) ; des professeurs Arnould (Bruxelles), Bauer (Neufchâtel), Bonenfant (Bruxelles), Cipolla (Venise), Gaillard (Lille), Lejeune (Liége), Rau (Lisbonne), Roussel et Schmidt (Lille), Vercauteren (Liège) ; de M. Van der Wee (Anvers) ; de Mlle van Nieuwenhuysen (Bruxelles) ; de M. Feuchère et de MM. Godard, Grosjeanne et Hilaire, professeurs agrégés de Lycées.

III

QUATRE DOCUMENTS RELATIFS A L'HISTOIRE MONÉTAIRE DE L'ÉTAT BOURGUIGNON

La complexité des problèmes monétaires du XVe siècle a contraint, parfois, officiers de finances et Gens des Comptes à s'expliquer eux-mêmes. L'historien ne saurait trop s'en louer. C'est ainsi que l'obscurité de l'énorme masse des documents financiers laissés par l'État bourguignon s'éclaire, par moments, de lueurs fort utiles[1]. Les ordonnances ducales prescrivaient aux comptables l'énumération des espèces avec leur prix, « afin d'obvier aux embarras qu'occasionnent les différentes monnaies »[2]. Il n'en était pas moins nécessaire de préciser le sens des formules employées pour désigner les monnaies *(vieille monnaie, nouvelle monnaie, forte* ou *faible monnaie)*, et pour définir leurs rapports entre elles et entre les multiples espèces sonnantes et trébuchantes en circulation. Des exemples caractéristiques et significatifs en peuvent être trouvés pour le moment le plus confus, peut-être, de l'histoire monétaire du XVe siècle, les environs de l'année 1420, c'est-à-dire vers le temps du traité de Troyes. Les quatre documents qui suivent en sont un témoignage.

Le premier d'entre eux est extrait des comptes de la ville de Lille pour 1418 ; son objet est d'expliquer le mode d'expression monétaire des recettes et des dépenses urbaines. Le second est une notice placée en tête du relevé de ses dépenses par le receveur général de Flandre et d'Artois, en son compte pour la période 1418-1420. Quant au troisième document, il est inséré en marge du deuxième feuillet du compte du premier receveur général de toutes les finances du règne de Philippe le Bon ; c'est une note explicative, ajoutée par une main différente de celle du rédacteur du registre ; la date en est postérieure à l'établissement du compte et correspond, vraisemblablement, aux opérations de vérification effectuées après le quatrième compte, en 1423 semble-t-il. La nature du quatrième document est très différente de celle des trois autres ; c'est une déclaration solennelle du Maître de la Chambre aux Deniers, Jean de Vélery, concernant l'évaluation des écus de Flandre et de France, ainsi que celle du franc.

Toutes disparates que soient ces quatre pièces, leur rapprochement n'en présente pas, pour autant, un intérêt mineur. Si la place manque pour les commenter longuement, l'essentiel est d'en signaler la portée et de les présenter.

1. Les documents publiés plus loin ont été trouvés à l'occasion des recherches faites pendant six ans au Séminaire d'Histoire Médiévale du Centre Régional d'Études Historiques de la Faculté des Lettres. Un aperçu de ces travaux pourra être trouvé sous le titre *Recherches sur les Finances des Ducs Valois de Bourgogne* dans la *Revue Historique*, t. CCXIX, 1958, pp. 285-321. La majeure partie des documents financiers bourguignons du XVe siècle se trouve aux Arch. départ. du Nord, le reste à celles de la Côte-d'Or.

2. L. DESCHAMPS DE PAS, *Essai sur l'Histoire Monétaire des Comtes de Flandre de la Maison de Bourgogne*, Paris, 1863, p. XXIII, n° 114.

L'intérêt de nos documents est, d'abord, qu'ils expriment l'embarras des gens de finances devant la complexité des monnaies. C'était pourtant des hommes expérimentés qu'un Barthélemy Le Vooght, un Guy Guilbaut et un Jean de Vélery. Le premier, ancien receveur de L'Écluse, sa ville d'origine, puis écoutête de Bruges, était receveur général de Flandre et Artois depuis 1416. Guy Guilbaut, originaire d'Hesdin, avait été receveur de cette ville, puis trésorier du Boulonnais, avant d'inaugurer une carrière brillante et fructueuse de receveur général. Jean de Vélery jouissait depuis longtemps de la confiance de Jean Sans Peur, puisqu'il avait reçu la charge des deniers de son Hôtel dès avant son avènement, en 1398. Tous appartenaient au milieu dévoué des serviteurs des Valois de Bourgogne qu'on connaît bien maintenant[1]. Nous pouvons nous fier à leur savoir-faire et, s'il nous fallait une excuse à nos difficultés, les leurs pourraient nous justifier.

Le désordre de la circulation monétaire apparaît clairement dans nos textes avec toutes ses conséquences. Pour y mettre un peu de clarté, on nous présente un historique des émissions monétaires de 1410 à 1422. Rappelons qu'une optique différente de la nôtre inspirait aux contemporains des expressions opposées à celles dont nous userions. Étaient-ils moins soucieux de la valeur intrinsèque des espèces que de leur valeur nominale fixée par ordonnance et par l'estimation commune ? Le sens qu'ils donnaient aux termes « faible » ou « forte » monnaie est pour nous inattendu. On retrouvera (doc. n° III) les variations connues de la florette, en observant leur décalage chronologique entre l'Artois et les seigneuries de Bourgogne. Le retour à la bonne monnaie paraît avoir été un peu plus tardif en ces dernières[2].

Les pouvoirs publics sont sensibles aux conséquences de la confusion monétaire surtout, semble-t-il, en ce qui concerne les dépenses. La prudence les inspire. A Lille, la comptabilisation en monnaie faible, forte ou nouvelle, est subordonnée au « passage de halle », c'est-à-dire à une décision municipale. Les textes II et III se fondent sur les ordonnances ; dans sa déclaration (texte IV), Jean de Vélery s'en réfère également à l'usage. Le Maître de la Chambre aux Deniers, de par sa fonction, était au courant des cours réels aussi bien que des cours officiels ; son opinion en tirait une valeur particulière et les Maîtres de la Chambre des Comptes de Lille le consultaient volontiers.

Les incidences des variations étaient multiples et le choix d'une solution délicat. Qu'on songe, par exemple, aux paiements des rentes viagères, avec leurs arrérages, dont Lille, comme presque toutes les villes, avait grevé ses finances pour satisfaire les exigences ducales.

1. B. A. Pocquet du Haut Jussé, *Les Chefs des finances ducales de Bourgogne sous Philippe le Hardi et Jean sans Peur (1363-1419)*, extr. des Mém. de la Soc. pour l'Hist. du Droit des anciens pays bourguignons, comtois et romands, 4e fasc., 1937 (Dijon), 76 p. — J. Bartier, *Légistes et gens de finances au XVe siècle. Les Conseillers des Ducs de Bourgogne Philippe le Bon et Charles le Téméraire*, Bruxelles, 1955-57, 451 p. et un fasc. d'index (76 p.).

2. Bien que l'histoire monétaire de l'État bourguignon ne soit pas écrite, on en trouve des éléments importants dans : Deschamps de Pas, *op. cit.* — G. Bigwood, *Le régime juridique et économique du commerce de l'argent en Belgique au Moyen Age*, t. I, Bruxelles, 1921. — L. Lièvre, *La monnaie et le change en Bourgogne sous les ducs Valois*, Dijon, 1929. — H. van Werveke, *De ekonomische en sociale gevolgen van de muntpolitik der graven van Vlaanderen 1337-1433* (Ann. Soc. Emul. Bruges, t. LXXIV, 1931, pp. 7-24). — G. Pusch, *Staatliche Münzund Geldpolitik in der Nederlanden unter den Burgundischen und Habsburgishcen Herrschen.* Dissert., Munich, 1932, 104 p. — R. de Roover, *Money, Banking and Credit in Mediaeval Bruges*, Cambridge (Mass.), 1948, pp. 220-247. — Fr. Dubourg, *Le monnayage des ducs de Bourgogne, 1363-1477*, th. École Chartes, Paris, 1957 (exempl. dactyl.).

Pour les finances ducales, la surestimation du cours du franc à 40 gros au lieu du taux légal de 37 gros 4 deniers comportait une différence dont l'autorité refusa le bénéfice aux officiers désireux d'en profiter à l'occasion du paiement de leurs gages. On sait quelle était l'importance des revenus accessoires des officiers de finances[1]. Le gouvernement ducal entendait maintenir entre les monnaies, écu et franc, un rapport constant. Strict par instants sur certains points, il l'était moins en d'autres cas. On le voit (doc. n° III) se référer au cours du marc d'argent, selon l'usage, et stipuler qu'on réglera les gages et pensions au cours du moment, et les rentes d'après la valeur de l'argent à l'époque des échéances.

Que la tenue des comptabilités publiques et privées, pendant la période 1418-1420, ait été particulièrement difficile, ces quatre documents en apportent une nouvelle preuve. A leur mesure, ils versent au dossier de l'histoire des finances et des monnaies un supplément d'information.

DOCUMENTS [2]

I. — Note sur le cours des monnaies de 1410 à 1418

Archives Communales de Lille, n° 16.162. Compte de la Ville pour l'année 1418.

« ... Et est assavoir en ces présens comptes est faite recepte à forte monnoie, à feble et à nouvelle monnoie et en la despence d'iceulx sont pareillement pluiseurs parties mises à forte monnoie, à feble monnoie et à nouvelle pour ce qu'il a pleu à nostre très redoubté seigneur nostre seigneur le duc de Bourgoingne, Conte de Flandres, ordonner en son dit pays de Flandres certaine nouvelle monnoie, si comme petis gros de la dicte nouvelle monnoie pour 12 deniers la pièce et les doubles gros d'icelle monnoie pour 24 deniers la pièce qui est par ces présens comptes appelée forte monnoie, les petis gros de la vielle monnoie de Flandres ayant cours audit pays de Flandres par avant le jour du Noël l'an 1410, pour 9 deniers la pièce de la dicte nouvelle monnoie et les doubles gros de la dicte vielle monnoie pour 18 deniers la pièce d'icelle nouvelle monnoie, laquelle vielle monnoie est en ces présens comptes appellée feble monnoie et est mis le petit gros de la dicte vielle monnoie pour 12 deniers febles et les doubles gros de la dicte vielle monnoie chascun pour 24 deniers febles. Et depuis, au mois d'août 1418, a volu avoir nostre redoubté seigneur cours en son dit pays de Flandres une autre monnoie qui par ces présens comptes est apellée nouvelle monnoie dont les doubles gros d'icelle nouvelle monnoie sont de 24 deniers la pièce, et les petis gros d'icelle nouvelle monnoie sont de 12 deniers la pièce et sont en valeur de 7 petis gros d'icelle nouvelle monnoie pour 8 petis gros de la dessus dicte vielle monnoie.

Item est assavoir que pluiseurs parties sont envoyées par passage de halle à recepvoir, les aucunes à forte monnoie, aucunes à feble monnoie et les autres à nouvelle monnoie. Et pareillement, sont pluiseurs parties commandées à paier à forte monnoye, pluiseurs à feble et pluiseurs à nouvelle. Lesquelles parties sont en ces présens comptes mis selonc le contenu dudict passage. Et quant aux autres parties, tant de la recepte que de la despence de ces dessusdis présens comptes, non envoyés par passage de halle ou temps de ces présens comptes, ycelles parties sont mises à tele monnoie que contenu est ès comptes précédens fais depuis ledit jour de Noël 1410.

---

1. J. Bartier, *op. cit.*, 147-151.
2. Afin de faciliter la lecture et l'utilisation des textes par les économistes, nous nous sommes permis d'adopter l'accentuation moderne.

II. — Note sur les cours des monnaies de 1410 à 1420

Archives départementales du Nord : B 4091. — Recette Générale de Flandre : 2e compte de Berthelemy le Vooght (24 juin 1418-6 février 1420 n. st.)

Note préliminaire au relevé des dépenses.

C'est assavoir que feu Mgr. derrenier trespassé, que Dieu pardoint, regardans que en l'an 1410 par l'ordonnance et instruction de la monnoie que lors il fist forgier et avoir cours en ses pays et conté de Flandres, il, par grant advis et meure delibèracion de conseil, eust avalué et mis à pris un escu en or monnoye du roy nostre sire à 30 gros d'icelle monnoie et un franc d'or à 26 gros 8 deniers de la dicte monnoye. Lesquelz escus et frans revenoient justement les 8 escus à 9 frans, qui est un trés beau compte anciennement et à présent entretenu sur le fait et paiement qui s'est fait et encores se fait des monnoyes de ce Royaume. Et pour ce que par l'ordonnance de la nouvelle monnoye qui de par lui fu forgée et commença avoir cours ou dit pays de Flandre à la my-aoust 1418 un escu en or monnoye dudict roy, nostre sire, fu mis à pris à 42 gros d'icelle nouvelle monnoye et un franc d'or fu avalué à 40 gros dicte nouvelle monnoye, lequel franc, pour revenir au compte de 8 escus pour 9 francs, estoit mis à trop hault pris de 2 sols 4 deniers d'icelle monnoie qu'il eust perdu sur chascun franc ès paiemens qui se feussent fais ès rentes à hiretage et viagières, gaiges, dons, pencions, voyaiges, messageries et autres parties sur la recepte generale de Flandres et sur pluseurs receptes et fermes de sondit pays de Flandre, estant annuelment chargiez et autrement en son très grant préjudice et dommaige, et plus seroit, comme il seroit acertené.

Eu regard et considéracion aux choses dessus dictes et sur icelles en advis et meure déliberacion de conseil, veuillans, en tant qu'il touche les paiemens qui se feront comme dit est, ledict ancien compte de 8 escus pour 9 francs estre entretenu sans ce que, pour cause d'icelle ordonnance, il soit aucunement corrompu, a voulu et ordonné que lesdiz frans monnoye royal depuis ledict jour que la nouvelle monnoye dessus dicte a eu cours en son dict pays de Flandre jusques au jour de la datte de ses lettres patentes sur ce faictes, données à Pontoise le 10e jour de juin 1419, dont copie collationnée en la Chambre des Comptes de mon dit seigneur à Lille est cy rendue à court, et de là en avant tant et si longuement que icelle monnoye y aura cours de tous les paiemens, qui pour les dictes rentes à héritaige et viagières, gaiges, pencions, dons voyaiges, messageries et autres parties ne soient par le dict receveur général et les autres receveurs, renneurs, officiers et fermiers d'icellui son pays de Flandre, paiez à ceulx qui sont et seront deuz au pris de 37 gros 4 deniers parisis de la nouvelle monnoie chascun franc et non à plus hault pris pour quelconque cause, ne pour personne que ce soit ou puisse estre.

Et s'aucuns des diz renneurs, receveurs, officiers ou fermiers avoient paié ou, paiement les diz francs au dict pris de 40 gros ou autres plus hault pris que de 37 gros 4 deniers parisis dicte nouvelle monnoye, il ne vouloit pas qu'ilz leur feussent allouez en leurs comptes ne rabatu de leurs receptes à grengneur pris que les diz 37 gros 4 deniers parisis d'icelle monnoye chacun franc. Si mandoit par ses mesmes lettres à Messeigneurs des Comptes à Lille et à son receveur général de Flandre présent et avenir et à chascun d'eulx si comme à lui appartendroit que icelle sa ordonnance, laquelle il vouloit estre enregistrée en la Chambre des diz Comptes, ils gardassent et entreteinssent et feissent garder et entretenir de point en point, les transgresser ne faire ou souffrir estre fait à l'encontre en aucune maniére et que ses mesmes lettres ilz publiassent ou feissent publier par telle maniére que nulz des diz renneurs, receveurs particuliers, fermiers et autres officiers n'y peussent prétendre ignorance. Car ainsi lui plaisoit estre fait lesquelles lettres et ordonnance de mon dit seigneur.

Pour obvier à ce que les diz frans ne feussent paiez au dit pris de 40 gros en obtempérant à icelles, pour considération de ce que Messires du Conseil à Gand, ensemble tous les conseilliers, capitaines, chastellains, souldoiers et autres officiers qui prenoient gaiges et pencions en Flandre, obstant ladicte instruction et ordonnance d'icelle nouvelle monnoie, qui avait esté publiée ou dit pays, avoient prins ou vouloient prendre leurs gaiges qui se paient à frans monnoye royal audit pris de 40 gros des termes escheuz depuis la dicte mi-aoust que la dicte monnoie avoit cours, en avant et pour ce présent, déclaroient et attendoient d'eulx faire paier et assigner de leurs diz gaiges et pensions, sans vouloir recevoir autrement que audict pris de 40 gros le franc, mes diz seigneurs des Comptes et le dict receveur général de Flandre, à la Renenghe de Flandre qui fu tenue à Lille en juillet 1419 dessus dit, firent, en la présence de Messeigneurs les renneurs, conseilliers, receveurs héritiers particuliers et autres officiers de mondit seigneur en Flandre, publié *(sic)* et lire de mot à mot tant en la Chambre des Renenghes présentement comme en après en la Chambre desdiz Comptes.

Et aussi est assavoir que depuis Monseigneur le Duc Phelippe, qui à présent est, a fais et baillé semblables lettres et ordonnances sur les diz frans, qui pareillement furent publiées en ladite Chambre des Comptes, aux comptes et après les plaintes des baillis, ou mois de janvier l'an 1419, ainsi qu'il apparoit lesdites lettres enregistrées en estans en ladite Chambre. Pour laquelle cause et par vertu desdictes lettres d'ordonnance et publication ainsi faicte, de toutes lesdictes rentes à hiretage et viagières, gaiges, pencions, dons, voyaiges, messageries et autres parties dont les lettres, mandemens, acquis et descharges ont esté fais et levez, sur ladicte recepte générale de Flandre à franc monnoie royal, il a convenu que ledit receveur général de Flandre ait paié iceulx frans ou dit pris de 37 gros 4 deniers la pièce et aussi par la dicte ordonnance il lui convenoit paier audit pris de 40 gros piece aucuns gaiges. Et pourtant il en fait cy mencion en l'introytte de ce premier chappitre de despence pour s'en aidier tant en ce mesme chapitre comme ès autres chapitres cy apres, ainsi qu'il appartient.

III. — Note sur le cours des monnaies de 1418 à 1422

Archives départementales du Nord : B. 1920, f° 2 r° et v°. Recette générale de toutes les finances : Compte de Guy Guilbaut (3 octobre 1419 - 3 octobre 1420).

Memtion marginale accompagnant le début de la partie du compte consacrée aux recettes ; l'écriture est différente de celle en laquelle est rédigée le compte, et la note postérieure à ce dernier.

Soit prins garde tant en la recepte comme en la despence de cest présent compte sur la valeur des monnoyes : quar depuis le VIIe jour de mars Mill CCCC XVIII inclus jusqu'au IXe jour de may Mil CCCC XX exclus, l'en fist ès monnoyes du Roy et de Monseigneur en ses pays de Bourgoingne monnoye de gros que aucuns appellent florette ayans cours pour 16 deniers parisis qui valent vint deniers tournois, à 3 deniers 8 grains d'aloy et de 8 solz de pois qui font quatre vint seze pour marc. Et donnoit on esdites monnoies pour marc d'argent 16 livres 10 solz tournois. Et ainsi se continua en ycelles monnoies jusques au IXe jour d'avril après Pasques Mil CCCC XX que l'on y commença à donner pour marc d'argent 18 livres tournois, senz y faire mutation du pié ni du pois des diz gros, jusques au IXe jour de may ensuivant ou dit an Mil CCCC XX, ouquel IXe jour de may l'on mua le pié et commença l'en à faire en icelles monnoies lesdiz gros appellez florettes ayant cours pour 16 deniers parisis ou pour vint deniers tournois, à deux deniers douze grains d'aloy et de 8 sols 4 deniers de pois qui font cent desdiz gros pour marc et donnoit on pour marc d'argent vint six livres tournois.

Et ainsi a esté continué et la dite florette valu seze deniers parisis jusques au XVe jour de juing Mil CCCC XXI que il fu publié en la conté d'Artois icelle florette estre remise à quatre deniers parisis, pour lequel pris elle a eu cours en la dite conté d'Artois jusques au IIIe jour de novembre Mil CCCC XXI. Auquel IIIe jour de novembre fu publié en la dite conté d'Artois la dite florette estre remise et avoir cours seulement pour deux deniers parisis. Et lors fut commenciée à faire ès monnoye du Roy bonne et forte monnoye courant à présent.

Et quant ès Duchié et Conté de Bourgoingne, ledit gros appelé florette y ot cours pour vint deniers tournois jusques au XVIIIe jour d'aoust Mil CCCC XXI qu'il y fut publié que ledit gros estoit ramené à 5 deniers tournois, pour lequel pris de 5 deniers tournois ledit gros ot cours jusques au 1er jour de janvier ensuivant exclus Mil CCCC XXI, que l'en y publia que ledit gros estre ramené à deux deniers obole tournois seulement. Et lors l'en commença à faire es monnoie de Mgr en Bourgoingne la bonne et forte monnoie des doubles deniers ayans cours pour deux deniers tournois pièce à un denier douze grains d'aloy, du pris de neuf sous quatre deniers demy au marc. Et donnoit on pour marc d'argent 6 livres 3 sols tournois.

Et furent faictes certaines ordenances par le Roy et aussi par Monseigneur [en] son pays de Bourgoingne sur la manière du paiement des debtes acreues et deues depuis le temps du pié des diz gros, et aussi des debtes deues paravant ainsi comme plus à plain est contenu ès dites ordenances transcriptes ou registre de la Chambre des Comptes à Lille commencié l'an MCCCC XVII folio [*un blanc*]. Et aussi les dictes ordonnances faictes par ledict feu Mgr sont en sa Chambre des Comptes à Dijon. Lesquelles ordenances veues, et sur ce euz advis et delibéracion en la dite Chambre des Comptes à Dijon, fut délibéré que toutes restes deues à Monseigneur et semblablement celles qui deues lui seront par fin de compte seront ramenées, avaluées et paiées au pris du [*un mot effacé*] : c'est assavoir : ce qui est deu du temps paravant le IXe jour de may Mil CCCC XX ; et mesmement ce qui seroit deu depuis le dit mois de mars M CCCC XVIII au dit IXe jour de may M CCCC XX exclus au pris de 16 lb. 10 s. tournois le marc d'argent ; et ce qui seroit deu depuis icellui IXe jour de May M. CCCC XX jusques au XVIIIe jour d'aoust ensuivant M CCCC XX au pris de 26 lb. tournois le marc d'argent. Et ainsi a esté fait ès comptes de Jehan Fraignot, receveur général. [*deux mots effacés*] autres comptes des offices de Monseigneur en Bourgoingne qui ont compté en la dite Chambre des Comptes à Dijon. Et aussi en tant que touche les paiemens des gaiges et pensions dont l'en a compté à Dijon, l'en les a comptez et alloez pour rate de temps selon le cours et valeur des monnoies et le pris du marc d'argent de temps à autre. Et quant aux rentes deues à jour et terme tant de Monseigneur que celles qui sont deues sur ses receptes, l'en les a paiées et alloées en compte à telle monnoie et en tele valeur que elle couroit aux termes escheuz.

VI. — Déclaration de Jean de Vélery, Maître de la Chambre aux Deniers, de Jean sans Peur sur le cours des écus et des francs.

Archives départementales de la Cote-d'Or, B. 1589, F° 80. — Comptes de la Chambre aux Deniers (1er juillet 1415 - 30 juin 1418).

Je Jehan de Velery, dessus nommé, certiffie et afferme en vérité l'avaluement des monnoies de Flandres, d'Artois, de Haynault et de Brabant dont mencion est faicte tant en la recepte dessus escripte, comme en la despense de ce présent compte, avoir esté bien et deuement faicte, et que tant vailent lesdictes monnoies et ont cours esdicts pais ainsin qu'elles sont avaluées par cedict présent compte. Et oultre certiffie que les escus de 45 gros vielle monnoie de Flandres pièce valent mieulx d'escu de France et se doivent avaluer au feur que cy dessus sont avaluez, et s'il disoit de 41, 42, 43 ou 44 gros l'escu monnoie dessus dicte, si est il à entendre que dès si tost qu'il passe 40 gros dicte monnoie l'escu, ils valent mieulx que escuz de France, pour ce que en tous temps 40 gros de Flandres dicte vielle monnoie valent 1 escu de France ou 22 s. 6 d. t. ; et ainsi les avaluent l'on au pays. Et le franc de 32 gros ne vault que 18 s. t., ; le franc de 33 gros ne vault que 18 s. 6 d. ob. poit. t.; le franc de 34 gros monnoie dessus dicte ne vault que 19 s. 1 d. ob. t.,; le franc de 36 gros dicte monnoie vault 20 s. 3 d. t. Et ainsi se doivent avaluer. Tesmoing mon saing manuel cy mis le IXe jour d'aoust l'an mil CCCC et XIX. (*signé :*) J. de Velery (*un paraphe*).

IV

JEHAN MARCEL, CHANGEUR A ROUEN

Parmi les « Français reniés » qui, au temps de Jeanne d'Arc déjà, s'enrichissaient de leur collaboration avec l'envahisseur, figurait un certain Jehan Marcel, marchand et changeur à Rouen, auquel Pierre Champion a consacré quelques pages à la fin de *Villon et son temps*[1] ; des documents des archives de la ville de Rouen et du département de la Seine-Inférieure permettent de compléter et de préciser le portrait de cet homme d'affaires sans scrupules, et d'analyser ses spéculations douteuses.

I

Jean Marcel naquit à Paris entre 1394 et 1400[2]. Descendait-il de l'un des six enfants du Prévôt des Marchands ? En tout cas, il appartenait à la même classe de bourgeois cossus, enrichis dans le commerce, bien rentés en terres, portant blason[3], et s'élevant par l'exercice des offices de finance et de judicature. La Seine seule séparait la paroisse Saint-Barthélemy, celle du Prévôt, de la paroisse Saint-Jacques de la Boucherie, où habitait Jean. De bonne heure, celui-ci (dont le nom est parfois orthographié Marceau) dut s'attacher à la cause bourguignonne et anglaise. Dès avant 1420, il a

1. P. Champion, *Villon et son temps*, Paris, 1933, t. II, p. 344-351.
2. P. Champion place sa naissance en 1394, parce que Marcel déclarait avoir 67 ans en 1461 P. Le Cacheux (*Rouen au temps de Jeanne d'Arc et pendant l'occupation anglaise*, Rouen, 1931, p. LXXXI) le déclare né en 1400 parce qu'il avoua 56 ans en 1456, et croit devoir le distinguer d'un autre Jean Marcel, également changeur à Rouen. On sait combien les gens du moyen âge — et de temps plus récents, d'ailleurs — connaissaient imparfaitement leur âge. Il s'agit ici, sans aucun doute, d'un seul et même personnage.
3. Les Marcel portaient : « d'argent à la croix de sable, à double traversée, cantonnée au premier d'une coquille de même » (Bibl. nat., ms. fr. 32 354, cité par P. Champion, *op. cit.*, II, 345).

quitté la capitale pour s'établir à Rouen. Les relations d'affaires ont, depuis toujours, été très actives entre les deux villes. Dans la capitale normande, Jean Marcel concentre son activité, à la faveur de l'occupation étrangère. Le 21 février 1420, il liquide avec son collègue Robert Clément, changeur à Paris, une association qui durait depuis cinq ou six ans ; Marcel renonce à tous les biens achetés en commun au temps de leur compagnie, non seulement à Paris, mais partout ailleurs « au pays des François » ; sans nul doute, Marcel ne s'y fût pas trouvé en pleine sécurité.

Dès lors, notre homme développa ses affaires avec la bienveillance de l'occupant. Les changeurs, en raison de leur responsabilité, étaient, dès le xve siècle, sous le contrôle de l'autorité royale, qui fixait leur nombre et leur concédait leurs offices ; à Rouen, il y en avait environ une vingtaine, selon les époques. Tandis que l'Hôtel des Changes était situé en face de la cathédrale[1], les changeurs tenaient leurs tables devant la Madeleine et rue de la Poulaillerie, tout près de la cathédrale, vers la Seine[2]. Jean Marcel fut nommé changeur par Henry V[3] ; sa charge lui fut confirmée par Henry VI et renouvelée en 1436, pour une durée de dix ans. Faut-il voir dans la réduction de sa redevance annuelle au Trésor royal — 1 marc d'or et 10 marcs d'argent au lieu de 3 marcs d'or et 30 marcs d'argent — la récompense de certains services rendus par le financier à son protecteur anglais ? C'est fort possible, et P. Champion fait remarquer la coïncidence chronologique de ce substantiel abattement avec les nécessités financières subies par l'occupant l'année de la reprise de Paris par Richemont.

Que Marcel ait eu déjà l'occasion de se faire reconnaître son concours, c'est, en tout cas, chose facile à prouver. En 1424, il avait obtenu du duc de Bedford, régent pour le jeune Henry VI, une acquisition intéressante. Il s'agit de deux immeubles, l'Hôtel des Connins et l'Hôtel du Cerf, sis près du Vieux-Marché, « confisqués et forfaits par les absence et rébellion » commises contre le roi étranger par les héritiers d'un certain Jean Allaire. Ainsi, c'étaient les biens de bons Français émigrés pour échapper à l'occupation ennemie que notre homme se faisait concéder. Lisons le texte jusqu'au bout : en considération de ses « bons et agréables services », et dans l'espérance qu'il les renouvelle « au temps advenir »[4]. Rien ne pourrait montrer plus clairement combien le sens du profit l'emportait chez ce « collaborateur » du xve siècle. La suite des faits précise d'ailleurs le bénéfice de cette acquisition. Ces maisons qui, contiguës à celle de Marcel, la complétaient si heureusement, étaient, faute de réparations, « tournées en ruyne et désertion », exigeaient d importants travaux et étaient grevées d'hypothèques ; alors, l'acquéreur les obtint pour un versement de 200 livres tournois et une rente annuelle de 40 sous seulement. Ce qui n'empêcha pas Marcel, quatorze ans plus tard, en 1438, de spéculer sur ces immeubles. Il les revendit à Louis de Cormeilles, qui fut plus tard Vicomte de l'Eau de Rouen, moyennant le paiement comptant de 1400 livres. De plus, nous savons par une clameur de retrait lignager, présentée en 1451 par le frère de Jean Marcel, que Louis de Cormeilles devait entrer en jouissance seulement après la mort du changeur

1. Cet hôtel, appelé à notre époque Hôtel des Finances (la Cour des Aides y siégea), a pour emplacement l'angle de la rue du Salut.

2. Cette rue, depuis rue du Change, a disparu dans l'incendie de juin 1490. Sur le change à Rouen au xve siècle, note de F. Blanquart dans *Bulletin de la Société de l'Histoire de Normandie*, 1924.

3. *Mém. Soc Antiquaires de Normandie*, XXIII, 190, cité par Le Cacheux, *op. cit.*, p. LXXX.

4. *Arch. Nat.*, J. J. 172, n° 645, f° 358 r°, publ. par Le Cacheux, *op. cit.*, p. 67.

et de son fils. Le texte nous apprend que l'argent de l'achat avait été baillé au preneur par le vendeur[1]. Selon toute probabilité, nous sommes en présence d'une spéculation usuraire effectuée à bon compte sur un bien confisqué par l'ennemi.

***

Jean Marcel ne s'en tenait pas là. La profession de changeur procurait d'inestimables occasions de profit. En voici un exemple, révélé, de façon inattendue, par la *Chronique du « Rosier des Guerres »*, dont l'auteur a été identifié pour être le Normand Pierre Choysnet. On lit en effet : « *Le premier jour d'octobre audit an* (1449)[2], *blans de dix deniers la pièce furent mis et criéz à Rouen par le duc de Somerset, gouverneur illec pour le roy d'Angleterre, à onze deniers la pièce, à l'instance et pourchas de Jehan Marcel qui en avait bien douze mille. Et pour ce faire, en presta sur gage audit gouvernant trois mille pour faire ung paiement de guerre angloys, afin que ladicte somme foisonnast.*[3] » Tout commentaire serait superflu. Spéculation sur la monnaie étrangère d'accord avec l'occupant, avance d'argent à l'armée ennemie au moment même de l'offensive française sur Rouen. Le délit de « collaboration » pourrait-il mieux s'établir ? Or, par une étrange inconscience, dans le grand procès de sa faillite, Marcel reconnaîtra formellement ces opérations illicites de dévaluation, et son avocat en tirera argument à sa décharge, car il a ainsi agi « sous le roy d'Angleterre ». Le diable se faisait ermite.

La bienveillance de l'occupant, la puissance de son propre crédit valaient à Marcel d'autres profits. Le change des monnaies n'excluait aucune opération commerciale. Ainsi notre brasseur d'affaires s'était fait concéder l'adjudication, toujours profitable, d'un grenier à sel, celui de Vernon[4]. Marcel, d'ailleurs, avait, en ce domaine, des confrères et amis, à Rouen et à Paris, Girart Gossouyn et Colin Laurens, qui ne le lui cédaient en rien[5].

Prêteur aux dents longues, même pour les Anglais, Marcel avança 6000 livres à la veuve du duc de Bedford, Jacqueline de Luxembourg, contre l'engagement de ses joyaux, mais ne les lui restitua que moyennant une plus-value de 650 livres ; cela lui attira, d'ailleurs, une amende de l'Official de Rouen[6]. Nombreux, quoique moins scandaleux, sont les prêts à intérêt dissimulés sous des ventes, à l'aspect anodin, de rentes à vie ou à héritage ; le taux, modéré pour l'époque, se maintient vers 10 p. 100 ; mais les versements, effectués généralement comptant, se font très souvent en monnaie d'or, et la clause de rachat impose, presque toujours, paiement « en aussi bonne monnaie qu'il court de présent.[7] »

De bien des façons, Jean Marcel avait constitué, avec la faveur de l'étranger, son obligé, une fortune assez importante pour tenir à Rouen le haut du pavé.

***

La brillante situation de Marcel se prolongea d'ailleurs pendant plusieurs années après le recouvrement de la Normandie, tant notre homme

1. Arch. *Seine-Inf^re^*, Série B, Tabellionage, Rouen, 24 oct. 1451.
2. La garnison anglaise capitula le 29 octobre.
3. A. Hellot, *Les Sources de la Chronique du « Rosier des Guerres »* (*Revue Histor.*, sept.-oct. 1885).
4. P. Champion, *op. cit.*, II, p. 346.
5. *Ibid.*, p. 351 et 353.
6. *Arch. Seine-Inf^re^*, G. 40, Comptes de l'Archevêché.
7. *Arch. Seine-Inf^re^*, Série B, nombreux actes de ce genre dans tous les registres du Tabellionage de Rouen.

savait se rendre indispensable et profiter des occasions. Ses affaires se poursuivirent tant à Paris qu'à Rouen. Tout le monde avait besoin de lui. Bien vu du clergé[1], il avait fondé une chapelle dans l'église des Carmes de Rouen, au cœur du quartier commerçant, et institué des messes pour son salut, ce qui n'empêcha pas sa condamnation par l'Official en 1438 ; il est en relations d'affaires avec les moines de l'abbaye de Troarn, auxquels il consent le rachat des rentes qu'ils lui doivent[2]. Comme les seigneurs anglais, les seigneurs français sont ses débiteurs ; voici Robert d'Estouteville, prévôt de Paris ; voici Pierre de Brézé, grand sénéchal de Normandie ; voici sire Richard de Marbury. Le cas de ce dernier est particulièrement édifiant sur les procédés léonins de notre changeur. Par deux fois, en 1437, Richard de Marbury, sa femme et son fils lui avaient vendu en tout 230 livres tournois de rente annuelle, à vie. Pour en effectuer le rachat, Marbury fut contraint d'user d'un subterfuge et de recourir à la garantie du nom de Pierre de Brézé. Ce dernier racheta les deux rentes et leurs arrérages contre le versement de 1200 écus d'or, représentant, au cours de 30 sous par écu, la somme de 1800 livres. En outre, par un accord annexé au précédent, le grand sénéchal reconnaissait devoir encore à Marcel 60 écus d'or, c'est-à-dire au taux ci-dessus 60 livres, soi-disant pour la vente d'un cheval ; cette dernière opération a toutes les apparences d'un prêt usuraire déguisé[3]. Marcel devait réaliser un bénéfice assez coquet, mais les documents ne permettent pas de préciser davantage.

Parfois, Marcel faisait éprouver à ses débiteurs les rigueurs de la justice. Robert d'Estouteville, prévôt de Paris, lui devait 100 livres de rente par an ; Marcel lui en contestait un paiement, et le fit saisir par un sergent. Une autre fois, c'est un pauvre compagnon pâtissier qu'il fit emprisonner pour une dette de 3 écus. Ainsi, Marcel trouvait son profit partout, chez les humbles comme chez les grands. Ses pareils, bourgeois de Rouen, Pierre Delisle, un orfèvre ; Jacques Labeniant, un pelletier ; Guillaume Barbes, un barbier, étaient à sa merci et ses créances grevaient des hôtels dans toutes les paroisses de la ville[4].

Il n'est pas jusqu'à la ville de Rouen qui ne fût sous la coupe du riche changeur, par suite des nécessités financières consécutives à la guerre. Le conseil urbain avait emprunté à Marcel 300 saluts d'or, moyennant la mise en gage de « deux grands pots d'argent tous vermeils, dorez, verez, camoissez, goderonnez, revestis tout en tour d'ouvraige d'argent doré en façon de chappeaux de cardinal, et pesans quarante deux marcs deux onces d'or ou environ », avec une coupe d'argent pesant quatre marcs quatre onces; cadeaux faits en 1443 par le duc de Somerset à la ville de Rouen. Dès 1452, les joyaux avaient été rendus contre remboursement de 337 écus d'or valant à ce moment 505 l. 10 s. t., au cours de 30 s. par écu. Or, le prêt avait été contracté en saluts, et cette monnaie anglaise, qui avait une valeur supérieure à l'écu, ne circulait plus à Rouen en 1454. Aussi Marcel exigea et obtint du conseil de ville une indemnité compensatrice de 9 l. 12 s. 6 d. t., ce qui établit, à peu de chose près, le remboursement des 300 saluts sur le pied de 34 s. 4 d. par salut, c'est-à-dire très au-dessus du cours du moment. En effet, d'après plusieurs documents, le salut, émis en 1423 à 22 s. 6 d. t., avait circulé à Rouen en 1451 pour 21 s. 9 d. t., et circulait encore à Arques

1. Plus tard, dans son procès, il revendiqua le privilège de « clergie ».
2. Le Cacheux, *op. cit.*, p. LXXX-LXXXI.
3. *Arch. Seine-Infre*, série B, Tabell. Rouen, 29 mai 1451.
4. *Ibid*, année 1451, passim ; et série G, reg. 7143.

en 1456 pour 30 s. 7 d. t. Si l'on calcule d'après un change moyen d'environ 25 s. par salut, Marcel aurait réalisé ainsi un bénéfice moyen de 9 s. par salut et, pour l'ensemble, un gain net de 135 livres. « Et de ce, nous dit le texte, se contenta ledit Marcel. » On serait heureux de moins[1].

***

Marcel ne négligeait pas plus les bénéfices du commerce que ceux du change. Il avait su profiter de la reprise du trafic fluvial entre Rouen et Paris et son nom figure dans les comptes de la « Compagnie française. »[2] pour des droits perçus sur des peaux d'agneaux, des toiles de lin, des manteaux de drap, des dinanderies et des treillis.[3] Il avait des magasins à Arcueil, Issy et Vanves.[4]

« Notable marchant, de bonne chevance et ayant bon crédit pour avoir presté le sien à beaucoup », Jean Marcel était au premier plan de la société rouennaise[5]. Son hôtel était situé au centre de la ville, près de l'église Saint-Sauveur et du Vieux Marché. C'est chez lui, dans une chambre « moult décorée », que tout le conseil de ville, voulant voir le spectacle à l'aise, s'assemble pour assister, le 2 juin 1454, à la représentation du *Mystère de sainte Catherine*, donnée sur la place du Marché-aux-Veaux[6]. De bonne notoriété, on l'interroge au cours du procès de réhabilitation de Jeanne d'Arc (1456), et l'on note avec une curiosité évidente que cet ancien « collaborateur » prit soin de déposer en faveur de la « Française au grand cœur ». S'il ne l'a vue que deux fois, au cimetière Saint-Ouen et au Vieux Marché, du moins rappelle-t-il le propos admiratif du dominicain Jehan le Sauvaige sur son bon sens et sa mémoire, et atteste-t-il qu'il l'a vue mourir en « bonne chrétienne » et que « la majeure partie des assistants pleuraient et qu'on disait que Jeanne avait été condamnée injustement.[7] »

Aimant le luxe, Marcel se vêtait avec recherche au point qu'on lui reprocha, au cours de son procès, « chapeau à cordons d'amour », robes à grands bords, doublées de martre, collets de couleur, chausses rouges, etc... ». C'est qu'il savait employer son argent. Homme de goût, et par profession[8], il connaissait, nous l'avons vu, le prix des objets de valeur. Il ne dédaignait pas davantage les beaux livres. Sait-on que les manuscrits français 23 et 24 de la Bibliothèque nationale, *La Cité de Dieu*, reçurent cette mention : « *Ce livre fu à Jehan Marcel et l'a acheté de M. Etienne Gaultier et lui en cousta en premier achat quatre vins et dix salus d'or et l'a donné à cest hostel* » (de ville de Rouen). Sans le comparer à Jacques Cœur ni à Jouvenel des Ursins, on voit que Marcel appartenait à la même génération de riches marchands, très au courant de leur intérêt, mais amoureux

1. *Arch. Comm. Rouen*, reg. A. 8, Délibération du 26 janv. 1453, v. s. — Arch. Seine-Inf^{re}, Série B, Tabell. Rouen, 22 mai 1451. — Tabell. Arques, 1456, f° 139, v°.

2. On appelait « Compagnie française » l'association, ou hanse, des Marchands de l'Eau de Paris, jouissant du privilège de la navigation en amont et en aval de Paris. Pour commercer dans cette zone, les marchands forains payaient un droit et s'associaient à un bourgeois qui leur servait de garant; on disait qu'ils « prenaient compagnie française ».

3. *Bibl. Nat.*, fonds Moreau, ms. fr. 1062, f° 31 v°.

4. P. Champion, *op. cit.*, II, p. 349.

5. *Arch. Nat.*, X^{2a} 32, 5 mars 1462, plaidoirie de Popaincourt en faveur de Jean Marcel.

6. *Arch. Comm. Rouen*, reg. A 8, Délib. des 26 févr. 1453 V.S. et 2 juillet 1454, cit. par L. Petit de Julleville, *Les Mystères* (1880), II, 24.

7. Quicherat, *Procès...*, III, p. 88-99.

8. P. Champion, *op. cit.*, II, p. 349.

de luxe, et fins connaisseurs des belles choses. Notre homme porte ainsi témoignage de ce qu'était au XVe siècle la société bourgeoise du premier port de France.

***

Les profiteurs ont, en tout temps, surtout après les guerres, attiré sur eux les rancunes. La colère populaire les jalouse et les condamne. Comme on peut s'y attendre, Villon exprime ces sentiments de rancœur. Voici comment dans les *Lais*, il raille Marcel et deux de ses confrères :

Povres orphelins impourveus,
Tous deschaussiez,
Tous despourveus
Et desnuez comme le ver ;
J'ordonne qu'ilz soient pourveus
Au moins pour passer cest yver.

Premièrement Colin Laurens,
Girart Gossouyn et Jehan Marceau,
Despourveus de biens, de parens,
Qui n'ont vaillant l'âme d'ung-
[seau.[1]

Il revient encore sur leur compte dans le *Testament* :

Item, j'ay sceu en ce voyage
Que me trois povres orphelins
Sont creus et deviennent en aage,
Et n'ont pas testes de belins[2],
Et qu'enfans d'icy à Salins,
N'a mieulx sachant leur tour
[d'escolle.

Si vueil qu'ilz voisent à l'estude.
Où ? Sur maistre Pierre Richier.
Le Donat est pour eulx trop rude :
Je ne les y vueil empeschier.
Ils sauront, je l'aime plus chier :
Ave salus, tibi decus[3].

Les spéculations sur le sel (d'où l'allusion à Salins) touchaient le peuple de façon sensible. Quant au dernier vers, il vise la cupidité des trois brasseurs d'affaires pour les saluts d'or venus d'Angleterre. Plus loin, d'ailleurs, le poète continue : s'offrant, comme saint Martin, à partager son manteau, il en vendrait bien la moitié, « *pour leur en acheter des flans* » ; dans ce calembour sur le mot *flan*, il ne songe pas tellement à de la pâtisserie qu'aux prototypes des pièces à monnayer ; or, Jean Marcel est mentionné comme maître de la monnaie de Rouen en 1450[4].

Mauvaise réputation et beaucoup d'ennemis. En 1461, Jean Marcel est arrêté, incarcéré à la Conciergerie, sur la plainte d'un orfèvre parisien qu'il avait accusé de lui avoir vendu un grenat pour une jacinthe. On perquisitionne dans sa maison de Paris, à Rouen et partout où il avait des marchandises, à Arcueil, Issy et Vanves. Le procureur du Roi l'accable : à Rouen, il aurait ruiné soixante ou quatre-vingts marchands par ses usures ; il y a pratiqué l'exportation des monnaies, fourni armes et armures aux ennemis du Roi. Marcel est le bouc émissaire de ses créanciers. C'est Marbury, à propos de la vente d'un collier, soi-disant en or, mais où il y avait du plomb. C'est d'Estouteville qui a, dit-on, juré de le détruire, et qu'il lui en coûterait 40 000 écus. Jusqu'à Louis XI qui s'intéressait au procès de Marcel. Bien que l'on eût beaucoup pillé les biens de l'accusé, en les saisissant, le bailli de Sens, le trop célèbre Charles de Melun, pouvait écrire au Roi : « J'ai entendu que l'inventaire se monte à 10 ou 12000 livres parisis et, si Dieu veut qu'il soit condamné, Sire, on en trouvera beaucoup plus.[5] »

1. *Lais*, XXV- XXVI (Œuvres de F. Villon, éd. Longnon.)
2. *Belin* signifie : *mouton*.
3. *Testament* (éd. cit.), vers 1274 et suiv.
4. *Bull. Com. Antiq. Seine-Infre*, t. VIII, 1re livraison, 1889.
5. Commines (éd. Lenglet, II, p. 333), cité par Champion : *op. cit.*, II, 348. Les déprédations de Charles de Melun sont connues, particulièrement ses profits aux dépens du fameux comte de Dammartin.

Pourtant, Marcel fut mis en liberté, moyennant une énorme caution de 10 000 livres. Détente éphémère. Sur une plainte de Jean de Bar, maître des requêtes de l'Hôtel, le voici à la Bastille. Ce fut alors un procès lamentable, dont les pièces nombreuses sont aux Archives Nationales[1]. Les chefs d'accusation furent des plus divers. Sans retenir ceux qui portaient atteinte à la moralité du prévenu[2], nous devons considérer un instant des griefs plus précis. L'avocat de Marcel, Popaincourt, réfute tous les arguments de l'accusation : jamais il n'a fait de contrat usuraire, ni pris de bijoux en gage pour des sommes inférieures à leur valeur ; d'ailleurs, « grenaille » n'est or ni argent, ni chose préparée à mettre en monnaie ; il n'en a en rien abusé. Qu'on ne l'accuse plus d'avoir transporté du billon, car il en a obtenu lettres d'abolition. Quant aux opérations sur les monnaies, elles ont été faites sous le roi d'Angleterre, à son coin, à ses armes et sur son ordre, et, par conséquent, il n'est pas sujet à prison ; « si faute y avoit, concluait l'avocat non sans audace, on s'en devoit prendre aux Gardes de la Monnoie pour la forge, et pour le pied s'en devoit-on prendre au prince.[3] »

Les allégations de Popaincourt ne parvinrent pas à blanchir Jean Marcel. qui mourut sur ces entrefaites le 25 septembre 1468, et fut inhumé au cimetière des Innocents. Après sa mort, ce fut une vraie curée autour de sa succession, que les siens eurent grand-peine à disputer à l'acharnement de ses ennemis. Entre autres faits, retenons que Charles de Melun, s'étant fait livrer par Marcel une bague qu'il avait reçue du duc d'Orléans pour 1400 livres, l'offrit à Louis XI, lequel en fit don au seigneur du Lau.

⁂

Carrière étrange, mais révélatrice. L'infortune finale de ce profiteur constitue sans doute un précédent curieux : on ne peut espérer jouir indéfiniment de l'impunité, quand on a amassé des richesses sous la protection de l'ennemi. Mais il y a plus. Jean Marcel est un type social ; sa vie met en lumière quelques aspects des conditions économiques de son temps ; elle pose, en outre, divers points d'interrogation.

D'abord, Marcel incarne la classe moyenne des bourgeois enrichis. La carrière de Jacques Cœur est illustre, mais unique ; celle de Marcel est modeste, mais commune, donc plus représentative. Psychologie de parvenu : souci du gain, opportunisme d'homme d'affaires, goût et étalage du luxe. Pas un procédé n'est négligé pour s'enrichir : l'on note particulièrement les spéculations sur le monopole de la vente du sel, sur les immeubles dévastés par la guerre, que leurs propriétaires ruinés sont contraints d'hypothéquer et de vendre. A ce jeu, les vieilles familles fléchissent et les nouveaux riches font figure de seigneurs. Peut-on parler de capitalisme ? Oui et non. Le sens du profit ne naît ni au XVe siècle, ni davantage au XVIe ; il est inhérent à la nature humaine. Toutefois, il se développe, occupe le premier rang des préoccupations des hommes, au fur et à mesure que les occasions et les moyens de gain se multiplient.

L'activité de Jean Marcel est, à d'autres égards, symptomatique de la puissance croissante des hommes d'argent. La ville de Rouen — bien plus, le prince lui-même — doivent compter avec les exigences d'un créancier

1. Pour tout le procès, on se reportera à l'ouvrage cité de P. Champion, II, 348-351.
2. On connaît à Marcel au moins un fils illégitime à Rouen (*Arch. Seine-Infre*, série B, Tabell. Rouen, 24 oct. 1451).
3. *Arch. Nat.*, X2a 28, 23 juin 1461 ; et X2a 32, 5 mars 1462.

avide, d'un spéculateur capable de régler à sa guise le cours de la monnaie. Manifestations évidentes des troubles monétaires du temps : confusion des espèces en circulation, insuffisance de l'argent liquide, influence de la fortune mobilière. Il faut noter aussi, grâce à l'exemple de Rouen, la ruine des villes après la guerre de Cent ans. Quelle fut son étendue dans les autres cités du Royaume ? Quelles, les conséquences matérielles et sociales ? Quelles, les modalités et la durée du relèvement ? Rouen rebâtit ses maisons peu à peu, sans pouvoir, de longtemps, s'étendre hors de ses anciens remparts[1] ; en fut-il de même ailleurs ? A travers les spéculations immobilières de Marcel, ne pressent-on pas une sérieuse crise du logement, sur laquelle on ne possède que des présomptions pour l'ensemble de la France[2] ?

Les affaires de Marcel montrent le lien économique étroit qui unissait Rouen et Paris. Sur le plan commercial, la solidarité des deux villes est un fait connu ; pour cette époque, il reste à en donner des preuves concrètes. De même, dans le domaine financier, le rôle très important des capitaux parisiens investis dans le commerce maritime rouennais de façon notable au XVIe siècle n'a-t-il pas commencé au XVe par le trafic fluvial ? Au surplus, ces échanges de Rouen avec l'intérieur du royaume ne se sont rétablis qu'après la libération de la ville en 1449 ; au même moment se rompaient des liens, vieux de trente ans, avec les ports anglais. De quelle façon s'est opéré ce renversement des lignes de trafic ? On aimerait le déterminer. Histoire locale ? Non pas uniquement : Rouen était, à cette époque, le premier port de France.

Nous voilà loin de la simple biographie d'un changeur de Rouen. Au fond, ici encore, l'on rencontre le problème à peine effleuré de l'évolution économique et sociale de la France à la fin de la guerre de Cent ans. Malheureusement, ces quelques pages posent plus de questions qu'elles n'apportent de résultats. Après tout, « l'historien n'est pas celui qui sait. Il est celui qui cherche »[3]. Espérons qu'il est parfois celui qui trouve.

1. GANSHOF, *Etude sur le développement des villes entre Rhin et Loire au moyen âge*, 1944.

2. Le *Journal d'un Bourgeois de Paris*, éd. Tuetey, 1881, Soc. Hist. France, contient des allusions à la ruine des maisons de la capitale.

3. FEBVRE (L.), *Le problème de l'incroyance au XVIe siècle. La religion de Rabelais, Coll. Evol. Humanité*, 1942, p. 1.

V

LA DRAPERIE NORMANDE

Au cours du XIVe siècle, Rouen modifia son sceau: un agneau y prit la place du léopard.[1] Voulait-on effacer un souvenir de la dynastie Plantagenet ou consacrer une transformation du régime municipal? En tous cas, pour la capitale d'une province drapière, c'était adopter une image de marque. Les actes qui ainsi scellés allaient la répandre, tout comme le « label » apposé sur es draps par les « boujonneurs » du métier avait pour objet de garantir la qualité et de soutenir la réputation de la marchandise.[2] Certes, d'autres villes eurent des emblèmes semblables et le même souci de la qualité caractérisait leur effort d'expansion. Le voisinage de draperies plus prospères, aux Pays Bas d'abord, en Angleterre ensuite, a rejeté celle de la Normandie dans une ombre peut-être plus épaisse que de raison. Sans chercher à grossir son rôle, il faut tenter d'en mesurer l'importance dans l'ensemble de l'activité drapière de l'Europe médiévale occidentale.

L'utilité d'une démarche menant de l'histoire externe de la draperie normande à son histoire interne est d'autant plus grande que, pour celle-ci, la documentation n'offre pas l'abondance et la précision dont bénéficient les centres drapiers de Flandre, d'Italie et d'Angleterre. Pour connaître les modes de production, les procédés techniques, les matières premières du tissage et de la teinture, la gamme des draps fabriqués, l'organisation des entreprises, les problèmes sociaux au sein des métiers, il faut recueillir les moindres détails. La Normandie ne possède rien de comparable aux collections des actes échevinaux flamands ou des archives des « Arts » italiens. Du moins, pour Rouen, le fonds des notaires et surtout les délibérations municipales sont un apport très précieux. La glane à travers à travers les villes et les campagnes normandes a donné lieu à quelques monographies, parfois inachevées, souvent brèves et en certains cas demeurées manuscrites;[3] personne n'a encore écrit l'histoire d'ensemble que nous appelons de nos voeux[4] et la présente esquisse peut, tout au plus, servir d'invitation à l'entreprendre.*

[1] A. CHÉRUEL, *Histoire de Rouen pendant l'époque communale (1150-1382)*, I, Rouen 1843, pp. 353-356. Le dernier sceau au léopard qu'on connaisse est de 1309; le premier à l'agneau de 1362.

[2] Le boujon était une sorte de règle en fer, servant d'étalon d'aune.

[3] Notons par exemple: pour Saint-Lô, l'existence à la Bibliothèque Nationale de Paris d'une notice, entreprise par Léopold Delisle, qui, inachevée, ne dépasse pas le début de la guerre de Cent Ans (*Nouv, acq. fr.*, 21832, f°s 324-338), et le texte d'une conférence de P. LE CACHEUX, *La draperie de Saint-Lô au Moyen Age* (Conférence à la Soc. Archéol. du département de la Manche, Saint-Lô 1920, p. 29); F. DE BEAUREPAIRE, *Un bourg drapier au Moyen Age. Saint-James*, Saint-Lô 1966; pour Rouen, la thèse manuscrite de M. GUITARD, *La draperie à Rouen, des origines aux réformes de Colbert*, dans « Positions Thèses Ecole Chartes », Paris, 1933, pp. 49-54, Cfr. aussi J. M. VALLEZ, *Recherches sur l'histoire économique et sociale de Falaise du XIe siècle à la guerre de Cent Ans*, dans « Bulletin Société des Antiquaires de Normandie », LV, 1956-60, pp. 39-85; CH. BRINON, *Origines et développement de l'industrie textile à Elbeuf et à Louviers*, dans « Etudes normandes », n°. 5, 1952, pp. 209-223.

[4] Même observation de la part de L. MUSSET, *Nouveaux documents pour servir à l'histoire de l'industrie textile au Moyen Age*, dans « Bulletin Société des Antiquaires de Normandie », LIII, 1955-56, pp. 292-293.

* Je saisis l'occasion de remercier particulièrement M. Sadourny, maître-assistant à l'Université de Rouen pour les recherches et les transcriptions qu'il a eu l'amabilité de faire pour moi dans les archives rouennaises, afin de compléter ma documentation sur quelques points.

* * *

Une approche logique peut partir de l'information relative à la diffusion de la draperie normande. Par elle, il est possible d'en connaître l'extension géographique, d'en supputer le volume, d'en déceler les qualités demandés par les goûts changeants d'une clientèle variée, de discerner les fluctuations des marchés, de saisir le jeu de la conjoncture générale et l'influence des circonstances locales, et finalement, de décrire une évolution d'ensemble. Une telle méthode connaît à la fois la difficulté et l'avantage d'une documentation hétérogène et dispersée en de multiples dépôts d'archives de France et de l'étranger: tarifs de péages, comptes portuaires, registres et correspondances de marchands, actes législatifs et réglementaires, délibérations communales, comptes d'hôtels princiers, minutes notariales. Il y a quelques inconvénients aussi: l'échantillonnage des exemples, la disparité de données rebelles aux comparaisons entre les types de drap, les unités de mesures et les prix.

I – Les étapes de l'expansion commerciale.

La présence de la draperie normande sur le marché international à partir du dernier quart du XIIe siècle est certaine. Des Rouennais vendaient leur production aux foires de Provins en 1175.[5] Le contact pris ainsi avec les marchands italiens ne tarda pas à les attirer outre monts et au delà. Le commerce s'associant au pèlerinage, quelques Rouennais, appartenant au milieu marchand le plus actif, ont constitué, vers 1194, avant de partir pour Jérusalem, une société (*societas*) à buts pieux et lucratifs dont les profits (*conquestus*) étaient répartis à l'avance.[6] A ce moment, c'était Gênes qui attirait les Normands, comme tant d'autres, et en 1203, l'un d'eux, Guy Curvel, y souscrivit une obligation de 40 livres provinoises envers un collègue d'Arras.[7]

Ainsi s'ouvrait, du côté de l'Italie d'abord, une première phase d'expansion. Les drapiers rouennais y faisaient figure d'initiateurs, mais leur production n'était pas la seule et, dans une certaine mesure, cette première phase, qui courut jusque vers le milieu du XIVe siècle, pourrait être considérée comme la période des « draps de Louviers ». Les voici, avec ceux de Rouen, à Sienne en 1221,[8] les voilà aussi mentionnés dans un tarif de tonlieu à Venise en 1265.[9]

Gênes demeurait, cependant, la destination principale des exportations de draps normands.[10] Parmi les *panni francigeni* ou *panni de Francia* mentionnés par les notaires génois, il devait se trouver beaucoup de draps normands: souvent leur localité d'origine et leur nature sont spécifiés. Ceux de Rouen (bleus, gris, blanchets, estanforts, rayés) semblent moins fréquents que ceux de Louviers (draps rouges, biffes). Dejà plus nombreuses à Gênes, comme tous les draps français au cours

[5] Bibliothèque Nationale, Paris, *Ms. lat.*, 17098 (Cartulaire St. Etienne de Troyes, fos 35). Cfr. R. H. Bautier, *Les foires de Champagne. Recherches sur une évolution historique*, dans « La Foire », Recueil Société J. Bodin, V, Bruxelles, 1953, p. 111, n. 5.

[6] Document publié par E. de Fréville, *Mémoire sur le commerce maritime de Rouen*, Rouen-Paris, 1857, II, n.o XVI, pp. 23-24. Cfr. aussi S. Deck, *Les marchands de Rouen sous les Ducs*, dans « Annales de Normandie », VI, 1956.

[7] R. Doehaerd, *Les relations commerciales entre Gênes, la Belgique et l'Outremont d'après les archives notariales génoises au XIIIe et XIVe siècles*, II, Bruxelles, n.o 198 (13 novembre 1203).

[8] H. Laurent, *Un grand commerce d'exportation. La draperie des Pays-Bas en France et dans les pays méditerranéens (XIIe-XVe siècles)*, Paris, 1935, p. 74, n. 1.

[9] H. Laurent, *ibidem*, pp. 75-77.

[10] R. Doehaerd, *Les relations, etc.*, cit., pp. 174-176, 195 et tableaux annexes; II et III, nos. 364, 366, 421, 436, 439, 441, 455, 456, 458, 459, 517, 535, 556, 624, 1025, 1445, 1697; surtout pour les années 1227-29, 1234, 1244, 1250, 1259, 1262, 1276, 1286 et 1288.

de la deuxième moitié du XIIIe siècle, les fabrications normandes y firent l'objet de transactions encore plus fréquentes pendant la première partie du siècle suivant: 36 actes notariés entre 1320 et 1350 (contre 6 entre 1350 et 1400); en chacun d'eux figure le nom de Louviers et avec une intensité marquée (30 fois) entre 1343 et 1348.[11] La prépondérance de cette ville sur le marché génois semble, alors évidente, car Rouen et Caen n'apparaissent qu'une fois, Blangy trois fois, et le nom de Montivilliers ne figure encore pas. La nature des draps n'est indiquée qu'occasionnellement; mais la constance du conditionnement (12 pièces par torsel) et des valeurs notées dans les contrats révèle peut-être une normalisation de la production en fonction de l'exportation. Reconnaissons, toutefois, que la place des draps normands reste secondaire auprès des livraisons picardes (Beauvais), champenoises (Châlons) et brabançonnes (Bruxelles, Louvain) auxquelles il leur arrivait de servir d'appoint.

Au XIIIe siècle, à défaut de Normands d'origine, des Français de Troyes et de Tours, par exemple entre 1234 et 1244, vendaient des draps normands, sur la place de Gênes. Au XIVe, les transactions effectuées sur des draps normands furent le fait de Génois, et non des moindres, tels les Lomellini (Cristiano, Borello, Domenico et Giuliano), un Campofregoso, un Piccamiglio, enfin, ce qui n'est pas sans intérêt pour la Normandie, un Malocello (Antonio). Celui-ci, en trois jours consécutifs (15, 16 17 novembre 1346) vendit 8 torsels de drap de Louviers, valant plus de 2000 livres génoises. Cet exemple compte parmi plusieurs autres comme un type de concentration d'opérations, qu'on retrouve par exemple avec Cristiano Lomellini en novembre 1348. L'une des raisons de l'intérêt porté par les Génois aux draps normands, et à ceux de Louviers en particulier, était, sans doute, leur qualité, qui les rendait aptes à des exportations lointaines. Déjà, en 1216, il en avait été réexporté vers la Sicile et « l'Outre-Mer », en 1244 vers Bonifacio, en 1234 vers Tunis. Au XIVe siècle, voici du Louviers chargé avec des articles de Bruxelles, Comines, Beauvais et Milan, à destination de Péra, et servant de gage pour des prêts, avec change, remboursables en cette dernière ville (1350 et 1370).[12]

Gênes n'avait pas le monopole du transit des draps normands, puisqu'ils passaient également par Marseille, sans y égaler, et de loin, l'importance des draps de Châlons et de la Flandre. En 1248, deux navires y chargèrent, simultanément, des draps de Rouen et de Louviers, à destination de Messine et d'Acre. Habitudes prises, habitudes conservées, comme à Gênes. En 1331, 1338, 1354, les notaires marseillais enregistrèrent des achats et des « commandes » de brunettes de Rouen.[13] En 1355, un marchand de Montpellier, Raymond Serralier, avait chargé, à Rhodes, sur un bateau de Messine, 160 pièces de draps de Louviers, Beauvais et, peut-être, Rouen ou Caen; le tout fut capturé dans les Dardanelles.[14] Un compte de la douane d'Aigues-Mortes, pour 1358, donne une impression plus globale des faits, en notant le passage de 500 pièces de Louviers, contre 3300 de Beauvais et 950 de Brabant.[15]

Comparativement aux pays méditerranéens, les pays ibériques, jusqu'au milieu du XIIIe siècle, ne semblent avoir reçu qu'épisodiquement des draps en provenance de la Normandie. Un décompte d'importation, en Castille, datant de 1293, fait état de 3 pièces de draps de Rouen,

[11] L. Liagre-De Sturler, *Relations commerciales entre Gênes, la Belgique et l'Outremont d'apres les archives génoises (1320-1400)*, Bruxelles, 1969, passim.

[12] *Ibidem*, n°s. 271, 272, 312.

[13] R. Busquet-R. Pernoud, *Histoire du commerce de Marseille*, I, Paris, 1949, pp. 151, 207; E. Baratier-F. Raynaud, *Histoire du commerce de Marseille de 1291 à 1481*, II, Paris, 1951, p. 862, n. 2: société formée en 1337 pour le voyage de la *Magdalena*.

[14] H. Laurent, *op. cit.*, p. 203, n. 1.

[15] E. Baratier-F. Raynaud, *Histoire du commerce, etc.*, cit., p. 294. Document des Archives Communales d'Aigues-Mortes, analysé par R. H. Bautier, *La Place de la draperie brabançonne et plus particulièrement bruxelloise dans l'industrie textile du Moyen Age*, dans « Annales royales d'Archéologie de Belgique », LIII, 1962-66, pp. 31-63.

estimées à 750 maravédis, alors que le total du compte s'élève à 897572: c'est infime. Du moins peut-on noter, dans ce compte, une certaine diversité des provenances; à côté de Rouen, voici Bernay et Alençon. Quant à l'Aragon, on y trouve une seule liste d'importation, en 1303-1304, ne comportant aucun nom normand.[16] En revanche, les commodités des relations maritimes, expliquent, peut-être, les premières mentions connues de ventes de tissus normands au Portugal, dans une charte d'Alphonse III (26 décembre 1253) fixant le prix de draps de Rouen et de Caen, en même temps que ceux de onze autres provenances; trois mois plus tard, on en réglementa le déchargement à Porto.[17] La mer était la voie normale des ventes normandes à la Péninsule, mais le développement de celles-ci ne s'affirma qu'au cours du XIVe siècle, grâce aux privilèges accordés par les rois de France aux marchands ibériques.

Pour l'heure, c'est à dire encore dans les premières décennies du XIVe siècle, la clientèle lointaine la plus favorable aux draps normands demeurait, comme au XIIIe siècle, l'Italie et le sud de la France. L'importance du débouché italien avait guidé les préoccupations des marchands normands qui rencontraient leurs collègues d'outre monts aux foires de Champagne; ainsi quatre Rouennais, louant une maison à Provins en 1258, exprimaient clairement que l'objet de leur venue aux foires de saint Ayoul était la rencontre italienne: ils suspendraient le paiement du loyer, disaient-ils, si, d'aventure, la guerre empêchait leurs partenaires de venir en Champagne.[18] Après le déclin des foires, le transfert à Paris du lieu des échanges ne rompit pas les rencontres, en dépit de la concurrence des draps flamands et brabançons.[19] On ne saurait s'étonner, en effet, de ce que la comtesse d'Artois, Mahaut de Bourgogne, n'achetât pas des draps autres que ceux de ses Etats, et des Pays-Bas méridionaux; portant, des draps pers d'Aumale, quelques uns de Rouen, des saies et des camelins de Caen figurent dans ses comptes pour 1315 et 1328.[20] Il est plus paradoxal qu'un seigneur normand, et de quelle influence!, Enguerrand de Marigny, encourageât à Ecouis même, en 1314, la concurrence des draps d'Ypres.[21] Pourtant, à Paris, comme aux foires du Lendit, la présence des Normands ne cessait de croître. Peu avant la guerre de Cent Ans, un tarif de la perception des aides à Paris, et le célèbre *Dit du Lendit* énumèrent, parmi les quelque 53 localités envoyant leurs draps à la vente, une douzaine de villes normandes principalement en Haute Normandie.[22] Cet afflux contribua, sans doute, aux transformations du travail des draps à Paris; supplantée par les approvisionnements extérieurs, la fabrication parisienne céda le pas, vers 1330-1350 à la teinturerie et au finissage.[23] La draperie normande, alors, partageait avec la draperie tra-

[16] M. GUAL CAMARENA, *El Comercio de telas en el siglo XIII hispanico*, dans « Anuario de historia economica y social », I, Madrid, 1968, pp. 85-106. En ce qui concerne les pays ibériques, cfr. les articles devenus classiques de CH. VERLINDEN: *Contribution à l'étude de l'expansion commerciale de la draperie flamande dans la péninsule ibérique au XIII siècle*, dans « Revue du Nord », XXII, 1963, pp. 5-20; *Draps des Pays-Bas et du Nord de la France en Espagne au XIVe siècle*, dans « Le Moyen Age », XLVII, 1937, pp. 21-46; *Paños belgas en fuentes españoles medievales*, dans « Cuadernos de Historia de Espana », Buenos-Aires, XXIX-XXX, 1959, pp. 218-230; *Draps des Pays-Bas et du Nord-ouest de l'Europe au Portugal au XVe siècle*, dans « Anuario de Estudios Medievales », IV, Barcelone, 1966, pp. 235-261.

[17] *Portugalia Monumenta Historica*, I, Lisbonne, 1886, pp. 192-193.

[18] E. DE FRÉVILLE, *Mémoire sur le commerce, etc.*, cit., I, p. 202; II, p. 85-86, p. j. XXIII.

[19] R. H. BAUTIER, *La place de la draperie brabanconne, etc.*, cit., p. 38.

[20] J. M. RICHARD, *Mahaut, comtesse d'Artois et de Bourgogne, 1302-29*, Paris, 1887, pp. 181-182.

[21] Noter aussi des achats de marbré vert-bois et de camelin brun de Montivilliers pour le roi en 1327, cfr. L. DOUËT D'ARCQ, *Comptes de l'Argenterie des rois de France au XIVe siècle*, éd. Société Histoire France, Paris, 1851. On trouve mention de draps normands dans presque tous les comptes princiers, notamment dans les *Comptes des recettes et dépenses du roi de Navarre en France et en Normandie, 1367-70*, éd. E. IZARN, Paris, 1885, pp. 176-178, 396; J. FAVIER, *Un conseiller de Philippe de Bel: Enguerrand de Marigny*, Paris, 1963, pp. 181-182.

[22] L. DOUET D'ARCQ, *Tarif des marchandises qui se vendaient à Paris à la fin du XIIIe siècle*, dans « Revue archéologique », IX, 1852, pp. 213-222: l'auteur publie un document de la Bibliothèque Nationale (*Ms. fr.*, 8406, fos 26-29), dont R. H. BAUTIER (*La place de la draperie brabançonne, etc.*, cit., p. 36, n. 1) a rectifié la datation.

[23] R. GOURMELON, *L'industrie et le commerce des draps à Paris du XIIIe au XVIe siècles*, dans « Positions Thèses Ecole

bançonne le bénéfice des difficultés de la draperie flamande.[24] Si elle laissa à la brabançonne, les vastes débouchés des pays d'Empire, oú les draps normands n'apparaissaient qu'en faibles quantités (à Trèves en 1248, en Haute Allemagne, dans les villes de la Hanse, et aux foires de Francfort à partir de 1330),[25] la draperie normande soutenait la concurrence des draps des Pays-Bas aux foires de Chalon sur Saône et sur la place d'Avignon, grâce à la clientèle des ducs de Bourgogne et de la cour pontificale. Avant que Clément VI ne remplaçât par des allocations en espèces certaines distributions de vêtements à ses familiers, les acheteurs de la Curie ne dédaignaient pas les draps normands; ce pape n'oubliait peut-être pas son passage sur le siège primatial de Rouen, quand un de ses acheteurs Jean Courtois, s'y procurait des draps.[26]

C'était exactement le moment oú, au début de la guerre de Cent Ans, la gamme des variétés offerte par la draperie normande semblait s'accroître.

* * *

Vers le milieu du XIVe siècle, la prééminence de Louviers sur le marché français et à l'étranger paraît concurrencée par les autres centres drapiers normands. Pegolotti, dans sa *Pratica della Mercatura*, ne mentionne ni Rouen, ni Louviers, mais les saies de Caen et les gris de Montivilliers, en insistant, de façon significative, sur la proximité plus grande du centre de la basse Seine par rapport à Paris.[27] Cette proximité, jointe à la commodité de la voie fluviale, favorisait les centres de la Normandie orientale. A cette époque, précisément, Harfleur, au début de sa carrière, accueillait, à deux pas de Montivilliers, des colonies marchandes castillane et portugaise, dotées de privilèges royaux déjà par Philippe le Bel (1310) et surtout par Philippe de Valois (1336). En 1338, treize navires castillans chargèrent des draps à Harfleur. Au Portugal, une succession d'enquêtes, de jugements et de décisions diverses concernèrent le trafic des draps normands, entre 1324 et 1354.[28] Dans l'énumération des prises faites en 1370 par les Génois sur trois navires portugais chargés de draps du Nord-Ouest européen, il se trouve encore neuf draps de Louviers; c'était peu sur un ensemble de 545 draps, quoique dans la hiérarchie des qualités et des valeurs, ces draps vinssent

des Chartes », Paris, 1950, pp. 61-63; on trouve un commentaire chez G. FOURQUIN, *Les campagnes de la région parisienne à la fin du Moyen Age*, Paris, 1964, p. 115, n. 289.

[24] H. VAN WERVEKE, *Essor et déclin de la Flandre*, dans « Studi in onore di Gino Luzzatto », Milano, 1949, pp. 152-160, et *Introduction historique* à l'ouvrage de G. DE POERCK, *La draperie médiévale en Flandre et en Artois*, I, Bruges, 1951, pp. 7-25.

[25] H. AMMANN, *Deutschland und die Tuchindustrie Nordwest Europas im Mittelalter*, dans « Hansische Geschichtsblätter » LXXII, 1954, pp. 1-63, spécialement pp. 6, 31, 44 et les cartes.

[26] Y. RENOUARD, *Achats et paiements de draps flamands par les premiers papes d'Avignon*, dans « Mélanges d'Archéologie et d'Histoire », LII, 1935, pp. 273-313, réimprimé dans « Etudes d'Histoire médiévale », II, Paris, 1958, pp. 765-792; R. DELORT, *Notes sur les achats de draps et d'étoffes effectués par la Chambre Apostolique des Papes d'Avignon* (1316-1417), dans « Mélanges d'Archéologie et d'Histoire », LXXIV, 1962, pp. 215-288; *H. Dubois*, *Les foires de Chalon-sur-Saône et le commerce dans la vallée de la Sâone à la fin du Moyen Age* (*vers 1200-vers 1430*), thèse dactylographiée, 2 vol., Sorbonne 1972.

[27] F. BALDUCCI PEGOLOTTI, *La pratica della Mercatura*, éd., A. EVANS, Cambridge (Mass.) 1936, p. 279. Mentions de draps de Caen et d'Harfleur à Venise et « aux foires de France », dans *La « Pratica della Mercatura » datiniana* (*sec. XV*), éd. C. CIANO, Milan, 1964, pp. 67, 76-77.

[28] M. MOLLAT, *Le commerce maritime normand à la fin du Moyen Age*, Paris, 1952, pp. 15-17; SILVA MARQUES, *Descobrimentos Portugueses*, I, n.os 45 (1324), 80 (1339), I suppl. n.o 170 (1354), Lisbonne, 1944. Les privilèges accordés en 1310 et 1341 aux Portugais trafiquant à Harfleur ont été publiés par CH. VERLINDEN, *Deux aspects de l'expansion portugaise au Moyen Age*, dans « Revista portuguesa de Historia », IV, 1947 (Coimbra, 1951) pp. 13-38 et parmi *Les Documents de l'Histoire de Normandie*, publiés sous la direction de M. DE BOÜARD, Toulouse, 1972, pp. 148-150.

immédiatement après ceux des Pays-Bas et de Châlons.[29] En Espagne, le nom de Montivilliers apparaît dans les décisions des Cortès de Saragosse en 1350 et de Barcelone en 1365.[30]

La qualité jouait en faveur des produits normands et pourtant, les effets d'une conjoncture économique défavorable et les difficultés de la guerre de Cent Ans, se conjuguaient pour entraver leurs succès. Louviers souffrit particulièrement; ses artisans émigrèrent à Rouen. A Rouen même, des problèmes sociaux rendaient nécessaire une réorganisation de la draperie. Montivilliers a, peut-être, profité de cette situation pour lancer sa production sur les marchés, car depuis le milieu du siècle les progrès de sa draperie sont certains. On la rencontrait partout, de l'Espagne aux foires de Francfort. Les témoignages les plus précis viennent de la Bourgogne et du Midi de la France. Barthélémy Bonis, marchand de Montauban bien connu, complétait ses achats de draps des Pays Bas aux foires du Lendit entre 1347 et 1368, par des draps de Montivilliers.[31] En Provence, parmi 440 achats de draps passés devant notaire par des habitants de toutes catégories sociales, de la région de Brignoles, entre 1336 et 1348, la Normandie a fourni de 20 à 25 % des draps dont l'origine est indiquée avec précision: c'était des draps verts et pers de Rouen, des bleus, des livides et des « mesclats » de Louviers, et la majeure partie venait de Montivilliers.

L'analyse des prix est intéressante. Les draps flamands et brabançons étaient peu demandés en raison de leur prix élevé: un « mesclat » de Bruxelles valait de 40 á 66 sous la canne, celui de Malines 26 à 76; mais celui de Louviers n'en valait que de 20 à 48 et celui de Montivilliers se maintenait à 30 et 32, le « Rouen » allait de 34 à 46 s. Les « louviers » les plus chers n'atteignaient pas le prix moyen des brabançons.[32] On comprend qu'au péage de Lyon, en 1358, ces derniers aient été taxés, *ad valorem*, au double des autres, qu'à Aigues-Mortes, la même année, un ballot de « bruxelles » ait valu deux de « louviers », enfin qu'à Marseille en 1369 le foulonnage des draps brabançons ait coûté 25 % de plus que celui des autres; on remarquera cependant ici que les draps de Montivilliers leur étaient assimilés.[33] C'était l'indice d'une concurrence en progrès. Louviers s'était fait connaître, Montivilliers suivait de près.

Le succès des draps de Montivilliers et également attesté par des indications recueillies dans les comptes de la Cour de Bourgogne pour la trentaine d'années écoulées de 1371 à 1408. Il s'agit d'achats effectués à Dijon; une vision plus complète exigerait la prise en considération d'achats faits aux foires de Chalon-sur-Saône et de Paris. Bref, pour 309 mentions, 154 explicitent l'origine de la marchandise; parmi celles-ci, 65 (soit 42 %) concernent la Normandie, dont 5 seulement le Basse Normandie. Des 60 autres, plus de la moitié venait de Montivilliers, 11 de Louviers et 10 de Rouen? Les prix, apparemment assez constants, ne paraissent pas très inférieurs à ceux des draps brabançons: on note les écarlates de Bruxelles à 4 livres tournois l'aune et celles de Montivilliers à 3 liv. 10 d.t.[34]

De tels exemples illustrent un changement progressif où les draps de Louviers, perdant la première place sur le marché, semblent laisser s'ouvrir une nouvelle phase, que nous pourrions

[29] Ch. Verlinden, *Draps des Pays-Bas et du Nord-ouest de l'Europe, etc.*, cit., Nous pensons qu'il faut lire paléographiquement loves, non pas lones, et interpréter Louviers, comme dans les documents génois contemporains. Ce sont des draps de Louviers et d'Evreux qui furent enregistrés en 1376-77 par les douanes de Gênes à destination de la Sicile et d'Alexandrie notamment, cfr. J. Day, *Les douanes de Gênes, 1376-77*, Paris, 1963, pp. 536, 662, 761, 855.

[30] Ch. Verlinden, *art. cités supra*, n. 16.

[31] E. Forestié, *Les livres de comptes des frères Bonis, marchands montalbanais du XIVe siècles*, I Paris-Auch, 1894, pp. lii-liv.

[32] O. Masson Bessière, *Le commerce et la société à Brignoles au milieu du XIVe siècle (1336-1348)*, dans « Provence Historique », xiv, 1964, pp. 143-181.

[33] R. H. Bautier, *La place de la draperie brabançonne, etc.*, cit., pp. 44, 46; Archives Communales, Marseille, BB 25, F) 54, commenté par E. Baratier, *ibidem*, p. 44.

[34] H. Dubois, *Les foires, etc.*, cit., notamment pp. 69, 87, 103-106, 145, 212, 219, 231, 468, 487-91.

appeler la *phase de Montivilliers*. Le XIVe siècle commença sous d'heureux auspices pour la draperie de cette ville. « Présentement, Moustiervilliers vault mieux que Bruxelles », soutenaient les Parisiens en procès contre les Brabançons devant le Parlement, en 1406. Le litige portait sur la longueur des draps de Bruxelles mis en vente à Paris. Les Parisiens contestaient aussi leur qualité, et lui opposiaient celle des draps normands. Ils reprochaient aux draps de Bruxelles leur malfaçon et leur mauvais conditionnement: ils étaient dissaient-ils, « mal labores, mal assemez, laches...cassés, mal tains et mal ordenez »; ils concluaient que « la draperie de Bruxelles vivait sur sa réputation ».[35] Compte tenu d'une part d'exagération dans ces griefs, le fait est que depuis une trentaine d'années la concurrence était chaude.

Les premiers griefs étaient venus de la part des Brabançons et ils avaient trouvé audience auprès du roi de France. Se plaignant d'une concurrence déloyale, ils avaient obtenu du roi, en 1379, l'interdiction enjointe aux drapiers de Montivilliers de tisser à la lisière de Bruxelles.[36] Ils s'étaient plaints également d'avoir été évincés des foires, pourtant déchues, de Provins, au bénéfice des marchands de Douai et de Montivilliers.[37] La concurrence, déloyale ou non, n'avait pas uniquement la France pour théâtre ni les Normands pour seuls responsables. A l'étranger, en Espagne par exemple, le fait trouva écho dans la littérature. Les marchands « tiennent leurs boutiques obscures » écrit Pero Lopez de Hayala dans son *Rimado de Palacio*: « pour du Bruxelles, ils montrent de l'Ypres, et pour du Malines, du Rouen ».[38]

La réputation des draps normands s'affirmait. En 1395, ils furent recherchés par les Florentins sur la place de Paris, avec une telle fureur (*como si grande furia*) et à un tel prix que les acheteurs durent aller en chercher sur place à Montivilliers même.[39]

Ce fut exactement à ce moment là que la draperie normande acquit la faveur des cours. Les draps gris et vert-bruns de Montivilliers apparaissent dans les comptes des princes d'Orléans, entre 1395 et 1415, comme dans ceux de l'Hôtel de la reine Isabeau. La cour de Bourgogne, pourtant bien servie en pays flamand, ne dédaignait pas la production normande;[40] de leur côté, la cour de Savoie et, davantage encore, celle d'Anjou-Provence, utilisaient volontiers les draps de la Vicomté (de Rouen), de Montivilliers, Louviers et Saint-Lô; l'entourage du roi René demandait à la Normandie jusqu'à 60 % environ de sa consommation.[41] Toutefois, aucun témoignage n'est plus explicite, pour le milieu du XVe siècle, que l'inventaire des stocks de l'Argenterie du roi de France, à Tours, après l'arrestation de Jacques Coeur. Les draps de Rouen y prédominaient, avec toutes leurs variétés (migraines, écarlates vermeilles et violettes, pers et verts, quelques noirs et surtout des gris-bruns) et le taux élevé de leurs estimations: les plus chers étaient les écarlates (4 à 5 écus l'aune), les fins gris et noirs (3 à 4 écus), les verts, les pers, puis les gris bruns et bleus (20 à 30 s.t.). Avec les « rouens » se trouvaient quelques « montivilliers » (gris, bruns, verts et écarlates), des « saint-Lô » (gris-bruns) moins cotés cependant. L'Argentier ne gardait pas pour lui

[35] Le dossier, très intéressant, de cette affaire, conservé dans le fonds du Parlement aux Archives Nationales, a été publié par R. H. BAUTIER à la suite de son article sur la draperie brabançonne, p. 58-63.

[36] *Recueil des Ordonnances des Rois de France*, VI, 1454-56 (Montargis, 1379).

[37] *Ibidem*, VIII, 333.

[38] Vers 311 « Por Brozelas muestran Ypre (y) por Melinas Rroan », cfr. CH. VERLINDEN, *Paños belgas, etc.*, cit., pp. 218-220.

[39] R. BRUN, *Notes sur le commerce florentin à Paris à la fin du XIVe siècle*, dans « Cooperazione intellettuale », IV, 1936, pp. 87-96.

[40] R. H. BAUTIER, *La place de la draperie brabançonne, etc.*, cit.; M. J. ROMAN, *Inventaires et documents relatifs aux joyaux et tapisseries des princes Orléans-Valois (1389-1481)*, Paris, 1894, nos. 167, 168, 232, 824-831.

[41] F. BOREL, *Les foires de Genève au XVe siècle*, Genève, 1892, p. j. XVIII, pp. 104-107; ARNAUD D'AGNEL, *Les Comptes du roi René*, Paris, 1908-10; F. PIPONNIER, *Costume et vie sociale. La Cour d'Avignon, XIVe-XVe siècles*, Paris-La Haye, 1970, pp. 150-151, 458-460.

les qualités inférieures; une serge vermeille de Caen couvrait le lit de la « Chambre des Galées » en son Palais de Bourges. Grâce à cet aperçu des goûts des Grands en France, on constate la fidélité de la mode au drap lourd et riche de Rouen, que Maître Pathelin comparait à du cordouan. L'heure de la soierie, pourtant, était proche; Jacques Coeur lui-même la pressentait, sans renoncer aux traditions.[42]

Aux foires du Lendit tenues chaque année en juin et en octobre, sous le patronage de l'abbaye de Saint-Denis, la draperie normande tenait une place croissante. *Le Dit du Lendit*, composé au plus tôt sous le règne de Philippe VI, énumère les principaux centres d'approvisionnement; du côté normand, après Rouen, viennent sans ordre Caen, Louviers, Breteuil, Vernon, Evreux, Les Andelys, Aumale, Saint Lubin, Torigny, Darnétal, Pavilly, Montivilliers, Blangy.[43] Quelques noms manquent à cette liste, par exemple Bernay, Bayeux et Saint-Lô, qui ne cessèrent jamais d'être représentés aux foires.[44] Il suffit de quelques cas pour attester l'importance du Lendit dans le rayonnement de la draperie normande. Les Normands y complétaient leur approvisionnement en laine,[45] autant qu'ils y venaient vendre leurs draps. Ils y venaient par la Seine aussi bien que par la route.[46] Les luttes soutenues par les marchands normands – les Rouennais surtout – pour obtenir le respect de la franchise des foires par la Prévôté des Marchands renseignent sur leur présence; cette franchise les dispensait de l'obligation de former « compagnie » avec un Parisien pour effectuer leurs transactions.[47]

Les sources les meilleures sont les comptes des loges occupées par les marchands pendant les foires; les noms des drapiers sont groupés géographiquement et des comparaisons sont possibles entre des listes qui s'échelonnent du XIVe au XVIe siècles.[48] Les vicissitudes politiques et militaires ont inévitablement affecté la régularité des présences comme la tenue même des foires. La coïncidence des dates du Lendit et de plusieurs foires locales en Normandie pouvait aussi empêcher certains marchands d'aller en Ile-de-France. Quoiqu'il en fût, au XVe siècle, trente et une localités normandes disposaient, chacune, d'une loge à draps; il n'y en avait plus qu'une vingtaine vers la fin du XVe siècle, par exemple en 1489. A ce moment, un phénomène de concentration avait donné la prépondérance à Rouen et aux Rouennais. Au Lendit, la halle de Rouen comportait 58 loges réparties en 4 « rues »; mais Louviers, Lisieux, Bernay et Vire avaient aussi leurs « rues » propres,

[42] ARCHIVES NATIONALES, PARIS, KK 339, N. 31-32, et K 59; M. MOLLAT, *Les Affaires de Jacques Coeur. Journal du Procureur Dauvet*, Paris, 1951-53, I, pp. 57-91; II, pp. 555, 633; *Les Affaires de Jacques Coeur à Florence*, dans « Studi in onore di Armando Sapori », 1957, II, pp. 761-771.

[43] Publié par G. FAGNIEZ, *Documents relatifs à l'histoire de l'industrie et du commerce en France*, II, Paris, 1900, pp. 173-179. Il existe trois localités du nom de Saint-Lubin dans le département de l'Eure et Loir et l'arrondissement de Dreux: Saint-Lubin-de-la-Haye, Saint-Lubin-Cravant et Saint-Lubin-des-Joncherets; Torigni-sur-Vire, Manche, arr. Saint-Lô, cant. Darnétal, Seine Maritime, arr. Rouen, cant.; Pavilly, Seine Maritime, arr. Rouen, cant.; Blangy, Seine Maritime arr. Neufchâtel, cant.

[44] Un certain nombre de drapiers et de foulons de Saint-Lô recensés à Paris en 1292 et 1313: P. LE CACHEUX, *La draperie de Saint-Lô*, cit., p. 6. En juin 1356, deux marchands de Saint-Lô arrêtés au Lendit: ARCHIVES NATIONALES, K 931, N. 15.

[45] *Ibidem*, K 931, N. 28 (cahier), f° 28: achat de 400 toisons par Machault Le Sachier, de Louviers (1447), BIBLIOTHÈQUE NATIONALE, PARIS, *Fonds Moreau*, Ms. 1062, achats de laines en 1456 (f° 31v) pour Rouen, 1466 (f° 116) pour Louviers (5 achats simultanés); ARCHIVES NATIONALES, 1H 17, f° 122, autre achat de laine pour Louviers (1476).

[46] Des draps sont signalé au passage du péage de Meulan (ARCHIVES NATIONALES, AB XIX 3302, N. 5, publ. par R. H. BAUTIER-M. MOLLAT, *Le trafic fluvial sur la Seine au pont de Meulan au milieu du XVe siècle*, dans « Bulletin philologique et historique », 1959, pp. 251-296.

[47] ARCHIVES NATIONALES, Z IH 11 (juin 1452 et 1453), 13 (juin 1457); BIBLIOTHÈQUE NATIONALE, *Fonds Moreau*, 1062, f°s 6 (1451), 31v, 32 (1456), 105v (1465), 116 (1465); ARCHIVES NATIONALES, K 931, N. 39 (13 juin 1477) saisie d'un bateau de Rouen chargé de draps par un sergent de la Prévôté, N. 44 (13 août 1483) autre affaire de même ordre. Sur ces divers points, cfr. M. MOLLAT, *Le commerce, etc.*, cit. pp. 329-330.

[48] ARCHIVES NATIONALES, LL 1209, pp. 450-454 (XIVe siècle); LL 1312 (1487-1497), f°s 2, 3v, 10, 22, 39, 48, 67-68, 99v-103, 106-107; K 932, N. 16 (1571), f°s 6-8v, 12-13, 19-24, 27-v29.

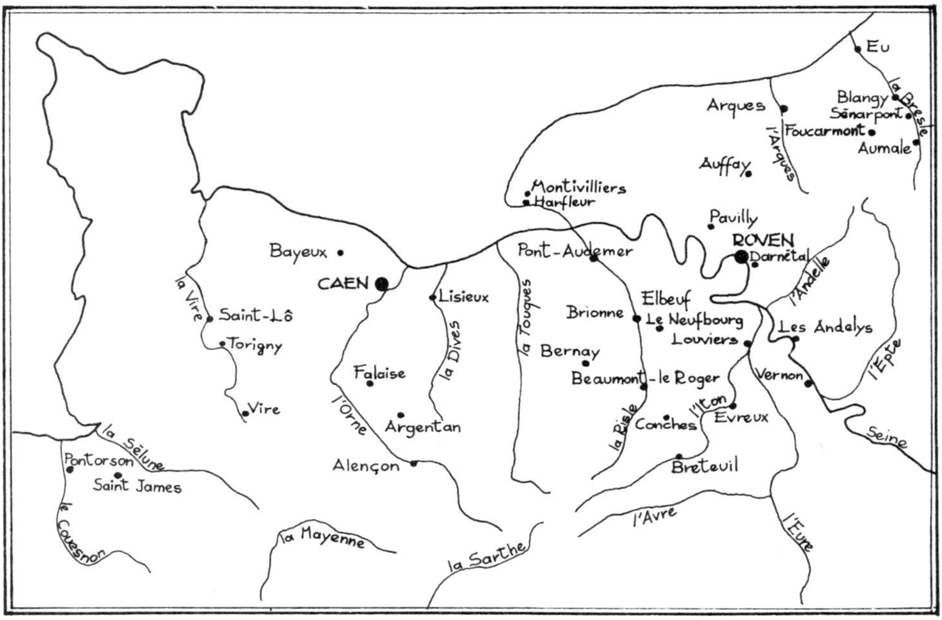

comprenant 170 loges en tout; à cela s'ajoutaient 96 loges dans la « grant rue de Normandie », sans distinction des lieux d'origine. Parmi 257 noms normands, un cinquième au moins est rouennais; quelques marchands plus importants occupaient, seuls, jusqu'à quatre loges chacun.[49]

En définitive, à la fin du XVe siècle, les Normands faisaient à peu près le quart du commerce drapier du Lendit, à en juger par les loyers payés par eux à l'abbaye de Saint-Denis pour la location des loges.[50] La situation changa du tout au tout au XVIe siècle, sans que la documentation permette d'en suivre le cours avec précision. Sans doute voit-on mentionner au Lendit des centres drapiers normands jusqu'alors cités rarement, comme Darnétal, ou pas du tout, comme Sénarpont et Foucarmont, aux confins de la Picardie. Mais, au total, en 1571, le compte des loges du Lendit ne concerne plus que 103 loges affectées à 66 marchands normands de 6 localités seulement. Les belles années étaient bien révolues et la draperie normande s'écoulait par d'autres voies.

Ce n'est pas que Paris ait capté à son profit les transactions du Lendit, pas même les foires de Saint-Germain, instituées par Louis XI en des saisons défavorables.[51] Les centres de vente s'étaient fixés bien plus loin. Les foires de Chalon d'abord, puis de Genève et enfin de Lyon avaient attiré, puis retenu les marchands normands sur des cheminements bénéfiques par leurs possibilités de rencontre avec les Italiens. Non contents en effet d'utiliser des intermédiaires parisiens ou flamands pour écouler leurs draps, des Normands furent présents à Chalon dès le XIVe siècle, installés à Genève en 1400, et finalement assez nombreux en cette dernière ville pour y obtenir un emplace-

[49] Parmi eux, se retrouvent quelques noms des familles marchandes les plus importantes de la ville: Le Pelletier, Le Gendre, de La Chesnaye.

[50] ARCHIVES NATIONALES, LL 1312, f° 39. Revenu total en 1489: 2895 livres dont les drapiers de Rouen payèrent 167, de Louviers 66, Lisieux et Bernay 69, Vire 139, et ceux de la « grant rue de Normandie » 296, soit en tout 737

[51] M. MOLLAT, *Le Commerce, etc.*, cit., p. 330.

ment spécial. Ce qu'on y appréciait le plus, c'était les verts ou violets, et surtout les gris fins et les écarlates de Rouen; mais Bernay, Louviers, Montivilliers contribuaient aussi au renom de la draperie normande. Les Normands s'attardèrent même à Genève, pour éviter de payer la traite foraine à Lyon.[52] Mais le XVe siècle ne s'acheva pas sans que le seul commerce rouennais du drap fût représenté à Lyon par trente deux personnes; une assemblée tenue à Rouen en 1495 mentionne le fait et atteste l'intérêt porté au marché lyonnais par les drapiers normands.[53]

De relais en relais, l'expansion de la draperie normande continuait son chemin vers le Midi, y affermissait ses clientèles antérieures et en acquérait de nouvelles. Il serait excessif de parler de conquête du marché languedocien par la draperie normande. Du moins, peut-on qualifier de « spectaculaires » ses progrès à Toulouse au terme de la première moitié du XVe siècle. Déjà réputé au XIVe pour sa qualité, le drap normand y est de plus en plus recherché, malgré les prix élevés des verts-noirs et des écarlates de Montivilliers et des verts et des gris de Rouen. A leur suite surviennent les articles moins onéreux d'Evreux, Bernay, Saint-Lô et Auffay. Et finalement, par l'intérmédiaire des foires du Lendit et de Genève, les fabrications normandes enlèvent la première place sur le marché toulousain aux tissus flamands,brabançons et même anglais, vers 1438-50.[54]

La draperie normande concurrençait ainsi, avec plus ou moins de chances, d'autres fabrications sur leurs marchés traditionnels et sur le champ même de leur production. En Languedoc, aux foires de Pézenas et de Montagnac, les draps normands voisinaient avec ceux du pays. On sait ainsi que deux marchands, l'un d'Anduze, l'autre de Riez, de part et d'autre du Rhône, le premier entre 1408 et 1418, le second de 1419 à 1423, s'approvisionnaient en «sanguines» de Rouen et de Bayeux, en « garances » de Pont de l'Arche et de Louviers, en « pureyes » et « célestines » de Louviers et d'Evreux, en gris de Saint-Lô et en brunettes de Bernay. Leur qualité valait bien l'investissement, tout onéreux qu'il fût.[55] Il semble en avoir été de même en Avignon, dont l'activité économique, sans maintenir la même ampleur qu'au temps des Papes, continuait à bénéficier du concours des Italiens. La ville ne se bornait pas à l'approvisionnement d'une clientèle régionale et grâce, par exemple, à l'activité d'un Baroncelli, soutenait, à destination du Levant, une exportation drapière, où figurent, comme toujours, les noms de Louviers et de Rouen, tandis que ceux de Montivilliers et de Saint-Lô font figure de nouveautés.[56] Le départ de ces exportations est saisissable à Marseille, naturellement, dont les marchands remontaient parfois jusqu'à Paris pour s'approvisionner. En revanche, les Normands sont de plus en plus présents à Marseille. En 1388, un Raynier Nogelles, venu de Saint-Lô y vendre ses draps, passe pour une exception; une quarantaine d'années plus tard, au contraire, Jean Barbier et Guillaume Habert ne sont que les personnages les plus marquants d'un groupe de tisserands rouennais, émigrés du fait de l'invasion anglaise et venus exercer leur métier à Marseille.[57]

[52] J. F. Bergier, *Genève et l'économie européenne de la Renaissance*, Paris, 1963, pp. 243, 301, 319-322, 331-335; Archives départementales, Seine Maritime, B, Tabellionage 1421-22, f° 106v (mai 1421) transport de draps de Rouen et de Montivilliers à Genève par un marchand de Chalon.

[53] Parmi ces 32 personnes, 6 marchands en gros, 6 drapiers détaillants, 6 teinturiers, 6 courtiers, 8 boujonneurs (Archives Communales, Rouen, A 9, f° 182). Cfr. M. Mollat, *Le Commerce, etc.*, cit., pp. 294-296.

[54] Ph. Wolff, *Commences et marchands de Toulouse (vers 1350-vers 1450)*, Paris, 1954, pp. 61, 131, 236-237, 269 et graphique XII.

[55] M. Gouron, *Achats en foires d'un drapier d'Anduze*, dans « Congrès Fédération des Sociétés historiques du Languedoc », 1962, pp. 59-77; E. Baratier, *Le notaire Jean Barral, marchand de Riez, au début du XVe siècle*, dans « Provence Historique », VII, 1957, pp. 254-274.

[56] C'est ce que révèle un beau fond d'archives notariales aux archives départementales du Vaucluse. C. Mathieu, *Le commerce de la draperie à Avignon à la fin du XIVe siècle et au XVe*, dans « Bulletin philologique et historique », 1961, pp. 257-264.

[57] E. Baratier-F. Raynaud, *Histoire du commerce, etc.*, cit., II, *passim*, et renseignements tirés des minutes notariales marseillaises communiqué par E. Baratier-R. Collier-J. Billioud, *Histoire du commerce de Marseille de 1480 à 1599*, III, Paris, 1951, passim; cfr. le volume d'Index des tomes I à IV de cet ouvrage, Paris, 1956.

On purrait suivre à travers la Méditerranée, jusqu'en Orient, la diffusion des draps normands aux côtés des autres fabrications occidentales. Des preuves peuvent en être trouvées en Sicile tout au long du xve siècle dans les inventaires et actes de ventes dressés par les notaires de Palerme: il s'agit le plus souvent de draps de Montivilliers, par exemple chez des juifs entre 1408 et 1461, des florentins en 1448 et 1454, un catalan en 1456; mais en 1486, voici des draps mêlés, bleus et rouges de Rouen.[58]

Les service rendu à Marseille par quelques drapiers normands émigrés les fut, à un degré plus grand, à l'Anjou et à la Bretagne. L'occupation anglaise détermina plusieurs d'entre eux à quitter Saint-Lô pour Angers, où le roi René leur accorda des privilèges.[59] Les Rouennais furent beaucoup plus nombreux à fuir la domination anglaise et à s'installer à Fougères et à Rennes; tel fut le cas de la famille du chroniqueur Thomas Basin. Nantes était la « capitale du commerce des draps en Bretagne »; il s'y fit à partir du milieu du xve siècle des échanges très actifs de draps normands contre de la laine espagnole, réexpédiée ensuite vers Saint-Lô et vers Rouen, Objet de la mission du Castillan Iñigo d'Arceo (1448-1457), ce trafic fut la raison même de l'activité des colonies espagnoles de Nantes et de Rouen.[60]

Les marché du sud ouest européen tendirent à devenir, avec l'intérieur de la France, les débouchés principaux de la draperie normande. L'Angleterre n'en avait nul besoin et, pendant comme après l'occupation de la Normandie, ne reçut qu'occasionnellement certains draps de luxe de Montivilliers ou des écarlates de Rouen.[61] Les ventes normandes furent tout aussi exceptionnelles au xve siècle sur le marché allemand, servi par la production locale et par les exportations du Brabant et des Pays-Bas septentrionaux.[62]

Au contraire, les exportations en Castille et au Portugal devinrent régulières, par des voies diverses: transports directs sur des navires normands, bretons ou ibériques, transit par les soins des « nations » castillane et portugaise de Bruges et d'Anvers. Les réglementations royales et les tarifs de douane mentionnent des provenances variées: Montivilliers, Harfleur, Bernay, Rouen et Saint-Lô, par exemple au Portugal en 1410 et 1439-48; le draps de Saint-Lô y est estimé à la même valeur maximale que celui d'Angleterre ou de Flandre; plus tard, à partir de 1495, les quittances du roi Manuel recueillies par Braancamp Freire font état de toute la gamme des draps de la « Vicomté » et du « Sceau » de Rouen, draps verts et azur et écarlates. Ce qui subsiste des comptes de douane de Vila do Conde pour 1504, 1506-07 et 1527-28, de Zurara pour 1532, atteste des importations régulières en provenance de Rouen.[63] A Bilbao et Burgos, les Espagnols de Rouen

[58] Nous devons à l'amabilité d'Henri Bresc de très utiles indications extraites du fonds de l'Archivio di Stato de Palerme et particulièrement des minutes notariales suivantes: Niccolo Iskinono, 838 (20 juin 1408), 15 palmes de draps de Montivilliers; Niccolò Aprea, 827 (27 novembre 1441), une robe d'un drap de Montivilliers; 833 (16 mai 1454), des vêtement en drap de Montivilliers; 834 (20 avril 1456), une tunique de femme en drap de couleur de Montivilliers; Spezzone, 99 N (20 juillet 1461), « Clamyde » de Montivilliers; Antonio Aprea, 803 (1448), neuf palmes de drap de Montivilliers; 1749 (26 octobre 1486, 3 cannes, 6 palmes « ruani » azoli e cardinaliski); Antonio Candela, 575 (7 février 1443) drap de Montivilliers. Une bonne partie de ces tissus étaient entre les mains de marchands juifs de Palerme: Sabet Cusintinus, Josef Abudaram, Minto Romanus, Moises Benseson.

[59] Bibliothèque Nationale, *Nouv. acq. fr.*, 21832, f° 317 et Archives Nationales, P 1314, f°s 21v, 86v, 87; M. Mollat, *Le commerce, etc.*, cit., p. 21; H. Touchard, *Le commerce maritime breton à la fin du Moyen Age*, Nantes-Paris, 1967, pp. 40-41, 64, 189, 218, 266.

[60] L. Suarez Fernandez, *Navegacion y comercio en el Golfo de Viscaya*, Madrid, 1959, pp. 111-118 et annexes; J. A. Garcia de Cortazar, *Viscaya en el siglo XV*, Bilbao, 1966, pp. 240-254.

[61] Par exemple des draps de Montivilliers à Southampton en 1428-29 (*Steward's books of Southampton*, éd. H. W. Gidden, I, Southampton, 1935) et en 1483 (*The Assize of bread Book of Southampton*, éd. R. C. Anderson, Southampton, 1933).

[62] H. Ammann, *Deutschland und die Tuchindustrie, etc.*, cit., cartes 11 et 12.

[63] Silva Marques, *Descobrimentos, etc.*, I, n°s 215, 362; A. Braancamp Freire, *Cartan de quitacão del Rei D. Manuel*, dans « Archivo historico portugues », i, 1903, p. 280, iv, 1906, pp. 75, 285, 288, v, 1907, p. 78, viii, 1910, pp. 383, 402; Archivo Torre do Tombo, *Alfandegas*, maço 1, n°s 1, 2, 4, 3.

et les associés de la Contratación qui unissait Nantes et Burgos, effectuaient des importations analogues.[64] Les cours des souverains espagols et portugais n'étaient pas les plus mauvais clients, à en juger par les comptes du Trésorier d'Isabelle la Catholique et ceux de la Garde-Robe des rois de Portugal.[65]

Par Lisbonne et Séville, la draperie normande vit s'offrir les débouchés des mondes nouveaux, sinon pour ses productions de haute qualité, du moins pour un volume intéressant de tissus plus légers aux « couleurs joyeuses » appréciées par la clientèle de l'Afrique et des Indes. De Séville et de Lisbonne, les correspondants dees exportateurs normands réglaient les transactions et leurs instructions étaient extrêmement précises.[66] Il est vrai que les Normands ne laissèrent pas de s'adresser eux-mêmes à leurs nouveaux clients; par exemple, l'établissement de relations régulières avec le Brésil, vers 1529, au lendemain des voyages des frères Verazzani, eut pour principal résultat l'approvisionnement en bois rouge pour la teinture des draps.[67] Les horizons de la draperie normande étaient, désormais, singulièrement élargis.

* * *

En définitive, les principales étapes de l'expansion de la draperie normande du XIIIe siècle au XVIe semblent avoir été réglées par les conditions, le rythme et les fluctuations des marchés internationaux en général: d'un côté, l'appel des clientèles méridionales de l'Italie au XIIIe siècle au Portugal au XVe; d'un autre côté, les disponibilités offertes sur le marché français par le fléchissement des centres flamands et la conversion des industries brabançonnes, sollicitées, à la fin du XVe siècle, par les débouchés d'Europe centrale inaccessibles aux étoffes normandes. L'occupation anglaise n'a que très temporairement entravé les ventes normandes aux régions françaises fidèles à Charles VII, puisque les clientèles princières lui demeuraient acquises et que la région toulousaine s'ouvrit largement à elle au milieu du XVe siècle. Tantôt la qualité, tantôt les prix des tissus normands attiraient les acheteurs riches ou les plus humbles. Ainsi l'histoire externe de la draperie normande introduit à l'histoire interne de ses caractères essentiels et de ses problèmes propres. La première rend a la seconde un service d'autant plus utile que la documentation spécifique de l'industrie normande demeure fragmentaire.

* * *

II – Caractères et problèmes de la fabrication.

A première vue, l'histoire médiévale de l'industrie drapière normande ne semble pas très différente de celle des régions voisines, Artois et Flandres, ses aînées. Seule, une analyse plus pous-

[64] M. Mollat, *Le commerce, etc.*, cit., pp. 232-234; P. Jeulin, *Aperçu sur la Contractatiòn de Nantes*, dans « Annales de Bretagne », XL, 1932-33, pp. 307-308.

[65] A. de la Torre-E. A. de la Torre, *Cuentas de Gonzalo de Baeza, tesorero de Isabel la Catolica*, II, Madrid, 1955-56, pp. 44, 57, 163, 342, 440, 471, 490-498, 503; Sousa Viterbo, *Inventario de Guarda-roupa de D. Manuel*, dans « Arquivo historico portugues, II, 1904, pp. 389-420 (drap de Rouen *de scello preto*). Mentions analogues dans des *alvaras* de 1505 (Archivo Torre de Tombo, *Part, I*, maço 5, doc. 10 et 60).

[66] M. Mollat, *Une lettre inédite d'un marchand espagnol résidant à Rouen, 1531*, dans « Hispania », XVI, 1956, pp. 595-608.

[67] M. Mollat, *Le commerce, etc.*, cit., chap. VIII; *Premières relations entre la France et le Brésil: des Verrazani à Villegaignon*, dans « Cahiers de l'Institut des Hautes Etudes de l'Amérique Latine », VI, s.d., pp. 59-74, traduit en portugais dans « Revista de Historia », São Paulo, XXXIV, 1967, pp. 343-358.

sée dégage les caractères particuliers d'une évolution commandée, ici comme ailleurs, par la dialectique de la tradition et de l'évolution.

Les origines de la draperie normande demeurent jusqu'à présent assez obscures. Il faut espérer que les travaux en cours apporteront quelque lumière.[68] Une production locale de laine, grâce à l'élevage du mouton dans les « campagnes », au sens géographique du mot, du pays de Caux et de la plaine de Caen, a pu y contribuer fortement. De même, la qualité des eaux courantes, dans la ville même de Rouen avec les ruisseaux du Robec et de la Renelle, était favorable à la teinture et au foulage; de même aussi, les marnes turoniennes ont été reconnues propices au feutrage.[69] Cela ne suffit pas: le facteur humain a dû jouer, offrant à la fois la main d'oeuvre et les consommateurs, sans oublier la chance offerte à la vente des surplus par les facilités commerciales bien connues des pays de la basse Seine. A quoi il faut ajouter un éveil technique assez précoce, puisque la Normandie disposa, un siècle au moins avant l'Angleterre, du moulin à fouler, signalé dans la région d'Argentan vers 1086-87 et répandu dans tout le duché, au XIIe siècle, avec une extension exceptionnelle. Parmi 35 villes et villages où l'existence d'un moulin à fouler est attesté entre 1086 et 1220, plus du tiers se trouvait en Normandie, pour la plupart à la campagne, sauf à Evreux et à Louviers, et il est probable que Rouen n'en possédât pas.[70] Quoiqu'il en soit de ce problème d'origines qui sollicite des recherches, la draperie normande se présente, dès le XIIIe siècle, comme une activité artisanale diluée dans la province, mais comportant quelques centres urbains capables d'exportation (Rouen, Louviers, Bernay, Saint-Lô).

Parmi ces centres d'activité, Rouen domine très tôt, semble-t-il. Elle le dut d'abord à sa situation géographique, à son rôle politique et à ses chances commerciales; sa chance particulière fut la présence d'un milieu social, encore mal connu, mais pourvu de capitaux et d'esprit d'entreprise et capable de constituer, dès le XIIIe siècle, un patriciat comparable à celui des villes du Nord; le drap, avec le trafic du vin, fut la source de sa puissance. En face de ce patriciat, les tisserands et les foulons devaient être déjà assez nombreux; ils constituèrent la foule des émeutes suscitées à la fin du XIIIe et au début du XIVe siècles par des motifs fiscaux et professionnels, contre les gens du roi et contre les gros du métier de draperie. En 1285, peu après de graves commotions au cours desquelles le maire avait été jeté à la Seine, un arrêt de l'Echiquier de Normandie rappela les méfaits, vilains faits, et « taquehans » dont les ouvriers de la draperie s'étaient rendus coupables dejà cinquante ans auparavant sur la place qui leur servait de marché du travail. Au cours des vingt premières années du XIVe siècle, foulons, tisserands, drapiers furent en contestations perpétuelles. Rouen pòssédait ainsi un milieu de travail textile, dont « l'espace social » était déjà dessiné pour des siècles, sur la rive droite de la Seine: les « gros » marchands drapiers habitaient au voisinage de Saint Maclou de beaux hôtels de pierre dont certains datant des XVe et XVIe siècles subsistent encore; autour de Saint-Vivien, de Saint Nicaise et de Saint Ouen les foulons et les teinturiers louaient maisons et ouvroirs, avec cuves et chaudières.[71]

[68] Notamment les recherches entreprises sur Rouen à l'époque communale, c'est à dire jusqu'à la fin du XIVe siècle par A. Sadourny, à qui nous sommes redevable d'informations très utiles.

[69] Sur les conditions géographiques; cfr. J. LEVAINVILLE, *Rouen, Etude d'une agglomération urbaine*, Paris, 1913, p. 188 ss.

[70] Excellent apercu, en attendant un ouvrage de plus ample dimension, dans l'article d'A. M. BAUTIER, *Les plus anciennes mentions de moulins hydrauliques et de moulins à vent*, dans « Bulletin philologique et historique », II, 1960, pp. 567-626. Pour la Normandie, notons la mention vers 1060-80 d'un *molendino fullonario* signalé par F. LOT, *Etudes critiques sur l'abbaye de Saint-Wandrille*, Paris, 1913, p. 96-97. Sans doute, faudrait-il reculer au Xe siècle, en Italie, les premières mentions de moulins à draps, selon certains documents de l'Archivio di Stato de Vérone (avril 985, S. Maria in Organo, parch. N. 14) aimablement communiqués par E. ROSSINI, auteur avec M. FENNELL MAZZAOUI, d'un article sur *La produzione dei panni di lana a Verona*, CXLVI, 1969-70 p. 54. On peut se demander si Rouen ne possédait pas des moulins à fouler en 1199, cfr. E. DE FRÉVILLE, *op. cit.*, I, p. 122.

[71] G. FAGNIEZ, *Documents, etc.*, cit., II, p. 301-302; R. CHÉRUEL, *Histoire de Rouen, etc.*, cit., I, pp. 329-331, II, pp. 85-86. Dès 1199 mentions des foulons et des teinturiers qui habitent sur l'Eau de Robec: ARCHIVES NATIONALES,

Tandis qu'à Rouen, en 1224, le roi Louis VIII concédait aux drapiers l'exploitation de la terre à foulons dans les arrière fossés de la ville,[72] l'archevêque de la même ville avait pris à sa charge l'aménagement et l'entretien d'un moulin « foullerez », à Louviers, depuis 1201.[73] En 1257, cette dernière ville possédait une installation de « pentoirs » pour le séchage des draps. Puis au temps où les draps de Louviers connaissaient le succès sur le marché génois, l'archevêque réglementa la fabrication (1325). A la même époque, l'auteur du *Chevalier du Cygne* vantait la qualité de la fabrication de Louviers et, quelques décennies plus tard, Froissart célébrait cette « ville considérable, riche et marchande, où il y avait abondamment de draperie ».[74]

Les premières traces connues de la draperie de Bernay sont plus anciennes et se trouvent dans des dotations du XIIe siècle (1143, 1184-86) dont le laconisme a, du moins, le mérite d'accumuler les indices originels d'une industrie textile au moins autant rurale qu'urbaine.[75]

Les origines de la draperie de Basse Normandie ne semblent guère différentes. C'est souvent au hasard des énumérations de draps exportés à l'étranger qu'on découvre l'existence de petits centres textiles ruraux. Dans la diffusion extrême de la draperie, quelques centres émergent: Falaise, dont l'activité attestée au début du XIIe siècle soutint les foires du Guibray pendant les siècles ultérieurs;[76] Caen, Bayeux, Vire, Pontorson; Saint-James-de-Beuvron et surtout Saint-Lô. Ici la draperie protégée par l'évêque du lieu et l'abbé du Mont-Saint-Michel, fit la fortune de la ville dès le XIIIe siècle, et connut alors le succès d'une spécialité assez grossière, capable cependant d'une vente assez active au Lendit, le « galebrun ».[77]

* * *

Draperies rurales, draperies urbaines. Grande draperie et draperie foraine. Draps de luxe et tissus rustiques. Techniques traditionnelles et innovations dans le foulage et la teinturerie. Vues courtes et ouverture sur le commerce loin. Tels sont, à défaut de précisions sur les origines et de beaucoup de centres drapiers, les principales données des problèmes de l'évolution de la draperie normande. Ces problèmes seraient-ils résolus que nous ne mesurerions qu'imparfaitement la place de la draperie normande dans l'histoire industrielle et commerciale médiévale, faute de données quantitatives suffisantes et de possibilités numériques de comparaison. Il faut se contenter d'une documentation lacunaire et de connaissances fragmentaires. En Normandie comme ailleurs, l'information sur la draperie rurale est déficiente et encore, pour les villes, les informations présentent une abondance relative seulement pour Rouen.

L'organisation du travail est connue principalement par un ensemble d'ordonnances et de réglements, dont l'esprit, comme à l'accoutumé, est essentiellement conservateur. Tradition et stabilité sont les principes de toutes les attitudes. Inconscients des composantes de la conjoncture, les hommes expliquaient toute crise par une infidélité ou une infraction aux normes coutumiè-

J 213, N. 1; E. DE FRÉVILLE, *Mémoire sur le commerce, etc.*, cit., I, p. 122; ARCHIVES DÉPARTEMENTALES, SEINE MARITIME, B, Tabellionage, locations de maisons d'artisans: 1360, f° 142v; 1362, f° 193v; 1363, f°s 14v, 35v; 1366, f°s 162v; 266; 1370, f° 76v.

72 R. CHÉRUEL, *op. cit.*, I, p. 265, N. X; E. DE FRÉVILLE, *op. cit.*, II, pp. 82-83, N. XXI.

73 TH. BONNIN, *Cartulaire de Louviers*, I, Rouen, 1870, pp. 133-134, N. 95.

74 CH. BRINON, *Origines et développement, etc.*, cit., pp. 209-223; *Froissart, Choniques*, éd. S. LUCE, Société Histoire de France, Paris, 1869, livre I, ch. 263, III, pp. 148-279. L'ordonnance de 1325 est transcrite au registre G 7 des ARCHIVES COMMUNALES, ROUEN, f° 380v ss (copie communiquée par A. Sadourny).

75 L. MUSSET, *Nouveaux documents, etc.*, cit., p. 289-290, n. 4.

76 J. M. VALLEZ, *Recherches, etc.*, cit., n. 3.

77 Documents transcrits par L. DELISLE, BIBLIOTHÈQUE NATIONALE, *Nouv. acq. fr.*, 21832, f°s 242-323; P. LE CACHEUX, *op. cit.*, n. 3.

res. La législationen la plus ancine avait pour objet de fixer les usages des différentes étapes du travail; la plus récente, de les restaurer. On ne consentait qu'avec répugnance ou appréhension aux innovations, quand on ne les entravait pas. Seul et chez quelques uns seulement, un certain instinct du profit, évëillé par l'appel du commerce, pouvait stimuler l'initiative, si le conservatisme technique n'y opposait pas un frein plus puissant. Les conflits sociaux, dès lors, eurent rarement un mobile progressiste. L'abondance de la documentation réglementaire pour les deux derniers siècles du Moyen Age n'est pas le fruit du hasard de sa conservation, mais de l'indéniable fréquence de la réglementation professionnelle, dans le détail comme dans l'ensemble. La série la plus significative commence à Louviers en 1325, se manifeste à Rouen en 1360, à Saint-Lô en 1388.[78] A Rouen, après les troubles de la Harelle (1382), on se plaignait que, « depuis que la Commune a été mise sous la main du roi, il n'y a plus eu aucune règle pour les métiers »; de cette doléance sortit une ordonnance sur la « grande draperie » (1398) élaborée par une assemblée de gens du métier.[79] On fit de même après la libération du duché; pour restaurer la situation antérieure à l'occupation anglaise, de nouvelles ordonnances règlèrent la draperie de Rouen en 1451, et de Saint-Lô en 1460.[80] Mais de nouveau, à la fin du XVe siècle, les drapiers, à Rouen notamment, se plaignaient de l'abandon des règles traditionnelles de leur métier.

* * *

Dans l'ordre des opérations techniques, la matière première, la laine, posa constamment des problèmes. Sans doute, il n'était pas interdit d'employer des laines d'origines diverses, mais seul le drapier choisissait de travailler en franche laine ou en laines mêlées; le marchand, lui, devait séparer les laines locales des laines importées.[81] Dès le début de leur riche série, les actes du tabellionage rouennais fourmillent de contrats d'achats de laines du Pays de Caux et de Picardie (Abbeville, Soissons).[82] La laine anglaise et écossaise n'apparaît pas souvent.[83] La laine espagnole posa de tout autres problèmes. Peut-on voir une relation entre l'essor de la draperie de Montivilliers au milieu du XIVe siècle et l'implantation d'une colonie castillane à Harfleur? Cependant, la laine d'Espagne ne fut utilisée de façon importante dans la région rouennaise qu'à partir de la seconde moitié du XVe siècle. Son succès tendrait à démentir les plaintes, peut-être inspirées par la routine, au sujet de son conditionnement défectueux et de son prix élevé.[84]

* * *

Les problèmes techniques les plus sérieux concernaient le foulage et la teinture. Malgré sa précocité en Normandie, l'usage du moulin à fouler n'y détermina qu'avec un certain décalage

[78] ARCHIVES COMMUNALES, ROUEN, G 7, f° 380 ss: *Recueil des Ordonnances des Rois de France*, III, 464 ss; BIBLIOTHÈQUE NATIONALE, *Nouv. acq. fr.*, 21832, f° 299 ss.

[79] A. CHÉRUEL, *op. cit.*, II, p. 470; ARCHIVES COMMUNALES, ROUEN, S 3, f° 62 ss.

[80] *Ibidem*, S 3, f° 80 ss; BIBLIOTHÈQUE NATIONALE, *Nouv. acq. fr.*, 21832, f° 318 ss; *Recueil des Ordonnances des Rois de France*, XIV, 493-495.

[81] Ordonnances de 1398 (articles 1 et 2) et de 1451 (articles 57-60), citées supra notes 78 et 80.

[82] ARCHIVES DÉPARTEMENTALES, SEINE MARITIME, B, Tabelionnage Rouen 1360-80 (renseignements procurés par A. Sadourny).

[83] ARCHIVES COMMUNALES, ROUEN, A 1, f° 130v (20 mai 1390). D'après un étudit dieppois du XIXe siècle, Féret, la production cauchoise aurait été améliorée par le croisement de la race locale avec des brebis anglaises entre 1440 et 1450 (ARCHIVES COMMUNALES, DIEPPE, *Papiers Féret*, lissa 5, N. 32).

[84] E. CARUS-WILSON, *An industrial revolution in the 13th century*, dans « The Economic History Review », XI, 1941 pp. 38-60, réimprimé et complété dans « Essays in economic History », Londres, 1954.

les effets stimulants que Miss Carus-Wilson a pu lui attribuer dans l'Angleterre du XIIIe siècle.[85] De part et d'autre de la Manche, l'invention se heurta à l'hostilité des vieux centres drapiers. A Louviers, où il existait un moulin en 1201, l'usage en était perdu à la fin du XIVe siècle; et dans les premières années du XVe (1407-1409), une tentative des drapiers pour les remettre en service se heurta à une violente agitation des foulons, menacés de chômage. On arguait, en outre, que la technique du moulin « cassait les draps; on l'accusait de ruiner le renom acquis par la production de Louviers sur le plan international et que Montivilliers était en train de lui disputer. Pourtant cette première localité avait été dotée d'un moulin en 1343,[86] quitte à en abandonner l'usage ensuite, elle aussi.

Les habitants de Louviers admettaient seulement que l'on foulât au moulin les « gros draps bureaux, de grosses et mauvaises laynes que l'on ne povoit pas aisement endurer à estre foullez au pié ».[87] C'était justement la solution adoptée à Saint-Lô en 1388; un compromis entre les drapiers et l'évêque détermina qu'on ne foulerait au moulin que les bureaux et les petits draps, sans lisière, mais que les grands, marqués du sceau de la ville, continueraient à être foulés aux pieds. Non loin de là, Torigni pratiquait aussi les deux méthodes.[88] Deux techniques, deux qualités.

Rouen, jusqu'au terme du XVe siècle, conserva l'ancienne technique comme les autres « villes de loy » et on n'y foulait pas au moulin pendant le XVe siècle. La ferme de la terre à fouler était l'un des revenus de la ville; le régent Charles, duc de Normandie, réglementa cette pratique en 1357. Les fossés de la ville ne suffisant plus, sans doute, à la consommation, on extrayait cette terre des forêts voisines, Roumare et Forêt-Verte. Depuis le XIIIe siècle, une maison était spécialement affectée à son entreposage en ville. L'usage était que les marchands livraient aux foulons une certaine quantité de terre pour le traitement d'un certain nombre d'aunes de drap; ces derniers travaillaient donc aux pièces. Quelques fermiers abusaient, dit-on, de leurs attributions à la fin du XVe siècle ; ce fut le prétexte allégué, en 1489, pour expliquer la difficulté de trouvers des adjudicataires.[89] La cause, beaucoup plus certaine, du malaise résultait de la concurrence faite par le moulin au travail humain.

L'inquiétude était vive chez certains conseillers de la Ville de Rouen au cours de l'hiver 1496-97. « La grande quantité de moulins, disaient-ils, a fort dégasté la draperie. Il y a quarante ans, il n'y en avait qu'un à Héron et il ne foulloit que demy temps et on avoit, à ce temps, pour 25 sous, l'aune foullée au pié... On a meilleur marché des draps foullez au moullin pour le présent que au pié... Les moullins ont hosté la vie à 500 personnes... (On voit) des foullons qui sont chacun jour six ou sept heures sans riens faire » ... « Ceux du mestiers ne pavent faire ce à quoy ilz sont establiz » ... Au moulin, « fault 7 ou 8 jours à fouller ung drap de 13 aulnes, qui a esté foullé (à pied) en 14 jours ». A cette concurrence, cause de ruine et de chômage, la seule solution convenable était, disait-on», d'abatre tous les moulins; ... les gens vivroient mieulx »;[90] ou bien, ajoutait-on, « il faudrait permettre que chacun puisse faire », c'est à dire en construire. Les avis n'étaient donc pas unanimes contre les moulins et il faut noter que c'est un des exportateurs les plus actifs de Rouen, Cardin Le Pelletier, donc l'un des plus ouverts sur l'extérieur, qui déclarait n'être « pas d'oppinion qu'on abate les moulins » et qu'il fallait consulter les gardes des métiers ».[91]

[86] A. M. Bautier, *Les plus anciennes mentions, etc.*, cit., pp. 589-591.

[87] *Ibidem.*

[88] Bibliothéque Nationale, *Nouv. acq. fr.*, 21832, f°s 301-306; P. Le Cacheux, *op. cit.*, pp. 8-9.

[89] A. Chéruel, *op. cit.*, I, pp. 285-88, N. XX. La ferme adjugée pour 3 ans rapportait 561 livres tournois vers 1385, 462 vers 1394, 360 vers 1401 (Archives communales, Rouen, A 1, f° 18v et tiroir 107). En 1389, on compte le foulage à 2 sous 1 denier l'aune dans un contrat du 19 août (ibidem, f° 15). Il était interdit d'user d'autre terre que de celle de la ville (ibidem f°s 14v, 33v, 1389).

[90] *Ibidem*, A 9, f°s 179-80, 220-223v (4, 8, 22 e 23 mars 1497 n. st.).

[91] *Ibidem*, f° 180 (23 mars 1497 n. st.).

* * *

Le problème de la teinture des draps n'était pas nouveau, mais il se posa au début du XVIe siècle en des termes analogues à ceux du moulin à fouler. Les principes constamment rappelés par les ordonnances visaient, dans toutes les villes drapantes, au maintien de la qualité garantie par le sceau urbain. La Normandie ne fit pas exception à la coutume; la réputation acquise par les bleus et les pers de Rouen de Louviers dès le XIIIe siècle, puis par les gris, les écarlates et les « mesclats » de Rouen et de Montivilliers, avec la variété de leurs nuances, exigeait le maintien de la qualité. A Louviers, en 1325, on interdisait de teindre les brunettes en rouge avant de les passer au bleu. Saint-Lô, en 1390, comptait au moins cinq teinturiers en garance. L'ordonnance de 1398 précisa les matières tinctoriales autorisées à Rouen: graine d'écarlate, garance, vaude (jaune), guède; le brésil, mêlé à d'autres colorants, donnait des marbrures nuancées; en 1451, l'usage de la racine de noyer pour foncer les tons fut admis.[92] Des enquêtes faites à Saint-Denis à propos de cette dernière pratique, en 1374 et 1382-83, auprès d'un grand nombre de marchands fréquentant le Lendit (la deuxième consultation toucha, on l'a vu, près de 300 personnes) renseigne sur les usages des autres normands. On assure que la racine de noyer donnait plus de tenue au tissu, à moindres frais que la guède, la garance ou la graine. A cette date, en Normandie, seul, Louviers teignait ainsi les draps « blancs » à la différence des autres « villes de loy » citées par l'enquête: Auffay, Aumale, Rouen, Montivilliers, Bayeux, Les Andelys, Saint-Lô et Evreux; selon un témoin de cette dernière ville, l'usage du noyer serait venu de Picardie.[93] Devrions-nous voir dans les innovations de Louviers en matière de teinture comme pour le foulage, les premières traces d'un esprit d'initiative stimulé par des succès à l'exportation.

Pour teindre rapidement, à moindres frais, des draps bon marché d'écoulement facile, l'écorce de noyer était d'un approvisionnement aisé sur place. Les autres matières tinctoriales traditionnelles étaient cependant plus prisées. Les actes du Tabellionage rouennais fourmillent d'indications. La garance était produite partout, même dans la ville, et elle faisait l'objet de vente sur pied.[94] Le commerce de la guède fit l'objet de transactions extrêmement fréquentes, dont l'étude est à faire; à la production normande s'ajoutaient au XIVe siècle des achats en Picardie et il semble que ce trafic fit l'objet fit l'objet d'une certaine spécialisation entre les mains de quelques marchands sur lesquels les recherches en cours apporteront, certainement, d'utiles informations.[95] Un siècle plus tard, le pastel toulousain commençait la conquête du marché normand, par réciprocité, peut être, du succès des draps normands sur la place de Toulouse.[96] L'extension des routes maritimes

[92] *Ibidem*, G 7, f° 380 ss; BIBLIOTHÈQUE NATIONALE, PARIS, *Nouv. acq. fr.*, 21882, f° 306; ARCHIVES COMMUNALES, ROUEN, S 3, f°s 62 s, 80 ss; M. GUITARD, *La draperie, etc.* cit.

[93] ARCHIVES NATIONALES, L. 209, pp. 96-100 et surtout K 930, N. 11: « Guillement Piquement ... de Saint Denis ... dit ... qu'il a veu les draps que l'en disoit avoir esté fais et tains en la ville de Louviers estre trains de racines de noier sur blanc combien que ladite couleur soit mauvaise et dampnable... Douze drapiers ou teinturiers d'Evreux dient que... un ouvrier de Picquardye vint de demourer et accoustumer à teindre desdittes racines... tant sur euvres blanches comme sur guede, gaude et garance, mais pour les fraudes que l'en y faisoit il luy fu defendu d'ouvrer d'icelles racines.... car, quant il avoit baillé a ung drap pour 6 deniers de guede pour aune et il les mettoit es dites racines,... il devenoit tout noir comme brunette et n'en coustoit l'aune a teindre plus de 16 ou 22 deniers, et une aune de bon drap qui seroit tainte de guede, gaude, garanche cousteroit bien 3 ou 4 solz ». On remarquera que la teinture au noyer était une tradition pour les tissus rustiques et austères, par exemple ceux que recherchaient les béguines et les cordeliers. Cfr. aussi G. FOURQUIN, *Les campagnes, etc.*, cit., p. 116, n. 291.

[94] Achats de « varanche croissant a present en 27 perques de terre en une pieche a Saint Godard »: ARCHIVES DÉPARTEMENTALES, SEINE MARITIME, B, Tabelionage, 1362, f° 203v.

[95] *Ibidem*, 1360-61. Sur la guède picarde, cfr. E. CARUS-WILSON, *La guède picarde en Angleterre*, dans « Revue du Nord », XXXV, 1953, pp. 89-105.

[96] M. MOLLAT, *Le commerce, etc.*, cit., pp. 274-275; G. CASTER, *Le commerce du pastel et d'épicerie à Toulouse (1450 environ à 1561)*, Toulouse 1962.

ouvrit, d'ailleurs, des possibilités nouvelles à la teinturerie normande, avec l'orseille des Canaries, entrevue par Jean de Béthencourt au début du xve siècle; dans la première partie du xvie siècle le brésil d'Amérique du Sud vint se substituer à celui de l'Inde, rare et coûteux. Entre temps, l'alun de Tolfa et de Mazzaron arriva directement en volume sans commune mesure avec les quelques chargements notés par les tabellions rouennais ou enregistrés à leur passage à Paris par les officiers des Marchands de l'Eau.[97]

A la fin du xve siècle et au début du xvie, les conditions d'approvisionnement en matières premières, tinctoriales comme textiles, avaient changé à l'égal des sollicitations de la clientèle. La vogue du pastel semble avoir troublé les traditionnalistes autant que l'usage du moulin à fouler et du rouet. Les garanciers protestent contre la concurrence des « voiderons » dont le nombre s'est fortement accru au début du xvie siècle; ils voulaient leur interdire un procédé nouveau, la teinture « au gachet ». Le pastel gagna la partie. La clientèle, même la plus lointaine, imposait ses goûts, ce fut l'opinion d'un marchand espagnol Alvaro Pardo, qui emporta la convinction du Conseil rouennais en faveur des « couleurs joyeuses » prisées des populations d'outre océan, on l'a vu.[98] Les intérêts du grand commerce eurent donc, encore une fois, le dernier mot.

* * *

La victoire du moulin et celle de la liberté de la teinture étaient, en fait, celle des tissus légers, de fantaisie, sur la draperie d'antan, lourde et sérieuse. La vieille industrie urbaine avait été tenue en échec par celle des faubourgs. Comme dans les villes du Nord, le conflit n'était pas récent. Il avait pris corps au milieu du xive siècle et depuis lors toutes les ordonnances avaient eu pour objet la défense de la qualité; c'est à cette fin qu'avaient été instituées un peu partout les normes des lisières, le contrôle de la longueur des draps par les boujonneurs,[99] l'usage du sceau de la draperie urbaine variant d'une ville à l'autre,[100] la réglementation de la vente aux halles[101] et le contrôle de plus en plus étroit des courtiers.[102] Ces mesures de défense visaient les concurrences voisines autant que les lointaines.[103]

[97] M. Mollat, *Le commerce, etc.*, cit., *passim*; J. Delumeau, *L'alun de Rome*, Paris, 1962.

[98] M. Mollat, *Le commerce, etc.*, cit., *passim*; *Une lettre inédite, etc.*, cit., n. 66.

[99] L'institution du boujonnage est attestée à Louviers en 1325, à Rouen en 1360.

[100] La marque de Rouen est à l'origine des formules de *drap du sceau* et de *drap de la Vicomté* (cfr. A. Héron, *Le drap du Sceau et la fabrique de Rouen*, dans « Bulletin philologique et historique », 1898, p. 309 ss. A Saint-Lô la marque était « une S à un titre dessus une croce LO » (1371), cfr. *Recueil des Ordonnances de Rois de France*, V, 420.

[101] Pour les halles de la Vieille Tour à Rouen, il subsiste une documentation abondante depuis que St. Louis en accorda la possession à la Ville en 1266, cfr. A. Chéruel, *Histoire de Rouen, etc.*, cit., I, pp. 155-157; pour la première partie du xve siècle, spécialement pour la période anglaise, cfr. Archives communales, Rouen, T 3, f°s 34v, 37r et v; U 2, f° 29 et tiroir 14; P. Le Cacheux, *Rouen au temps de Jeanne d'Arc.*, p. 132 ss p. j. 8.

[102] M. Mollat, *Les hôtes et les courtiers dans les ports normands à la fin du Moyen Age*, dans « Revue historique du Droit français et étranger »; 4e série, xxiv, 1946-47, pp. 49-67; pour St.-Lô, cfr. Bibliothèque Nationale, *Nouv. acq. fr.*, 21832, f° 315 (1448).

[103] Comme partout, le système des métiers et des confrèries était organisé en Normandie avec l'esprit protectionniste et réglementaire habituel, non cependant sans les conflits accoutumés entre métiers et au sein de la hiérarchie du travail. L'étude n'en est qu'imparfaitement amorcée. En dehors des sources de caractère réglementaire, on conserve dans les comptes du Trésor de la paroisse St. Maclou de Rouen la recette du droit d'entrée des apprentis et des fils de maîtres dans le métier de draperie: en 1436-37, 15 apprentis, 11 fils de maîtres et 1 valet; en 1443-44, 25 apprentis et 17 fils de maîtres car des « forains » avaient sans doute grossi l'effectif du métier (Archives départementales, Seine Maritime, G, 6874 sgg.). Sur la question, cfr. Ch. Ouin-Lacroix, *Histoire des anciennes corporations d'arts et métiers et des confréries religieuses de la capitale de la Normandie*, Rouen 1850; A. Martin, *Répertoire dex anciennes confréries de Charité du diocèse de Rouen approvées de 1434 à 1610*, Fécamp, 1936; C. Lereboullet, *Essai sur les confréries religieuses à Rouen au XIVe siècle*, dans « Positions Thèses Ecole Chartes », 1960; B. Jacqueline, *Les statuts de la confrérie Sainte Catherine des tisserands de St-Lô (1234)*, dans « Revue historique du Droit français et étranger », pp. 712-713.

Les Rouennais ne voyaient pas d'un bon oeil l'implantation de drapiers étrangers à leur ville, fussent-ils des Normands, que la guerre à plusieurs reprises, fit refluer vers la capitale du Duché. Des drapiers de Louviers avaient obtenu, non sans peine, en 1350, une autorisation de séjour de dix ans, renouvelée par la suite, et l'affectation d'une place aux halles; mais ils furent relégués dans les foubourgs Saint-Hilaire et Martainville, hors des murailles, et soumis à un contrôle strict.[104] On reprochait aux nouveaux venus de ne pas se conformer aux ordonnances et de faire à la draperie urbaine une concurrence délictueuse. On leur accorda, en 1381-82, à l'époque de la Harelle, de constituer un métier distinct, la draperie « foraine », avec un sceau spécial.[105] la « grande draperie » ne désarmait pas, cependant; elle prit sa revanche, d'abord sous l'occupation anglaise (1424) et de nouveau après la reconquête (1451), en dépit d'un nouvel afflux de réfugiés. Mais en 1452, l'Echiquier, appelé à trancher le différend, confirma la fusion de la grande draperie et de la draperie foraine.[106]

On voit donc à quels antécédents se rattachaient l'hostilité des drapiers de Rouen à ceux des faubourgs, au terme du XVe siècle. De quoi avait-on à se plaindre, sinon de la mévente de la bonne vieille draperie classique, plus concurrencée encore par les draps légers que par la mode des tissus de soie ? Les bons draps gris de Rouen coûtaient trop cher en dépit d'une taxation royale instituée en 1498 par un texte qui témoigne de la situation à laquelle il voulait remédier; il parle des « bons graps gris de Rouen bastis et labourés au pié et à la main et à la lizière et soubz le scel de la draperie de nostredite ville de Rouen, qui sont plus chers et de grands prix que nuls autres ».[107]

En réalité, il n'y avait pas de décadence de l'industrie textile, mais une mutation. Des Rouennais eux-mêmes déclaraient, en 1497, qu'il y avait « plus de personnes besongnant du mestier de draperie que deux ans auparavant ». Loin de fléchir, le revenu des fermes communales des laines et des draps avait progressé. On produisait davantage, mais différemment. L'industrie s'est déplacée vers les faubourgs, à Carville, Longpaon et surtout Darnétal. Grâce au moulin à foulon on travaille plus vite. Libérés des contraintes, on travaille à toute heure. Travaille-t-on moins bien ? il ne semble pas, car » un bon drap de 50 sous de Darnétal se montrait mieux qu'un de Rouen à 60 ». On gagne bien parce qu'on vend bien: « les marchands font mieulx leur prouffit des draps de Dernestal que de Rouen ». La nouvelle draperie reprend à son compte le renom de l'ancienne; en 1496, dit-on, « ceulx de Paris ont offert d'affranchir ceulx de Dernestal, se ils veulent aller à Saint-Denis ». Le temps n'était plus loin où au Lendit le drap de Darnétal allait prendre la première place.[108]

Ainsi, s'achevait l'évolution qui, depuis trois siècles, permit à la draperie normande de tenir un rang honorable. Tout à tour, Louviers, Montivilliers, Saint-Lô, Darnétal et, constammenr Rouen, ont principalement soutenu la réputation de l'industrie normande. En définitive, se fut rent la mode et l'intérêt qui déterminèrent les choix techniques. Le commerce avait lancé et orient- la draperie normande; en l'entraînant dans les sinuosités de sa tendance générale, il assura sa survie

[104] *Recueil des Ordonnances de Rois de France*, VI, p. 462 ss.

[105] *Ibidem*, p. 660.

[106] ARCHIVES COMMUNALES, ROUEN, S 3; f°s 67v ss, 70 ss, 88v; A 7, f° 100v.

[107] *Recueil des Ordonnances des Rois de France*, XXI, p. 166.

[108] M. MOLLAT, *Le commerce, etc.*, cit., pp. 275-277.

NB. Nous ne pouvons que rappeler, faute d'avoir pu en taire état dans cette brève étude, l'intérêt des renseignements à tirer sur le plan de la technique drapière, des sources iconographiques: miniatures, sculputures et vitraux.

VI

Un compte du grenier à sel de Capestang pour l'année 1424-1425

La série F des Archives départementales est de celles qui, par leur diversité, réservent encore des surprises. Le hasard veut que les Archives de l'Ille-et-Vilaine possèdent un fragment du compte du grenier à sel de Capestang pour un an courant entre le 1er septembre 1424 et le 31 août 1425[1]. Pour cette raison, il nous a paru utile d'en signaler l'existence aux historiens du Midi. De plus, quel que soit le mérite des travaux consacrés à la fiscalité du sel en France à la fin du Moyen âge, il nous semble opportun, à la lumière d'une enquête récente, de présenter ce qu'un document de ce genre peut enseigner sur le fonctionnement d'un grenier à sel, en Languedoc, pendant la période la plus difficile du règne de Charles VII. D'autre part, les publications de comptes de grenier à sel sont peu nombreuses[2].

Le document en question, coté 3 F 17, comprenait seize folios; huit sont perdus. Le fragment de comptes qu'il contient commence au dernier article de sa première partie, celle des recettes, du moins en indique-t-il le total. La deuxième partie, celle des dépenses, est intégralement conservée. Même incomplet, le document est utilisable, à condition de le situer en son contexte et, surtout, de le comparer aux quelques documents analogues subsistant ici et là pour la même époque.

1. Capestang, Hérault, arr. Béziers, ch. l. de canton.

2. Bien que l'auteur ne soit informé de façon très précise que pour la France du Nord, cf. G. Dupont-Ferrier, *Études sur les institutions financières de la France à la fin du Moyen âge*, I (Paris, 1930), 137-153; II (Paris, 1932), 97-129 et 318-321. On recourra à A. Spont, *La gabelle du sel en Languedoc dans Ann. Midi*, III, 1891, 427-481. On nous permettra de renvoyer à notre enquête poursuivie de 1956 à 1962 à la Faculté de Lille puis à la Sorbonne, dont le programme a été publiée par J. Le Goff et P. Jeannin dans la *Revue du Nord*, XXXVIII, 1956, 225-233. Dans le cadre de cette enquête, quelques comptes de greniers ont fait l'objet de mémoires de Diplôme d'Études Supérieures, notamment de la part de A. Plaisant, *Documents concernant quelques greniers à sel de Haute-Normandie au* xve *siècle* (Dieppe, Fécamp, Gisors, Verneuil), Paris 1961; C. Chabaud, *Les greniers à sel de Péronne et de Roye au* xve *siècle*, Paris 1961; J. Martin, *La « guerre des sels » en Mâconnais, sous Charles VII : le grenier à sel de Marcigny-les-Nonnains*, Paris, 1959; A. M. Ottelin, *Le grenier à sel d'Auxerre*, Paris, 1962; G. Clausmann, *Etude comparée de deux greniers à sel (fin* xive-xve *s.) : Harfleur et Capestang* (Paris 1959). Nous nous référons plusieurs fois à ce travail.

***

La topographie actuelle du pays narbonnais rappelle, par une série de canaux, ce qui fut au Moyen âge l'étang de Capestang aujourd'hui asséché. Mentionnées à la fin du xe siècle (990), les salines n'y étaient pas les moins anciennes du littoral languedocien[3]. Au xve siècle, Capestang était l'un des huit entrepôts — six greniers et deux chambres à sel[4] — où les sauniers devaient « descendre » leur production et où les marchands s'approvisionnaient pour vendre le sel au détail. Sans doute moins favorisées par une moindre proximité de la mer et une superficie inférieure, les salines de Capestang faisaient-elles de leur grenier un des moins actifs de la région, en déclin d'ailleurs, au xve siècle, comme on le verra plus loin. Néanmoins, ce qui subsiste des comptes de ce grenier modeste fait figure de témoin.

En effet, tout lacunaire que soit le document, il est possible d'y reconnaître les grandes lignes de fonctionnement du grenier dans l'ensemble de l'organisation, assez particulière, de la fiscalité du sel en Languedoc. Confrontés avec les comptes d'autres greniers des pays du Languedoïl, le compte de Capestang présente d'indéniables analogies de forme. Sans pouvoir l'affirmer, il est possible que, selon l'usage administratif du temps, les lettres de commission du grènetier, délivrées par le Visiteur général des gabelles, figuraient en tête du document. La rubrique des recettes, en Languedoc comme en Languedoïl, comprenait l'énumération détaillée des livraisons de sel gabellé; cela ressort clairement du dernier article, conservé, des recettes de Capestang. Il n'est pas imprudent de penser que les différences d'esprit et de modalités de la gabelle entre les pays de Languedoc et de Languedoïl se traduisaient par des divergences de détail. On n'en peut pas dire davantage. En revanche, les rubriques des dépenses paraissent semblables en tous points : deniers baillés à divers officiers, voyages, gages, et dépense commune.

Bien que notre document ne mentionne pas la fonction de visiteur général des gabelles[5], l'organisation qu'il décrit correspond aux dispositions de l'ordonnance du duc Jean de Berry en 1411[6]. En revanche, les attributions des généraux des finances, des Gens des Comptes et, bien entendu, celles du grènetier et de ses auxiliaires apparaissent

3. A. Dupont, *L'exploitation du sel sur les étangs du Languedoc* (IXe-XIIIe s.), dans *Ann. Midi*, LXX, 1958, 7-25.

4. Ces six greniers étaient, de l'Ouest à l'Est : Sigean (avec la chambre à sel de Lapalme), Peyriac (avec la chambre du Lac), Narbonne, Capestang, Pézenas, Béziers.

5. En 1425-26, le Visiteur général des gabelles était Pierre Castellain, en fonction de 1414 à 1427 (Spont, *art. cité*, 438 n° 2).

6. Éditée par Spont, *art. cité*, 470-475.

clairement. Les fonctions du grènetier, institué par le visiteur des gabelles, se présentent seulement comme celles d'un agent de perception, à la différence de celles de ses collègues de Languedoïl, dotés d'une compétence judiciaire. La perte de la moitié du document nous laisse dans l'ignorance de son nom. Le grènetier de Capestang est assisté d'un lieutenant, Jean Rigaut, homologue du commis des grènetiers de Languedoïl; le grènetier se reposait entièrement sur lui de la charge de tenir l'état des dépenses et des recettes; en tous cas, c'était lui qui se déplaçait pour aller présenter l'état au vrai aux Généraux des finances, tantôt à Montpellier, tantôt à Narbonne. De la même manière, dans la France du Nord, on vit, mais plus tard, par exemple à Auxerre, à partir du milieu du siècle, le grènetier donner procuration à un clerc ou commis de présenter ses comptes aux Gens des Comptes.

Selon l'usage commun, les comptes du grenier étaient dressés en double exemplaire. Le deuxième, le contre-rolle, ayant forme de journal, était tenu par le contrôleur, comme en Languedoïl. A défaut d'indication explicite, il semble que notre document soit le compte du lieutenant et non celui du contrôleur. La date même du compte n'est pas, non plus, indiquée formellement, mais une lecture attentive permet d'assurer qu'il s'agit d'un compte annuel, courant du 1er septembre 1424 au 31 août 1425. Selon l'usage du temps, la durée des exercices comptables n'était ni stable ni générale; souvent en France du Nord, en Normandie et à Auxerre par exemple, ils commençaient au 1er janvier[7]. La présentation des comptes et du grenier de Capestang aux Généraux donna lieu à un examen contradictoire, entre ceux-ci et le lieutenant, qui dura six jours. Malheureusement, les mentions des opérations de vérification nous sont parvenues, avec les mentions marginales coutumières qui les accompagnaient, de façon très fragmentaire.

Le personnel d'exécution était à Capestang identique à celui de tous les autres greniers. Ici, les mesureurs étaient au nombre de deux; on notera que l'un de ceux-ci n'exerçait pas lui-même ses fonctions et était supplée par un lieutenant.

Les gages du personnel du grenier étaient inférieurs aux taux habituels en pays de Languedoïl. A Capestang, le grènetier recevait annuellement 80 l. t.; le contrôleur 48, chacun des mesureurs 24, au contraire, dans le Nord, un grènetier touchait habituellement 100 l. t., un contrôleur 60, et les mesureurs un salaire proportionnel aux quantités de sel sur lesquelles ils opéraient[8]. Le barême en usage à Capestang en 1424-25 était, peut-être déjà, général dans tous les greniers langue-

7. Cf. Mémoires de D.E.S. cités supra, n. 2.
8. *Ibid.* A Péronne, en revanche, le grènetier a 72 l. t., le contrôleur 36.

dociens, comme l'a constaté A. Spont pour 1430. Le lieutenant, agissant sous la responsabilité du grènetier, était vraisemblablement rémunéré par lui, car ses gages ne figurent pas parmi les dépenses du compte.

***

On aimerait trouver plus de détails sur le fonctionnement technique et économique du grenier. Quelques mentions seulement confirment ce qu'on en sait par ailleurs : une allusion de l'unique article subsistant des recettes se rapporte au sel « vendu comme apporté par les parties cy-dessus escriptes », c'est-à-dire les saliniers. D'autre part, la dépense commune mentionne les « billets », c'est-à-dire les « brevets de sel » constituant certificats de gabellage et destinés à être présentés aux gardes qui, au long des routes du sel, contrôlaient voitures et bêtes de somme[9]. Comme partout, les manutentions exigent des pelles de bois, en raison de l'hydrophilie du sel. On se servait de cabas pour l'ensachage. Le travail en hiver se faisait même à la lumière des chandelles. L'étalon de mesure était le quintal, celui de Narbonne qui servait aussi, d'ailleurs, au décompte d'un droit de 5 d. t. perçu par les habitants de cette ville sur chaque quintal apporté à Capestang[9 bis].

A partir de cette donnée, on voudrait préciser le volume de sel passé en ce grenier, pendant l'année en question. Les premières lignes du document disent que le grènetier prélevait un patac, valant un denier parisis, par quintal de sel. En un an, il reçut 2 655 quintaux. Sur cette base, et à l'aide d'équivalences entre le quintal de Narbonne et le litre, on pourrait estimer que, de septembre 1424 à septembre 1425, il est passé plus de 21 000 litres, en 220 charretées environ, de sel à Capestang[10]. Nous livrons ces données aux érudits, faute de pouvoir, actuellement, les comparer avec d'autres indications concernant Capestang et les autres greniers du Languedoc.

Les comparaisons sont moins difficiles sur le plan financier. Le grenier de Capestang, disions-nous, n'était sans doute pas l'un des plus importants de la côte du Languedoc, pour autant qu'on en puisse juger par les données numériques subsistantes. Le déficit de l'exercice 1424-1425 — environ 147 l. t. — ne signifie pas grand chose en soi; en

9. Le terme « billet » se retrouve dans une ordonnance de 1501 publié par Spont, *art. cité,* 480.

9 *bis.* Ce droit a été institué par lettres du roi du 21 décembre 1412 (vidimus du lieutenant du grènetier de Capestang et du contrôleur, Pierre Agaron et Heliot Besseron, du 1er mai 1413, publ. par Devic et Vaissète, *Hist. génér. Languedoc,* X, col. 1963-64).

10. Ph. Wolff (*Commerces et Marchands de Toulouse,* Paris, 1954, pp. XXIX et 220) fournit les données suivantes : 12 quintaux de Narbonne = 40 pugnères ou 12 setiers de Toulouse, un setier vaut 93 litres 26. Une charretée de sel de Nabonne était estimée à 12 quintaux.

effet, on ne peut rien conclure sur la base d'une seule indication, quand on sait que les comptabilités anciennes sont de simples comptabilités de gestion, dont l'apurement n'intervient qu'au terme des fonctions de l'officier en charge. D'ailleurs, des greniers plus importants et plus rémunérateurs, tel celui d'Auxerre, laissent apparaître des exercices déficitaires[11]. Au contraire, en 1424-25, le grenier de Capestang est encore d'un revenu appréciable, avec une recette totale de 2071 livres tournois. Celle-ci semble avoir constamment baissé au XVe siècle, se tenant à 513 et 512 livres en 1449 et 1450, tombant à 150 livres en 1474. Ces chiffres sont faibles en comparaison du maintien d'une rentabilité au moins quatre fois plus élevée à Béziers, Peyriac et Sigean, pendant les trois mêmes années[12].

Le principal débouché du sel de Capestang était naturellement la région immédiatement proche, Narbonne en premier lieu. Un chemin saunier montait, au Nord-Ouest par Cebazan vers Saint-Pons, jalonné, au XVe siècle, par les postes de contrôle du Haut et du Bas-Gabelos[13]. Capestang participait à l'approvisionnement en sel des pays méridionaux du Massif-Central; sans doute, est-ce à ce propos que le lieutenant du grènetier s'en fut, à Montpellier, en mars 1425, parlementer avec les Généraux des finances sur les desiderata des « marchands des montagnes ». Faut-il même y voir une allusion aux problèmes posés jusqu'en Auvergne et en Rouergue par la concurrence faite au sel blanc méditerranéen par le sel noir atlantique[14] ? A Toulouse, le sel de Capestang semble avoir été moins demandé que celui de Sigean et de Peyriac[15]. Au sud, la concurrence du sel catalan trouve mention en notre compte : en octobre 1423, les Généraux ont envoyé le juge de Carcassonne dans les vigueries limitrophes du Roussillon signifier aux habitants d'avoir à s'approvisionner aux greniers languedociens. Le problème se posait encore en 1451[16]. De ce côté, la concurrence, en 1424-25, ne venait pas seulement des salines maritimes des environs de Perpignan, celles du Canet et de Saint-

11. Au grenier d'Auxerre, entre 1435 et 1500, parmi 47 exercices financiers annuels, 11 furent en déficit, soit presque le quart (Ottelin, Mém. D.E.S. cité supra, n. 2).

12. Bibl. Nat. nouv. acq. fr. 2497, f°s 4-5 et 32-33; P.O., 799 n°s 151-152; fr. 240190. Spont, *op. cit.*, 468-469, n. 4; M. Mollat, *Les spéculations de Jacques Cœur sur le sel du Languedoc* dans *Bull. philol. et histor. Comm. Trav. Hist.* (Congrès d'Aix-en-Provence, 1958) Paris, 1959, 195-210.

13. G. Jacquement, *Géographie et toponymie du sel en Languedoc et en Roussillon,* Mém. de Dipl. Et. Sup., Paris, 1960. Haut et Bas Gabelos, Hérault, arr. Saint-Pons, c^on Saint-Chinian, c^ne Cruzy, fermes.

14. Spont, *art. cité,* 431-434, A. Viala, *Le Parlement de Toulouse et l'administration royale laïque (1420-1525)*, Albi, 1953, II, 357-58.

15. Ph. Wolff, *Commerces et marchands...*, 219-222, 481-482.

16. Spont, *art. cité,* p. 441.

Laurent, mais aussi des gisements minéraux de l'arrière pays barcelonais, à Suria et à Cardona[17].

Quant au rôle joué par le grenier de Capestang dans l'ensemble de l'administration financière, pour modeste qu'il soit, il n'en est pas moins caractéristique des méthodes de la fin du Moyen âge. Le roi l'avait gardé en sa main, tandis qu'il avait, en 1425, donné à sa femme, Marie d'Anjou, les revenus des trois greniers de Narbonne, Pézenas et Montpellier[18]. Très normalement, par conséquent, le procédé habituel des assignations mobilise entre 70 et 75 % de la recette du grenier, soit 1768 livres. Or, près de la moitié (850 livres) concerne des dépenses de guerre en Guyenne : le receveur général des finances du Languedoc, Francois de Nerly, n'est-il pas, en même temps, trésorier des guerres? Une autre part (548 livres) couvre des frais de voyage. Si l'on ajoute à ce dernier poste d'autres frais de même ordre, effectués pour la gestion du grenier, on observe que 30 % de la recette passent en frais de déplacement. La mobilité est un trait des anciennes administrations. On peut l'imputer en partie aux circonstances militaires et politiques, bien que celles-ci aient entraîné une certaine décentralisation et qu'on voit à Toulouse conseillers du roi et gens des Comptes régler sur place bien des problèmes et vérifier les gestions[19]. Il faut aussi admettre le fait d'une sous-administration. Le lieutenant du grenier et autres officiers sont astreints à circuler à travers le Languedoc à la recherche des généraux des finances « en plusieurs villes et lieux de cest pays ».

C'est un document secondaire qu'un fragment de comptes — huit folios — d'un humble grenier à sel. A sa mesure, du moins, il apporte un peu de clarté sur certaines réalités quotidiennes et s'insère à sa place, modeste, dans l'histoire administrative. Fallait-il, pour autant, la négliger?

17. M. Gual Camarena, *Para un mapa de la sal hispana en la Edad Media*, in *Homenaje a Jaime Vicens Vives*, I, Barcelone, 1965. Un exemple de saisie de sel de Cardona cité par Ph. Wolff, *Commerces et marchands*, 219.

18. Spont, *art. cité*, 439.

19. Viala, *ouvr. cit.*, II, 397. C'est ainsi que notre compte fut clos et quitus donné au grènetier de Béziers le 12 décembre 1426 : « *Auditus et clausus Biterris* (*die*) *XII*ᵐ *décembris M CCCC XXVI*... ». L'original dont nous conservons une partie lui fut rendu, selon l'usage, avec mention des vérifications : « *Redditus ei per finem sui compotis fuit ad Biterrum*... »

Document

Fragment du compte du grenier a sel de Capestang (1424-1425)

. . . .

Autre recepte faicte par ledit grènetier à cause de la revenue et émolument d'un denier parisi appelé partac par lui reçeu sur chacun quintal de sel vendu et délivré audit grenier durant l'année de ce présent compte en laquelle c'est vendu comme appert par les parties cy-dessus escriptes la somme de 2655 quintaux 1 quartier, qui, audit prix d'un denier parisi, valent 13 l. 16 s. 7 d. t.

Somma pro pataco : 13 l. 16 s. 7 d. t.

Somma totalis recepte : 2071 l. 12 s. 11 d. ob. t.

Despense faite par ledit grenetier sur la recepte cy devant contenue.

Deniers baillés comptens

— A François de Nerly[1], Recebeur général de toutes finances et trésorier des guerres ès pays de Languedoc et duchié de Guienne, par ses lectres de quictance de la somme de 100 l. t. par messeigneurs des comptes du Roy notre sire, pour partie de la somme de 4000 l. t. sur leurs gaiges, escripte le 19e jour d'octobre l'an 1424.

Pour ce 100 l. t.

— A lui, par autre lectre de la somme de 500 l. t. pour tourner et convertir de son office de trésorier ou payement des gens d'armes et de trait ordonné pour la garde et deffense de la frontière dudit pays de Guienne. escripte à Montpellier le 23e jour dudit moys d'octobre.

Pour ce 500 l. t.

— A lui, par autre lectre de la somme de 50 l. t. par Pons de Roset[2], escuier, cappitaine de Sauveterre d'Agenès, sur ce qui lui puet et pourra estre deu à cause de ses gaiges de sondit office de cappitaine. escripte à Montpellier le 25e jour dudit moys d'octoubre.

Pour ce 50 l. t.

— A lui, par autre lectre de 200 l. t. par Macé Héron, trésorier des guerres du Roy notre sire, pour convertir et employer à cause de son office ou payement de Monseigneur Tanguy du Chastel[3], chevalier et grant maistre d'hôtel du Roy notre sire, et des gens d'armes de sa compagnie, escripte le 15e jour de novembre ensuivant 1424.

Pour ce 200 l. t.

1. François de Nerly, ou Narly, en fonctions du 1er novembre 1422 au 31 déc. 1426 (A. Dupont-Ferrier, *Gallia Regia,* III, 503, n° 13 830).

2. Pons de Roset, non mentionné par la *Gallia Regia,* qui note un Pons de Roset, seigneur de Cours en 1352 (I, 29, n° 201-E). Sauveterre-la-Lémance, Lot-et-Garonne, arr. Villeneuve-sur-Lot c. Fumel, com.

3. Tanguy du Chastel fut nommé viguier de Beaucaire le 1er juin 1416 (*Gallia,* I, 314-315, n° 3262). Macé Héron, en fonctions depuis 1418, devint trésorier général le 18 mars 1425 (du Fresne de Beaucourt, *Charles VII...,* I, 418; II, 618.)

— A lui, par aultre lectre de la somme de 100 l. t. par maistre Anthoine Gielle, conseiller du Roy notre sire à sa Chambre des Comptes, pour partie d'aucuns voyages par lui fais, escripte le 15e jour de décembre 1424.

Pour ce 100 l. t.

— A lui, par aultre lectre de la somme de 100 l. t. pour tourner et convertir ou fait de son office de trésorier des guerres, escripte le 10e jour de janvier an 1424.

Pour ce 100 l. t.

— A lui, par aultre lectre de la somme de 50 l. t. par maistre Jehan Gosset[4], notaire et secrétaire du Roy notre sire, pour la [pourpaye] de ses voyages ou chevauchées des moys de janvier et de février derniers passés et du présent moys de mars, escripte le 21e jour de mars 1424.

Pour ce 50 l. t.

— A lui, par aultre lectre de la somme de 100 l. t. pour Guille Rippaut[5] et Nycolas Calant, secrétaires du Roy notre sire, pour partie de la somme de 200 l. t. pour certains voyages par eux fais pour le fait dudit seigneur, escripte le 28e jour dudit moys de mars.

Pour ce 100 l. t.

— A lui, par aultre lectre de la somme de 100 l. t. par sire Jehan de La Barre[6], l'un des généraulx conseillers sur le fait et gouvernement desdites finances oudit pays, pour partie de ses gaiges ordinaires des moys de février, mars, avril et may derniers passés, escripte le premier jour de juing ensuivant 1425.

Pour ce 100 l. t.

— A lui, par aultre lectre de la somme d'aultre 100 l. t. par maistre Jehan Gosset, pour partie de ses gaiges de notaire et secrétaire du Roy notre sire, qui sont de 18 s. parisi par jour de servir pour un an entier, escripte le 19e jour de juillet ensuivant 1425.

Pour ce 100 l. t.

— A lui, par aultre lectre de la somme de 248 l. 10 s. t. par sire Alixandre Le Boursier, conseiller du Roy notre sire et général sur le fait de ses finances esdiz pays, pour ses gaiges et voyages dudit office de ce présent moys de juillet, escripte le 20e jour dudit moys de juillet.

Pour ce 248 l. 10 s. t.

Somma denariorum solutorum Francisco de Narly : 1648 l. 10 s. t.

4. Jean Gosset, nctaire et secrétaire du roi (du Fresne de Beaucourt, *Charles VII...*, I, 386). Devic et Vaissette, *op. cit.*, X (cf. index).

5. Guillaume Ripaut, notaire et secrétaire du roi (Beaucourt, *Charles VII*, III, 466-467).

6. Jean de La Barre, en fonctions du 17 août 1423 au 19 janvier 1427 n. st. (*Gallia*, III, 503, n° 13 825).

Autres deniers paiez

— A Jehan Havart, Receveur général de l'aide de 200.000 florins ottroyée au Roy notre sire par les gens des trois estaz du pays de Languedoc à l'assemblée faicte à Espaly au mois de janvier dernier passé et commis à veoir et recevoir les rentes deues au Roy notre dit seigneur par les estaz des monnoyes, greniers à sel, rêves, traictes et impostz et de quelconques autres receptes et finances dudit pays de Languedoc par ses lettres de quittance[7] de la somme de 74 l. 7 s. 7 d. t., escripte le premier jour de juillet 1425.

Pour ce 74 l. 7 s. 7 d. t.

Summa per se 74 l. 7 s. 7 d. t.

Autres deniers paiez

— A Jehan Seaume, Receveur général de toutes finances ou pays de Languedoc et duchié de Guienne par sa descharge escripte le 10e jour de juing 1426 de la somme de 120 l. t. par maistre Baude de Marle, clerc du Roy notre sire en sa Chambre des Comptes, et commis par ledit seigneur à l'audicion des comptes dudit pays de Languedoc[8].

Pour ce par ladite descharge cy rendue 120 l. t.

Summa per se : 120 l. t.

Autres deniers payés à cause de 5 d. t. que les habitans de Narbonne prennent sur chacun quintal de sel.

— A maistre Anthoine Rogue, receveur desdits 5 d. t., par ses lettres de quictance escripte le 2e jour de juing 1425.

Pour ce 10 l. t.

— A lui par aultre lectre de la somme de 10 l. t. escripte le 18e jour de juillet ensuivant 1425.

Pour ce 10 l. t.

— Aux consulz de ladicte ville par leur quictance escripte le dernier jour oudit an 35 l. t.

Somma : 55 l. t.

Gaiges d'officiers :

— Audit grènetier pour ses gaiges de servir en son dit office durant l'année de cest présent compte au pris de 80 l. t. Pour ce 80 l. t.

— A Pierre Vidal, contreroleur dudit grenier, pour ses gaiges semblablement de servir en sondit office durant ladicte année, au pris de 48 l. t. par an et par quittance de lui du 8e jour de septembre 1425.

Pour ce 48 l. t.

7. Sur Jean Havart, cf. Beaucourt, *Charles VII...*, II, 617 n. Espaly, Haute-Loire, arr. et cant. du Puy. Charles VII y séjourna du 14 décembre 1424 au 10 janvier 1425 (Beaucourt, *Charles VII...*, II, 19 n., et 79-80. Devic et Vaissète, IX, 1081-82; X, 2049-50).

8. Jehan Seaume, successeur de Jean de Nerly, nov. 1425 (Beaucourt, *Charles VII...*, II, 618).

— A Eustace Portier, l'un des mesureurs dudit grenier, pour ses gaiges semblablement de servir en sondit office durant la dicte année au pris de 24 l. t. par an, par quictance de lui escripte ledit 8e jour dudit moys de septembre. Pour ce 24 l. t.

— A Estienne Evrart, lieutenant de Guillaume Larchier alias Baille, autre mesureur dudit grenier, pour ses gaiges semblablement de servir en son dit office durant la dicte année audit pris de 24 l. t. par an, par quictance dudit lieutenant escripte ledit 8e jour de septembre. Pour ce 24 l. t.

Summa : 176 l. t.

Voyages et pors de deniers :

— A Jehan Rigaut, lieutenant dudit grènetier, pour ung voyage par lui fait par le mandement et ordonnance de messeigneurs les généraulx conseillers ordonnés par le Roy notre sire sur le fait et gouvernement de toutes finances oudit pays de Languedoc, dudit lieu de Cabestaing apporté par devers eulx en la ville de Narbonne l'estat et valeur au juste dudit grenier de l'année finie le dernier jour d'aoust dernier passé, avecques le contrerolle et lettres .... et la despense de sa dite recepte pour lesdits estatz livres estre par eulx veues et examinés, appert dudit voyage par la dite tauxation de mesdits seigneurs donnée audit Narbonne le 3e jour de septembre 1424.

Pour ce à lui tauxé : 60 s. t.

— Audit Jean Rigaut, lieutenant dudit grènetier, pour ung aultre voyage par lui fait par l'ordonnance de mesdits seigneurs dudit lieu de Cabestaing par devers eulx en la ville de Montpellier, pour eux avoir porté l'estat et valeur au vray dudit grenier, tant en recepte comme en despence, depuis le 1er jour de septembre dernier passé jusques au 24e jour d'octobre ensuivant, et aussi pour avoir appointtement avecques eux du gouvernement et distribucion de l'argent qui yra et viendra à cause du prouffit et émolument dudit grenier de quatre moys prouchain venant. Auquel voyage faisant il a demouré et vacqué par l'espace de 6 jours, pour lequel lui a esté tauxé la somme de 6 l. t. par lettre de tauxation de mesdits seigneurs donnée ledit 24e jour d'octobre 1424. Pour ce 9 l. t. (sic)

— A Jehan Triboullart, la somme de 20 l. t., laquelle mesdits seigneurs les généraux lui ont aussi ordonnée pour ses peyne, salaire, et despens d'avoir porté, partant de la ville de Montpellier, certaines lettres devers le sénéchal de Thouleuse[9] et autres cappitaines estans en la frontière ou pays de Guienne à l'encontre des ennemys pour les advertir d'aucunes choses touchant le bien dicellui seigneur, de sa seigneurie et dudit pays de Guienne, et dicelles lectres leur avoir rapporté response audit lieu de Montpellier, appert de la dite tauxation par lettres de mesdits seigneurs données le 24e jour de janvier 1424 et par quictance dudit Triboullart donnée le 24e jour de février ensuivant.

Pour ce, par ladite tauxation et quictance, 20 l. t.

— A Jehan Dupin, la somme de 10 l. t., laquelle messeigneurs les généraulx conseillers du Roy notre sire sur le fait et gouvernement de sesdites

9. Jean de Bonnay, rétabli en sa fonction par Charles VII en 1420 (Beaucourt, *Charles VII...*, I, 200).

finances lui ont tauxé et ordonné pour avoir esté par leur ordonnance, partant de la ville de Montpellier, porter de par eulx lettres clouses aux consulz de Marmande, touchant la provision de ladite ville et du pays d'environ, qui sont en frontière des Angloix anciens ennemys du Roy notre dit seigneur, et pour leur rapporter response quelque part qu'ilz soyent, appert de la dite tauxation de mesdits seigneurs donnée le 27ᵉ jour de janvier et par quictance dudit Jehan Dupin escripte le 26ᵉ jour de février ensuivant.

Pour ce 10 l. t.

— A maistre Jehan Lamirault[10], licencié en loys et juge ordinaire de Carcassonne, pour certains voyages par lui faiz dans le moys d'octobre 1423, par l'ordonnance de mes dits seigneurs et par vertu de leur lettre de commission, ès pays de Sault, Fenoillèdes et Termenez[11], lesquelx pays sont ès confins de ce royaume et ès frontières de Chataloygne, pour par ce besoigner avecques les habitans d'iceulx pays et leur dire, commander, de par le Roy notre dit seigneur et de par mesdits seigneurs, sur certaines paines, que le sel mestier et besoing leur seroit pour leur usaige, et autrement ils prisent ou grenier de Sijean ou ès autres greniers et chambres a sel establiz oudit pays de Languedoc, sans prendre ne user du sel dudit pays de Cataloygne, ne d'autre, fors du sel gabellé ès greniers dudit pays, affin que le droit des gabelles et lesdits greniers fussent et soyent de plus grant prouffit au Roy notre sire, laquelle chose ledit maistre Jehan Lamirault fit dez le temps dessus dit, et tantost après envoya le procès par lui sur ce fait par devers mesdits seigneurs. Appert dudit voyages (*sic*) par lectres de tauxation à lui faite par messeigneurs donnée le 24ᵉ jour de février 1424 et par quictance dudit maistre Jehan Lamirault escripte le 2ᵉ jour de mars ensuivant oudit temps.

Pour ce 25 l. t.

— Audit maistre Jehan Rigaut, lieutenant dessus dit dudit grènetier, pour un voyaige par lui fait par l'ordonnance de mesdits seigneurs, partant dudit lieu de Cabestaing pour aler par devers eulx en la ville de Montpellier, tant pour leur porter l'estat et valeur dudit grenier, parler avecques eulx et avoir appoinctement du payement de certaines sommes de deniers assignées sur les revenus dudit grenier, comme aussi pour parlé du fait d'aucuns marchans des montagnes qui demandoist traire et gabeller audit grenier certaine grant quantité de sel par certain... terme... pour ce que le droit de la gabelle appartient au Roy nostre sire, ouquel voyage il vacqua et demoura par l'espace de 6 jours entiers pour lesquels il luy a esté tauxé la somme de 6 l. t. par lettres de tauxation de mesdits seigneurs, donnée le 24ᵉ jour de mars 1424.

Pour ce 6 l. t.

— A Pierre Saiget, la somme de 20 l. t., laquelle mesdits seigneurs lui ont ordonnée pour avoir naguères esté, partant de la ville de Montpellier, porter de par mesdits seigneurs certaines lettres closes adressens au Roy notre dit seigneur et à aucuns des gens de son grant conseil estant devers lui en la ville de Poitiers, touchant le bien et prouffit dudit sel et conser-

10. Jean Lamirault, en fonctions dès 1419 et en 1430 (*Gallia,* I, 591, nᵒˢ 5343 et 5345.

11. Vigueries de Saulx, de Fenouillèdes et de Termenès, celle-ci ayant été réunie à celle de Fenouillèdes en 1377. Cf. Dupont-Ferrier, *Gallia,* et *Les officiers royaux des baillages et sénéchaussées,* Paris 1902, app. I.

vation de son dit pays de Languedoc et duchié de Guienne et pour dicelles lectres leur avoir rapporté response en ce dit pays, appert de la dite tauxation par lettres de mes dits seigneurs données le 18e jour d'avril 1425 après Pasques et par quittance dudit Saiget escripte ledit jour.

Pour ce 20 l. t.

— A Jehan Rigaut, lieutenant dessus dit dudit grenetier, pour un voyage par lui fait du lieu de Cabestaing en la ville de Carcassonne par devers Jehan Havart, commys de par le Roy notre sire à veoir et visiter les estats tant de monnoyes, greniers à sel, rêves, traictes et impostz, comme de toutes autres finances et receptes estans oudit pays de Languedoc pour lui avoir illec porter l'estat dudit grenier de tout le temps qu'il avoit à compter, tant en recepte comme en despense, ouquel voyage faisant il vacqua et demoura tant en alant, séjournant que en retournant par l'espace de 8 jours entiers pour lesquels voyage lui a esté tauxé la somme de 10 l. t. par lettre de tauxation dudit Jehan Havart, donnée le 14e jour de juing 1425.

Pour ce 10 l. t.

— A Jacquet du Croizet, la somme de 15 l. t. laquelle ledit Jehan Havart, commys dessus dit par le Roy notre sire à voir et visiter l'estat de toutes receptes esdiz pays de Languedoc, à lui tauxée et ordonnée pour sa paine d'avoir esté ou moys dernier passé en plusieurs villes et lieux de cest pays de Languedoc par devers les généraulx et receveurs dicelles villes pour leur apporté [*sic*] certaines lettres du Roy notre dit sire touchant le fait de la dite recepte et commission, appert de la dite tauxation par lettres dudit Havart données le 8e jour de juillet 1425, et par quictance dudit Jacquet escripte le 5ème jour d'aoust 1425. Pour ce 15 l. t.

— A Jehan Moules, sergent royal, par mandement de mesdits seigneurs les auditeurs des comptes, pour sa peine d'avoir été adjourner plusieurs receveurs et grenetiers et par quictance dudit sergent cy rendue.

Pour ce 60 s. t.

— A Heliet Coutey, auquel ont mesdits seigneurs semblablement mandé paier la somme de 65 s. t. Pour ce à lui par sa quictance cy rendue 65 s. t.

— A Emery Rivière, soubviguier de Besiers (?), auquel mesdits seigneurs ont semblablement mandé paier la somme de 100 s. t., pour plusieurs adjournements par lui fait à plusieurs officiers, pour ce à lui par sa quictance cy rendue 100 s. t.

Summa viagiorum : 129 l. 5 s. t.

Despense commune :

— Pour deux papiers ou livres, l'un pour ledit grènetier et l'autre pour le contrerolleur, pour enregistrer les personnes qui prennent sel oudit grenier et pour autres papiers pour faire les estaz et billettes dudit grenier 50 s. .t

— Pour cire, encre et toille à faire sacz pour mettre l'argent de la recepte dudit grenier 40 s. t.

— Pour seze cabatz pour verser le sel de la mesure pour ensaquer ledit sel 4 l. t.

— Pour pelles de bois à mesurer ledit sel 20 s. t.

— Pour chandelle à veoir à mesurer ledit sel au temps d'iver, au soir et au matin 30 s. t.

— Pour 4 serrures neufves et pour en avoir appareillé plusieurs autres vieilles ..... s. t.

— Pour la façon et escripture de cest présent compte et du semblable contenant seze fueille, au prix et au fur de 2 s. t. pour fueulet.

Pour ce 32 s. t.

Somma expense communis : 15 l. 12 s. t.

Somma totalis expense : 2218 l. 14 s. 7 d. t.

Auditus et clausus Bitteris [di]e XII[a] decembris MCCCCXXVI, consensu domini presidentis, per nos ...Teisson et Balduin, clericos compotorum...

Redditus ei per finem sui compotis fuit ad Biterrum...

VII

GÉOGRAPHIE DU SEL

LES USAGES DU SEL

Le sel est un produit commun mais noble. Si l'on répandait sur la surface du globe la totalité du chlorure de sodium contenu seulement dans les mers, une couche de 36 cm en recouvrirait la planète. Nécessité, universalité : tels sont les deux traits fondamentaux de la géographie du sel. Universalité du besoin, universalité de la présence du sel sont vérités d'aujourd'hui et d'autrefois. Car la quête du sel par l'espèce humaine se perd dans la nuit de la préhistoire, en tous les lieux de la planète ; et le poids du passé s'impose au point de mêler aux pratiques les plus évoluées de la technique moderne les traditions ancestrales les plus archaïques. Rarement l'histoire et la géographie s'imbriquent plus profondément.

Le sel demeure un serviteur polyvalent de l'homme. Sa valeur primordiale de régénérateur du sang fait de lui un symbole de force. Dès l'Antiquité, l'homme accueillait son hôte en lui offrant le pain et le sel, comme il vouait son ennemi à l'anéantissement perpétuel en répandant le sel sur les ruines de ses cités. Le sel est ainsi devenu symbole de vie : les sorciers antiques et modernes en entrevoient le sens, mais la Parole de Vie, elle, fait du « sel de la terre » l'image même de la Grâce, source d'éternité, et le « sel de la Sagesse » est répandu sur les lèvres du baptisé.

Un homme, un peuple, privés de sel ou d'aliments salés, s'anémient, perdent leur potentiel d'activité et meurent. Un régime alimentaire carné fournit aux Cingalais et aux Esquimaux la quantité de sel qui leur est nécessaire. En revanche, le régime végétarien aggrave la mortalité, aux Indes, en temps d'épidémie et de famine ; et la sous-alimentation en sel explique la débilité des Africains de la zone équatoriale et leur nonchalance : l'anthropophagie serait une compensation instinctive du besoin d'aliments porteurs de sel. On sait qu'en zone chaude les Européens doivent consommer journellement une certaine dose de chlorure de sodium. Le sel est aussi indispensable au bétail : en moyenne chaque jour, 25 g pour un veau, 50 g pour un cheval, 90 g pour une vache laitière. La répartition de l'élevage correspond, en une certaine mesure, aux conditions d'approvisionnement en sel. La mouche tsé-tsé et la densité de la forêt ne seraient donc pas les seules responsables de l'absence d'élevage en zone équatoriale. Au contraire, les régions productrices de gros bétail correspondent en général aux pays producteurs de sel.

Indirectement aussi, le sel joue son rôle dans l'alimentation humaine et animale, à titre de procédé de conservation universellement répandu. Avec l'huile, l'Europe n'en a pas connu d'autre, avant l'invention au XIXe siècle de la technique moderne des conserves. Il fut toujours nécessaire pour les pêcheurs en Extrême-Orient, comme en Europe. Sans lui, les harenguiers de la Baltique et de la mer du Nord n'auraient pas pu approvisionner les nombreux jours d'abstinence de la chrétienté; et la découverte des bancs de Terre-Neuve eut été sans objet. D'ailleurs, les procédés frigorifiques n'ont pas fait disparaître l'usage du sel dans la pêche contemporaine; en certaines régions, pour la sardine par exemple, le pêcheur préfère encore le sel à la glace.

D'anciennes techniques se survivent. Les salaisons exigent un sel calibré et sec. L'empirisme médiéval et celui des pays coloniaux avant l'arrivée des Européens enseignaient qu'un revêtement de sel empêche la fermentation du grain dans un silo. L'exploitant moderne, en intercalant des couches de sel dans le foin engrangé, sait en arrêter l'échauffement et conserver au fourrage sa coloration chlorophyllienne et sa valeur nutritive. D'autre part, une pulvérisation matinale de sel dans les champs cultivés préserve les récoltes de la prolifération des mauvaises herbes.

Certains usages du sel proviennent du fond des âges. La médecine antique et médiévale voyait dans le sel l'antidote des champignons vénéneux et conseillait les cataplasmes d'orties salées ou de miel mêlé de sel pour la guérison des entorses. La médecine populaire a gardé trace de ces pratiques, et la superstition emploie le sel comme moyen prophylactique. La saumure où macéraient les momies égyptiennes avait un rôle préservateur double.

Certains usages industriels du sel sont anciens. Les Grecs vernissaient leurs poteries par le dégagement de vapeurs salées à l'intérieur du four. Pline signale à Ormuz l'emploi du sel pour la séparation des métaux d'or et d'argent. Plus tard, les propriétés détersives du sel servirent au dégraissage de la laine et de la pâte à papier. Comme aux temps préhistoriques, l'industrie moderne déshydrate les peaux et prépare les cuirs avec des quantités notables de sel, variant de 25 à 50 % du poids des peaux à traiter. C'est surtout comme matière première que l'industrie moderne utilise le sel, surtout pour la fabrication des soudes commerciales, lessives et carbonates. Le sel est aussi la matière première, abondante et bon marché, des industries fondées sur l'utilisation de ses composants, le chlore et le sodium. Corps gras, papeterie, rayonne, engrais chimiques, métallurgie sont tributaires du sel.

RÉPARTITION DU SEL. ASPECTS GÉOGRAPHIQUES

Peu de régions sont totalement dépourvues de sel gemme ou marin. Sa répartition dans le monde résulte principalement de facteurs physiques, hydrologiques et climatiques. Les dépôts continentaux se trouvent dans les terrains sédimentaires; ils résultent d'accumulations évaporées, cristallisées dans les bassins fermés ou les dépressions côtières peu profondes. Ainsi s'expliquerait la formation des grands gisements de Lorraine, de Saxe (Stassfurt, Halle), de Pologne (Bochnia, Wieliczka) et de la plaine russe (Solikamsk), ainsi que des énormes dépôts d'Amérique du Nord; la superficie totale de ceux-ci est évaluée à 250 000 km², et l'un d'eux, dans le Michigan, a de 150 à 600 mètres d'épaisseur. Les nappes salées des sebkhas d'Afrique du Nord, en revanche, seraient le résultat de l'évaporation des eaux de ruissellement, chargées de sel par lessivage des sols. Les couches de sel ne sont pas toujours horizontales : plastiques, elles ont parfois subi la pression des forces orogéniques, au point de dresser en dômes de véritables montagnes de sel, comme à Cardona en Catalogne, à

Slanic en Roumanie, en Iran et à West Columbia au Texas. On peut alors parler d'une « orogénie du sel ».

La répartition du sel marin dans le monde dépend des facteurs hydrologiques et climatiques actuels, c'est-à-dire des conditions de salinité et d'évaporation. Aux hautes latitudes, la fusion des glaces, aux basses altitudes, l'abondance des pluies et l'apport des eaux fluviales abaissent la salinité jusqu'à 3,4 ‰. Au contraire, en zone subtropicale, la médiocrité de la pluviosité et l'intensité de l'évaporation élèvent les taux de salinité : 45 ‰ dans la mer Rouge. En zone méditerranéenne, la latitude et le faible apport des fleuves en eaux douces, l'encadrement montagneux, prédisposent les rivages à une intense exploitation paludière d'eaux titrées à 38 ‰. Certains y trouvent une explication de la précocité des civilisations antiques et invoqueraient volontiers au sens littéral l'expression symbolique du « sel de l'Attique ». La même observation pourrait s'appliquer au littoral chinois et aux plaines mexicaines. La localisation des ressources salines est donc à l'avantage des zones subtropicales et tempérées.

Certains aspects topographiques semblent particuliers aux régions saunières. Ainsi les sols salins constituent un chapitre original de la pédologie; et les solontchaks d'Algérie présentent des exemples typiques. A son tour, la biologie végétale reconnaît l'originalité de la végétation salicole.

La variété des procédés d'exploitation du sel a créé des paysages agricoles et industriels. Il existe une toponymie du sel : qu'on songe à la « via Salaria » par laquelle Rome s'approvisionnait; et, dans la seule Europe, à des noms comme Salzbourg, ou aux innombrables vocables français de Salins, Salies et Salat. Il existe aussi un vocabulaire technique minier et paludier, désignant souvent les mêmes objets, par des termes régionaux. C'est que le sel occupait une grande place dans les mentalités. Indispensable, il devient un substitut de la monnaie dans les milieux économiques peu évolués; du latin *sal* dérivent les termes salaire, salariat, solde et soldat. Le sel conserve, de nos jours, le rôle de signe monétaire en certaines contrées d'Asie Centrale et au Soudan, où les barres de sel de Taoudeni font office de monnaie, comme au temps (XIVe s.) où le voyageur arabe Ibn Batouta visitait Teghaza.

PROBLÈMES TECHNIQUES ET SOCIAUX DE LA PRODUCTION

La principale originalité des paysages du sel résulte des modalités de l'extraction et de la manière dont la vie sociale s'est organisée sous leur influence. En ce double domaine, le poids du passé est aussi lourd que l'influence du progrès technique moderne. Mais la variété reste grande.

Partout, le paysage du marais salant conserve à peu près les mêmes aspects, depuis l'Antiquité. En Chine, comme en Occident, la disposition des étiers, des diguettes, des compartiments où l'eau-mère pénètre successivement, des « mulons » de sel, est fidèle aux traditions. Rutilius Namatianus les décrivait au début du Ve siècle de l'ère chrétienne. Dans les salines françaises de l'Atlantique, le travail, secondé par le jeu des marées, est sujet à l'instabilité du climat; le paludier doit recueillir le sel dans les « œillets » tous les deux ou trois jours, mais son râteau entraîne un sel chargé d'argile, d'une teneur optima de 85 à 90 %, qui exige raffinage; à peine entassé en mulons, le sel doit être protégé par une couche de paille ou de terre. Même lavé dans une saumure propre, ce sel reste gris. Le sel portugais et espagnol, favorisé par un ensoleillement intense, bénéficie d'une teneur supérieure, au point d'être mordant; la technique de son exploitation demeure, elle aussi, archaïque. En revanche, les salines méditerranéennes, capables de fournir, en première qualité, des sels atteignant jusqu'à 98 %, se prêtent à une exploitation rationalisée; le sel, ramassé à la pelle mécanique, est recueilli par des wagonnets tractés par un « Diesel » circulant sur des « cairels » (digues); sur place, dans des fosses cimentées emplies d'une saumure convenablement dosée, on lave le sel; puis, une chaîne à godets l'égoutte et le livre à une échelle de levage qui l'entasse en « camelles » et en « haricots » hauts de 12 mètres et contenant parfois 75 tonnes. De là le sel est enlevé par trains ou par allèges.

Des procédés sont mis en œuvre pour accélérer et accroître la production, sous climat chaud. Les eaux-mères, d'une teneur suffisante, sont réemployées, tandis que sur les rives atlantiques elles sont rejetées à la mer. En colorant la saumure, on peut abréger de 30 % le délai de formation du sel; aux États-Unis, on obtient des résultats analogues, en traitant l'eau salée dans des cuves en béton armé, de faible profondeur, traversées par une circulation de vapeur dans des serpentins. Enfin, pour normaliser la production, des machines broyeuses donnent aux grains un calibre de 2 à 3 mm, selon les exigences de l'alimentation, des salaisons et des pêcheries.

L'extraction du sel gemme a créé des paysages industriels plus précoces. Cependant, même actuellement, la technique est très inégalement évoluée. L'extraction en carrière pratiquée à Cardona, à Slanic, date certainement de la préhistoire; de même, on a transféré à Taoudeni les procédés de l'exploitation médiévale de Teghaza voisine. À Hallstatt, l'homme préhistorique atteignait les gisements internes par des galeries obliques, comme auprès de Salzbourg, à Hallein, à Kulp en Arménie et à Campo Verde en Arizona.

L'homme exploitait, au début du XIIIe siècle, à 65 mètres, le premier des huit niveaux de gisement de Wieliczka. Le forage de puits et la construction de galeries dans les mines de sel bénéficient de conditions favorables : pas d'eau, pas de risque de grisou, donc possibilité d'un éclairage électrique; température modérée, la compacité de la roche permet de creuser des chantiers spacieux et les risques d'éboulement sont faibles; l'abondance du minerai rend possible la méthode des piliers de soutènement abandonnés, sans compromettre le rendement. L'abattage à l'explosif remplace le pic; avant les wagonnets, des chevaux circulaient déjà dans les galeries; l'évacuation s'effectue par les moyens habituels de l'industrie minière.

Outre l'extraction du sel gemme en blocs, on pratiqua pendant des siècles, au Tyrol et au Salzkammergut, le lessivage de la mine; on pompait ensuite la saumure à la surface, pour la traiter par ébullition et évaporation successives en chaudières, pratique immémoriale sur les sources salées de Franche-Comté, du Béarn et de Saxe. La Chine, au Sseu-tchouan, savait, dès le Xe siècle, tirer chaque jour 1800 kg de sel de puits forés à 90 mètres et parfois à 200. Le siphonnage par des tiges creuses de bambous était le prototype des sondages modernes. Il n'y a guère plus d'un siècle qu'en Europe, on pompe, à plusieurs centaines de mètres, les nappes souterraines d'eau salée, et que des sondes injectent de l'eau douce dans les gisements pour en aspirer la saumure. Le sel obtenu est dit ignigène.

La Lorraine, avec 1 500 km² de gisements, sur une profondeur moyenne de 50 mètres, présente la variété des paysages industriels du sel. En plein champ, une baraque de planches, coiffée de zinc : c'est un sondage. A peu de distance, reliées à la baraque par un conduit souterrain, quelques maisons analogues aux bâtiments d'une grosse ferme, mais dominées par une cheminée de briques : c'est la saline. L'installation est rudimentaire : autour des « poêles » semblables à ceux du XVIIIe siècle, chauffeurs et tireurs de sel accomplissent des gestes presqu'immuables. Ainsi en est-il dans la vallée de la Seille et dans celle du Sanon. En revanche, au sud-est de Nancy, autour de Varengéville, Dombasle, La Madeleine, ainsi qu'autour de Sarralbe et de Dieuze, ce ne sont qu'usines, hautes cheminées, monte-charges et ponts roulants, les anneaux reptiliens d'un écheveau de canalisations et, non loin de là, des terrils et des bassins de décantation malodorants. Mines, salines, soudières sont les composantes du paysage industriel du sel.

L'évolution des techniques du sel n'a pas réagi aussi fortement qu'on pourrait le croire sur les genres de vie. La jurisprudence du Conseil d'État français considère le salin comme une exploitation agricole. Cela est justifié par les marais salants atlantiques. Le paludier est un paysan qui joint l'exploitation de la saline à celle de ses champs; il intercale la mise en état des digues et des œillets entre les travaux de printemps, récolte le sel entre la moisson et la vendange. Les salines sont extrêmement morcelées; en moyenne, l'exploitation ne dépasse pas 2 ha, et ne produit que 25 tonnes par an. Dans le Midi, où les salins, très commercialisés, appartiennent à de puissantes sociétés, la main-d'œuvre est, encore pour une part, d'origine agricole.

Même l'industrie saunière lorraine conserve la marque rurale. Les ouvriers des nombreuses petites entreprises sont aussi des cultivateurs. Même les milliers d'habitants des cités aménagées par la Société Solvay à Dombasle demeurent liés à la campagne, d'où ils sont issus. Ils consacrent aux travaux des champs la fin de leurs journées. Peu d'industries sont aussi traditionnelles que le travail du sel.

Du fait de l'universalité des usages élémentaires du sel, des formes surannées de production et de trafic sont maintenues. Sans doute, le lessivage du sel ne fournit plus guère de sel à l'Africain de la zone chaude et humide; mais celui-ci continue à demander le sel de Taoudeni aux « azalai » soudanaises. Tous les ans, les habitants du Népal troquent leur riz contre le sel que des caravanes de chèvres et de moutons apportent du Tibet par des cols élevés de 5 000 mètres. Les Andes voient passer des convois analogues.

Le Moyen âge avait vu décliner l'extraction du sel des tourbes et des eaux peu salées des mers du Nord de l'Europe, au temps (XIVe siècle) où la Hanse organisa les « flottes du sel de la Baie » de Bourgneuf, puis s'approvisionna à Setubal et à Ibiza. Mais actuellement, les vieilles salines atlantiques françaises apparaissent, à leur tour, comme des anachronismes. Un individualisme anarchique voue les paludiers guérandais à la ruine, s'ils n'y prennent garde.

LES MARCHÉS CONTEMPORAINS

L'équipement rationnel des grandes salines, la mise en valeur des énormes réserves de sel gemme de pays jusque-là acheteurs ont, pratiquement, supprimé les grands trafics du sel. Comme un souvenir du passé, Ibiza et Formentera continuent à exporter, bon an, mal an, quelque 80 à 90 000 tonnes vers les pays scandinaves. Le Japon, dont les pêcheries et l'industrie chimique sont privées de ressources nationales et des importations de Mandchourie et de Chine, fait venir du sel espagnol ou tunisien, mais il engloutit en frais de transport les deux tiers du prix de la marchandise. Autrement, dans le monde, les transports de sel sont restreints, car la denrée n'en vaut pas les frais. Le commerce s'en fait à l'échelon intérieur principalement et les industries chimiques, dont les exigences sont volumineuses, s'installent, naturellement, sur les lieux mêmes de production et, souvent, s'en rendent propriétaires.

D'ailleurs le sel naturel a vu récemment surgir un concurrent redoutable, le sel fabriqué à partir de la potasse. La nouvelle production, en Alsace par exemple, introduit un facteur nouveau sur le marché français.

Les besoins mondiaux en sel étaient estimés, en 1960, à environ 60 millions de tonnes par an. La production de l'Amérique du Nord est de loin au premier rang : les États-Unis, où le sel abonde partout, l'emportent avec plus de 23 millions de tonnes de sel dont 6 de sel gemme; le Canada progresse, grâce à la découverte récente de puissants gisements en Nouvelle-Écosse, et près du lac Ontario; il fournit actuellement 3 millions de tonnes. Parmi les pays de l'Amérique latine, Mexique, Colombie, Argentine, Pérou tendent à développer une production fondée sur des salines de mer antérieures à la venue des Européens; le Brésil est en passe de devenir un producteur important (près d'un million de tonnes) et traite lui-même la soude (Araruama).

La production de l'U.R.S.S. et celle de la Chine continentale atteignent respectivement 6,7 et 11 millions de tonnes. La seconde exploite depuis des millénaires les inépuisables réserves des salines marines et lacustres de Mandchourie, du Chan-si, du Sin-Kiang, du cours inférieur des fleuves, et des côtes du Sud-Est, sans parler des dix mille puits du Sseu-tchouan. Quant à la première, on la dit dotée, par ses gisements déjà anciens du Kara Bougaz, de Solikamsk, et ceux, plus récents, du Kazakhstan et de l'Ouzbekistan, des plus fortes réserves du monde.

Pour l'Asie et l'Afrique, l'Inde compte de façon notable dans les statistiques mondiales, avec plus de 3 millions de tonnes. L'Égypte, productrice d'environ 600 000 tonnes, est capable d'un certain trafic, mais les autres pays méditerranéens et africains ont à leur portée des disponibilités. Un pays d'élevage comme l'Éthiopie trouve en Somalie française et en Érythrée des approvisionnements importants. L'Afrique du Nord a des possibilités considérables.

La production européenne constitue un ensemble puissant, tant par son volume que par les industries chimiques qu'elle approvisionne. Mais elle est un champ de concurrences. Au premier rang, le Royaume-Uni dispose de près de 6 millions de tonnes, grâce aux gisements de Durham, du Cheshire et du Staffordshire. Les Républiques populaires produisent ensemble 5 millions de tonnes; la Pologne, grâce aux gisements de Wieliczka et de Bochnia, et la Roumanie, grâce à la Transylvanie, s'attribuent respectivement près de 2 millions et un million de tonnes. Relativement à sa superficie, l'Autriche fait figure de producteur notable (environ 325 000 tonnes), elle dispose du Salzkammergut et du Tyrol. La Suisse a un beau gisement à Bex (149 000 tonnes). Au Sud-Ouest, l'Espagne est un gros fournisseur, avec 1 400 000 tonnes, provenant surtout des salines levantines (Ibiza, Mata) et andalouses; le Portugal (Setubal) produit 215 000 tonnes.

Les six États européens constituant le Marché commun jouent un rôle important dans l'activité salinière. Leur production atteint près de 10 millions de tonnes. L'Allemagne possède des gisements d'une qualité supérieure à Halle, Halstein, à Aussee et à Borth l'installation la plus moderne de l'Europe de l'Ouest; avec un volume de près de 4 millions de tonnes (dont 3 630 000 de sel gemme), elle a produit, en 1960, 40 % de la production des pays du marché commun. L'Italie, bien dotée de tout temps en salines de mer, en a donné 20 % (1 962 000 tonnes), et les Pays-Bas récemment inscrits parmi les producteurs grâce à la découverte d'un beau gisement à Hengelo : 11 % (près de 1 million de tonnes). Quant à la France, elle s'octroie 40 % du sel de l'Europe des Six (3 926 000); sa production est fournie à raison de 50 % par les mines, 28 % par les marais salants (presque exclusivement du Midi) et 22 % par le raffinage; l'industrie emploie environ 58 % de cette production.

Des historiens du sel ont parlé du règne de « l'or blanc », comme on parle de celui de « l'or noir ». Sans doute, le sel n'est plus un produit clef, objet de compétition entre les États. Pourtant ce renouvellement de son rôle, grâce à l'industrie chimique, montre que l'esprit inventif de l'homme peut, à sa volonté et selon les besoins, renverser les courants apparemment irréversibles de l'économie.

PRINCIPAUX PAYS PRODUCTEURS DE SEL

(SEL GEMME ET SEL MARIN)

(en millions de tonnes)

PAYS	1948	1953	1960
États-Unis	14,881	18,859	23,114
Chine		3,569	11,040
U.R.S.S.		5,700	6,700
Grande-Bretagne	3,849	4,122	5,861
Allemagne Occidentale		2,874	3,969
France	2,644	2,636	3,926
Inde	2,301	3,215	3,436
Canada	0,672	866	2,909
Italie	1,611	1,617	1,962
Pologne		1,192	1,946
Allemagne Orientale			1,785
Espagne	0,990	1,470	1,391
Japon	0,293	0,455	1,170
Pays-Bas	0,249	0,457	0,986
Roumanie	0,352	0,527	0,840

BIBLIOGRAPHIE

Il n'existe aucun travail d'ensemble sur la géographie du sel et sur son rôle en Histoire économique. C'est à l'étude de ces problèmes qu'est destinée l'enquête dont le plan a été publié en 1956 dans « La Revue du Nord ». Il faut glaner l'information de tous côtés. On notera par exemple :

Annuaire statistique des Nations Unies, n° 60, 1958.

Publications de la documentation française :

Numéros 1916 et 1917 (U.S.A.), 2070 et 2445 (Chine), 2005 et 2411 (Amérique latine), 1833 (Afrique occidentale), 2217 (Tunisie), 2167 (Autriche).

P. Baud, *Les industries chimiques de la France,* Paris, 1930.

M. Cépède et M. Lengellé, *Économie alimentaire du globe,* Paris, 1953.

1450

P. GOUROU, l'*Asie,* Paris, 1953.
J. STOCKER, *Le sel,* Paris, 1949, nº 339.
H. VERHILLE, *Rapports annuels au Comité des Salines de France et d'Outre-Mer,* Paris, depuis 1954 (ronéot.).

VIII

SEL ET SOCIÉTÉ DISCRIMINATIONS ET CONTRADICTIONS

Pour tous les hommes le sel est biologiquement indispensable. Au temps où il constituait le principal procédé de conservation des aliments, il était particulièrement nécessaire à tous. Exploitable partout, dans les mines, les sources et les marais salants, il est cependant inégalement réparti dans l'espace et les besoins des uns déterminent un appel aux ressources des autres. La nécessité universelle fournit ainsi aux uns l'occasion de spéculer sur les besoins des autres; tandis que la fiscalité trouva, de bonne heure, une possibilité de frapper les consommateurs. L'égalité du besoin n'eut donc sa réplique à aucun niveau de la production, du commerce, de la fiscalité et de la consommation. Ainsi se retrouve le trait d'ambiguïté qui caractérise l'histoire du sel (1).

Amphibie quand on la pratique sur les rivages marins, l'exploitation du sel reste considérée comme une branche de l'agriculture. Denrée commune et de vil prix à la production, de surcroît essentiellement fongible, le sel s'est haussé au rang d'instrument de la fiscalité et d'élément de concurrence politique entre Etats. Comme le travail, sort commun des hommes, le sel, qui leur est nécessaire, est devenu, entre eux source de discrimination sociale: impôt oppressif pour les uns, occasion de profit pour les autres. Etrange destinée! Si l'on va plus loin, c'est à dire, inversement, plus haut et plus bas, le sel signifie la consécration du

---

(1) M. Mollat et collaborateurs, *Le Rôle du sel dans l'Histoire,* Public. Sorbonne, Paris 1968 (avec bibliographie); Id., *Géographie du sel,* dans *Géographie générale* (« Encyclopédie de la Pléiade »), Paris 1966, pp. 1439-1450.

baptisé, mais il est suspect au sorcier et redouté du Diable. Le « sel de la terre » n'est-il pas un signe de contradiction?

Les aspects sociaux du rôle du sel ont moins retenu l'attention des historiens et des géographes que ses aspects économiques. Certes, les indications abondent dans les études régionales et, pour l'Adriatique, c'est-à-dire pour Cervia, Comacchio et surtout Venise, on dispose déjà et on aura bientôt d'excellents travaux (2). Les aperçus d'ensemble, malheureusement, sont rares. Nous disposons de quelques pages, brèves mais suggestives, de Jacques Le Goff, à propos du sel dans les relations internationales (3). Aussi, est-il évident que nous ne saurions faire autre chose, en peu d'instants, que de grouper les éléments, principaux à nos yeux, d'une synthèse toujours espérée. Les comparaisons doivent être faites dans le temps et dans l'espace. Nous nous bornerons à retenir des données comparables. Nous nous en tiendrons au Moyen Age, c'est-à-dire jusqu'au XVIe siècle; néanmoins, nous considérerons l'ensemble, assez divers, de l'Europe.

Pour encadrer nos observations, nous utiliserons la chronologie résultant des recherches antérieurement faites; ce cadre est commode, même si sa schématisation appelle des nuances. Avec un certain nombre d'historiens, nous discernerons trois phases dans l'évolution conjoncturelle du rôle du sel dans l'histoire. D'abord, l'exploitation s'est effectuée dans le cadre traditionnel du domaine foncier; dans la seconde phase dite politique, le sel, objet d'imposition fiscale et de monopole entre les mains de la puissance publique, devint l'enjeu des rivalités entre les princes et entre les villes; enfin, le sel constitua un élément important du grand commerce et c'est la phase économique. Sans doute, les phases s'interpénétrent et sont parfois en décalage l'une par rapport à l'autre, selon les inégalités régionales du développement écono-

---

(2) A. Torre, *Oggetto delle relazioni fra Ravenna e Venezia nel medio evo,* dans *Miscellanea in onore di Roberto Cessi,* I, Roma 1958. Le mémoire dactyl. de Dipl. d'Et. Sup. (Fac. Let., Lille 1959) de J. C. Hocquet sur *Le Sel à Venise de l'an Mil au début du XIVe s.* constitue l'amorce d'un travail plus important et qui renouvelera sur bien des points l'ouvrage de M. Memores, (*Die venezianischen Salinen der älteren Zeit,* etc., « Vierteljahrsch. für Sozial und Wirtschafstgesch. », XIII (1916), pp. 71-107). On peut déjà consulter de J. C. Hocquet, *Expansion, crises et déclin des salines dans la lagune de Venise au Moyen Age* dans le recueil intitulé *Mostra storica della Laguna Veneta,* Venezia 1970, pp. 87-99; V. Belleno, *Il territorio di Chioggia,* Chioggia 1873; L. Bellini, *Le saline dell'antico delta padano,* dans « Atti e Mem. Dep. Storia Patria Prov. Ferrara », XXIV (1962).

(3) J. Le Goff, *Le Sel dans les relations internationales au Moyen Age et à l'époque moderne,* dans *Le Rôle du sel,* cité, n. 1, pp. 135-247.

mique. Mais apparemment applicable à l'Europe entière, cette périodisation offre en chacune de ses phases des traits analogues sur le plan social comme sur le plan économique.

* * *

A l'époque domaniale, les aspects de la discrimination sociale dans l'exploitation ne présentent pas de différences essentielles avec les autres formes de la vie rurale. Ne nous y attardons pas. Du reste, nous avons eu l'occasion d'en traiter ailleurs précédemment (4). Le premier trait à retenir est la concentration de la possession des salines et de leurs ressources entre les mains de quelques grands seigneurs laïques et ecclésiastiques. L'évolution commencée dès le IXe siècle s'est poursuivie principalement jusqu'au XIIIe siècle, et elle fut générale. Il est inutile de procéder à une énumération, déjà faite en d'autres travaux; elle irait de l'Adriatique aux côtes portugaises et françaises de l'Atlantique pour remonter au Nord jusqu'en Angleterre et les rivages baltiques, et descendre vers le Sud à travers le continent européen en passant par les puits salés et les mines de sel de la Lorraine et de la Franche Comté d'une part, et par celles de Saxe, de Bavière, d'Autriche et de Pologne d'autre part. L'emprise monastique, par l'afflux des donations, legs et achats dont les cartulaires sont remplis, était particulièrement forte. A la possession directe des marais, mines et puits, s'ajoutait celle des dîmes ou de rentes en sel. La distance entre les salines et les abbayes bénéficiaires n'empêchait pas celles-ci, par exemple la Trinité de Vendôme éloignée de la côte poitevine, d'être des seigneuries du sel d'importance comparable à d'autres qui, comme Saint-Victor de Marseille, les exploitaient à proximité de leurs clochers. On en dirait autant des séculiers avec l'église de Dijon et celles de Brixen, de Torcello et de Ravenne. L'emprise laïque semble moins précoce pendant la première phase; mais elle est perceptible cependant au XIIe siècle, dans le sud de l'Europe, sur les terres, par exemple, des comtes de Provence et des rois espagnols, no-

---

(4) M. Mollat, *Aux Origines de la précocité économique et sociale de Venise: l'exploitation du sel,* dans *La Venezia del Mille,* Fond. Cini, Venezia 1965, pp. 183-203, étude comparative (avec bibliogr.). Nous nous permettons de renvoyer à la bibliographie de l'ouvrage collectif cité n. 1, en y ajoutant parmi les travaux postérieurs à ce volume, ceux de R. Favreau, *Le Commerce du sel en Poitou à la fin du Moyen Age,* dans « Bull. philolog. et hist. », I (1966), éd. Paris 1968, pp. 185-223; C. Bouhier, *Les Comptes du sel de Noirmoutier dans la première moitié du XVe siècle, Ibid.,* pp. 225-245.

tamment en Castille (à Talavera, Medinaceli, Atienza) au temps d'Alfonse VII (5).

La concentration ne s'explique pas seulement par la pieuse générosité des fidèles ou l'expansion naturelle des grands domaines. Seuls, les seigneurs disposaient des fonds nécessaires à la mise en état et à l'entretien de salines, dont les plus nombreuses, dans les marais côtiers, étaient à la merci des caprices climatiques.

La conséquence attestée par les documents, était, bien entendu, l'absorption des petites exploitations et la condition dépendante des sauniers. Le nombre de ceux-ci était important, à la fin du XIIe siècle, en face du petit nombre des rentiers du sel. Il faut définir la nature de cette dépendance, en déterminer les charges, apprécier la condition des hommes. La comparaison des observations locales est pleine d'enseignements. Les petits exploitants des salines monastiques de l'Atlantique étaient soumis à un agent abbatial, appelé en Saintonge prévôt des aires saunantes, et leur sort n'était guère différent de celui des vilains de l'intérieur (6). Dans les lagunes vénitiennes, où, selon l'usage des terres gagnées sur la nature, la réserve domaniale n'existait pas, la dépendance des sauniers, pour n'être pas juridiquement aussi stricte, ne l'était pas moins au point de vue économique; par le jeu des emprunts, du mort-gage et des exigences, déjà, du commerce, ils avaient dû aliéner leurs terres au profit des *majores*. En Castille et en Léon, au XIIe siècle, les *homines salis* travaillent pour le souverain, et nous les trouvons, au siècle suivant, plus nombreux encore au service de grands propriétaires dotés au cours de la reconquête: ce sont des « brassiers », journaliers pour un grand nombre. La tendance à la concentration continua au profit des seigneurs laïques et, bientôt des bourgeois. A la fin du XIIIe siècle, par exemple, le comte de Provence avait uni à son domaine tous les salins d'Hyères; ses officiers administraient, d'ailleurs avec soin, des tenanciers pourvus de parcelles de marais par un contrat de « facherie » (*facharia*); cette forme de contrat analogue à l'emphytéose et comportant une redevance en nature, était d'un usage courant sur les salins du roi de France et des autres

---

(5) J. DE ROMEFORT, *Le Sel en Provence du Xe au milieu du XIVe s.*, dans « Bull. philol. et hist. », 1958 (1959), pp. 169-180. R. PASTOR DE TEGNERI, *La sal en Castilla y Leon (siglos X-XIII)*, dans *Cuadernos de Historia de España*, Buenos Aires 1963, pp. 42-87.

(6) A. DROUIN, *Les Marais salants d'Aunis et de Saintonge*, « Rev. Saintonge et Aunis », XLV et XLVI (1936-40).

domini salis, comme aussi en Sardaigne. Telle était l'organisation du travail que Francesco Datini trouva sur les salins de Peccais lorsque, en 1368, il prit en charge l'écoulement du sel de Peccais. Aux tenanciers des salins s'ajoutait, en été, une main d'oeuvre saisonnière descendue de la montagne pour aider aux récoltes (7). Il en était à peu près de même sur les côtes atlantiques au XVe siècle. Les habitants de la côte poitevine, aux confins de la Bretagne, dans la célèbre «Baie» du trafic hanséate, étaient, au dire des textes, de « très pauvres gens vendant leur sel au jour le jour, ils étaient, semble-t-il, fort nombreux et les seigneurs ecclésiastiques et laïques retenaient, pense-t-on, jusqu'aux trois quarts des profits. Alors déjà, et plus encore au XVe siècle, les bourgeois de La Rochelle et surtout de Nantes commençaient à acquérir les salines (8).

On pourrait multiplier les exemples, mais concluons. Plus défavorisés que leurs frères des champs, les « laboureurs des marais » étaient astreints perpétuellement au curage des étiers, à la consolidation des chaussées sans cesse menacés par les intempérances de la pluie et de la mer, dans l'espoir incertain d'une récolte aléatoire et de maigre rapport; le sel, une fois tiré de la saline, ne leur profitait guère.

* * *

Dans le cadre limité de l'exploitation domaniale, le sel n'était pas appelé à être un facteur de discrimination sociale beaucoup plus actif que n'importe quelle denrée agricole. En revanche, son insertion dans le système fiscal des Etats à partir du XIIe siècle et les chances offertes, dès lors, aux spéculateurs concoururent à aggraver les différences sociales.

C'est la résurgence du monopole, peut-être d'ascendance antique, qui livra le sel aux spéculations. La simple taxation n'avait jamais cessé. Au milieu du XIIe siècle, le droit romain renaissant inscrivait les salines parmi les droits régaliens (*regalia*) auprès

---

(7) Voir plus haut n. 4. Chr. VILLAIN-GANDOSSI, *Comptes du sel du Francesco di Mario Datini pour sa compagnie d'Avignon (1376-79),* Paris 1969. Y. MALARTIC, *Le Commerce du sel d'Hyères (XIIIe-XVe s.)* dans *Le Rôle du sel,* ouvr. cité, n. 1, pp. 183-199.

(8) R. FAVREAU, *Le Commerce du sel en Poitou*, voir plus haut n. 4. E. TROCMÉ et M. DELAFOSSE, *Le Commerce rochelais de la fin du XVe s. au début du XVIIIe,* Paris 1952; M. DELAFOSSE et CL. LAVEAU, *Le Commerce du sel de Brouage aux XVIIe et XVIII e s.,* Paris 1960.

des mines et des rivages marins. Au même moment, le comte de Provence, avec l'autorisation impériale, instituait précocemment un système d'entrepôts (les salins) où tout le sel de ses états était vendu et taxé. Sans aller aussi loin, ni le faire aussi tôt, les rois de Castille, à partir du règne d'Alfonse VII, se réservèrent des rentes sur toutes les salines, mettant en pratique ce qu'Alfonse X formula ensuite, dans les *Partidas,* comme un droit souverain. Le monopole, alors, prenait corps, partout, dans les villes comme dans les royaumes. Charles d'Anjou l'organisa en 1259; Alfonse IX de Castille fit de même en 1338 et, à peu près en même temps Philippe VI institua la gabelle en France (9). Les cités italiennes, beaucoup plus tôt, avaient trouvé l'une des bases de leur autonomie dans le monopole du sel. Dans les derniers temps du XIIe siècle, Venise avait imposé son contrôle aux exploitants de Chioggia (1184) et Ravenne avait voulu faire de même à Cervia (1195). Le cas de Sienne est tout aussi clair: en acquérant, en 1203, le monopole du sel de Grosseto, la commune le concéda à une société de huit marchands, comptant un membre de la très riche famille des Buonsignori (10). La fiscalité du sel procurait à l'Etat, princier ou urbain, un expédient fructueux, capable de permettre à Charles d'Anjou la conquête de Naples et de procurer aux Etats continentaux une assiette financière comparable à celle fournie à l'Angleterre par la douane sur la laine. Mais l'Etat n'était pas l'unique bénéficiaire et l'on ne peut arguer que le monopole fut réellement destiné à protéger la consommation contre les accapareurs, dans la perspective du « bien commun ». Autant que l'Etat, sinon davantage, la fiscalité et le monopole du sel profitaient aux plus grands marchands.

Dans les circonstances de la fin du Moyen Age pouvait-il en être autrement Un produit indispensable et d'usage général devient inévitablement une proie de la fiscalité et une tentation pour la spéculation. D'autant plus que l'obligation d'acheter annuellement une quantité minimum de sel assurait un débouché étendu et certain; les villes italiennes assujettirent à leur mono-

---

(9) J. de Romefort, *L'Ancêtre de la gabelle. Le Monopole du sel de Charles d'Anjou,* dans « Rev. hist. droit francais et étranger », 1954, pp. 263-269. Pastor de Tegneri, ouvr. cité.

(10) J. Le Goff, *La Fiscalité du sel dans les finances des communes italiennes du Moyen Age,* dans le vol. de *Communications au XIe congrès Intern. sc. histor.*, Stockholm 1960, pp. 107-108. D. Bizarri, *Il monopolio del sale a Grosseto,* « Bull. Stor. Pat. », 1920, pp. 149-380.

pole tous les habitants de leur *contado;* à Sienne, à Florence, à Mantoue, une certaine quantité fut assignée à chaque citoyen; en France, ce fut le « sel de devoir », charge pesante pour les humbles.

Faute de moyens pour approvisionner eux-mêmes en sel les magasins de vente aux particuliers, Etats et villes firent appel à des intermédiaires, tout comme la Curie pontificale utilisa les marchands pour d'acheminement de son courrier et la collecte de ses fonds. La distance séparant les lieux de production des marchés de consommation, surtout entre les salines ensoleillées de l'Atlantique et de la Méditerranée et l' Europe du Nord — Angleterre, Pays-Bas, ports hanséatiques — élevait considérablement (jusqu'à 70%) les frets et imposait l'emploi de navires importants (11): le sel est un produit lourd et encombrant. Il est aussi de faible valeur et, jouant souvent le rôle de lest, constituait un fret commode et compensateur de déficit sur certains itinéraires, par exemple d'Ibiza à Gênes au retour de la Flandre (12). Paradoxalement le trafic de cette denrée vile exigeait des entreprises aux reines solides. Les aléas de la navigation, avec les dangers de la piraterie, le risque de la perte irrémédiable d'une cargaison mouillée ou naufragée, les incertitudes météorologiques surtout dans l'ouest atlantique, entraînaient l'irrégularité à court terme des prix. Dans les greniers à sel, les prix de vente étaient extrêmement variables, soumis qu'ils étaient à la double incidence des cours commerciaux et des exigences fiscales. Enfin, la nécessité imposée par les réglements (notamment en France), mais bien souvent enfreints, de laisser s'écouler deux ans entre la livraison du sel et sa vente, afin de le laisser sécher, augmentait les frais de magasinage et immobilisait les capitaux. A cela s'ajoutait l'obligation, inspirée par la prudence, de maintenir des stocks de sécurité. Tout concourait, en conséquence, à rendre indispensables les services des plus riches négociants, voire ceux des banquiers. Tout concourait, aussi, à aggraver l'écart entre la faible valeur du sel à l'achat en son prix élevé à la vente. Les frais intermédiaires étaient grands et il s'y ajoutait la surcharge fis-

---

(11) P. JEANNIN, *Le Marché du sel marin dans l'Europe du Nord du XIVe au XVIIIe s.,* dans *Le Rôle du Sel.,* cité, n. 1, pp. 73-97.

(12) J. HEERS, *Gênes au XVe s.,* Paris 1961; *Le Commerce du sel en Méditerranée occidentale au Moyen Age,* dans *Le Rôle du Sel,* cité, n. 1, pp 127-132.

cale et le « droit du marchand ». A l'écart des prix correspondait le contraste du profit des uns et de la charge des autres (13).

On peut être surpris, *a priori,* de l'activité durable des petits transporteurs, tant méditerranéens qu'atlantiques, catalans, amalfitains et bretons. Mais il faut tenir compte, notamment pour ces derniers, de la faible valeur de leurs modestes bateaux, ainsi que de la modicité de leurs salaires et du taux de leurs frets. Ils étaient d'ailleurs fortement concurencés par les gros navires génois, vénitiens, hanséates et néerlandais. En fait, ils louaient fréquemment leurs navires aux gros entrepreneurs. Les mêmes observations sont valables pour les transports fluviaux: le Pô, le Rhône, la Loire, la Seine étaient d'actives artères saunières; sans doute aussi les fleuves de la plaine allemande et polonaise. Les convois muletiers qui desservaient les arrière-pays de Nice, Gênes et Venise apellent des remarques analogues. Au contraste entre les humbles producteurs et les grands négociants s'ajoutait donc celui qui mettait les petits transporteurs au service des marchands (14). On devrait associer l'étude des petites entreprises de transport à celle de l'activité des grands marchands. Celle-ci, mieux dotée en archives a davantage retenu l'attention des historiens. Il est vrai qu'elle présente des cas représentatifs du précapitalisme commercial.

Une typologie sociale des bénéficiaires du trafic et de la fiscalité serait intéressante. Même l'esquisse, sur le plan international, n'est pas aisée. Les documents et les types abondent, mais les catégories sont mêlées et la diversité est extrême dans le temps et l'espace. Il convient de distinguer le cas des serviteurs de l'Etat rémunérés ou intéressés par les profits du sel; celui des marchands adonnés partiellement ou principalement à l'exploitation et au trafic du sel, ou y participant simplement par leurs capitaux; les cas individuels et collectifs, et à ce propos, il faudrait faire

---

(13) M. Mollat, *Le Commerce maritime normand à la fin du Moyen Age,* Paris 1952, p. 305 et suiv. Sur le fonctionnement de la fiscalité du sel, voir G. Dupont-Ferrier, *Etudes sur les institutions financières de la France à la fin du Moyen Age,* t. II, *Les Finances extraordinaires,* Paris 1932, pp. 97-129.

(14) H. Touchard, *Le Commerce maritime breton à la fin du Moyen Age,* Paris 1967, *passim.* R.H. Bautier, *La Marine d'Amalfi dans le trafic méditerranéen du XIVe s. A propos du transport du sel d'Amalfi,* dans « Bull. philol. et hist. », 1958 (1959), (1959), pp. 181-184, et *Le Sel de la Sardaigne et l'activité portuaire de Cagliari (1349-1413),* dans *Le Rôle du Sel,* cité, n. 1, pp. 203-225. F. Bergier, *Port de Nice, sel de Savoie et foires de Genève, un ambitieux projet de la seconde moitié du XVe s.,* dans « Le Moyen Age », *Volume jubilaire,* 1963, pp. 857-865.

certaines distinctions entre villes et campagnes, entre catégories sociales, et tenir compte des diversités régionales.

Parmi ces derniers cas, certains, ont fait l'objet d'études détaillées dont les conclusions mériteraient une comparaison. Il est évident, en particulier qu'en Italie la politique urbaine, à propos du sel fut, au Moyen Age un des instruments les plus efficaces de domination économique du *contado* dont les ruraux ne jouissaient pas des privilèges des citadins (15). En France, la diversité classique des régimes de la gabelle (pays de grande et petite gabelle, pays de quart du sel, pays rédimés) créa des inégalités certaines dont la preuve la plus évidente fut la prolifération de la catégorie sociale marginale des faux-sauniers. Certaines régions étaient mal préparées à saisir les chances offertes par le sel: exception faite des Nantais, très peu de Bretons, de Poitevins ou d'Angevins s'y enrichirent; l'impulsion vint de l'extérieur (16). En revanche, tel exploitant des salines de Franche Comté put s'élever jusqu'aux conseils du duc de Bourgogne, ainsi Odot Molain, Jean Druet, pour qui le monopole du sel fut le chemin le plus rapide vers la fortune (17).

Ces gens accèdent à la noblesse terrienne grâce aux profits du sel. En d'autres lieux ou en d'autres circonstances ces profits sont réservés à l'aristocratie. Ainsi en Pologne, les exemptions du monopole royal du sel furent, à partir du XVe siècle, un des privilèges distinctifs de la noblesse (18). N'oublions pas enfin, les avantages accordés fréquemment aux villes pour leur approvisionnement en sel, notamment dans les *fueros* espagnoles et, en France, dans les privilèges de « franc-saler » et la faculté de fournir librement leurs greniers. En matière de fiscalité sur le sel, l'inégalité semble plus grave qu'en tout autre domaine.

En tout état de cause, ce sont bien les marchands individuellement ou en société, qui ont bénéficié au maximum des profits du sel. Après la compagnie des Buonsignori à Sienne au début du XIIe siècle, les exemples sont légion, dans tous les pays. Il serait vain de tenter une énumération. Nous suggérerions seu-

(15) J. Le Goff, art. cité plus haut n. 10, et dans *Le Rôle du Sel,* cité, n. 1, p. 316, n. 45.

(16) H. Touchard, ouvr. cité. R. Favreau, art. cité, n. 4.

(17) J. Bartier, *Légistes et gens de finance; les conseillers des ducs de Bourgogne Philippe le Bon et Charles le Téméraire,* Bruxelles 1955-57.

(18) J. Le Goff dans *Le Rôle du sel,* cité, p. 237, à propos des salines de Wielicka. M. Malowist, exposé donné en séminaire à la Fac. des Lettres de Lille en 1959.

lement que l'on analyse parallélement et contradictoirement le part du sel dans les activités et les profits des marchands. Pour quelques uns, les moindres sans doute, elle fut une activité principale, base de la carrière plus brillante de leurs descendants, par exemple la bourgeoisie tourangelle de la génération antérieure à l'accession aux charges de la Cour (19). Il faudrait associer à cette catégorie la nombreuse cohorte des fonctionnaires du sel qui, partout, s'élève, non sans morgue et dureté, au dessus de la plèbe des assujettis à l'impôt.

Une catégorie moyenne de marchands du sel se composerait, semble-t-il, assez aisément de la plupart de ceux qui, dans tous les ports, de Venise jusqu'aux ports de la Hanse, possédaient une ou plusieurs parts de sel dans la cargaison composite de plusieurs bateaux. La même remarque concernerait les fleuves et l'on notera l'importance réelle des compagnies formées sur les deux rives, impériale et royale, du Rhône, entre Arles et Lyon, pour le « tirage » du sel jusqu'au centre de la France: telles familles comme les Baronnat, les Villars et les Duprat s'y sont enrichies. Le trafic du sel breton et poitevin a singulièrement contribué à l'éveil des Parisiens au commerce maritime. Dès le début du XVe siècle, les armements d'un Gilles de Clamecy à Rouen préludait à ceux de ses successeurs du siècle suivant, capables d'en affréter entre dix et vingt d'un seul coup (20).

Enfin, voici les plus grands. Pour eux, le sel ne fut qu'un élément, sinon un appoint, sans qu'ils le négligeassent. Il n'y a pas de petits profits et l'on ne dédaigne aucune occasion. Mais on s'aventurait rarement seul et le système de la « société » fut constant. La condition du succès était de contrôler tout le circuit du sel, depuis la saline jusqu'au lieu de vente. Le système n'était-il pas assez au point, du moins en France, à la fin du XIVe siècle, pour qu'un homme avisé comme Francesco Datini, après une dizaine d'années de trafic du sel de Peccais, se plaigne d'y avoir trop longtemps immobilisé 5.000 florins et déclare vouloir « en fi-

---

(19) B. Chevalier, *La Ville de Tours et la société tourangelle à la fin du Moyen Age (1356-1520),* thèse Doct. Let., Paris-Sorbonne 1972, dactyl.

(20) M. Mollat, *Les Spéculations de Jacques Coeur sur le sel du Languedoc,* dans « Bull. philol. et hist. », 1958 (1959), pp. 195-210. R. Fédou, *Les Hommes de loi lyonnais à la fin du Moyen Age, passim,* Lyon 1964. J. Billioud, *Le Sel du Rhône. La ferme du tirage de l'Empire au XVIe s.,* dans « Bull. philol. et hist. », 1958 (1959), pp. 211-226. A. Lesort, *Gilles de Clamecy, bourgeois de Paris et de Rouen, négociant et armateur à la fin du XIVe siècle et au début du XVe,* dans « Bull. philol. et hist. », 1958 (1959), pp. 227-237. P. Moulinier, *Le « Sel du Rhône » au Moyen Age,* thèse Ecole Chartes, Paris 1960, 2 vol. dactyl.

nir avec ce sel ». Le tirage du sel par le Rhône était cependant attrayant même pour des compatriotes de Datini, puisqu'Albizzo d'Albano l'afferma, sur les deux rives, de compte à demi avec un Milanais. De son côté, Jacques Coeur s'associa avec des Lyonnais pour le trafic rhodanien du sel, en même temps qu'il s'intéressait aux greniers des pays de la Loire et contrôlait la production du sel languedocien avec le titre de Visiteur Général des Gabelles. En Méditerranée occidentale (nous laisserons à J. C. Hocquet le soin de parler de Venise), le trafic génois du sel à Hyères, en Sardaigne et à Iviça présentait des structures de type pré-capitaliste, qui firent la puissance d'un Gaspare Lercaro: accaparement de la production, prépondérance dans l'armement naval, monopole de la distribution, notamment en direction de Milan (21).

A partir de la deuxième partie du XVe siècle des sociétés marchandes puissantes parviennent à dominer le marché. En France, autour de Jean Moreau, se groupaient déjà divers intérêt. Sous François Ier la puissance des « grosses bourses » du sel, enrichies aux dépens de l'Etat comme à ceux des contribuables, était devenue telle qu'on s'avisa de la réfréner: en vain, naturellement, et l'on n'est pas surpris de voir, quelques décennies plus tard, un consortium dit « le Grand Parti du Sel », mené par trois marchands, monopoliser tout le trafic (22).

Ce genre de fortune est à l'échelon européen. Dans la foulée des spéculations génoises, nous voyons les salines de la Mata, en Espagne, sous le contrôle de Santangel, bailleur de fonds de Christophe Colomb. D'autres hommes d'affaires, à Anvers et dans l'Empire, tirent du sel une partie notable de leurs profits; un Joachim Grieber afferme, en 1557, tout le trafic du sel en Brandebourg. Le sel polonais est pratiquement aux mains des Florentins établis à Cracovie depuis qu'au XVe siècle Pietro di Caranni en a affermé les mines, et que les Ricci lui ont succédé. A quoi, pour parfaire le tableau, il faut ajouter en Russie mention des Stroganov, maîtres dès le XVIe siècle de la majeure partie des sauneries de Solikamsk et possesseurs d'une richesse énorme (23).

---

(21) Chr. VILLAIN-GANDOSSI, ouvr. cité, p. 93. M. MOLLAT, *Les Spéculations de J. Coeur sur le sel*, art. cité; J. HEERS, ouvr. cité; Y. MALARTIC, art. cité. C. MANCA, *Aspetti dell'espansione economica catalano-aragonese nel mediterraneo occidentale: il commercio internazionale del sale* (bibliogr.), Milano 1965.

(22) M. MOLLAT, *Commerce maritime normand*, cité, pp. 308-313. H. LAPEYRE, *Une Famille de marchands: les Ruiz*, Paris 1955, pp. 550-563.

(23) F. BOURDREZ, *Notes sur le sel dans le « Levant » espagnol au Moyen Age*, Mém. Dipl. Et. Sup. Fac. Let., Lille 1959 (dactyl.). P. JEANNIN, art. cité, voir p. 86.

* * *

Rationnellement exploité, le sel classait hors pair quelques fortunes et élevait au dessus de la foule ceux qui pouvaient et savaient saisir la chance. Il resterait à considérer les rapports entre les favoris et les victimes du sel. Quelques points nous paraissent dignes d'attention. Il faut analyser la condition des petits et moyens métiers du sel: sauniers (laboureurs, pileurs, amonceleurs, chargeurs, déchargeurs, peseurs, commis des magasins de vente. Les notations recueillies sur les « fâchiers » des pays méditerranéens, les sauniers de l'Atlantique, les ouvriers des salines comtoises, allemandes, polonaises et russes sont fragmentaires mais révèlent une condition précaire. Une grosse question aussi serait d'exploiter comparativement ce qu'on sait des inégalités d'imposition pour déterminer leurs effets sociaux. L'aproche faite ici et là, notamment pour Florence, est encourageante (24).

Les réactions perceptibles sont d'abord les plaintes, ensuite les révoltes. La littérature se fit parfois l'écho des premières. On connait un poème provençal du XIIIe siècle en langue occitane exprimant le mécontentement contre la fiscalité du sel. J. Le Goff a posé la question d'une liaison possible entre les idées joachimistes d'Ugo de Digne et le monde de la saunerie. Au XVe siècle, Villon villipende les spéculateurs; une complainte du temps de Louis XI demande si les pauvres gens ne seront pas contraints d'assaisonner leurs légumes avec le sel de leurs larmes. Un inventaire des doléances serait instructif (25).

Les réactions concrètes ont été diverses. La fuite d'abord devant l'impôt, par exemple l'émigration des sauniers poitevins vers la Bretagne dès la fin du XIVe siècle (26). Ensuite, la fraude,

---

Ph. Dollinger, *La Hanse XIIe-XVIIe s.,* Paris 1963. R. Portal, *A Propos du sel,* dans « Revue historique », 1958, pp. 325-326, à propos d'un ouvrage N.V. Ustjugov sur ue sel de Solikamsk.

(24) Sur les petits métiers du sel, cf. les ouvrages et articles dejà cités de E. Baratier (pp. 149, 158, 167), Y. Malartic (p. 187), Chr. Villain-Gandossi (pp. 176-178), R. Favreau (*passim*). Les contrastes entre les salaires des ouvriers du sel et les revenus des possesseurs de salines apparaissent chez H. Dubois, *L'Activité de la saunerie de Salins aux XVe s. d'après le compte de 1459,* dans « Le Moyen Age », 1964, pp. 419-471. Le cas de Florence est étudié par Ch. De la Roncière, *Indirect Taxes or « Gabelles » at Florence in the 14th Century,* dans *Florentine Studies,* éd. par. N. Rubinstein, London 1948, pp. 158-161.

(25) J. de Romefort, art. cité, p. 177. J. Le Goff, *Orientations de recherches sur la production et le commerce du sel en Méditerranée au Moyen Age,* dans « Bull. philol. et hist. », 1958 (1959), pp. 155-168 (voir p. 168).

(26) R. Favreau, art. cité.

et nous ouvririons le gros chapitre du faux-saunage, à suivre jusqu'à la fin de l'Ancien Régime. Enfin la révolte: c'est un lieu commun que de rappeler le rôle de la fiscalité du sel dans les commotions populaires de la fin du Moyen Age, les exemples en seraient multiples. Bornons-nous. Dès le début du XIIIe siècle, une rébellion contre l'abbaye de Saint-Victor de Marseille fut peut-être motivée par les problèmes du sel (27). Le monopole provençal suscita des agitations fréquentes du XIIIe au XVe siècle. En Italie, les épisodes furent nombreux; l'un des plus célèbres concerne Sienne où, en 1357, le taux du « sel de devoir » fut alternativement abaissé puis relevé par les factions populaire et aristocratique en conflit (28). En France au XVe siècle, le mécontentement accompagnait le développement de la fiscalité et de la spéculation. Manifeste occasionnellement à Reims lors de l'adjudication des fermes de la gabelle sous Louis XI, latent en Normandie, il était endémique, parfois explosif, dans les populations pauvres du Bas-Poitou, dont R. Favreau a tracé un tableau fort précis: rébellion en 1383-84 et en 1435-40, troubles vers 1450, révolte ouverte en 1480 dirigée à Beauvoir-sur-mer par un frère bernardin. Un mémoire sévère adressé au roi en 1451 par la ville de Poitiers trace un noir tableau de la misère des population saunières. Faut-il s'étonner si la révolte, en 1548, gagna la Saintonge (29)?

* * *

On conviendra, sans doute, que la production, le commerce et la fiscalité du sel n'ont pas, seuls, fondé de grandes fortunes. On admettra, cependant qu'ils en furent, partout, des composantes notables. Mais il faut aussi reconnaître que le sel, produit humble et denrée des petits, est encore davantage un compagnon du pauvre. Nécessaire à l'un et profitable à l'autre, il a été longtemps, entre riche et aisé, pauvre et indigent, à la fois une source et un signe de discrimination.

---

(27) B. Guérard, *Cartulaire de Saint Victor de Marseille,* Paris 1857.
(28) J. Le Goff et Bizarri, réf. cit. plus haut n. 10.
(29) R. Fabreau, art. cité, pp. 195-196. A. Leguai, *Emeutes et trolbles d'origine fiscale pendant le règne de Louis XI,* dans « Le Moyen Age », 1967, pp. 447-487.

IX

UNE ORDONNANCE DE FRANÇOIS IER SUR LA GABELLE

1515

La déclaration royale ou ordonnance, apparemment inédite, que nous publions ci-après, se trouve sous la forme d'un vidimus dans les registres de la Cour des Aides de Rouen. C'est pourtant un acte applicable dans toute l'étendue du royaume. Mais sa promulgation à Rouen s'explique particulièrement par l'importance du trafic du sel en cette ville. Rouen était le centre principal de l'importation et de la redistribution du sel de l'Atlantique en Normandie et dans la région de Paris. A l'égard du reste de la Normandie, le trafic salin de Rouen jouissait d'un véritable privilège, puisque les taxes y étaient moins onéreuses de près de 50 %. En outre, l'importance même du commerce du sel est prouvée par l'existence de deux greniers à sel dans la capitale du duché.

Le régime commercial et fiscal auquel l'ordonnance devait apporter réforme résultait d'une situation fluctuante depuis le milieu du xve siècle, c'est-à-dire depuis la libération de la Normandie par Charles VII. Pendant plus d'un demi-siècle, l'autorité royale avait, en matière de gabelle, pratiqué une politique alternant entre la liberté et le monopole de l'approvisionnement des greniers.

Certaines villes, Rouen en particulier dès le lendemain de sa libération, avait reçu le privilège d'approvisionner elles-mêmes leurs greniers; Louis XI, en 1466, et Charles VIII, en 1490, l'avaient renouvelé. Toutefois, le public se plaignait de l'irrégularité de l'approvisionnement; faute de stock de sécurité, cependant prévu par les règlements, le sel était mis en vente à peine déchargé et encore tout humide. Or, il était prescrit qu'un délai de deux ans s'écoulait entre l'emmagasinage et la vente. L'inapplication des règlements entraînait des pertes de marchandises et surtout des spéculations sur le poids de la denrée. Outre cela, favoritisme et passe-droits s'exerçaient contrairement à l'usage de la vente « à tour de papier », au profit de quelques groupements d'intérêts bien décidés, on va le voir, à conserver leurs avantages.

En effet, la suppression du privilège accordé aux villes profita aux syndicats de marchands plus qu'à l'administration de la Gabelle et surtout qu'au public. En 1500, Louis XII enleva la fourniture des greniers aux villes, en échange d'un octroi de 100 sols tournois par muid de sel. C'est alors que la liberté d'approvisionnement des greniers produisit ses effets en faveur de quelques sociétés. Déjà, sous Louis XI, un Tourangeau, Jean Moreau, avait réussi à contrôler une partie des greniers des pays de Languedoïl. Les circonstances nouvelles jouèrent encore mieux au bénéfice de ses émules. Il fallait, en effet, des capitaux assez importants pour se livrer au grand trafic du sel : les frais de transport, les risques de perte imposaient de gros découverts. Mais le jeu en valait la chandelle, parce que l'écart entre le bas prix d'achat à la production et les cours relativement élevés de la vente ouvrait une marge de bénéfice éventuel assez attirante La spéculation était facilitée par les possibilités d'entente amiable entre les marchands et les généraux des finances pour la fixation des prix.

Les inconvénients du système pratiqué depuis une quinzaine d'années devenaient sérieux en 1515. Une situation inverse de celle naguère connue faisait que les abus des compagnies et des « grosses bourses » avaient accumulé des stocks considérables; le marché se trouvait bloqué. Les petits marchands n'étaient pas seuls lésés. Les gros eux-mêmes n'y trouvaient plus leur compte, par suite de l'immobilisation prolongée de leurs capitaux; il est vrai qu'ils avaient un moyen de se procurer une compensation, sorte d'intérêt, par l'élévation du prix de vente. Mais, alors, en ce cas, de nouveau, c'était le contribuable assujetti à la gabelle qui payait les frais.

On pourrait citer plusieurs de ces compagnies auxquelles fait allusion l'ordonnance en question. Elles groupaient notamment les membres des familles marchandes les plus riches de Rouen, mais à eux s'associaient volontiers des Parisiens, des bourgeois de Troyes, voire des citadins des villes de la vallée de la Loire.

La déclaration royale de 1515 visait à interdire les « grosses bourses » et à suspendre l'approvisionnement des greniers jusqu'à l'écoulement des stocks ou du moins jusqu'à leur diminution. En fait, mais cela constitue un autre problème, la nouvelle réglementation se révéla aussi impuissante que l'ancienne à garantir un approvisionnement régulier des greniers, à maintenir des prix de vente raisonnables; elle ne mit pas davantage un terme aux spéculations abusives [1].

1515, 20 juillet. — Lyon.

François Ier, pour mettre ordre aux abus nés des pratiques en usage pour l'approvisionnement des greniers à sel du royaume, interdit les sociétés, dites « grosses bourses », qui s'y livraient; il suspend, jusqu'à nouvel ordre, toute nouvelle livraison aux greniers, afin d'assurer l'écoulement des stocks.

Vidimus des Généraux, enregistré par la Cour des Aides de Rouen : Archives départementales de la Seine-Maritime, série B, Fonds de la Cour des Aides, registre 1514-1515, fol. 359 v°-361.

Du jeudi neusviesme jour d'aoust mil cinq cent quinze.

Coppie. Françoys, par la grace de Dieu Roy de France, a tous ceulx qui ces presentes lettres verront, salut. Comme nous ayons esté adverty que ja pieça feuz nos predecesseurs les Roys Charles septiesme, Loys unziesme et Charles VIIIe, que Dieu absolle, avoient donné et baillé aux villes, cités et comtés de ce Royaulme le droit et faculté de fournir les grenetiers et chambres a sel es lieux ou ilz y a grenetiers establis, pour le prouffict yssant dudict fournissement employer es fortificacions et reparacions d'icelles villes, a la charge de tenir lesdits greniers fourniz de sel bien et convenablement pour deux annees, selon les ordonnances sur ce faictes, laquelle forme a esté continuee jusquez en l'an mil cinq cens que feu nostre tres cher seigneur et beaupere le Roy Loyz douxiesme derrainnement decedé, que Dieu absolle, auquel l'on donna a entendre que ceulx desdites villes et autres qui avoient d'eulx ledit droit de fournir, fournissoient si tres mal lesdits greniers que souvent il n'y avoit point de sel en iceulx et convenoit vendre ledit sel ainsi qu'il venoit de la mer tout moicte et sans estre esgouté, dont souvent advenoit que les chars et lardz qui en estoient sallez estoient gastees et perdeues, et aussi que ceulx qui avoient ledit droit de fournir lesdits greniers obtenoient grens et excessifz prix a l'occasion de ce que le scel (*sic*) qui venoient esdits greniers estoit vendu et revendu de main en main, et selon le derrain achat l'on obtenoit le prix qui tournoit a la charge de la chose publique; pour laquelle cause il revocqua tous lesdits droitz et faculté de fournir que lesdites villes avoient, voullans

(1) Sur l'ensemble de la question, consulter : Dupont-Ferrier, *Études sur le institutions financières de la France au Moyen Âge*, 2 vol., Paris, 1930-1932; M Mollat, *Le commerce maritime normand à la fin du Moyen-Âge*, Paris, 1952, p 304-313 ; R. Gandilhon, *Politique économique de Louis XI*, Paris, 1941, chap. 10

que tous marchans et autrez qui vouldroient mectre sel esdits greniers feussent receuz et y en pensserent mectre pour illec estre vendu a tour de pappier et au rabaiz. Et des lors, octroya aux habitans des cités, pour les recompenser dudit droit de fournissement, la somme de cent solz tournois pour muy, et a ceulx des villes quatre livres tournois. Laquelle revocacion et ordonnance, ainsi faicte par feu nostre dict seigneur et beaupere le Roy Loys, comme dit est, a esté obtenue et observee, et est encores a present.

Et combien que la revocacion de fournissement que tenoient lesdites villes, et la faculté et permission generalle qui fut baillee, eust esté faicte pour bonne, juste et raisonnable cause et mesmement pour venir au rabaiz, touteffoys les grosses bourses et compaignies marchandes de ce royaulme avoient et ont prins quasi pour le jourd'uy tout le fournissement desdits greniers, en maniere que depuyz ladite revocacion ne se trouvera point ou bien peu que aucun sel ayt esté vendu ausdits greniers au rabaiz, selon l'intencion de ladite ordonnance, et pareillement ne se trouvera que le prix dudit sel soit plus bas ou moindre qu'il n'estoit quand lesdites villes avoient et qu'ilz emportoient leur dit droit; ainçoys se trouvera plutost haulst, parce que lesdits gros marchans faisans lesdits fournissemens sont si puissans qu'ilz tiennent lesdits greniers fournis pour cinq, six ou sept ou huyt ans. Et par ce moyen, les communs marchans n'y peuvent venir, pour ce que leur argent y sejourneroit plus de huyt ans et davantage; en obtenant leur prix, les generaulx des finances ont regard, comme il est de raison, au long sejour que leur argent font oudit sel et leur en donnant quelque chose davantage, dont lesdit sel est d'autant plus cher, qui vient à la charge du peuple.

La ou si lesdits greniers n'estoient fournis pour si long temps, lesdits communs marchans y pourroient mectre sel, qui seroit cause de tenir le train dudit rabbaiz. Et ont tant fait que, pour le present, comme sommes deuement acertenés, il n'y a sel en tous noz ditz greniers ou bien peu qui ne soient desdites grosses bourses, icelles personnes et associacions qui pourroient cy apres causer tres grant charté oudit sel.

Pour lesquelles causes et raisons peult apparoir que aucun prouffict n'est advenu de ladite revocation, maiz plutost charge a la charge (*sic*) publicque. A ceste cause, est besoing y donner provision. Savoir faisons que nous, lesdites raisons bien entendues et icelles debatues en nostre presence de plusieurs notables personnages et gens de nostre conseil, eue sur ce meure deliberacion, avons desclairé, voulu et ordonné, voullons, desclairons et ordonnons par ces presentes que pour rompre lesdites compaignies et associacions desdites grosses bources qui se sont faictes et sont aux fournissemens desdits greniers, avecquez leur intelligences, qui tournent grandement a la charge de nostre peuple, et affin que plus grant inconvenient n'en adviengne, que doresnavant, a commencer du jour et date de ces presentes, l'on ne recevra ne descendra aucun sel es greniers et chambres a sel de nostre dict royaume pour estre vendu en iceulx jusquez a ce que par nous autrement en soit ordonné, qui sera en bref, et ainsi que trouverons pour le bien de nous et de la choze publicque par conseil devoir estre fait.

Si donnons en mandement par ces mesmes presentes a nos amez et feaulx les generaulx tant sur le fait et gouvernement de noz finances que de la justice de nos aydes a Rouen, et a chacun d'eulx si comme a luy appartiendra, que ceste presente nostre declaracion ilz facent lyre, publier et enregistrer en leurs cours et auditoires, et les envoyent segnefier et assavoir a tous les grenetiers et contrerolleurs de nostre royaume, et icelles gardent et facent garder, observer et entretenir de point en point selon leur forme et teneur, en contraignant ou faisant contraindre a ce faire et souffrir tous ceulx qu'il appartiendra, et qui pour ce seront a contraindre, nonobstant opposicions ou appellacions quelconques, pour lesquelles ne voullons l'execucion de ces presentes estre differé (*sic*). Car tel est nostre plaisir, nonobstant l'ordonnance dernierement faicte par nostre dit feu seigneur et beaupere touchant la permission et faculté generalle a chacun de fournir lesdits greniers et autres quelzconques ordonnances et restrinctions a ce contraires. Et pour ce que de ces presentes on pourra avoir affaire en plusieurs et divers lieux, nous voullons que au vidimus d'icelles fait soubscel royal foy soit adjoustee comme a ce present original, auquel, en tesmoing de ce, nous avons fait mectre nostre scel a cesdites presentes. Donné à Lyon, le XXe jour de juillet l'an mil cinq cens et quinze, et de nostre regne le premier.

Et au reply desdites lectres : Par le Roy. Signé : de Neusville; ung paraffe.

[Suivent le vidimus des Généraux et une lettre de la Cour adressée aux grènetiers.]

X

LES HÔTES DE L'ABBAYE DE BOURBOURG

L'on sait quelle fut la vigoureuse originalité de la conquête du sol de la Flandre maritime depuis le XIe siècle (1), et pourtant les documents, inédits ou publiés, n'ont pas livré, semble-t-il, toute leur substance.

En Flandre, comme ailleurs, comtes et moines, grands artisans de la colonisation, ont confié à des « hôtes » la mise en valeur des terres gagnées sur les eaux. Mais le terme d'hôte peut être pris avec tant d'acceptions différentes, comporte tant d'interprétations diverses selon les époques, les régions et les formes d'activité, qu'il convient d'en définir, chaque fois, le sens. En Flandre maritime, l'ingratitude du labeur, la précarité de ses résultats, la solidarité et la ténacité qu'il exige de tous imposaient à la méthode d'exploitation et à la condition des hôtes des caractères particuliers.

Parmi les documents capables d'apporter quelques précisions sur l'organisation de la colonisation agraire en Flandre maritime, retenons-en un concernant les biens de l'Abbaye de Bourbourg. La pièce, dont on trouvera plus loin la teneur, se place en tête d'une compilation, faite entre 1250 et 1300, de textes déterminant les droits de l'Abbaye sur ses diverses possessions (2). Le document que nous analyserons, n'a pas la forme d'un acte diplomatique; c'est un résumé, semble-t-il, d'un accord modifiant la condition des hôtes de l'abbaye; on en aurait pour preuve, par exemple, un passage relatif aux dates d'échéance des rentes : *...ordinatum est ad presens...* Ajoutons que la référence à la situation antérieure se trouve accusée par le rappel, en ce document daté de 1254, des bienfaits du comte Robert; or cette allusion ne peut s'appliquer qu'à Robert II, dit de Jérusalem, qui régna de 1093 à 1111, et contribua, entre 1099 et 1103, à la fondation

(1) H. PIRENNE, *Hist. Belgique*, t. I, l. I, ch. IV; Fr.-L. GANSHOF, *La Flandre sous les premiers comtes*, Bruxelles, 1944, p. 58-59, 63-64.

(2) Bibl. Nat., ms. lat. 9.920, fol. 48-50 (Cartulaire de l'abbaye de Bourbourg). Bourbourg : Nord, arr. Dunkerque, ch.-l. de cant.

de l'abbaye, avec sa femme, la pieuse Clémence de Bourgogne, sœur du pape Calixte II (1).

Le document en question, extrait d'un cartulaire conservé à la Bibliothèque Nationale, a été publié par l'éditeur des notes d'I. de Coussemaker (2), mais avec tant de fautes qu'il est nécessaire d'en reproduire plus loin une version corrigée.

*
* *

Rien ne peut surprendre dans le fait de la bienveillance de la comtesse Clémence envers l'abbaye de Bourbourg. Née au pays des grands monastères défricheurs, elle favorisa en Flandre la diffusion des *Coutumes* de Cluni, et fit désigner comme première abbesse Godilde, la propre sœur de l'abbé Lambert, le réformateur célèbre de Saint-Bertin; venue se retirer et mourir au milieu des bénédictines de Bourbourg, Clémence témoigna ainsi de son attrait pour les solitudes des marais, bien différentes, pourtant, de celles des forêts bourguignonnes (3).

Mais, était-ce la mer ou les marais qui, de part et d'autre du promontoire qui portait Bourbourg, occupaient, au milieu du XIIe siècle, les anciens golfes de l'Aa et de l'Yser? La mer n'avait pas renoncé à ses droits et l'homme n'était pas au bout de ses peines. Les *schorren* (4) restaient à la merci d'un retour offensif des eaux. L'éventualité en est encore évoquée, en 1254, par notre texte *(si mare forte irruperit,... si vero... mare irruperit)*.

Deux territoires appartenant à l'abbaye sont mentionnés par le document. L'un, nommément désigné, est la terre de Bonehem. Des chartes antérieures permettent de la localiser dans la paroisse de Saint-Folquin, à l'ouest de Bourbourg (5). Le nom de ce dernier village apparaît en 1040; dans son voisinage, le *schorre* dit « Bonhem » est donné par Robert et Clémence à l'abbaye, avec les atterrissements qui s'y ajouteraient (6); en 1119, la « bergerie », qui occupe le terrain, ne semble pas avoir progressé; il en est encore de même à la fin du siècle (7). En 1211, l'on se plaint que, très souvent, l'hiver, Bonehem est inondé par la mer, qui s'étend d'ailleurs jusqu'à Saint-Folquin,

(1) I. DE COUSSEMAKER, *Un cartulaire de l'Abbaye de Bourbourg*, ouvr. posth. publié par A. Bonvarlet, 3 v. in-8°, Lille, 1882-1891, p. IV-VI, 615.

(2) COUSSEMAKER, *op. cit.*, n° CCXX, p. 218-220.

(3) GANSHOF, *op. cit.*, ch. V.

(4) On appelle *schorre*, en néerlandais, une terre récemment gagnée sur la mer.

(5) Saint-Folquin : Pas-de-Calais, arr. Saint-Omer, comm.

(6) « Bercariam Bonhem cum tota terra que superaccresci poterit. » COUSSEMAKER, *op. cit.*, n° III; R. BLANCHARD, *La Flandre* (th. Lille, 1906), p. 165.

(7) COUSSEMAKER, *op. cit.*, n° XXV (bulle Calixte II, 1.119) et LXXVI (charte Philippe d'Al sace, 1.183).

resté port de pêche (1). Trois siècles encore, la mer demeurera menaçante (2).

Le second bien est également une bergerie. Elle est à l'Est sur les rives de l'Yser. Elle aussi a été donnée par le comte Robert, sous l'appellation, extrêmement commune, de « terre neuve » *(que dicitur terra nova,* et plus loin : *niewveland).* Cette terre est située dans la châtellenie de Furnes *(vadimonia... tenentur servari in territorio Furnensi).* Pour essayer de la localiser, le reste du Cartulaire apporte sa contribution. Donations comtales et bulles pontificales disent qu'elle s'étendait à l'est de Furnes, jusque sur la rive droite de l'Yser, et se soudait à d'autres terres des environs de Dixmude (3). L'abbaye de Bourbourg partageait les marais avec le prieuré de Sainte-Walburge. De ce côté-ci, l'asséchement semble plus avancé, au milieu du XIIIe siècle, que du côté de l'Aa (4); le texte laissera voir, en effet, une exploitation en progrès, réglée par des usages précis, effectuée par des hôtes de statut assez libéral.

*
* *

Les modalités de la conquête des zones exondées dérivent des origines de la concession des terres. Selon l'usage général, la propriété des sols gagnés sur la mer fait partie, comme tout le littoral, du domaine du comte, héritier des droits régaliens du Carolingien. C'est à ce titre qu'il a pu octroyer aux églises telle ou telle portion du territoire émergé; voilà aussi pourquoi on lit, à propos de la bergerie de Bonehem, que le *comitatus* avec le *dominium* appartient à l'abbesse de Bourbourg. Le don est fait à charge pour le bénéficiaire de mettre la terre en valeur et l'abbaye doit régler sa conduite sur l'exemple du comte *(quicquid comes suis hospitibus fecerit, abbatissa suis hospitibus facere tenetur).* Faut-il admettre que le comte se réserve un droit de contrôle? Le texte ne permet pas de répondre; l'on sait seulement qu'il n'a pas aliéné la compétence des tribunaux de châtellenie à l'égard des hôtes de l'abbaye.

Comte et monastères sont donc les seuls concessionnaires des terres neuves. Il ne pouvait en être autrement. Économiquement parlant, nul autre qu'un propriétaire fortuné n'avait les moyens d'assumer les frais énormes des digues et des canaux, de supporter les risques d'une destruction totale des travaux. Car, en cas de sinistre non pro-

(1) « Predicta terra de Bonenem super mare jacet et interest, tociens yemali tempore maris inundatio fossata ibidem rumpere solet. » COUSSEMAKER, *op. cit.*, n° CVI; BLANCHARD, *op. cit.*, p. 166.

(2) BLANCHARD, *ibid.*

(3) COUSSEMAKER, *op. cit.*, n°s XII, XIII, XVII, XXV, XLVIII, LXII, LXXVI.

(4) Le progrès de la conquête du sol est général sur la côte, au cours du XIIIe siècle (BLANCHARD, *op. cit.*, p. 176). Le prieuré bénédictin de Sainte-Walburge, à Furnes, a été fondé en 1105 (Dom COTTINEAU, *Répert.*, 1939, col. 1.234).

voqué par une négligence des hôtes, la réfection des canaux est à la charge de l'abbaye. Pirenne a nettement dégagé le caractère capitaliste de l'aménagement des polders (1). Un autre document du cartulaire montre le rôle du crédit dans ce genre d'entreprises (2); les hôtes de l'abbaye ont collectivement emprunté cent livres, monnaie de Flandre, à l'abbesse pour subvenir au creusement d'un canal; en 1218, le 29 mars, les hôtes s'engagent à rembourser la somme, au plus tard à la Saint-Georges 1219, sous la garantie de quatre garants; de son côté, l'abbesse renonce au cens pendant la durée des travaux et même un an et un terme après leur achèvement. On ne saurait trouver preuve plus manifeste du rôle du capital dans la mise en exploitation d'une terre neuve.

Conformément à l'usage des terres neuves (3), l'organisation domaniale n'est pas introduite. La règle est la distribution intégrale du marais aux hôtes, venus de partout, admis à l'occupation du sol sans autre condition que leur vigueur et leur cœur à l'ouvrage? Le processus est simple. Le propriétaire fournit la terre et prête de l'argent; le travailleur ses bras. Un atterrissement — au sens géographique du mot — vient-il à se produire, qu'il est alloti et « raisonnablement » borné, offert aux hôtes qui voudraient en prendre une portion, à charge pour eux de creuser d'abord le fossé circulaire nécessaire au drainage (*per capitulum et ratiocinatores ad terminum rationabilem ad circonfodendum oblata terra* (4). L'hôte peut accepter ou rejeter l'offre. Si la terre neuve n'a pas trouvé amateur, l'abbesse peut la garder et creuse les fossés à ses dépens. Elle peut, de la même façon, reprendre les terres inondées, dont les hôtes ne veulent pas refaire les canaux, ce refus équivalant à une rupture de contrat. L'on a vu, par l'exemple cité plus haut, quelle solution contractuelle pouvait procurer aux hôtes les fonds dont ils manquaient. Ce sont là, du reste, les deux seuls cas de reprise par l'abbaye; l'on ne voit pas ici plus qu'ailleurs la constitution d'une réserve domaniale sur les terres neuves.

Il faut remarquer, en outre, dans les textes concernant les terres neuves, l'absence d'évaluation numérique de superficie, pour la raison, énoncée en toutes lettres, que la terre peut diminuer par inondation (*per fractum maris*) ou s'accroître par alluvionnement (*per jactum*

(1) Pirenne, *op. cit.*, dès la première édition (1900), t. I, p. 280.

(2) Coussemaker, *op. cit.*, n° CXIV, engagement passé par les hôtes devant le Prévôt de Sainte-Walburge et l'abbé de Saint-Nicolas, à Furnes.

(3) Pirenne, *ibid.*

(4) A côté de l'emploi des termes latins *fossatum*, et *fossarius*, pour désigner les canaux et les terrassiers, on remarque l'usage du mot d'origine germanique *dic*, puis *dijk* en néerlandais, pour désigner les digues de protection; tous les textes énumérant des biens présentent des exemples, vg. *Dicasmutha*, pour Dixmude (Coussemaker, *op. cit.*, n° XXV). On rapprochera ces conclusions de celles de Pirenne à propos des « portes d'eau », c'est-à-dire des écluses, des grands canaux. (*Les « overdraghes » et les « portes d'eau » en Flandre au XIIIe siècle, à propo d'une charte inédite... Mélanges T. F. Tout*, t. II, Manchester, 1925.)

ejusdem). On indique, au contraire, l'étendue des biens situés sur les sols fermes de l'intérieur (1).

La défense du polder, intérêt commun et supérieur, s'impose comme un principe. De ce principe découlent plusieurs conséquences. La première est que tous les fossés appartiennent à l'abbaye *(sciendum ita que quod omnia fossata sunt abbatisse)*. La deuxième est que le devoir des hôtes est de les creuser, lors de leur entrée en jouissance, puis de les entretenir et même, du moins sur la bergerie de Bornehem, de les refaire après une inondation *(itaque si mare forte irruperit,... debent... fossatum propriis sumtibus reficere)*. Au contraire, sur les bords de l'Yser, l'obligation pour les hôtes de supporter les frais de la réfection est limitée au cas d'une négligence de leur part. A Bonehem, l'inondation ne dispense pas du cens *(censuum suum nichilominus integre persolvere debent)*; l'exemple ci-dessus a montré l'abbesse avançant de l'argent aux hôtes sinistrés sur les rives de l'Yser et les exonérant temporairement de cens. Notre document énonce d'ailleurs un principe : une inondation totale *(si mare irruperit et zeganc generale fuerit)* impose à l'abbaye tous les dommages, car elle doit faire pour ses hôtes ce que ferait le comte pour les siens. L'idée de la responsabilité de l'État dans l'éventualité d'un désastre généralisé se manifeste là.

Une troisième conséquence consiste en un ensemble de servitudes collectives annuelles. Sans que soient nommées les associations dites *wateringues*, les usages mentionnés par le texte entrent dans le cadre de leur fonction. La fragilité des berges des canaux exige qu'on leur épargne le piétinement du bétail et la morsure des labours *(nec quisquam hospitum potest ea pascere pecudibus suis vel arare)*. A plus forte raison est-il interdit de combler les canaux, si ce n'est temporairement, au moment de la moisson, pour faire passer les chars qui évacuent la récolte; encore faudra-t-il les remettre en état avant l'époque des pluies, c'est à-dire au plus tard avant la Saint-Rémi (1er octobre), sous peine d'une lourde amende de trois livres. L'intérêt commun est si fortement engagé qu'intervient un des officiers de l'abbaye, l'*amman (preco)* (2); celui-ci, chaque fois qu'il est nécessaire, semonce les hôtes pour les convoquer à la réfection des canaux, en prévision de l'hiver. L'urgence l'amène, éventuellement, à suppléer à la défaillance des hôtes par le recours à des terrassiers mercenaires *(operarios)* une amende doublée exigée des premiers rémunère les seconds *(et expensas duplicatas de hospitibus accipere debet)*.

L'utilité des obligations collectives ne permettait guère de résistance

(1) Par exemple dans la bulle de Calixte II confirmant les possessions de l'abbaye, en 1119 (Coussemaker, *op. cit.*, n° XXV).

(2) Ganshof, *Recherches sur les tribunaux de Châtellenie en Flandre avant le milieu du XIIIe siècle* (Anvers-Paris, 1932, *Public. Fac. Let. Gand*, n° 66), p. 67. Un texte énumérant les droits de l'abbaye au xvie siècle indique son droit de nommer des officiers (bailli, amman, échevins). Coussemaker, *op. cit.*, n° CCCLIX.

ni de négligences; sans quoi nous ne pourrions pas constater le progrès de la mise en valeur au milieu du XIIIe siècle. Une terre gagnée sur la mer devient successivement, au fur et à mesure de son assèchement, un pâturage (bergerie, puis vacherie), ensuite une terre de culture. Dans le cas présent, alors que Bonehem encore amphibie, reste une bergerie, la « terre neuve » des rives de l'Yser, elle, mêle la culture des céréales *(blada)* aux prés à moutons. L'on sait, par ailleurs, qu'au milieu du XIIIe siècle, les digues se multiplient dans les marais de la basse Yser et qu'au XIVe ce ne sont que terres cultivées (1).

*
* *

Sur la condition des hommes le texte n'est guère moins précis que sur celle des terres. L'on constate, ici comme partout, un certain libéralisme dans le sort fait aux hôtes défricheurs de marais. La médiocrité du sol justifiait la liberté promise. Rien ne rappelle le servage. Tenanciers volontaires, nullement attachés à la terre par leur naissance, les hôtes dépendent de l'abbaye par un lien contractuel. La tenure leur est concédée à titre héréditaire *(jure hereditario)*, mais l'on sait qu'ils peuvent se dérober à leurs obligations et, par là, rompre le contrat. Les accroissements de terrain par alluvionnement s'ajoutent de droit à leur tenure : compensation aux risques des inondations. La jouissance leur est assurée et le seul cas prévu de reprise par l'abbaye ne correspond qu'à un manquement de leur part.

Les charges pécuniaires des hôtes sont de deux sortes : le cens et les rentes. Que le cens ne soit pas défini de façon très précise *(certissime)*, l'instabilité du polder l'explique aisément. Du moins, les trois termes : fêtes de saint Bavon (1er août), de la Purification (2 février), et de saint Georges (23 avril) sont fixés une fois pour toutes. Des rentes, l'on ignore le montant, l'objet et les modes de paiement, vraisemblablement en nature. Un souci de simplification réduit, de cinq à trois, leurs échéances.

N'ajoutons pas aux cens ni aux rentes les frais d'entretien des canaux, car il s'agit de travaux afférant strictement à la conservation de la tenure, et nullement d'une corvée. L'on pouvait, d'ailleurs, s'y soustraire, à condition de payer l'amende. Indice de liberté. Pas la moindre mention de mainmorte, ni de formariage, ni de capitation. La notation ou l'absence de l'une de ces charges ne suffiraient pas à prouver ou à infirmer la condition servile. L'absence de toutes atteste clairement la liberté.

En ce qui concerne le contentieux du paiement du cens et des rentes, quelques traits sont à signaler. Les droits de l'abbesse n'éclipsent pas

(1) BLANCHARD, *op. cit.*, p. 169

ceux du comte. La bergerie de Bonehem et la « terre neuve » de l'Yser sont situées respectivement dans les ressorts des châtellenies de Bourbourg et de Furnes, que séparait celle de Bergues (1). Ainsi, c'est à la prison du comte à Furnes qu'un retard de paiement du cens conduit l'hôte des rives de l'Yser, pour une détention de quinze jours, au terme de laquelle l'insolvable sera mené « entre la mer et la Lys » (*inter mare et Leiam*), donc à quelque distance du rivage, et l'abbesse déterminera le règlement de la dette à sa discrétion (*sicut melius poterit)*.

Pour le paiement des rentes, les hôtes obtiennent un adoucissement du régime de la vente des gages par eux constitués; un délai de quinze jours. Sans présenter d'originalité, la concession ainsi acquise est aussi un aspect du régime relativement libéral assuré aux colonisateurs des marais.

* * *

Que conclure d'observations recueillies d'un seul texte? Leur précision, cependant, leur concordance générale avec les informations déjà connues, leur confèrent, semble-t-il, quelque intérêt. Nous avons pu relever des détails non négligeables pour la connaissance des modes d'occupation du sol en Flandre maritime. Étapes lentes, avec des retours en arrière, mais un travail continu. Le régime domanial n'a pas de place sur les terres neuves et la distribution du sol entre réserve et tenures n'est plus appliquée.

Les exploitants semblent aussi avoir compris que le travail libre est la seule méthode adéquate de conquête d'un terrain ingrat. Car l'homme s'attelle avec ténacité à l'œuvre, pour peu qu'il se sente libre. Le combat contre une nature hostile et capricieuse inspire un esprit de lutte et d'indépendance, qui ne sera pas l'apanage des seuls citadins des Flandres. A plusieurs reprises, le document revient sur les possibilités de refus du paysan.

Et pourtant, cet esprit d'autonomie ne va pas sans le sentiment d'une indispensable solidarité. L'on caractérise les peuples méditerranéens par leur individualisme autant que par leurs habitudes de vie municipales; n'est-ce pas semblable dans le Nord? L'assèchement d'un polder, comme l'irrigation d'une huerta, suppose des contraintes collectives, et les règlements de l'eau, qu'on l'évacue ou qu'on l'attire, s'imposent comme des lois générales. Terre d'initiatives, la Flandre a vu naître les coutumes des *wateringues* à côté des statuts de métiers.

Tout cela, en fin de compte, ne revient-il pas à attester que ce sont le travail acharné des hommes et la coordination librement consentie de leurs efforts,qui expliquent la vitalité et la richesse, en tous domaines, des Pays-Bas au cœur du Moyen Age.

(1) Ganshof, *Rech. sur les trib.*, carte annexe.

PIÈCE JUSTIFICATIVE.

L'abbesse de Bourbourg définit la condition des hôtes qui dépendent de son monastère.

Bibliothèque Nationale : fonds latin 9.920 (f° 48-50). *Donations et privilèges de l'abbaye de Bourbourg* (1).
XIIIe siècle.

De Bonhem. Hanc terram dedit comes Robertus et quicquid ibi accreverit per jactum maris. Notandum vero quod hii qui hanc terram de jure hereditario tenent, eandem ecclesiam de fossatis indempnem conservare tenentur, ita quod, si mare forte irruperit, censuum nichilominus integre persolvere debent, et fossatum propriis sumptibus reficere; terram vero que ibi accreverit ad talem censum tenere debent qualem alteram tenent. Relevium hujus terre est tantum quantum census unius anni, sicut de omnibus berquariis. Et sciendum est quod tam de ista quam de omnibus terris quas domini Flandrie in ecclesiam contulerunt, comitatus et dominium ad ecclesiam spectat.

Super Ysaram (2), berquariam unam, que dicitur Nova Terra, quam dedit comes Robertus cum tota terra que ibidem accrescere potest per jactum maris. Reddit autem berquaria illa.

Sciendum tamen quod census istius terre certissime sciri non poterit, nisi per brevia, quia terra illa et potest decrascsere per fractum et potest crescere per jactum ejusdem maris. Quocienscumque vero terra aliqua ibi accreverit et eadem hospitibus, per capitulum et ratiocinatores, ad terminum rationabilem, ad circomfodendum oblata fuerit, et hospites eam recipere noluerint, abbatissa propriis sumptibus eam circomfodere potest et ad proprios usus retinere. Idem dicimus de terra circomfossata, si mare forte irruperit et hospites fossatum reficere noluerint.

Sciendum itaque quod omnia fossata sunt abbatisse, nec quisquam hospitum potest ea pascere pecudibus suis vel arare sine focefacto, nec fodere ea nisi tantum tempore messis ad educenda blada; ita tamen quod ante festum sancti Remigii fossatum integrum reficiatur. Qui vero hoc non fecerit, de pena debet tres libras. Item, sciendum quod preco quocienscumque hospitibus preceperit fossata contra hyemen reficere, et ea ad tempus statutum non refecerint, preco operarios conducere debet ad reficiendum, et expensas duplicatas de hospitibus accipere debet. Notandum vero quod si mare irruperit et *zeganc* (3) generale fuerit ex utraque parte, quicquid comes suis hospitibus fecerit, abbatissa suis hospitibus facere tenetur. Si vero per negligentiam hospitum mare irruperit, hospites propriis sumptibus reficere tenentur.

Preterea, de hospitibus qui censum suum statutis terminis non persolverint, debent Furnis in domum comitis intrare, et inde non exire per XV dies,

(1) L'éditeur de Coussemaker indique la référence erronée : ms. lat. 9.126.
(2) En haut du fol. 48 v° se lit la mention : *Nieuport.*
(3) On remarquera l'emploi d'un terme néerlandais au milieu du texte latin pour désigner le phénomène caractéristique de ces régions, la progression de la mer sur les côtes basses. Rapprochez le terme *zeganc* des deux mots modernes *zee, gang.*

nisi per licentiam abbatisse. Qui vero inde exierit, forifecit quicquid tenet de abbatissa. Qui vero infra XV dies abbatisse de debito suo non satisfecerit, abbatissa ducet eum ubicumque voluerit, inter mare et Leiam, et super eum debitum suum sicut melius poterit accommodet.

Solutio hujus terre est ad tres terminos : prima tercia pars, in festo sancti Bavonis, secunda tercia pars in festo Purificationis beate Marie Virginis, et ultima tercia pars in festo beati Georgii. Relevium hujus terre tantum est quantum est census unius anni. Preterea vero et de omnibus fossatis faciendis vel reficiendis, sicut comes suis hospitibus facere debet, ita et abbatissa suis hospitibus facere tenetur. Cum usque modo hospites be[ate] Marie de Brobourg, in Niewelande, solvere consueverunt redditus, in quibus tenetur abbatisse et conventui de Broborg ad quinque solutiones, videlicet : in festo beati Johannis Baptiste, et in festo beati Bavonis, et in festo beati Andree, et in Purificatione beate Virginis, et in festo beati Georgii, ordinatum est ad presens inter dictam abbatissam, ejus conventum et dictos hospites de Niewelande, quod ipsi hospites tenentur solvere redditus in quibus tenentur dicte ecclesie, dicte abbatisse et ejus conventui vel ejus nuntio, ad tres solutiones in anno, videlicet : primam terciam partem in festo beati Bavonis, aliam terciam partem in festo Purificationis beate Virginis, ultimam terciam partem in festo beati Georgii, in quo die etiam frangere tenentur contra receptorem penitus dicas suas.

Hoc notato quod abbatissa et conventus talem gratiam fecit dictis hospitibus quod vadimonia, que facient pandari ab ipsis hospitibus per preconem suum pro arriragiis cujuslibet solutionis, tenentur servari in territorio Furnensi per quatordecim dies, postquam fuerint pandata, priusquam vendantur; quibus elapsis, dicta abbatissa et ejus conventus vel ejus nuntius poterit ibi ea vendere, et si maluerit secum apud Broborg deferre et ea ibi vendere pro voluntate sua, hac autem addita conditione quod si quis hospitum esset qui contradiceret vel non permitteret se mandari a precone dicte abbatisse, ipsa abbatissa vel ejus nuncius vadimonia ipsius, cum ea habere posset, sine expectatione aliqua, secum deferre apud Broborg, et ea ibi, si vellet, venderet sine mora, prout dicta abbatissa usque modo de omnibus facere consuevit, et a dicta gratia in perpetuum, nisi dicte abbatisse super hoc posset aliquatenus reconsiliari, esset penitus alienus.

Actum anno Domini M°CC° quinquagesimo quarto.

SOCIÉTÉS ET MENTALITÉS

XI

LE SENTIMENT DE LA MORT DANS LA VIE ET LA PRATIQUE RELIGIEUSES A LA FIN DU MOYEN AGE

La fin du Moyen Age, c'est-à-dire les XIVe et XVe siècles, se prête assez bien à une réflexion sur une expérience historique du sentiment de la mort dans la vie et la pratique religieuses. Chacun sait que la préoccupation de la mort fut constamment présente à l'esprit et au cœur des contemporains de la guerre de Cent Ans et de la Peste noire. Or des rapprochements surgissent entre la mentalité de ces temps d'angoisse et les incertitudes de l'ère atomique. Comme le XXe siècle, le XIVe a éprouvé l'inquiétude existentielle. Sans déborder aventureusement sur le plan théologique, l'histoire peut contribuer à justifier et éclairer une telle comparaison. Déjà, l'ouvrage célèbre d'Emile Mâle sur l'*Art religieux à la fin du Moyen Age* était riche de remarques extrêmement pénétrantes. Il en était de même du livre d'Huizinga, dont le titre de *Déclin du Moyen Age* trahit tendancieusement celui de son édition néerlandaise originale, *L'Automne du Moyen Age*. Plus récemment, Alberto Tenenti, en deux travaux, l'un en français, l'autre en italien, a très finement analysé le *Sentiment de la mort en France et en Italie* à l'époque qui nous occupe. Des observations abondantes et révélatrices se trouvent également en d'autres livres, par exemple : *La décadence de la vie paroissiale en France au XIVe siècle* par l'abbé P. Adam; *Le sentiment religieux en Flandre à la fin du Moyen Age* par l'abbé J. Toussaert; enfin les travaux du chanoine E. Delaruelle, présentés à divers congrès, par exemple à Lyon en 1963 et, voici quelques mois, dans un volume consacré à l'époque conciliaire.

La matière est ample, la période longue. Un choix s'impose : mais il est difficile à opérer dans le temps, dans l'espace et quant à la nature des exemples. S'en tenir aux deux derniers tiers du XIVe siècle et à la première moitié du XVe, en France particulièrement, n'est pas absolument arbitraire. L'imprévisible affrontement avec la mort a rarement été aussi constant et aussi général; ni plus angoissant, car les cadres institutionnels, intellectuels et spirituels de la société chrétienne ébranlée par le schisme et l'hérésie, ne paraissent plus offrir les certitudes nécessaires à l'homme en péril de mort. On assure que l'espérance de vie, en Angleterre, tomba de 34 ans vers 1300 à 17 en 1348, pour ne revenir à 32 qu'en 1420. Un homme favorisé par la longévité — un chanoine de Cahors — pouvait, en 1390, déclarer que de toute son existence, il n'avait connu que l'incendie et la guerre. Il aurait pu y ajouter la peste et ses récurrences, plus redoutées, sinon plus redoutables, que la vague de 1348; la première avait emporté les vieux et les faibles, les secondes fauchèrent les jeunes et les adultes; en outre, le retour d'un fléau est toujours aggravé par son appréhension. Il faut mentionner les disettes, voire les famines, liées aux crises économiques renouvelées et à l'incapacité technique du stockage. Et ne pas oublier qu'au cours de guerres renaissantes, la violence se nourrit de la haine : haines de partis, rancunes familiales. L'insécurité est grande sur les chemins et dans les rues obscures des villes encombrées de réfugiés venus du plat pays. La fréquence des successions ouvertes par des décès prématurés éveille les cupidités autour des veuves et des orphelins. Les règlements de comptes se font à l'arme blanche; la mode, au XIVe siècle, est aussi celle du poison et de l'envoûtement. Tenons compte, enfin, de la médiocrité de l'hygiène et de l'infantilisme de l'art médical. Que de composantes ainsi se conjuguent pour accélérer le rythme de la succession des générations et créer une atmosphère foisonnante d'inquiétudes, d'ambiguïtés, de duretés, où l'espérance, déguisée en allégorie comme la charité, a parfois peine à marquer les siens.

Sans prétendre avec quelques auteurs, exagérément pessimistes, que les contemporains des temps difficiles se délectaient à renifler l'odeur des cadavres et à hanter les cimetières, on ne peut douter du réalisme de leur considération de la mort. Réalisme froid et cynique, railleur et humoriste. Ou bien réalisme panique et obsessionnel. Les textes littéraires, l'iconographie, la documentation la plus indifférente elle-même font foi d'une préoccupation réelle. A l'inverse, le désir d'oublier l'imminence absurde et injuste de la mort se manifeste dans la recherche du plaisir. Mais la résignation équilibrée et l'acceptation sereine du destin ne sont pas davantage absentes. Il est impossible de ramener à la simplicité autant d'attitudes contrastées. En celles-ci, cependant, on peut, du point de vue spirituel, retenir trois orientations dominantes. La première, élémentaire et communément répandue, est la crainte de la mort subite, la « male mort », épisode dramatique et tout individuel, engendrant, avec le souci de se mettre en règle avec la loi de Dieu et de l'Eglise, un certain sens de la responsabilité personnelle. Au-delà de cette première étape, une seconde se développe sur un plan de caractère social, avec l'entraide spirituelle des prières mutuelles et des œuvres de miséricorde, devant la communauté d'un sort partagé. Le fondement de ce réconfort s'enracine, enfin, en la confiante espérance du rachat obtenu par le recours au « trésor de l'Eglise ». Au-delà d'incompréhensions et même d'aberrations extérieures, le sens de la responsabilité personnelle, le sens de la communion des saints, le sens de la Rédemption se laissent entrevoir; comme des principes de vie, profonds et pérennes, ils rassurent plus ou moins consciemment le peuple chrétien inquiet de sa destinée. Telles semblent avoir été, pour les générations de la fin du Moyen Age, les grâces d'état dont, à chaque époque, selon les circonstances, les hommes bénéficient simultanément.

Les réactions en face de l'imminence et de la soudaineté de la mort ont été aussi diverses que les périls étaient nombreux. Toutes les manifestations, cependant, expriment l'appréhension de la sanction personnelle de l'existence de chacun.

Imprévisible et inévitable, la mort est le lot de tous. Pour utile qu'il soit de rappeler des témoignages littéraires et iconographiques connus, il n'est pas nécessaire d'insister longuement. Le thème du *Dit des trois morts et des trois vifs* circulait depuis la fin du XIIIe siècle : debout dans un cimetière, trois gentilshommes conversent avec trois défunts. Les premiers frémissent « comme feuilles de tremble » aux propos des seconds. L'un d'eux disait : « J'ai été pape »; le second : « J'ai été cardinal »; le troisième : « J'ai été notaire du pape »; puis, tous ensemble : « Vous serez comme nous sommes. » La danse macabre apparut dans la littérature avant de se dérouler en bandes tristement animées sur les murs des cimetières et des églises. Un poème latin du début du XIVe siècle énumère la théorie hiérarchique des hommes, roi, pape, évêque, chevalier, médecin, logicien, jeune homme, vieillard, riche, pauvre et fou. Chacun se plaint à sa façon, en marchant à la mort; ainsi, le logicien : « J'enseignais aux autres l'art de conclure. Cette fois, c'est la mort qui conclut contre moi. » Danse, la ronde des morts le fut effectivement, dans le goût morbide de l'époque, à la Cour de Bourgogne, en 1449. Déjà, elle ornait, depuis vingt-cinq ans, les murs du cimetière des Innocents à Paris, et plus tard se répandit à Rouen à l'Aître Saint-Maclou, à la Chaise-Dieu, en Bretagne à Ker Maria, comme en bien d'autres lieux.

Outre l'universalité de la mort, la danse macabre cherchait à en exprimer le réalisme. Dans l'expression du réalisme de la mort, la pudeur ne retenait pas plus les artistes que les écrivains et les orateurs, sans que la vogue de l'allégorie en atténuât beaucoup l'horreur. Discret, le XIIIe siècle donnait de la mort l'image sereine du sommeil et voilait la décomposition sous le vêtement du gisant. Les siècles suivants ne dissimulent plus l'exactitude impressionnante du cadavre du « Christ au tombeau », ni la précision effrayante du squelette dressé du cardinal Lagrange, ni la simplicité du corps inerte de la femme de Jacques Cœur en son linceul. Avec une redoutable indiscrétion, certains cadavres soulèvent le couvercle de leur cercueil pour s'adresser aux vivants. Comme si de telles images n'étaient pas suffisamment expressives, les prédicateurs les commentaient sans fard. Les auditrices de saint Jean de Capistran pouvaient frissonner à ses apostrophes : « Voyez où sont les cheveux qui vous plaisaient tant. Où est le nez qui humait les parfums ? Où est la langue avec laquelle vous avez calomnié ? Les vers ont tout dévoré. »

La mort, personnifiée, devient, elle-même, un personnage allégorique familier. Le triomphe de la mort est un thème de l'art funéraire italien vers 1330. Giotto la présente sous les traits d'un vampire à l'église inférieure d'Assise. Elle perd ensuite l'aspect de la bête monstrueuse des tapisseries de l'Apocalypse d'Angers pour prendre, au Campo Santo de Pise ou à San Giovanni Maggiore de Bologne, les traits d'une femme échevelée, avec des ailes noires, des griffes aux pieds, une faux à la main. Au terme de l'évolution, elle est un simple squelette, en visite, par exemple, dans un atelier typographique lyonnais de la fin du XVe siècle.

Le réalisme de l'image de la mort n'était cependant qu'un moyen parmi plusieurs autres d'attirer l'attention sur les quatre « novissima ». L'allégorie impassible de la mort conduit au jugement, comme un sergent assigne le prévenu devant le tribunal. Elle en était absente autrefois. La manière dont s'anime la scène à la fin du Moyen Age cherche, semble-t-il, à stimuler l'inquiétude personnelle du chrétien. On n'assiste plus seulement à la pesée des âmes, lorsque, les jeux étant faits, les anges d'un côté, les démons de l'autre, prennent livraison qui des élus, qui des damnés. On se place, au contraire, à l'instant critique de la sentence. Siècle de juristes et d'émotifs, le XIVe siècle introduit également sur scène les avocats. D'abord la Vierge, du côté de la défense; mais le diable aussi est présent, avec des traits nouveaux. Il n'a plus rien du séducteur du haut Moyen Age et il n'est plus seulement l'exécuteur servile des supplices. Le voici Prince des Enfers, sorte d'anti-Dieu, comme si un relent du manichéisme cathare subsistait. Dante plaçait le nombril de Lucifer au centre de la Terre; il lui attribuait trois têtes, antithétiques de la Trinité : l'une exprimait la jalousie et l'impuissance opposées au Père, la deuxième traduisait l'ignorance et la sottise, contrepartie du Verbe, la troisième symbolisant la haine, contraire du Saint-Esprit. L'une des plus célèbres miniatures des *Très Riches Heures du Duc de Berry* pourrait illustrer la description de l'Enfer vu par Henri Suso. L'image présente le diable couronné, étendu sur un gril, crachant feu et flammes, environné de vapeurs sulfureuses; autour de lui s'affaire une valetaille de démons effrayants. Le texte, lui, rapporte que de très nombreux démons, munis de feux ardents, se tenaient près des damnés et versaient de force en leur bouche un breuvage semblable à du plomb fondu, qui les brûlait d'une excessive ardeur. Une multitude d'ours infernaux, de lions audacieux, d'animaux d'un genre nouveau, pleins de colère, des bêtes inconnues soufflaient des vapeurs de feu, répandant une odeur infecte. Satan était bien servi; avec sa manie des dénombrements, la fin du Moyen Age lui attribuait 6 666 légions de 6 666 unités chacune. L'Enfer n'a plus la discrétion de l'époque romane.

Les consolations paradisiaques compensent, heureusement, des perspectives aussi funestes; mais elles ne peuvent être gagnées qu'au prix d'un cheminement difficile qu'il nous faut parcourir. En prévision des « novissima », les hommes des XIVe et XVe siècles réagissaient diversement; les uns de façon élémentaire, les autres de manière plus intellectuelle, plus sensible, plus spirituelle; leurs attitudes s'appellent panique, divertissement, inquiétude, espoir et confiance. Parmi les réactions en face de la mort, le *carpe diem* et le goût des jouissances coutumier aux périodes dangereuses, le naturalisme immoral, ou amoral, du *Roman de la Rose* et de Boccace, la solide joie de vivre de Chaucer ne dissimulent pas tout à fait un inconfort secret. Quant aux affolements collectifs, ils sont du domaine clinique : magie, nécromancie, excentricités ascétiques des Flagellants. Les émotions eschatologiques de la foule subissaient, en une certaine mesure, le contrôle des inquiétudes raisonnées d'une élite. C'est ainsi qu'on pourrait parler d'une exploitation de la crainte de la mort à des fins pastorales. N'était-ce pas l'objet de l'ascétisme terrifiant déployé, à grand spectacle, par certains orateurs populaires du genre du Frère Richard, au cimetière des Innocents, du vivant de Jeanne d'Arc ? Le scénario, à peine plus discret, de saint Vincent Ferrier et même de saint Bernardin de Sienne, appartenait à la même méthode. Plus diffus, mais tout aussi constant que l'effroi des fins dernières, le sentiment du vieillissement du monde troublait beaucoup d'esprits depuis le début du XIVe siècle. Dans l'humanité corrompue, tout leur semblait marcher à l'envers. « Les hommes sont devenus bêtes; devers terre portent les têtes », lit-on dans le *Roman de Fauvel,* l'âne symbolique chargé de tous les péchés. On se demande si la roue de Fortune ne va pas tourner à rebours, sinon même s'arrêter. Le millénarisme ancestral semblait déboucher sur un temps fait pour lui.

Dans les meilleurs esprits, enfin, le pessimisme engendrait la tristesse stérilisante de l'*acedia*, dénoncée, naguère, par saint Thomas. Dante lui-même avait présenté le milieu du chemin de la vie comme « une forêt d'erreurs », « obscure », « âpre et rude », « si amère que la mort ne l'est guère plus » (*Enfer*, I, 1-7; *Convivio*, IV, 24). Surtout Pétrarque s'attribuait à lui-même, dans les dialogues du *Secretum,* les réponses suivantes aux descriptions augustiniennes de la faiblesse humaine : « Vous avez accumulé tant de misères et de privations que je regrette presque d'être venu au monde... Je désire ne rien désirer... et je sens toujours un certain vide au fond de mon cœur. » Ce vide existentiel de quelques inquiets du XIVe siècle peut préfigurer celui du XXe. Il en diffère pourtant profondément, capable qu'il fut de mener les mystiques à la considération du péché et de la Rédemption, et à la conception agonistique de l'existence. Il faudrait nommer, ici, les stigmatisés spirituels, ou physiques, au meilleur sens du mot, que furent Tauler, Suso, sainte Brigitte, sainte Catherine de Sienne, Jean de Ruysbroek et Jean Gerson.

La masse des fidèles ne pouvait pas atteindre les cimes des « montagnes de contemplation »; cependant, du milieu ou du bas de la pente, s'ils tournaient les yeux vers les sommets, ils pouvaient, avec de tels modèles, s'initier à l'urgence de la pénitence. Les sermons, la littérature édifiante, l'art enseignaient que la vie est un conflit des vices et des vertus; le succès du *Pèlerinage de Vie Humaine* de Guillaume de Digulleville en fournit une preuve. Mais cela n'était pas une nouveauté. Plus caractéristique est la prise de conscience de la responsabilité personnelle. La vogue des livres d'heures est un signe de vie intérieure, individuelle, et leur contenu indique leur orientation. Le thème de la déploration des péchés en face de la Croix et de l'imminence de la mort inspire un très grand nombre de prières. L'une d'elles, la prière des « Sept Regards » du Christ peut être citée en exemple, notamment en son quatrième point : « Biau sire Dieu, regardez-moy en pitié en l'honneur de celuy regart dont vous regardastes saint Pierre quand il vous renia trois fois. Et vous le regardastes en pitié; et il eut peur et pleura. Et vous luy pardonnastes. » Le mot « sensibilité » entre dans la langue française au XIVe siècle, et celui de « scrupule » semble apparaître au temps de Gerson. C'est une étape notable de l'histoire de la conscience religieuse.

Pour la masse des « simples gens », la question de mourir en amitié avec Dieu se ramenait à mourir en règle avec lui et les lois de l'Eglise. Cette dernière observation convient particulièrement au juridisme et au légalisme du XIVe siècle. La crainte de Dieu n'est-elle pas le commencement de la sagesse ? Le souci de la mort chrétienne commande les attitudes dès le début de la vie. Le baptême des petits enfants *quam primum* est l'une des préoccupations dominantes des fidèles les moins éclairés. La pratique en est attestée par l'usage, de plus en plus répandu au XIVe siècle, du baptême par infusion. Très souvent, les fidèles réclament l'érection de fonts baptismaux en une église voisine, pour ne pas être obligés de continuer à transporter les bébés loin de leur demeure, même de nuit, et pendant les guerres. Aussi fréquemment, les fidèles s'opposent aux absences du prêtre, par exemple en l'île de Cadzand, en Flandre, lorsque le desservant passe sur le continent. L'autorité ecclésiastique répond à ces désirs : le pape autorise des érections de fonts; les évêques contrôlent la profession des sages-femmes; les synodes admettent la célébration du baptême par des laïcs, et en langue vulgaire, comme le breton à Tréguier en 1344. La fréquence de la mortalité en bas âge explique de tels soucis.

Puisque le terme de la vie est considéré avec inquiétude, sinon effroi, toutes les approches de la mort paraissent entourées des plus grandes précautions. Par insouciance, cependant, dans le cours de la vie, on communiait peu, on se confessait rarement, la pratique était spasmodique et l'excommunication, devenue coutumière, n'effrayait guère. Le plus souvent même, on attendait le *punctum mortis* pour appeler le prêtre au chevet des mourants. N'était-ce pas là, malgré tout, autant de motifs de rechercher des assurances pour l'au-delà ? L'Eglise insista beaucoup en ce sens, et l'on aimerait mieux connaître, en tant que telle, ce que fut l'application des décrets du IVe Concile du Latran. Les statuts synodaux de nombreux diocèses rappellent l'obligation de conférer le sacrement des malades à tout chrétien en péril de mort, à partir de 14 ans; celle de se confesser avant d'affronter un risque de mort, combat ou accouchement. En cas de nécessité absolue, l'aveu des fautes à un laïc, voire à une femme, est autorisé. Pour sa part, le clergé paroissial semble avoir manifesté le maximum de son zèle dans l'assistance aux mourants; on en trouve la preuve, par exemple, en ce qui subsiste des procès-verbaux de visites pastorales. Ensemble, clergé et fidèles donnaient une grande solennité au port du viatique aux malades. Pour tous, l'inhumation en terre chrétienne était une exigence absolue de la foi et des conventions sociales; le scandale d'en être privé demeurait, peut-être, la dernière occasion d'efficacité de l'excommunication.

Au moment de se séparer du contexte social qui l'environnait du berceau à la tombe, l'homme demeurait seul face à la mort au cours de son agonie. La littérature pieuse de l'*Ars moriendi* est le témoignage de cette angoisse et du souci de ceux qui voulaient aider les mourants à franchir le passage. Elle est composée de manuels illustrés, à l'usage des familles des mourants et des prêtres qui les assistent. Le but est de neutraliser les ultimes tentations d'attachement au monde, d'impatience, de doute et de désespoir, par des inspirations et des consolations contraires. L'idée fondamentale est qu'une bonne mort se prépare et rachète toute une vie. Les images viennent à la rescousse et s'achèvent par la vision de la cour du Paradis descendant, compacte, au chevet du mourant. Préservé de la « male mort » l'homme a pu prendre ses responsabilités. En effet, le développement de la sensibilité et celui du scrupule supposent, en effet, une direction de conscience.

La dimension sociale — disons : ecclésiale — complète la dimension individuelle du sentiment de la mort. La place des défunts dans la pratique religieuse médiévale est essentielle et les aspects en sont divers. La prière dont ils sont l'objet vise d'abord, sans doute, à leur obtenir du Seigneur le repos éternel; mais confusément à cette intention droite se mêlait, semble-t-il, quelque relent d'une inquiétude suspecte : les morts ne se vengent-ils pas des vivants qui négligent de prier pour eux ou qui violent leurs dernières volontés ? En tout cela, il est difficile de démêler le pur et l'impur. La prière pour les défunts est individuelle et collective. Les livres d'heures contiennent, avec l'office des défunts, d'innombrables formules de prières à leur intention. L'époque connaît aussi la diffusion des images xylographiées destinées à stimuler, par les indulgences, la prière pour les disparus.

La prière collective s'exprimait dans une liturgie spéciale de plus en plus développée. Les rites des funérailles sont d'une rare précision. Laissons de côté certains usages profanes, souvent superstitieux, sinon encore païens : le dépeçage du corps des grands personnages laissant ici le squelette, dispersant le cœur et les entrailles; le dépôt dans la bouche du cadavre de quelque pièce de monnaie, comme pour amadouer un éventuel successeur de Charon. La veillée funèbre n'est pas uniquement inspirée par une volonté de prière; elle continue des habitudes de vigilance contre d'hypothétiques maléfices. Les obsèques sont un événement social : le cortège assemble la population; pleurants et crieurs l'animent. On distribue aumônes et médailles. La liturgie s'encombre d'une surabondance de psaumes et de versets, d'absoutes et d'encensements. Les services succèdent aux services : les plus riches les prescrivent avec détails dans leurs testaments. Pour prier pour les trépassés on se donne rendez-vous à huitaine, et trente jours de suite. On se retrouve au « bout de l'an ». Les gens fortunés fondent des chanteries, pour s'assurer à perpétuité les suffrages nécessaires.

La communauté chrétienne ne prie pas seulement pour des individus. Elle accorde, à la fin du Moyen Age, une place croissante aux commémorations collectives. En beaucoup de lieux, une messe, suivie d'une procession au cimetière, est célébrée pour les défunts tous les lundis. L'office des morts se développe et l'on allonge les seize strophes initiales du *Dies Irae*. Au prône dominical, la récitation du *De Profundis* devient un usage durable. Comme pour prouver que la liturgie des défunts est la plus populaire, les statuts synodaux de Cambrai prescrivent qu'aux services funèbres du lundi on placarde le texte des principales prières en grandes lettres *ut quod a longe bene legi possint*. Deux commémorations solennelles figurent au calendrier annuel; à celle du lendemain de la Toussaint s'ajoute celle des Rameaux; en ces occasions, tout le monde s'assemble autour du calvaire central du cimetière. Celui-ci a une importance considérable dans la vie paroissiale malgré les déficiences de son entretien, et même du respect des tombes. L'intimité de la vie de groupe continue au-delà de la mort.

En priant pour les défunts, les vivants n'oublient pas qu'ils seront bientôt parmi eux. Il faut s'assurer l'aide spirituelle des survivants, et d'abord celle des siens et de ses amis. Les dispositions testamentaires ne sont donc pas simple vanité, même si, comme le duc de Beaufort en 1411, on demande par milliers *Requiem, Rorate Coeli*, oraisons à la Trinité et, nommément, au Saint-Esprit. La solidarité spirituelle est un des fondements du développement des confréries, spécifique du XIVe siècle. Certaines d'entre elles en font leur objet principal et toutes, au moins, lui donnent une large place. La formule d'admission parmi les membres de la confrérie des saints Côme et Damien à Rouen est un type du genre : « Biau frère, vous requérez en charité être accueilli et accompagné à vie et à trépas aux bienfaits d'icelle... » La mort ne brise pas la fraternité.

Parents et confrères n'épuisent pas la solidarité chrétienne. La pratique des œuvres de miséricorde, les legs aux déshérités et aux hôpitaux demeurent, avec une intensité renouvelée, le meilleur moyen de s'assurer la prière des intercesseurs-nés que sont les pauvres, membres du Christ. Les recours, enfin, sont, plus que jamais, cherchés dans le ciel même, parmi les saints. Les hommes de la fin du Moyen Age s'adressent volontiers aux protecteurs spécialisés contre la mort subite. Ils sont connus. L'iconographie place un calice dans les mains de sainte Barbe, à qui l'on attribue la grâce de ne pas mourir sans viatique. La réputation de saint Roch est la plus célèbre parmi les saints antipesteux. Mais nul n'égale en renommée saint Christophe. Un dicton voulait que « le jour où la face de Christophe tu verras, en ce jour de male mort point ne mourras ». Afin de rendre l'image du saint plus aisément visible, la sculpture et la peinture multiplièrent ces énormes effigies qu'on voit encore au sommet de quelques clochers et aux murs de certaines églises, par exemple en Italie du Nord.

Quant à l'intercession de la Vierge, peu d'époques l'ont autant recherchée contre la mort subite et la damnation. La *Mater omnium* abrite, couramment sous l'ample manteau dont la revêt l'artiste tous les membres, hommes, femmes, enfants d'une famille, d'une confrérie, d'un village. Le thème iconographique de la Vierge de Miséricorde devient l'un des plus fréquents. De son côté, la littérature, non sans hardiesse ou mièvrerie, met en scène « l'advocacie Notre-Dame » plaidant contre Satan; ainsi fit un chanoine normand en 1353. De son côté, une laude ombrienne attribue à Marie l'invocation suivante : « Par le lait dont je t'ai nourri, écoute-moi un peu, mon Fils. Pardonne à ceux pour qui je plaide... Je t'en prie, si cela se peut, efface ta sentence. »

Le monde des vivants, celui des trépassés, celui du ciel, c'est-à-dire les trois Eglises, militante, souffrante, triomphante, sont unis dans la même attitude et par le même souci. Au XIVe siècle, l'ecclésiologie redonne un sens nouveau à la formule *congregatio fidelium*, en même temps que la société civile définit les « états » sociaux. Le sentiment de la communauté des morts et des vivants compte parmi les solidarités chères au XIVe siècle. Mais l'explication et les formulations sont d'un ordre différent. « L'inflation » des indulgences correspond à l'intensité de la préoccupation de la mort et du salut. On connaît les exagérations minutieuses de cette pratique, tels que les décomptes méticuleux des années de rémission, jusqu'à 46 000 ans. On sait également les erreurs d'interprétation qui, chez un grand nombre de gens, transformèrent les indulgences en assurances quasi automatiques contre la mort subite et la damnation. On sait enfin, après quelles longues réticences, le pape Calixte III, en 1457, finit par sanctionner l'usage de l'application des indulgences aux âmes des trépassés. Si tous ces détails importent considérablement à l'histoire des attitudes religieuses en face de la mort, l'idée profonde qui les sous-tend importe davantage à l'explication du sentiment et de la pratique. Les convictions de base sont la notion de rachat, de solidarité dans le rachat, de « trésor de l'Eglise ». La croyance à la communion des saints et à la Rédemption se situe hors du plan de l'histoire positive, mais celle-ci ne peut pas les méconnaître sous peine de ne rien comprendre aux comportements des hommes qu'elles animèrent.

En dernière analyse, la considération des « novissima » par les hommes de la fin du Moyen Age est essentiellement christologique. Chaque génération ou chaque époque insiste sur le mystère qui correspond le plus à ses besoins et à ses tendances. Les contemporains de la guerre de Cent Ans s'attardaient avec complaisance à la méditation de la Passion. Il faudrait alors rappeler les formes de dévotion que la contemplation suscita. S'associer à la Passion, a-t-on écrit, devient alors l'acte principal de la piété chrétienne. Tout le prouve, depuis les méditations de sainte Brigitte jusqu'aux pratiques les plus populaires. La considération des étapes de la Passion n'inspire pas seulement le Chemin de la Croix, mais une analyse de tous ses détails et chaque instrument du supplice, chacune des souffrances, chacune des plaies du Christ devient l'objet d'une vénération particulière. Des confréries spéciales se placent sous le patronage de la Passion et se font un devoir de rappeler aux fidèles les réalités de leur salut par leur expression dramatique. De même, l'iconographie en détaille les aspects et le *Volto Santo* de Lucques connaît une extraordinaire renommée; la polyphonie prête la sensibilité de ses modulations tourmentées pour traduire la supplication du *Vultum tuum deprecabantur.* La liste des exemples pourrait s'étendre à l'infini. Bornons-nous à noter les tendances essentielles. D'abord la participation individuelle du chrétien à l'acte rédempteur par la pénitence. Ensuite, la considération de la com-passion de la Vierge de Douleur, contemplée dans les *Pietàs,* suppliée dans le *Stabat mater.* Surtout, il est remarquable que la piété populaire, elle-même, tout encombrée qu'elle soit de surcharges, conserve, dans son insistance à dénombrer les « fruits » de la messe, la notion de son sens sacrificiel. Ainsi, suffirait-il, pour conclure, d'évoquer la véritable synthèse incluse par les van Eyck dans le retable de l'*Agneau Mystique.* La dure expérience des générations aux prises avec la disette, la peste et la guerre, trouvait sa consolation et la solution de ses inquiétudes dans l'association antithétique, mais indissoluble, de la Croix et de la Fontaine de Vie.

BIBLIOGRAPHIE : E. MALE, *L'Art religieux à la fin du Moyen Age en France,* 2e éd., Paris, 1962. — J. HUIZINGA, *Le déclin du Moyen Age,* Paris, 1962. — A. TENENTI, *La vie et la mort à travers l'art du Moyen Age,* Paris, 1952; *Il senso della Morte e l'Amore della Vita nel Rinascimento,* Turin, 1957. — P. ADAM, *La vie paroissiale en France au XIVe siècle,* Paris, 1964. — J. TOUSSAERT, *Le sentiment religieux en Flandre à la fin du Moyen Age,* Paris, 1963. — E. DELARUELLE, E.-R. LABANDE, P. OURLIAC, *L'Eglise au temps du grand Schisme et de la crise conciliaire,* 2 vol., Paris, 1962. — *Colloque d'histoire religieuse* (Lyon 1963), Grenoble, 1963.

XII

Notes sur la mortalité à Paris au temps de la Peste Noire d'après les comptes de l'œuvre de Saint-Germain-l'Auxerrois

Les écrits contemporains de la Peste Noire laissent entendre que le fléau atteignit la région parisienne et la capitale elle-même au cours de l'été 1348 et qu'elle sévit jusqu'au cœur de l'hiver 1349-50 (1). On sait que la Faculté de Médecine, dès octobre 1348, donna sur les causes de l'épidémie et les moyens de s'en préserver, la consultation que le roi lui avait demandée (2). En juillet 1349, mourait l'évêque, Foulque de Chanac (3). Trois mois plus tard, la duchesse de Normandie, Bonne de Luxembourg, succombait (4) ; puis le 12 décembre, sa belle-mère, la reine, Jeanne de Bourgogne, la suivit dans la tombe. Mais à part quelques autres noms épargnés par l'oubli, on demeure dans l'incertitude sur le nombre et la qualité des victimes parisiennes de la Peste. On voudrait savoir jusqu'à quel point s'égarent l'invraisemblance et la contradiction coutumières des allégations numériques des

(1) Un état de la question et des principaux travaux publiés depuis l'ouvrage classique de F.A. GASQUET, *The Black Death ot* 1348-1349 (Londres 1908) a été récemment donné par E. CARPENTIER, La Peste Noire. Famines et épidémies au XIVe siècle, *Annales, E.S.C.*, XVII, 1962, pp. 1062-1092.

(2) A. COVILLE, Ecrits contemporains sur la Peste de 1348 à 1350, *Histoire Littéraire de la France*, XXXVII, 1938, 325-390.

(3) Le 25 juillet (EUBEL, *Hierarchia Catholica medii Aevi*, 2 éd., T. I, 1913). Il fut enterré à Saint-Victor. FÉLIBIEN, *Hist. Ville Paris*, T. I, 1725, p. 603.

(4) Le 11 septembre selon Viard et Delachenal. Sur cette mort, voir R. CAZELLES, *La Société politique et la crise de la Royauté sous Philippe de Valois*, Paris, 1958, p. 228, n. 3.

chroniqueurs. Certains disent qu'« il mourait bien jour après autre VIII cenz personnes », d'autres qu'à l'Hôtel-Dieu, les religieuses, réduites de 102 à 40, assistèrent 500 (ou 50) mourants quotidiennement, entre Pâques (12 avril) et la Saint-Rémy (1er oct.) 1349. Le nombre total des victimes aurait été, selon les auteurs, de 50.000 ou de 80.000 (5). De tels nombres, comparés aux estimations, encore récemment discutées, de la population de Paris (6), paraissent difficilement acceptables. Ont-ils au moins l'intérêt d'exprimer un ordre de grandeur? On voudrait le contrôler. A défaut de registres paroissiaux et de toute documentation susceptible d'information statistique directe, le hasard de la recherche entrouve parfois une voie d'approche. Il subsiste aux Archives Nationales l'un des plus anciens, sinon le plus ancien, des registres de marguilliers des paroisses de Paris, correspondant précisément à l'époque de la Peste, 1340-1358, et, par chance, concernant la paroisse la plus importante de Paris au Moyen Age, Saint-Germain-l'Auxerrois (7). Or, à quelque chose malheur étant bon, l'œuvre Saint-Germain, comme toutes ses semblables, bénéficia de la générosité posthume des fidèles. La liste de ses recettes, au cours de années fatales, énumère les legs des défunts et révèle leurs noms.

Les comptes de l'œuvre Saint-Germain-l'Auxerrois appartiennent à une catégorie de sources encore « trop négligée », quoique non négligeable. G. Constant le déplorait, voilà vingt-cinq ans, dans la *Revue de l'Histoire de l'Eglise de*

(5) *Grandes Chroniques de France,* éd. J. VIARD (*S.H.F.*), IX, 1937, 314. *Le Continuateur de Guillaume de Nangis,* éd. H. GÉRAUD (*S.H.F.*), II, 1843, 211-220, spéc. 212.

(6) G. FOURQUIN, La population de la région parisienne aux environs de 1328, *Le Moyen Age,* t. LXII, 1956, pp. 63-91. Ph. DOLINGER, Le chiffre de la population à Paris au XIVe siècle : 210.000 ou 80.000 habitants? *Rev. Hist.,* CCXVI, 1956, 35-45.

(7) Arch Nat. LL. 730. G. CONSTANT (art. ci-dessous n. 8) indiquait, par erreur, que ce registre s'achevait en 1349. En se fondant sur les rôles de la taille de la fin du XIIIe siècle, on a pu estimer à 33.240 habitants la population de la paroisse de Saint-Germain-l'Auxerrois (voir A. FRIEDMANN, *Paris, Ses rues, Ses paroisses,* Paris, 1959, pp. 346-347).

France (8) ; il ne semble pas que, depuis lors, le catalogue des registres des marguilliers dont l'auteur de l'article dressait une ébauche ait été suivi de l'inventaire général qu'après lui, nous souhaitons. L'intérêt de tels documents pour la connaissance des réalités quotidiennes de la vie sociale est modeste souvent, mais certain. Les comptes de Saint-Germain en contiennent quelques preuves. L'une d'elles ne semble pas avoir retenu l'intérêt qu'elle mérite : l'importance des dépenses effectuées par la fabrique, entre 1340 et 1345, pour voûter le chœur de l'église. L'histoire du monument pourrait y trouver son affaire. A Saint-Germain, comme ailleurs, les comptes de l'œuvre étaient tenus par l'un des quatre ou cinq marguilliers. De 1340 à 1358, la tâche fut assurée par Jean Morellet. Les usages comptables étaient ceux de toutes les fabriques paroissiales. Au milieu du XIVe siècle, ils n'avaient pas la régularité prescrite plus tard par un matrologue rédigé en 1488 (9). Le marguillier chargé de la « boîte » et du tronc de l'œuvre ne versait pas le contenu du second dans la première et ne comptait pas celle-ci à des dates absolument constantes. Il le faisait à des moments variables, mais toujours à l'occasion des principales fêtes de l'Eglise et du calendrier parisien. Il rendait ses comptes en présence de ses confrères, du curé, du chantre et du doyen du Chapitre de Saint-Germain.

Le registre est un petit volume relié de 73 folios en papier. L'écriture est suffisamment soignée. La distinction des recettes et des dépenses est nette jusqu'à 1352 ; moins claire ensuite. Les recettes occupent la majeure partie des pages.

---

(8) G. CONSTANT, Une source trop négligée de l'histoire paroissiale: les registres de marguilliers, *R.H.E.F.*, XXIV, 1938, pp. 170-183.

(9) Arch. Nat., LL. 728, document étudié par Mlle E. HARDEL, dans sa thèse de l'Ecole des Chartes : *Saint-Germain l'Auxerrois à Paris. Essai historique* (2e partie, chap. II) dont les *Positions* seules ont été publiées (*Pos. Th. Ec. Ch.*, 1935, 113-115). Nous remercions l'auteur d'avoir eu l'obligeance de nous communiquer le texte dactylographié de son ouvrage. Sur l'histoire de la paroisse, on peut consulter aussi M. BAURIT et J. HILLAIRET, *Saint-Germain-l'Auxerrois*, Paris 1955.

Parmi elles, à côté des aumônes, oblations, rentes et loyers d'immeubles, les legs, avec les noms des testateurs, forment de longues listes, couvrant les deux tiers du texte écrit. Nulle part, cependant, l'épidémie ne fait l'objet de la moindre allusion. C'est tout juste si les dépenses notent, en passant, le renouvellement d'un matériel usé, peut-être, par une utilisation trop fréquente : parmi les « mises » faites au cours de l'été 1349, Jean Morellet a inscrit : « Item, pour II pailes à mettre sur les corps, 24 s. par » (10). Crainte superstitieuse ou pudeur inspirée par l'effroi, les hommes répugnent à nommer le mal qu'il redoute ; on l'a observé ailleurs.

Le décompte des décès peut s'effectuer de façon assez simple. La formule de l'enregistrement d'un legs parmi les recettes de l'œuvre est du type suivant : « *dou testament Jehan Guillot, 4 s.* ». Généralement, un testament correspond à un seul défunt (11). Il n'en alla jamais autrement avant la période de la Peste. En revanche, à partir de l'été 1348, on verra qu'il n'est pas rare de trouver mention d'un testament et d'un legs uniques pour des conjoints testant parfois en commun avec leur progéniture, ou pour deux frère et sœur (12). En définitive, le nombre des morts est légèrement supérieur à celui des testaments.

Le nom de quelques testateurs est quelquefois précédé de la mention « feu » (... un tel). Pour expliquer de telles exceptions peu nombreuses et sans règle apparente, doit-on les considérer comme les seules indications certaines du décès des testateurs? En ce cas, faudrait-il supposer que la somme notée était une part du droit curial sur les testaments réservés à la fabrique? On ne constate nulle part une telle pratique. En de nombreux cas, celle-ci eût été d'un rapport anormalement élevé, et fort irrégulier. En une telle hypo-

---

(10) F° 17.

(11) Une seule fois, en 1349, le nom du testateur est omis, mais le montant du legs indiqué (f° 35). Il arrive qu'un legs apparemment unique soit mentionné deux fois, par exemple, celui de Jean de Vauricher en novembre et décembre 1349, f°s 36 v° et 37.

(12) En novembre 1349 (f° 36 v°) : *dou testament Andry et Jehane, enfans J. Erart, 6 s.*

thèse, enfin, le nombre total des morts eût été invraisemblablement réduit. Nous n'avons pas retenu cette supposition non confirmée par l'usage. La coutume était d'encaisser et d'enregistrer le montant des legs après décès.

La preuve en est qu'à l'occasion, le comptable totalise, ici et là, « *ce que les lais ont valu* », sans distinguer parmi les testateurs ceux auxquels il a accordé la mention « feu » de façon expresse. D'autres documents, au surplus, attestent la simple dévolution des legs a l'œuvre Saint-Germain ou à celle d'autres paroisses parisiennes antérieurement et postérieurement à la période intéressée par notre document (13).

Une autre remarque, malheureusement, affaiblit la valeur du texte. De toute évidence, la liste des testateurs ayant fait un legs à la fabrique, ne concerne pas la totalité des décès survenus parmi les paroissiens de Saint-Germain. On ignore la proportion des uns et des autres. Pourtant, malgré leur caractère incomplet, les variations du nombre des legs méritent l'attention.

Il est possible de comparer le nombre des testateurs décédés pendant les huit ans précédant la Peste à l'effectif de ceux qui moururent au cours des dix-huit mois où le mal sévit.

Du samedi de Pâques 1340 (22 avril) au mercredi après la Pentecôte 1348 (11 juin), 78 personnes (41 hommes et 37 femmes) laissèrent des legs à l'œuvre Saint-Germain. Ces legs ne se répartirent pas de façon régulière au cours des huit années. Plus de la moitié de ces 78 décès, soit 47 (21 hommes et 26 femmes) se produisirent entre avril 1340 et avril 1341 ; bien qu'aucune chronique ne l'indique pour Paris, on sait qu'ailleurs, à ce moment, la mortalité fut supérieure à la normale. Si on la peut considérer comme telle, la mortalité des sept années suivantes dut être faible. Pour

---

(13) En 1307, Simon Pizdoue, chanoine de Saint-Germain-l'Auxerrois lègue à la fabrique de cette église 8 lb. par. (texte du testament in *Bull. Soc. Hist. Paris*, XXXI, 1904, pp. 33-39). En 1466, les marguilliers de Saint-Hilaire-du-Mont notent en leurs comptes ceci : « *Item, pour le legs de Jehan de Soison, lequel il fist à son trespas à ladicte fabrique, 2 s.* » (Arch. Nat. H^5 3778^1, f° 1 v°).

autant qu'en l'occurrence, une moyenne ait une signification, celle-ci serait de 5 décès par an d'avril 1341 à juin 1348.

Tout changea vers le milieu de cette dernière année (14). Du mercredi après la Pentecôte 1348 (11 juin) au lundi de Pâques 1350 (29 mars), on ne dénombre pas moins de 419 legs correspondant à 449 décès. Pour chacun des 22 mois, on estimera la moyenne des testaments et celle des décès à la moyenne proche de 20 et celle des décès supérieure à ce chiffre. Transposée à l'année entière, la moyenne s'élève à 240, soit 48 fois plus qu'au cours des cinq années antérieures à la Peste.

L'évolution du nombre de legs et de décès au cours des 22 mois considérés semble correspondre à la fluctuation généralement admise de l'épidémie. Une progression lente s'annonce au cours de la première année, du 11 juin 1348 au 14 juin 1349, avec 125 testaments et 135 décès (moyennes mensuelles 10,4 et 11,25). Si notre interprétation de certains passages du texte est correcte, nous pouvons préciser que la mortalité s'est élevée brusquement à partir des derniers jours du mois d'août 1348 (15). Cela confirmerait les dires de plusieurs documents selon lesquels « la Peste entra en Normandie environ la Saint Jaque » (25 juillet) (16), s'insinua en direction de Paris par le Nord, à Roissy (17) où

---

(14) STICKER, *Die Peste,* I, 5e éd. 1908-10, p. 60 et K. SUDHOFF, Festschriften, *Arch. für Gesch. der Medizin,* XVII, 1925), cités par A. COVILLE, *H.L.,* XXXVII, 339, n. 4, écrivent que la mortalité commença en juin, mais ils ne fournissent pas de références.

(15) Le comptable de l'œuvre de Saint-Germain a relevé la « boîte », pour la première fois après le mercredi après la Pentecôte 1348 (11 juin), la veille de la « Saint Mer ». Il ne peut pas s'agir de la Saint-Médard (8 juin). Nous avons interprété cette indication comme une abréviation du nom de la fête de Saint Merri, la seule dont la célébration puisse, selon le calendrier de Paris, correspondre au nom ainsi indiqué, cf. P. PERDRIZET, *Le Calendrier parisien à la fin du Moyen Age,* Paris, 1933.

(16) L.A.J. MICHON, *Documents inédits sur la Grande Peste de 1348,* Paris, 1860, p. 13, n. 1, citant le ms. 2585 de l'ancien fonds latin de la Bibl. Nat.

(17) *Grandes Chroniques de France,* éd. citée, 314. Roissy, Seine-et-Oise, arr. Pontoise, cant. Gonesse.

elle fit ses premières victimes, alors que la capitale était dans l'anxiété dès le commencement d'août (18). Selon le continuateur de Guillaume de Nangis (19), le mal y régnait à la fin du mois d'août. De fait, notre interprétation nous conduit à estimer que du 11 juin au 27 août, en deux mois et demi, à Saint-Germain-l'Auxerrois, il y aurait eu 14 décès, et qu'au cours des neuf mois suivants on en aurait déploré 121 (environ 13 par mois).

A partir du 25 avril 1349, les nombres sont indiqués pour des périodes beaucoup plus courtes. De septembre 1349 à mars 1350, le marguillier comptable a même jugé nécessaire de mentionner les changements de mois. Du 14 juin à la fin d'août 1349, on relève 126 décès (pour 115 testaments) en face de 80 (et 75) pour la période correspondante de l'année antérieure. Le maximum du fléau semble atteint en septembre (42 décès) et octobre (36 décès). Compte tenu d'une très grosse part d'exagération, la fâcheuse impression du Continuateur de Guillaume de Nangis, citée plus haut (20) nous étonnera moins, si, à notre tour, nous notons que le seul nombre des bienfaiteurs de l'œuvre de Saint-Germain morts entre Pâques et le mois d'octobre s'élève à 181 (21). La mortalité descendit progressivement au cours des mois suivants :

1349	novembre	26
	décembre	21
1350	janv.-fév.	34
	mars	29

(18) Bibl. Nat. ms. lat. 11 227, fol. 213, cité par COVILLE, *H.L.*, XXXVII, 339. G. FOURQUIN, *Les campagnes de la région parisienne à la fin du Moyen Age*, Thèse Lettres, Paris 1959, ex. dactyl., 255-257.

(19) Ed. Géraud, II, 211.

(20) Cf. supra n. 5 et 19.

(21) En 158 jours, du 25 avril au 1er octobre, cela fait une moyenne à peine supérieure à un par jour. Même en se souvenant que beaucoup de morts n'ont pas dû tester en faveur de la fabrique, il est évident que, Saint-Germain-l'Auxerrois étant la première paroisse de la ville, nous serions encore loin de compte avec le nombre de 800 décès quotidiens à Paris pendant la même période.

De la fin de mars à la fin de juin 1350, Jean Morellet n'énuméra plus les legs et se contenta de noter leur montant : du 29 mars au 20 juin, 16 livres 12 sous, somme qui, pour trois mois, est inférieure à celle des 28 premiers jours du seul mois de mars (18 livres 12 sous). La grande mortalité était passée.

***

Au point de vue démographique, le document ne se prête pas, malheureusement, à tous les commentaires souhaités. Il ne renseigne pas sur l'âge des victimes. La seule notation possible, mais sujette à caution, est celle des legs des veuves. En un temps où les remariages étaient fréquents, on peut supposer que les veuves étaient des femmes relativement âgées pour l'époque, disons qu'elles pouvaient avoir dépassé l'âge dit « canonique », c'est-à-dire environ 45 à 50 ans. Or nous avons relevé six décès de veuves pendant les premiers temps de l'épidémie (juin à août 1348) et treize pendant son paroxysme (juin à octobre 1349), ensuite plus un seul. La mort aurait-elle, ici comme ailleurs, emporté, d'abord, les plus âgés?

Une documentation de caractère testamentaire a peu de chances d'informer sur la mortalité des très jeunes. Deux fois seulement, des enfants, une fille et un garçon (22) ont laissé de legs de concert avec leurs parents. Mais n'était-ce pas simplement des célibataires vivant sous le toit familial? Ces cas pourraient, du moins, attester que la mort fauchait simultanément deux générations.

La disparition, également simultanée, de deux conjoints ne fut pas rare. Avant le temps de la Peste, le document ne mentionne pas un seul enregistrement de legs d'un ménage. Il en alla différemment au plus fort de l'épidémie : 11 ménages disparurent entre la fin d'août 1348 et la fin d'avril

(22) En 1349, vers la fin de mai ou au début de juin : *dou testament Jean de Bouloigne, de Agnes sa femme et Jehane sa fille, 6s.* (f. 31 v°). En octobre suivant : *dou testament Robert de la Ruelle et Henri son filz* (f° 36 v°).

1349, 26 entre juin 1349 et la fin de mars 1350 dont 14 de juin à octobre 1349. Sans doute, faudrait-il ajouter à ces nombres certains couples pour lesquels la similitude des noms n'est pas cependant un moyen suffisant d'identification.

On voudrait connaître l'étendue des ravages causés dans les familles, et l'espace de temps qui sépara les décès de leurs membres. Aucune certitude n'est possible. Tout au plus, peut-on rapprocher quelques noms semblables. Trois Boileau, Endelot, Pierre, Jean, moururent consécutivement en octobre et novembre 1349. Quatre Compans, Jean, Adam, Pierre et Isabel, disparurent, l'un dans l'été 1348, les trois autres en octobre et décembre 1349. Le nom des Dampmartin revient aussi quatre fois. De même pour les Lalemant, Thibert et sa femme Gertrude, Pierre et Emeline femme de Jean, entre avril et juillet 1349. Laurence, Perrenelle, Bertrand de Poissi disparurent coup sur coup entre la fin d'août 1348 et Pâques 1349; Guillaume les suivit l'été suivant. Toutain et Jean de Vauricher moururent à quelques jours de distance en novembre et décembre 1349. Les familles les plus connues de Saint-Germain-l'Auxerrois ont laissé leurs noms sur la funèbre liste; les Pizdoue deux fois (23); les des Essars six fois. Si ces derniers figurent quatre fois avant 1348, leur nom revient encore en septembre et octobre 1349, en pleine Peste, en particulier avec sire Pierre des Essars, marguillier de Saint-Germain (24) et beau-père d'Etienne Marcel.

Tous les morts n'étaient pas aussi célèbres, mais tous les milieux furent touchés: bourgeois notables, nobles, gens de métier. Les indications professionnelles cependant sont peu nombreuses: deux tailleurs de robes, un talemelier, un feron, deux orfèvres, un monnayeur (Lambert Lane), la femme

---

(23) Deux personnages nommés Jean, dont les legs ont été notés respectivement l'un entre Pâques 1346 et Pâques 1347 (f° 27 v°), l'autre en mars 1350 (f° 38). R. CAZELLES, *La Société politique et la crise de la Royauté sous Philippe VI de Valois*, Paris, 1958, p. 225, n. 4, indique en 1349 la mort de Jean Pizdoue, prévôt des Marchands depuis 1345.

(24) Notamment, f°s 27 et 35. A propos de la mort de Pierre des Essars, voir R. CAZELLES, *op. cit.*, p. 239.

d'un changeur (P. de Lagny), un cordouannier (P. des Essars), sans oublier la forme professionnelle de quelques noms (la Pastichière, la Boulengière, la Mégissière, la Chandelière, la Mareschale, la Chaussière, la Vachère, la Bouchière, la Despensière, la Barbière, le Lormier, le Pennier, le Charpentier, le Cordouannier, le Fèvre).

Le montant des legs semble correspondre, assez naturellement, à ce qu'on peut déceler des conditions sociales et des situations de fortune. Les sommes sont exprimées en monnaie parisis et les monnaies réelles n'apparaissent guère que dans le tronc et avec les aumônes, à l'occasion des récapitulations comptables. Soucieux des mutations monétaires, Jean Morellet prit soin, par exemple, d'interrompre ses comptes et d'ouvrir une nouvelle série de recettes à partir de la « Thiphaine (=l'Epiphanie) l'an XLVII (vst) que la fort monnoie commença » (25).

Une répartition des legs selon leur importance montre la prépondérance des sommes variant entre 2 s. et 6 s., les plus gros legs étant supérieurs à 1 ou 2 lb. Ceux-ci sont rarement comparables aux aumônes, parfois élevées (25). En période de mortalité « normale » (1341-1348) il n'y avait pas eu de petits legs (de 2 à 4 s.). En revanche, dès l'année 1340-1341, un tiers des legs (15 sur 17) fut de 2 à 4 s. et un deuxième tiers (16) compris entre 4 et 6. Nous avons relevé, sans pouvoir préciser, la mortalité relativement forte de cette année-là. L'importance des legs modestes y annonça celle, beaucoup plus marquée, du temps de la Peste. En effet, parmi les 419 legs notés de juin 1348 à mars 1350, 301 (presque 75 %) varient entre 2 s. et 6 s., soit 157 de 2 à 4 s. et 144 de 4 à 6 s. Les legs importants, supérieurs à 2 lb. parisis, ne dépassèrent pas le nombre de huit. Mais leur montant s'élève au-dessus du taux précédemment observé. Ils proviennent naturellement, de personnages aisés ou riches : on

---

(25) F° 29. *Ordoun,* II, 269-282. R. CAZELLES, *op. cit.,* p. 224.

(26) Par exemple, f° 24 : aumône de 10 lb. reçues de Jean Bonneul, 16 lb. de Jean Poilevilain (sur ce dernier, voir R. CAZELLES, *op. cit.,* index nominum), et 34 lb. *dou clerc Jehan de Bunnetot.*

PERIODES (les dates indiquées dans le texte par les fêtes liturgiques ont été rapportées au calendrier)	Nombre de testaments	Valeur totale des legs (en monnaie parisis) lb.	s.	d.	Nombre total des morts	Hommes	Femmes	Enfants Filles	Garçons	Veuves (comprises dans les nombres précédents)	Ménages (compris dans les nombres précédents)
1340 (22 avril) au 1341 (11 avril)	47	20	7	1	47	21	26			6	
1341 (11 avril) au 1342 (31 mars)	7	14	16	9	7	5	2				
1342 (31 mars) au 1343 (18 mai)	7	4	10		7	4	3			1	
1344 (9 avril) au 1345 (2 avril)	4	6	5		4	2	2				
1345 (17 juill.) au 1346 (20 avril)	1	10			1	0	1				
1346 (20 avril) au 1347 (7 avril)	3	6			3	3	0				
1347 (7 avril) au 1347 (27 déc.)	6	7	10		6	4	2				
1348 (6 janv.) au 1348 (11 juin)	3	4	4 (a)		3	2	1				
1348 (11 juin) au 1349 (25 avril)	75	23	4	8	80	44	36			6	6
1349 (25 avril) au 1349 (14 juin)	50	16	2	2 ob	55	29	25	1			5
1349 14 juin à fin août	115 (1)	37		11	126 (1)	68	56	1		12	12
1349 septembre	42	7	10	6	42	29	13			1	2
1349 octobre	34	12	7	6	36	21	14		1		6
1349 novembre	24	6	2		26	17	9				2
1349 décembre	17	7	15		21	11 (2)	10				
1350 janvier et février	33	9	19		34	18	16				2
1350 mars (jusqu'au 29)	29	18	12		29	15	14				2
1350 du 29 mars au 20 juin		16	9								

1) Un testateur dont le nom est en blanc (51).
2) Le testament de Jean de Vauricher (5s.) a été porté deux fois en nove. et déc.; on l'a compté une seule fois en novembre.
a) Forte monnaie à partir de l'Epiphanie.

note des legs faits par des orfèvres, 2 s. par. de P. de Conil, 5 lb. par. de Simon de Lille (27), enfin 9 lb. léguées par Guillaume de Ressons et sa femme.

Au total, en vingt et un mois, du milieu de 1348 au premier trimestre 1350, l'œuvre Saint-Germain a bénéficié de legs trois fois plus importants (155 lb. par.) qu'au cours des huit années antérieures (51 lb. de 1340 à 1348).

Tout se passe comme si la Peste avait précipité les hommes chez leurs notaires autant que chez leur confesseur. On l'a observé ailleurs qu'à Paris (28). N'est-ce pas là le symptôme d'un choc psychologique? Le legs du riche se fait plus substantiel. Les gens de moyen et petit état testent en nombre inaccoutumé. La grande angoisse, dont ils n'osaient prononcer le nom, ils ne se l'ont avouée à eux-mêmes que devant Dieu. Une voix qu'ils n'avaient pas prévue transmet un involontaire témoignage. Les extravagances numériques des Chroniqueurs n'étaient donc pas sans excuses ni justifications. La Peste faisait peur. A Paris, elle semble avoir frappé assez fortement.

Liste des personnes ayant laissé des legs
à l'œuvre de Saint-Germain-l'Auxerrois (1340-1350) (29)

f° 22 r° — Puis Pasques MXL (16 avril 1340)
la mere Adam Surafin
Jehanete Axmaline
Marie de Pieusons
Jehane du Chastel
Jehan Bana
Emmelin de Rieul

---

(27) Sur ce personnage, orfèvre du Roi, voir encore R. CAZELLES, *op. cit.*, p. 393.

(28) Particulièrement, E. CARPENTIER, *Une ville devant la Peste. Orvieto et la Peste Noire de* 1348, Paris 1962, p. 188.

(29) Nous exprimons notre gratitude à M. R. CAZELLES, qui a bien voulu confronter cette liste avec la riche documentation dont il dispose pour l'histoire parisienne de l'époque étudiée ici.

Jehane de Montpellier
Ysabel, fame Jehan Perrin
Mons. J. de Belloi
f° 22 v° feu Alys, jadis fame Lorens de Cruau
Nicolas de Pene
Adeline La Chipanone
Nicolas Gascooigne
Jehane de Merny
feu J. Main
Jehan Danneville
Perronnelle fame feu Simon Fevr(ier)
Robin le Noble
Richart Garnier
Robin de Caroulle
Mestre J. d'Orleans
Guillaume de la Chambre
feu Marguerite jadis fame Jehan de La Fontaine
Jehan de Bonneul
f° 23 r° Jehane fame jadis Pierre Dacy
feu Jehane fame Marcel Compens, changeur
Adenet Lenglais, cousturier
Jehan Mouchin
de feu Jehanette Duchine
Jehanette Coipele
Jehan Aulenc
feu Jehane Chartaine
feu Marie La Megissiere
feu Sanceline jadis fame André de Sussi
feu Emmeline fame Macy de Lappree
f° 23 v° Goris Berefort
Perrot Diany
Nicole de Nangis
feu Jaqueline fame Jaque de Verdun
feu Jaques de Danay
feu J. Preudomme poullaillier
Jehane La Bouciere
Marie fame Jehan de Tournay
Mons. Robert Bourgars, jadis chapelain de Saint Germain
Guens de Coignie(r)
Alis de Cambray
Jehane de Lourme
f° 23 bis, r° *mercredi apres la Saint Germain* (1er août 1341)
Estienne de Fasseten
feu Michel du Pin
Bernart Anfrie
mestre Henri de Dampierre
feu Jehane jadis fame Martin des Essars
feu Jehane Dan
Pasques l'an XLII (31 mars 1342)
Adan Painclane

mestre Nicole de Noisi
fº 24 rº Guillaume de Hedin
messire Vincent
Garnier de Compens
Renaut Hune
Ernoul dou Perier
P. Le Conte, orfevre
Robin Manelin
Jehan de Bonneul
Jehan Poilevilain
Martin des Essars
feu Jehane, jadis fame Jehan du Ru de Rains
feu Clemence, fame Auln.
Luce de la Fontaine
feu Guillebert Leclerc
fº 24 vº blanc
fº 25 rº *mardi apres les huitaines de la Chandeleur l'an XLII*
Estienne de la Bruiere (11 février 1343)
vendredi apres Pasques CCCXLIIII (9 avril 1344)
Jehan de Meaux
Gieffroi des Essars
fº 25 vº Richart Foinet de Roen
la Dame du Cardonnoy
fº 26 rº et vº blancs
fº 27 rº *puis le XVIIe jour de juillet l'an CCCXLV* (1345)
feu Ysabel la Boucounere
jeudi apres Pasques l'an XLVI (20 avril 1346)
fº 27 vº feu Mons. Jacques des Essars
de Aubelet Faroul
de Vincent de Vauricher
de Philippe de Vauricher
de Michiel Osser
feu Jehan Pizdoue
Guillaume Brussier
samedi apres Pasques l'an XLVII (7 avril 1347)
feu Jehane Aussire
messire Jehan de Brulart
Ernoul du Per(ier)
Jehane la Thibaude
Esglent de Hedin
feu Messire Jacques des Essars
fº 29 rº *la Thiphaine l'an XLVII* (6 janvier 1348)
Jehan Guillot
Jehan Danisi
Jehane de Damas
mercredi après la Pentecouste l'an XLVIII (11 juin
Alexandre du Vivier 1348)
Pierre Cheval
feu Pierre le Conte
feu Simon Bourdon

fame Jehan Voisin
feu Gile de Dinant
feu Denise Courrois
feu Jehane de Dampmartin
feu Jehan Dorion
feu Jehan de Compens
Daniel le Breton
fame Jehan de la Haie Meslin (?)
f° 29 v° Agnes, jadis fame Mestre Jehan de la Caze
Guillemette la Pastichiere
mercredi (?) *veille Saint Mer* (27 ou 28 août 1348)
Jehanette la Liniere
Jehan le Mille et sa fame
Fanquet de Bouffon et sa fame
fame Jehan Morise
Henri de la Cour
Nicole jadis fame Jehan Morice
Gieffroi Papillon
La Coque
Gieffroi Petit Mestre
feu Jehan Chemin
feu Nicolas Leloe
feu Jehane Solere
Juliens Duboc
Guillaume Baudri
Dignee Le Normant
f° 30 r° Helains, jadis fame Gieffroi le Biron, sellier du [Roy
Alis, jadis fame Thomas Giffart
Ysabel la Faviere
Thomasse la Pastie
Jehan Pillon
Lorence de Poissi
Jehanette Garengiere
Savre Denelin
Robin de Roen
maistre Guillaume du Temple
Jehane de Mentes
Marie la Gesequine
Nicole de la Paroisse
Jacqueline la Trisarme
Lucas Sausette et sa fame
Guillaume de Verdelai
Jehanette de Verdelai
Marie la Buissette
Marguerittes de Lingni
Michiel Laichannier
Jehan de Saint Merri
Jehane de Senlis
Jehan Austin
f° 30 v° Geraic (ou Getruc) Betefort (ou Betefoi)

Philippe de Saint Pol et Jehane sa fame
Perrenele de Poissi
feu Jehan Darras
Bertaut de Poissi
Richart le Cauchois
Jehane la Cauchoise
Colin Bresie (?)
Guillaume Morice
Martin du Melin
Ge(ou a)nie (ou Gerue) Haubert
Jehan du Til
Philippote la Pastichiere
Clement Torel
Prion de Condé
Jehane femme de feu Galiot le Bon Enfent
Jehane la Pocharde
Prion (?) de la Boiste
feu Jehande Saint Memy
Germain le Pareur et Jehane sa fame
Jehane jadis fame Simon Honan
Guillaume Legrant

f° 31 r° *le samedi apres Quasimodo* (25 avril 1349)

Hemeri de Lorris
Pierre Neele
Enjorran Lescot
Sanson Hocheteste
Jehane fame jadis Galiot le Charpentier
Pierre Ferrat
Crestiene jadis fame Jehan de Massy
Aveline jadis fame Guillaume Renaut
Jehan Requignart
feu Jehane jadis fame G. de Compens
feu Gertrus fame Thibert Lalemant
Lorens Charles
Raoul de Chaumans
Robert le Porcher
Pierre Lalemant
mestre Raoul le Mire
Alixandre le Cordouannier
Jehan à la Hache
Richart le Seneschal
Isabel fame Jehan le Bon
Edeline la Picarde

f° 31 v° feu Agnes fame Lorens Roussel
Marguerite la Chaussiere
Genevieve la Cudane
Micheline David
Jehane la Mareschale
Denise de Gastinois
Lorence fame dudit Denise

feu Jehan Pique
feu Jehane fame Marcel de Compens
feu Jehan Marcel et Perrenele sa fame
Jehan de Saint Marcel et sa fame
Perrenele de la Ruelle
Nicolas Garnin
feu Thibert Lalemant
feu Jehane fame Raoul de Senlis
Jaque de Campans
Jehan Berart
Alis fame dudit Jehan
Guillaume Le Roy
Marie Daubermarle
Jehane jadis fame Thomas Renart
Guillemin de la Mare
Jehan Boiliaue
Agnes la Devene
La fame Jehan Saicis
Colin Blondel
Guillaume Franquelin
Marie fame Jehan Rose
Jehan de Bouloigne
Agnes sa fame et Jehane sa fille
f° 32 r° Jehan Morin (?) (1)
Nicole fame Gentil Baudri (1)
f° 33 r° *le XIIIe jour du mois de Juing l'an XLIX* (1349)
messire Nicole Maugier
Eliot Bon Enfans
Jehane la Tibaude
Jehan Dabre
Guillomette fame Jehan Bengis
Gieffroi Gedare
feu Agnes sa fame
Guillaume le Tonnel et sa fame
Perrenelle fame Jehan le Cordier
Sanxeline Petillou
fame Simon le Rebanier
Marguerite la Chaussiere
feu Emmeline fame Jehan Joie
Guiot Vivien, henouart
Michel de Mesengole et sa fame
Jehan Morisse
Jehan Vimant
Lamiere (?)
Agnes de Corbie
Marguerite de Leri
Jehanette la Piquarde

(1) Nom cancellé.

Margat de Louviers
Margat de Gournai
Emeline fame Ger(main) Lalemant

f° 33 v° feu Damoiselle Isabel de Gant
Nicolas de Saint Benart
Jehanin Mouchu
Robin Renier
Jehane la Blondole
feu Gioffroi Feret
Pierre Remi
Nicolas de Lescalier et sa fame
feu Perrenele fame Robert Labbé
Gautier d'Audernarde
Jehanin de Tamis (Camis, Tanus ou Canus)
Jehan Monet
Nicola fame Senc.. Baudri
Pierre Bondette
Thomas Vilie
Nicolas de Loffisse
Guillaume de Poissi
Gautier Lenglois
Hervé (?) le Biccon et sa fame
Guillomette la Piquarde
Jehan Chapamie
Pierre Longnie et sa femme
P. du Tiet
Pierre le Devin
Thomas Rose, tailleur de robes
Richard Dianis
Simon Laffiner
Pierre fame Jehan de Chaicas (?)
Richard Denis

f° 34 r° Jehanin Villon
Ernoulet Lucas
Marguerite de Farbus
Jehane La Monerie
Ernelot La Bele Fame
feu Mons. Martin de Mallaunai
Jehane La Ricouarde
Guillaume de Senlis et sa femme
Jehane fame Guillaume Lequeu
Jehanin (?) Gastaigne
Rich(art) Cochet
Perrin de Vanrel
Agnes de Sens
Simon Chamel
Jehane La Bele
Cole fille Quentin Le Fevre
Juliene La Turele
Jehan Tournant

Jehane fame Lanbert
Jehane La Boulangiere
Alis fame J. Dauvergne
Jehan Cheval et sa fame
Huguelin Le Bourguer et sa fame
Richart de La Sale
Jaquinet Hervieu
Nicole fame Gilot Dyvin
Jehane de La Garane
Nicole fame Jehan Le Vuer
Marguerite de Laigni
Ysabel La Vele
f° 34 v° Jehan de Fresnoi
Guillaume Le Maiell (?) et sa fame.
Guillaume Le Mignon, tailleur de robes
Lanbert Lane, monnoier
Agnes du Bois
Agnes La Meresse
Guillaume Le Bourguignon
Marion La Barbiere
feu Andriet de Pontoise
Hue Le Sans et sa fame
feu Jehan Beraic et Alis sa fame
Richart de La Sale
Marie Bas
Jehan Filleul
Jehane La Royne
Simon de Lille
Katerine de Brive
Mess. J. Lapire
Jehan Duquesne
Robert de La Mollaie
Girart Candel
Rollandin Gautier
Guillaume Le Despensier
Nicole La Flandrine
f° 35 r° Jehan de Querville
Perrin Lesan (?)
Jaqueline La Pirence
Jehane La Mareschale
Robin Machecrier
Marie fame Hemont Le Lormier
feu Henri Binelu

Septembre

feu Jehan Viel
feu Jehane de Buci
Jehan de Mouenne
Jehan Le Loirant
feu Emeline

feu Emeline La Cerele
Perrenele de Finlars (?)
Martin Lestour
feu Jehan Daqueville
Pierre Dionis
Jehan du Sablon
Jehan du Pont
Agnes La Chandeliere
Marguerite de Louviers
Thomas Lenglois
Pierre des Essars, cordouannier

f° 35 v° Jehane la Vachere
Yvon de Londres
Guillaume Guibert
Messire Yve Daniel
Jehane La Gabette
Jehan Danisi
Philippot d'Abbeville
Enjorrant du Bosquel
Philippot de Silli
Richart Le Galais
Guillaume Lami
Marguerite sa fame
Jehan Cernoille
Guillemette sa fame
Marie fame Massé Blondel
Guillaume Hardi
Perrenele jadis fame P. Memmemacin
Jehan Lanbert
Jehan Baudet
Regier de Lannoy
Jaque Le Galois
Pierre de Rains
Ysabel fame Estiene Sauce
Sandrin Le Biedeur
Jaque Baudri

Octobre

f° 36 r° Jehane Belcire
P. de Laon et sa fame
Messire Clarin Paumier
Jehane jadis fame Robert de Damprenon
Yvan (*en blanc*)
feu Marie jadis fame P. de Laigni, changeur
Lois Feuillet
Marie jadis fame Lois Feuillet
Jehan de Vissant
Firemain Yvon
la fame Robert (de) ? Lavre
Perrenele La Chemele

Jehanette Fairville
feu Maline de Saint Germain
feu Denise Cosset
Martin Lenglais
Jehan de la Paroisse
Robert Cognille, ferron
Adan de Compans
Guillaume Ronque
P. des Essars
P. de Compans
Anthoine de Lille et sa fame
Guiot Devin
Perret La Cornue
f° 36 v° Robert de la Ruelle et Henri son filz
Lois Piot
Endelot Boiliaue
Sedile de Soissons
Geruc de Soissons
P. Le Boulengier
Guillaume Le Garnier
Marie de Vincent
Pierre de Compens (1)

Novembre

Mestre Nicelin
Agnes fame Gerart Meret
feu Jehan des Jardins
Maheut fame Guillaume Le Bougan
Lancelot Pinart
Marie sa fame
Gerart de Rieu
Jehane La Noblette
Robinette jadis fame P. Leconte
Mestre Jehan de Vauricher
Toutain de Vauricher
Pierre Boiliaue
Esteve Sauce
Richart Pasté
Nicolas Le Pellet
Guillaume Le Fevre
f° 37 r° Mahi Vermont
Jehan Boiliaue
Messire Thomas de Beauves
Perrin de Melun et sa fame
And(ré) et Jehane enfans J. Erart
Blanche de Faloise
Jehan Vilain, orfevre
Jehane La Bouchiere

(1) Nom cancellé.

Décembre

Jehan de Vauricher
Jehan de Conil, orfevre
Robert de Faloise
Pierre de Lille
Jehan Thomas
Enguerrent Le Pennier
Jehane sa fame
Houdette de Montpellier
Jehan Le Came et sa fame
Guillaume Compere et sa fame
Isabel de Compans
Perrenele La Guillemine (?)
Pierre de Bron et sa fame
Denise Galice et sa fame
Jehane de Dampmartin
Jehane de Vilts (?)
Josse Simon
Jehan de Dampmartin

Janvier (1350)

f° 37 v° Nicolas Halier
Gieffroi Fennel
Jehane sa fame
Gile le Hambourgeois
Mahieu Casset
Pierre Henri
Garn(ier) de Brumart
Jehane Molette
Anfroi de Guisane
Jehane Poirette
Perrone de Damas
Haudette de Montpellier
Marguerite de Langres
Perrenele La Despensiere
Jehane de Nengis
Jehane de Dampmartin
Jehan Lenglais, talemelier
mestre Raoul de Rains
Alis des Jardins
Jehane La Megre
Gerarde La Mannichiere
P. de Saclai
P. de Bellai
f° 38 r° Phelissa de Hubessant
Pierre de Limeuil (?)
Perrin Lusette
Marguerite des Mares
Alis de la Bruiere
Ysabel de Belugne

P. de Lai
Martin Candebec et sa fame
Sedile La Baillette
Marie de Roen

Mars

Esteve Josep
Marguerite La Coignarde
Gieffroi Lecurier
feu Jehane Bacerelle
Jehan de Lorris
Jehane sa fame
Katerine La Brette
Thomasse de Sens
Girart de Campens
mestre P. Casart
Guillaume de Ressons
Jehane sa fame
Jehan Pizdoe
Emeline Piere
Jehane Charles
f° 38 v° Jehane fame Reg(nier)
Gerart Giffart
Robert Sanson
Marie Same
Alez, fame Jehan de Bonneul
la fame Nicolas Halier
P. de Senlis
Ysabel de Harsin
Betris de Dartiede
Jehane de Saint Germain
Nicolas Rousselet
Jaque des Mares
Bouvart de Chaalans

f° 51 r° *Lendemain de Pasques l'an CCC et L* (29 mars 1350)
Les lais ont valu depuis ce jour jusques au dimanche devans la Sainct Jehan l'an cinquante (20 juin 1350) 16 lb. 19 s.

XIII

LES FORMES POPULAIRES DE LA PIÉTÉ AU MOYEN AGE

INTRODUCTION AU COLLOQUE SUR LA PIÉTÉ POPULAIRE

Le sujet est ambigu, ramifié vers tous les secteurs de la vie sociale et religieuse. Difficile à cerner, son extension couvre un long millénaire. Les sources sont diverses, inégales; les plus inattendues et les moins spécifiques ne sont pas les moins utiles. Il faudrait posséder la compétence de l'archéologue, l'ingéniosité de l'ethnologue, la finesse du sociologue. Esquisser, en une heure, les traits caractéristiques des formes populaires de la piété, c'est une gageure, supposant des choix inévitablement discutables. Pourtant cette imprudence est une aventure passionnante. Elle offre une chance de pénétrer jusqu'à leur essence les attitudes des hommes en face de leur destinée. Et l'impossibilité de réduire leurs comportements à des causalités simples et à des motivations rationnellement rigoureuses offre l'inestimable compensation d'une richesse infinie de nuances.

Le terrain, tout mouvant qu'il soit, n'est pourtant pas dénué de jalons posés par des pionniers : Lucien Febvre — un Comtois —, Gabriel Le Bras, le chanoine Delaruelle, pour ne citer que des disparus prestigieux. Certes encore le champ a été déblayé — et va l'être — par des travaux, dont certains, figurant au programme de ce congrès, proposent déjà des réponses aux questions soulevées par le problème. Tout cela, épargnant les détails, facilite la tâche de celui qui tente de définir les formes populaires de la piété, d'en déterminer les aspects, d'en suivre et d'en saisir la portée.

1. — De quoi s'agit-il ?

L'expression « formes populaires de la piété » nous paraît, d'entrée de jeu, préférable à celle de piété populaire. La piété, en effet, dans l'application de son acception coutumière au christianisme médiéval, est commune à la société tout entière; et ce sont ses formes qui correspondent à des niveaux de culture et de spiritualité différents, évoluant dans le temps et changeant de nuances selon les régions.

La nécessité d'employer les mots de notre langage actuel contient un double risque de découragement : 1° Nos propres termes correspondent-ils, eux-mêmes, à des notions absolument nettes et distinctes ? 2° Au Moyen Age, beaucoup de ces termes n'étaient pas en usage ou, s'ils l'étaient, leur signification n'était pas, alors, la même que maintenant et, de toute façon, naturellement elle était sujette à des variations.

Beaucoup de mots servent à désigner les attitudes religieuses. En quoi donc la piété se distingue-t-elle de la dévotion, des pratiques, de la spiritualité, de la mentalité religieuse, de la vie intérieure, de la vie mystique, et, tout simplement, de la religion ? L'enquête menée depuis quelque temps par la *Revue d'histoire de la Spiritualité* (1) tend à clarifier ces notions. Leurs acceptions, habillées par le vocabulaire, ne sont pas identiques, et les mots ne sont pas synonymes. Ainsi, pour l'historien, la religion peut être définie comme un ensemble de doctrines et de pratiques, soutenu à des degrés divers par un code de préceptes et un cadre institutionnel, en vue d'organiser la relation entre l'homme et les sociétés humaines d'une part, la puissance divine d'autre part. De son côté, la mentalité religieuse apparaît comme une tournure d'esprit résultant de composantes variées telles que : croyances et pensée, sentiments, environnement familial et social. Enfin, la spiritualité a pu être définie : « une attitude profonde en face des problèmes fondamentaux de la relation entre l'homme et Dieu » (A. Vauchez) et l'on parle alors de spiritualités personnelles, celle d'un François d'Assise ou d'une Thérèse d'Avila; on peut aussi comprendre la spiritualité comme un « ensemble de théories et de pratiques » constituant une sorte de guide de la vie religieuse, par exemple les spiritualités bénédictine, victorine, franciscaine, dominicaine, cathare, béguine et plus tard jésuite.

Sur ces bases s'élèvent deux niveaux de vie religieuse dans le domaine individuel : la vie intérieure, prise de conscience des réalités spirituelles par la méditation; la vie mystique, dépassement du plan personnel par la contemplation et l'union à Dieu. Quant aux formes,

(1) *Revue d'histoire de la Spiritualité* (Rev. d'Ascétique et de Mystique), Une enquête sur les « spiritualités populaires », 49, 1973, pp. 493-504.

aux points de vue individuel et collectif, nous distinguerons les pratiques et la dévotion. Les premières sont des actes habituels, spontanés ou prescrits, traduisant l'adhésion, plus ou moins volontaire et réfléchie, à la foi. La seconde apparaît comme un sentiment d'attachement à Dieu, composé de respect, de crainte et d'amour, soit simultanément et en proportions variables, soit isolément. En passant, on observera qu'au pluriel le mot « dévotions » se confond avec celui de « pratiques » dans l'expression extensive et impropre : faire ses dévotions.

Et la piété ? Apparemment, sa signification sentimentale est voisine de celle de dévotion, mais chargée de la nuance la plus concrète de l'actualisation de la dévotion, qu'elle exprime par des actes objectifs et saisissables. C'est ainsi que, sur le plan strictement humain, une sorte de comparaison et d'assimilation fait parler de « piété filiale ». Donc, naturellement, dévotion et piété sont des attitudes individuelles ou collectives, vécues plutôt que prescrites.

***

L'application de l'adjectif *populaire* à la piété ou aux formes de la piété suppose la dissipation d'une certaine ambiguïté. Que retiendrons-nous de la distinction établie par un des pionniers de l'ethnologie, Van Gennep, entre trois significations possibles du mot *populaire ?* à savoir : ce qui est né dans le peuple et fut inventé par lui; ce qui est en vogue parmi le peuple, quelle qu'en soit l'origine (aristocratique, bourgeoise, populaire, cléricale, autochtone ou extérieure au groupe); ce qui est vulgaire, illogique, brutal, voire contraire à l'organisation sociale, politique et religieuse [2].

Cette triple distinction appelle, à son tour, trois remarques. La première notion apparaît équivoque et subjective. En second lieu, la conception de l'invention populaire postule des nuances multiples; quelle marge d'invention est laissée disponible par la fixité du dogme et l'autorité sacerdotale ? d'autre part, la tendance naturelle à l'imitation de modèles restreint la créativité véritable et la réalité de l'innovation. Enfin, quel sens convient-il d'accorder au met *peuple ?* s'agit-il des catégories inférieures des sociétés hiérarchisées du Moyen Age et de l'Ancien Régime ? En ce cas, il faudrait tenir compte de la diversité effective des conditions, même parmi les niveaux sociaux les plus bas. Ou bien, ne devons-nous pas, dans le domaine qui nous occupe, considérer le peuple chrétien — le *populus christianus* du Moyen Age latin — c'est-à-dire l'ensemble des fidèles, ou, plus exactement, la foule anonyme des laïcs, exception faite des religieux et des clercs ? La caution d'Etienne Delaruelle autorisera notre ralliement à cette conception. N'était-ce pas, tout simplement, ce que voulaient dire, aux deux extrémités du Moyen Age, l'un en latin, l'autre en

(2) A. VAN GENNEP, *Manuel du Folklore français contemporain,* Paris, 1937-58.

français, Isidore de Séville confondant *laïcus* et *popularis* dans la synonymie, et Gerson désignant comme les « simples gens » le gros de la troupe des Chrétiens ?

Les formes populaires de la piété seraient donc les pratiques religieuses de la foule. Alors ne constituent-elles pas un chapitre du folklore ? Une fois de plus, certaines distinctions éclairent le problème. La notion du folklore déborde celle des formes de piété populaire, s'il inclut celles-ci, avec les « arts et traditions » purement profanes, en tout ce qui fait partie des goûts, de l'esthétique et des coutumes « populaires ». En outre, si tout ce qui est folklorique est populaire, tout ce qui est populaire n'est pas, en soi, nécessairement folklorique. En effet, dans le cas de la piété, plusieurs alternatives attestent qu'historiquement, le fonds même des pratiques n'est pas de source populaire. Ainsi, le Christianisme a cherché à faire passer, dans le peuple, des données doctrinales et sacramentaires en leur donnant un vêtement intelligible à la foule : c'est le but de la liturgie et de la paraliturgie. D'autres fois, le Christianisme a utilisé les canaux préexistants des usages et des principes de la vie sociale : il a fait appel à la « loi naturelle » implicite dans la conscience, et spécialement à l'honnêteté, à la fidélité à la parole donnée; ou bien il a injecté sa propre doctrine et sa propre morale dans le moule antérieur des coutumes païennes ou profanes (christianisation des fêtes romaines et barbares, transpositions des usages, modifications des chants, etc...).

Les résultats convergents de ces deux voies différentes, la christianisation du folklore et la folklorisation d'un contenu intrinsèquement religieux, ont abouti à des juxtapositions et des imprégnations fort complexes. La bénédiction des animaux, instruments de travail, s'est répandue tout autant que la vogue des pèlerinages. Insuffisamment expliquées à la foule dans leur signification essentielle, ces pratiques ont subi des déformations, de caractère cette fois folklorique, de deux manières, par amputation ou par accentuation d'un ou de plusieurs éléments authentiques de la foi : d'où les superstitions et même des inversions telles que les relations avec le diable substitué à Dieu dans la magie et la sorcellerie. On est alors en présence de phénomènes tératologiques d'excroissance et le folklore religieux apparaît comme une champignonnière, vivant parasitairement de la sève de l'inquiétude existentielle de l'homme et de ses croyances.

En conséquence, si certaines pratiques populaires de piété présentent un aspect folklorique, celles-ci échappent et, surtout, ont longtemps échappé au folklore lui-même par leur relation directe avec le sacré; elles traduisent, souvent maladroitement et confusément, sinon une perception claire du moins un certain sentiment de la transcendance et de l'inaccessible, qui impose à ceux qui le ressentent des attitudes de respect.

***

Pour essayer de déterminer le véritable caractère des pratiques de piété et pour en déceler, s'il se peut, les intentions réelles, l'étude des textes, des coutumes, des objets exige une extrême attention. Par quels mots, par quelles expressions s'exprimait la notion de piété, en latin, puis en français ? de quelle manière était-elle proposée aux fidèles ? avec quelles formules leur présentait-on des personnages et des actes en modèles de piété ? Certes, nous disposons de moins de textes destinés au peuple ou reflétant sa façon de voir, de penser et de sentir, que de textes savants exprimant un idéal monastique, clérical ou chevaleresque. Néanmoins, l'expérience d'une analyse mérite d'être esquissée. On peut glaner, par exemple dans la *Vie de Robert le Pieux,* écrite par le moine Helgaud (3). Les équivalences paraissent s'établir, dans les notions comme dans leur expression, entre certains adjectifs et certaines formules employées de façon apparemment polyvalentes : *pius, devotus, devotissimus, honestus, sapiens* et même simplement *bonus, vir pietatis, vir Dei, amicus Dei, servus Dei.* Des associations de substantifs composent la somme des vertus de l'homme pieux : *bonitas, scientia, justitia, religio* (§ 12 et 13). D'autres noms et verbes désignent les attitudes et les actes caractéristiques de la piété; par exemple : *orare* et *oratio, laus* et *laudare Deum, bene sentire,* (§ 6) avec la signification de posséder la bonne doctrine, *meminere sancta legis.* L'auteur présente aussi l'homme pieux se livrant à la méditation pénitentielle : souvent, pendant le carême, Robert, allongé à même le sol, tendait sans relâche son âme vers le Ciel (*tendans indesinenter ad ethera*); à vrai dire, n'est-ce pas l'exemple de son propre état que le moine Helgaud propose au laïc ? mais un roi était un homme consacré. Ailleurs le narrateur explicite l'intensité du sentiment et le zèle pour le service de Dieu contenus dans les termes de piété et de dévotion : amour plein de piété et de sainte dévotion (*pius sancte devotionis amor,* § 22), délectation dans l'accomplissement de ce service (*hoc servitutis obsequio delectabatur,* § 7).

D'autres citations seraient faciles à trouver, en grand nombre, dans des textes de nature et d'époque différentes. L'établissement de la fréquence des termes et des formules, de leurs associations, le regroupement des unes et des autres en fonction de l'origine des auteurs et de la nature des textes, et selon les époques, serait révélateur. Le traitement automatique des documents mené conjointement avec une analyse structurale bien faite permettra, sinon de découvrir, du moins de mieux connaître les notions et les attitudes telles qu'elles étaient conçues, exprimées, réalisées. Une détermination datée du vocabulaire relatif à la piété, sous toutes ses formes, peut éviter des transpositions anachroniques dans l'interprétation des textes; elle mettra en évidence la nature des faits restitués dans leur contexte,

(3) Helgaud de Fleury, *Vie de Robert le Pieux,* éd. R.-H. Bautier, Paris, 1965.

ainsi que le sens de leurs transformations. L'analyse psychanalytique de la littérature hagiographique et épistolaire a été tentée : les résultats ne sont pas négligeables, mais la prudence s'impose et nulle méthode ne peut seule fournir des conclusions définitives (4). Ajoutons que bien d'autres sources écrites, soumises à une analyse textuelle serrée, pourraient éclairer singulièrement notre propos, par exemple les pénitentiels et les manuels de confesseurs, les traités des vices et des vertus, les livres de l'Inquisition comme le Manuel de Bernard Gui, les documents judiciaires, les récits de pèlerinages et de miracles, les traités de spiritualité; car tous les documents capables de soulever un coin du voile de la connaissance religieuse peuvent concourir à la connaissance des attitudes de l'homme devant sa propre existence, son salut et Dieu lui-même.

Cette dernière observation invite à faire appel à toute information non écrite, mais datable. Le rôle de l'iconographie et des arts en général n'est plus à justifier. Au prix d'une étude délicate, il est vrai, la méthode de l'ethnologie est une auxiliaire précieuse, à condition de contrôler chronologiquement les données. Au-delà du folklore, les objets, les coutumes peuvent avoir une signification religieuse remontant à de hautes époques. Certains textes eux-mêmes, hagiographiques ou non, seraient incompréhensibles si l'historien ne savait y reconnaître la tradition orale. Aucune méthode n'est à exclure : l'approche des mentalités est aussi complexe que les mentalités elles-mêmes.

2. Balbutiements

Une esquisse à grands traits ne peut retenir des formes populaires de la piété au Haut Moyen Age que certains caractères dominants, spécifiques de leur temps, ou explicatifs, par leur pérennité et leur filiation, des pratiques des temps postérieurs. On les connaît mal, il est vrai. Pourtant, ce sont, sans doute, les indices les plus révélateurs de l'extension, de la profondeur et de l'authenticité de la Christianisation, très lente, de l'Occident.

Une disposition dominait : la crainte. Crainte de l'homme envers l'homme, envers la nature, envers les forces extra, supra et surnaturelles. Le domaine du sacré, c'est-à-dire de l'inintelligible, de l'inaccessible, du transcendant, environne l'homme et n'a pas de limites. Entre Dieu et Satan lui-même, d'une part, et l'humanité d'autre part, la distance a les proportions d'un abîme. L'augustinisme n'est pas le seul responsable de ce sentiment d'isolement devant l'Eternel; la

(4) Il faut à ce propos signaler les analyses de textes hagiographiques réalisées par le Centre de Traitement Electronique de Documents Médiévaux (CETEDOC) de l'Université de Louvain et citer, à titre d'exemple, l'article de J. LECLERCQ, « Modern Psychology and the Interpretation of Medieval Texts », dans *Speculum*, XLVIII, 1973, p. 477-490.

tradition des ermites orientaux et les perspectives du monachisme irlandais ne faisaient guère de place à des moyens de sanctification dans le « siècle ». D'ailleurs, la brutalité ambiante du monde mérovingien surtout et l'hostilité de la nature environnante aggravaient l'inquiétude, jusqu'au désespoir. La nature : ici, au pays de saint Claude, il suffit de rappeler par exemple, l'effroi inspiré par la forêt. Quant aux fléaux innombrables d'origine naturelle (cataclysmes climatiques, inondations, sécheresses, incendies, faim, froid, obscurité, pauvreté, maladie), une humanité impuissante et découragée d'avance par une espérance de vie limitée à trente ou quarante ans, ne pouvait que les tenir pour des fatalités. La responsabilité des fléaux est attribuée aux êtres surnaturels; ils sont seuls capables d'en préserver. Toute pratique de piété vise à se concilier leur puissance.

Forces du bien, forces du mal, un certain dualisme est à la base de toutes les pratiques, sans qu'on reconnaisse cependant une égalité de puissance à Dieu et à Satan. On connaît ce propos d'Ermold: « Qui ne sait que les guerres, les ouragans les pestes, tous les maux qui s'abattent sur le genre humain, arrivent par le ministère des démons(5) ». La vie est conçue comme un combat inégal entre l'homme et les forces surnaturelles, qu'il convient de conjurer, d'apaiser ou de solliciter. Il faut se garder à droite, à gauche, en haut, en bas. L'inquiétude du salut, au terme d'une existence brève, double l'angoisse du moment présent.

Ainsi s'établirent, pour des siècles, certains principes fondamentaux de la piété laïque. Dieu est avant tout un juge rigoureux, mais qui peut être clément. Satan, prince du mal, est un séducteur; l'iconographie traduit ses aspects changeants, de la séduction à l'horreur. Quant à l'homme, il est tout péché. L'objet de la piété est donc simultanément de neutraliser Satan et de chercher la réconciliation avec Dieu. Cependant, du péché, de la nécessité de l'expiation et de la purification, du recours à une médiation (le Christ, les saints) et à la réversibilité des mérites par des prières, des gestes et des actes définis (les sacrements), le simple fidèle avait, semble-t-il, une conscience peu claire. Néanmoins ces bases soutendaient les comportements religieux essentiels du plus grand nombre.

Des pesanteurs intellectuelles et même spirituelles tinrent très longtemps les laïcs à l'écart de la culture. La promotion religieuse qui leur était offerte fut, pendant six à sept siècles du millénaire médiéval, l'entrée au cloître. Avec le nom de Saint-Claude, il convient ici d'évoquer ceux de Luxeuil et d'Annegray. Les rares laïcs bénéficiant d'un rang reconnu dans l'ordre spirituel étaient les convers et les veuves; on ose, tout juste, y insérer les prébendiers. Les *illiterati*, les *idiotae* et même, plus tard, les « simples gens » sont comme frappés d'incapacité congénitale à recevoir toute autre culture reli-

(5) Ermold le Noir, *Poème sur Louis le Pieux*, éd. et trad. F. Faral (Coll. Class. Hist. France), Paris, 1932.

gieuse que les rudiments du dogme et de la loi; l'enseignement qui leur était donné, pour autant qu'on le connaisse, insistait sur les obligations morales, c'est-à-dire sur l'aspect formel et légaliste des « Commandements ». A vrai dire, dans les siècles barbares, pouvait-il en être autrement ?

En effet, même dans les cercles monastiques, la loi d'amour évangélique n'était intelligible qu'aux âmes raffinées et l'esprit bénédictin commençait tout juste, alors, à éduquer l'Occident. La notion héritée d'un Ancien Testament encore très proche d'un Dieu strict, exigeant même en ses bienfaits, n'était-elle pas la seule accessible à des êtres frustres ? C'est à peine si leurs coutumes religieuses se dégageaient des rites inspirés par la crainte des divinités chtoniennes et sidérales de l'Antiquité. On notera la persistance séculaire des cultes de la nature (envers les astres, le tonnerre, les sources et les arbres), des pratiques magiques à l'occasion des événements de la vie familiale et sociale. Le Décret de Burchard de Worms constitue un catalogue des pratiques païennes encore en pleine vitalité au XIe siècle. A la fin du Moyen Age et plus tard, même de nos jours peut-être, l'Eglise n'a pas achevé de les exorciser. L'exorcisme, quel beau sujet d'histoire sociale et mentale ! auquel on pourrait ajouter celui des syncrétismes.

Ajoutons, pour être complet, les pesanteurs sociologiques. Des pratiques de piété fondées principalement sur la crainte de Dieu, et du Diable, ainsi que sur la révérence des saints et des anges s'accordaient spontanément avec une société d'ordres. Les structures verticales de la société terrestre reflètent les hiérarchies surnaturelles. Clercs et moines en ce monde, les saints dans l'autre assurent la jonction entre le transitoire et l'éternel. Ainsi la pratique des associations de prières, des suffrages pour les morts, des secours confraternels, fondée sur la communion des saints, constitue la réplique de la réciprocité des services qui constituaient, à leurs origines, les rapports d'homme à homme dans la société temporelle. De telles similitudes apportaient aux relations du fidèle avec son Dieu quelques simplifications, mais pas encore de vraies clartés.

Dans un pareil contraste, les attitudes possibles — et constatées — du fidèle sont guidées par une sentimentalité aussi vive que sa foi est simple. L'ardeur des espérances ne le cède pas à la violence des repentirs. En face d'un Dieu-Juge, le péché est ressenti comme une infraction à la loi et la responsabilité a un caractère judiciaire. Et l'infériorité du fidèle en face de Dieu le conduit, selon la qualité des âmes, à des formes de piété différentes. Les dispositions d'humilité, de résignation, d'abandon, parfois d'action de grâces, inclinaient les uns, selon l'exemple recherché des saints, à des actes de piété gratuite : prière, sacrements, œuvres de charité, mortifications. Pour le plus grand nombre, l'humilité faisant place à un sentiment de dépendance et d'impuissance plus ou moins mal supportées, la gratuité de la piété le cède à la piété négociée du « donnant, donnant ».

Ici encore joue, peut-être, le contexte social, avec l'importance de la notion de contrat, si vive dans les premiers temps vassaliques. L'essentiel est, alors, de retenir à son service les forces surnaturelles, quelles qu'elles soient, et de les capter par un contrat. Alors apparaissent d'un part les syncrétismes et les contaminations entre les survivances païennes et les rites chrétiens, et d'autre part les déviations utilitaires de la prière et du mérite avec les aspects formalistes, sinon automatiques, et comptables de l'acte religieux. Le mot superstition prend toute sa signification d'excroissance. De nouveau, Burchard de Worms atteste l'usage simultané des prières dans les églises, sous la direction du prêtre, et dans les forêts, sur les pierres sacrées et devant les fontaines; la célébration des Kalendes de janvier concurrençant Noël; la consultation des devins et des sorciers; les sortilèges et les maléfices; les incantations des *tempestarii* pour écarter les intempéries; la persistance des coutumes païennes du mariage et des inhumations; la preuve du jugement de Dieu par les ordalies.

Quelle qu'en soit la modalité, ce que recherchait le fidèle, c'était le contact avec le sacré et le secours d'une intercession. Aussi, d'une façon plus authentiquement chrétienne que les pratiques précédentes, le fidèle cherchait-il ce contact, spirituel ou matériel, avec les reliques des saints. Le songe, la vision en était un, direct, bien qu'obscur. Le pèlerinage visait à la rencontre des lieux sanctifiés par eux. L'élévation et le transfert d'un corps saint attestaient sa présence bénéfique. La possession d'une relique constituait un gage de protection immédiate. L'inhumation près du sarcophage d'un saint (*ad sanctos*) comme dans l'Eglise primitive, formait une association permanente. La considération de l'image — bientôt celle de la Croix du Christ, et plus tard celle de l'Hostie — était une promesse, née d'un regard mutuel. Au fond, qui cherche le fidèle : Dieu ou soi-même ? Dans la plupart des cas, la seconde alternative paraît la plus probable. Qu'attend-t-on ? La réponse à un espoir plus qu'à une espérance spirituelle. En tous cas, le Chrétien de la première partie du Moyen Age est un être disponible. Il craint, se reconnaît coupable, mais il cherche. A sa foi au miracle, il ajoute une crédulité sans bornes aux miracles. Il est prêt à toutes les propositions, au millénarisme comme aux plus authentiques espérances. Il restait à former sa conscience.

3. Eveil de la conscience

La piété des laïcs s'intensifia et se renouvela en même temps que se rénovait la piété des moines et des chanoines. C'est un des aspects de la réforme grégorienne et de ses développements; mais n'est-ce pas l'effet, plus général, d'une intensité plus vive de l'inquiétude religieuse. En ce domaine, on invente peu et rarement : on retrouve.

Nous n'insisterons pas longuement sur les principales manifestations de la piété des fidèles, excellemment analysées par E. Delaruelle au cours de la Semaine d'études tenue à La Mendola, en 1965, sur le thème de la place des laïcs dans la société chrétienne des XIe et XIIe siècles (6). De la nouveauté, on en trouve moins dans la nature des formes de la piété que dans leur fréquence, leur diffusion sociale, leur extension, leur esprit. Pas nouvelle, la dévotion aux reliques prit de telles proportions, aboutit à de telles invraisemblances qu'elle suscita les mises au point d'un Guibert de Nogent dans son *De pignoribus sanctorum* (7). La vogue des pèlerinages, plus nombreux que jamais, atteste que le sens du repentir et l'angoisse du salut disposaient même de très humbles gens à accepter le dénuement et les dangers des montagnes et de la mer pour s'approcher du Ciel dans les lieux lointains de Rome, de Saint-Jacques, de Terre Sainte et du Sinaï, sanctifiés par Dieu le Père lui-même, Jésus et les saints. C'est de ce plan, on le sait, qu'a sourcé l'authenticité initiale de la croisade. Il en est de même de l'aumône, dont on répétait sans cesse, depuis les Pères, qu'elle « éteint le péché ». Les legs pieux et charitables, voire les restitutions d'églises et de dîmes, stimulées par la réforme grégorienne, étaient autant de formes de piété guidées par une préoccupation de rachat. Celle-ci règne aussi dans les œuvres de miséricorde que le XIIe siècle vit se répandre si fréquemment parmi les laïcs; mais il apparaît en elles, notamment à l'égard des pauvres, images du Christ, une préoccupation plus désintéressée que le souci unique d'échapper à l'Enfer : l'aspiration, fondée sur la charité, d'accéder au Paradis. L'analyse iconographique, en ce domaine, confirme les préambules des donations et des testaments; et « l'Echelle » d'Herrade de Landsberg explicite les « exemples » proposés aux fidèles par les prédicateurs.

Du repentir à l'amour, du sentiment de culpabilité à la conscience de la séparation du pécheur avec Dieu, du respect des commandements à l'imitation du Christ et des saints, telle semble la trajectoire d'une évolution commencée au XIe siècle et dessinée au XIIIe. C'était un programme, mais en quelle mesure était-ce une réalité ?

Le rôle des ermites à partir des dernières années du XIe siècle a été décisif auprès des fidèles. Sous l'influence d'un Robert d'Arbrissel comme d'un Pierre l'Ermite et de tant d'autres, sur lesquels une autre Semaine d'études de La Mendola a attiré l'attention (8), la vie religieuse proprement dite entraîne des foules qui ne l'avaient jamais pratiquée. A toute époque — et cent ans plus tard encore avec Foulque de Neuilly — l'éveil des marginaux et des prostituées

(6) *I Laici nella Societas Christiana dei secoli XI e XII,* Milan, Univ. S.C., 1968.

(7) Guibert de Nogent, De pignoribus sanctorum, *P.L.,* CLVI. Edit. commentée par Mme Mireux-Marchand, thèse dactyl. Univ. Paris-Sorbonne, 1974 (LXV-164 p.).

(8) *L'Eremitismo in Occidente nei secoli XI e XII,* Milan, Univ. S.C., 1965.

à la piété, par la pénitence, a été un signe de la descente de la vie religieuse vers les profondeurs sociales. En y appelant les pauvres au sens large du mot, et en se mêlant à eux, les prédicateurs errants du XIIe siècle pratiquaient l'imitation du Christ et de la « vie apostolique » proposée à tous en exemple. Le Christocentrisme, la référence à la Vierge et aux saints inspiraient l'essentiel des formes de la piété des fidèles. Avec des mutations cependant. Le culte de sainte Marie-Madeleine, de la Sainte-Baume à Vézelay, correspond à la réinsertion de la femme pêcheresse dans la société. La piété mariale a été souvent considérée comme une exorcisation de la courtoisie. Une étude onomastique et hagiotoponymique poussée apporterait, sans doute, des renseignements sur les tendances des fidèles. Enfin, sur le plan christologique, par un développement évident de la réflexion religieuse, le culte de la Croix s'achève symboliquement, après deux siècles de succès, dans l'érection, par saint Louis, du monumental reliquaire de la Sainte-Chapelle à Paris et fait place au développement de la dévotion eucharistique (institution de la Fête-Dieu, ostension de l'Hostie, miracles eucharistiques). Le Dieu redouté et lointain du haut Moyen Age a, pour ainsi dire, réalisé son Incarnation dans la société médiévale. La formule est incorrecte; parlons plutôt d'une prise de conscience progressive parmi les fidèles.

L'éducation des consciences n'était pas sans doute une préoccupation nouvelle de l'Eglise. Sans remonter aux Pères, l'idéal bénédictin de la *discretio* exprimait la notion de discernement. En réaction contre la rigueur quasi automatique des pénitentiels à la mode insulaire, la théorie de l'intention tient, d'après une étude récente, une place très importante chez Hincmar de Reims; son analyse de la tentation est, à cet égard, convaincante; c'est l'intention droite qui, assure-t-il à propos du « divorce » de Lothaire, est la base de la formation du lien du mariage; elle est la condition de la réception de l'Eucharistie et, par voie de conséquence, du salut. Au temps d'Hincmar, la pénitence privée tient, déjà, une place notable [9].

Plus tard, au début du XIe siècle, Burchard de Worms ne fut pas seulement un décrétiste rigoureux, cataloguant les erreurs pour les condamner et, n'en admettre la réparation qu'à l'aide d'un tarif élevé d'années de jeûne. Il sait analyser les circonstances du péché. Il est clair que la réflexion canoniste et théologique fut, au XIIe siècle, infiniment plus nuancée. Sans parler de Gratien, il était donné à la génération d'un Pierre le Chantre et d'un Raoul Ardent, tous les deux très attentifs aux besoins spirituels des laïcs, d'exprimer que la confession n'est pas seulement un règlement de comptes avec Dieu, mais un acte de sincérité totale : le *cœur* regrette les fautes.

Il était nécessaire de reconstruire, même sommairement, cet arrière-plan pour comprendre la continuité d'abord sous-jacente, puis

(9) J. DEVISSE, *Hincmar, archevêque de Reims* (845-882), 3 vol., Paris-Genève, 1976.

l'aboutissement, d'un effort d'éducation des consciences laïques; c'était la condition de la sincérité et de la valeur spirituelle des pratiques religieuses. Cet aboutissement, ce furent les formulations conciliaires qui définirent et précisèrent les actes de la piété du peuple chrétien. Les conciles de Londres (1200) et de Paris (1214) avaient considéré, notamment, les circonstances précises du péché, recommandé aux confesseurs de proportionner avec discernement la peine à ces circonstances. Ainsi, comme à l'accoutumée, une réflexion préalable et des expériences avaient préparé les décisions de portée générale du IVe concile œcuménique du Latran (1215). Aussi important pour la fin du Moyen Age que Trente pour l'époque moderne et Vatican II pour le XXe siècle, Latran IV offre, autant qu'une codification, un tableau de la pratique religieuse minimale des fidèles : messe dominicale et festivale, confession annuelle, communion pascale, publicité et consensualité personnelle du mariage. Un tel encadrement, du berceau à la tombe, atteste, sans doute, un état social de chrétienté. Il y avait, en fait, bien davantage; l'esprit des formulations de Latran IV est que le précepte sous-entend l'intention, c'est-à-dire la volonté personnelle des actes humains. Les canons relatifs au mariage et à la confession ne font à cet égard aucun doute. La personnalisation du consentement au mariage, à l'accomplissement du péché et au repentir, la distinction des nuances de l'intention sont nettes. D'ailleurs, la littérature des manuels des confesseurs, tel celui de Jean de Fribourg, des traités des Vices et des Vertus, comme celui de Guillaume Péraut, des Bibles des Pauvres sont des explications d'une orientation désormais affirmée.

Il y a beaucoup plus, si l'on considère les mouvements religieux nés chez des laïcs et répandus parmi eux. En ce domaine, ayons garde de ne pas négliger les courants plus ou moins hétérodoxes; ils témoignent, autant que les mouvements orthodoxes, de l'intensité du besoin de piété parmi les laïcs : un besoin de purification dans la clientèle du Catharisme; une aspiration à la pauvreté pénitentielle vécue collectivement chez les Pauvres de Lyon ou de Milan. A vrai dire, qu'a-t-il manqué à Pierre Valdo pour être un François d'Assise ? essentiellement, l'humilité, vertu fondamentale, il est vrai.

Nous retiendrons, seulement, en ce propos rapide, ce qui, dans l'apparition de la spiritualité des Mendiants, présente, à nos yeux, une importance particulière pour l'histoire de la piété laïque. Nous ne l'inventons pas. Le fait capital est d'avoir proposé aux fidèles des formes de piété compatibles avec la vie dans le siècle, d'avoir mis à leur disposition une possibilité spécifique de sanctification. Certes, les Tiers Ordres, dominicain et franciscain, conservent (parce qu'une autre conception était alors impensable), le schéma des pratiques des réguliers (un rythme de prières déterminées, des « lectures », la pauvreté); de leur côté, les béguins et les béguines ont tenté une vie de pauvreté plus ou moins communautaire. Chez les uns et les autres, les œuvres de miséricorde occupent une grande place. Mais l'essentiel n'est pas là. Il est dans la transposition, dans le siècle, à l'usage des laïcs, d'une *fuga mundi* intériorisée. Désormais, pour la masse du peuple chrétien, la notion de conversion s'enrichissait d'un sens nouveau. Il ne s'agissait plus seulement de passer du siècle dans un cloître, mais de se transformer soi-même en cheminant sur sa propre voie.

4. Juridisme et foisonnement

Pour les derniers siècles du Moyen Age, la question est de connaître le degré d'observance par les fidèles des exigences minimales de l'Eglise et la qualité de leur pratique. Celle-ci était-elle un conformisme ou une piété authentique ? Les aspirations des plus exigeants en étaient-elles satisfaites ? sinon qu'en retranchaient les insatisfaits et quelles étaient leurs innovations ?

La question de la « réception » des décisions de Latran IV couvrit, pratiquement, les XIIIe, XIVe et XVe siècles, et fait l'objet, en particulier, d'un très grand nombre de statuts synodaux dans la Chrétienté toute entière. L'un des obstacles les plus certains à la revitalisation de la vie spirituelle par l'application des canons du concile vient paradoxalement, de leur teneur et de leur caractère. Par une contradiction de fait, Latran IV a institutionnalisé des actes de piété pour lesquels il exigeait un consentement personnel; il en a accentué le caractère réglementaire; il a organisé une vérification et un contrôle, dévolus aux visites pastorales, aux officialités et à l'Inquisition; il a stabilisé enfin un système de sanctions, dont l'excommunication se révèle la plus fréquente et, progressivement, la moins efficace. Le danger de l'hérésie, évident en 1215, devait dégénérer en crainte permanente.

En de telles conditions, la piété des laïcs allait selon les cas se développer soit en deçà, soit au-delà, et parfois loin, du cadre déterminé par l'Eglise. Beaucoup parmi les plus pieux comme parmi les plus négligents semblent avoir réagi de façon différente, sans doute, mais également insatisfaite, en face du caractère obligatoire, formel, routinier sous lequel on leur prescrivait les pratiques.

Attitudes en deçà de la règle. Le précepte de la messe dominicale, de la confession et de la communion au moins annuelles, formulé par le concile, correspondait non seulement à l'exigence d'un contact avec l'Eglise, mais à la nécessité de l'entretien de la vie religieuse. Dans la réalité, il en allait tout autrement. L'observance stricte était assez générale et, dans les campagnes, on connaissait par leurs noms les abstentionnistes des sacrements et on se les montrait du doigt. Toutefois, les hommes surtout restaient à la taverne jusqu'à ce que la cloche ait, après le sermon et la lecture, au prône, de la liste des excommuniés, annoncé la consécration des saintes espèces; alors, raconte Gerson, ces hommes « se ruaient dans l'église, comme des taureaux ». Le « désir de voir l'Hostie » était vif et les cérémonies eucharistiques s'enrichirent des saluts du Saint-Sacrement et d'un cérémonial entourant le port solennel du viatique aux mourants. Cependant on communiait peu, même dans les couvents; à plus forte raison, les laïcs les plus fervents le faisaient-ils deux ou trois fois par an. Une formule, employée à Paris au XVe siècle, dans le prône, servait à rappeler leur devoir pascal aux fidèles : « Bonnes gens, vous devez savoir que vous êtes, tous et toutes, tenus de recevoir aujourd'hui le Saint Sacrement ». Quant à la confession, elle connaissait, semble-t-il, un nombre relativement élevé de défaillances; et pourtant on redoutait la mort subite, sans absolution. En revanche, les règles du mariage étaient généralement observées, tant étaient fortes, dans le cas contraire, la réprobation sociale et les conséquences juridiques. En définitive, si l'on en croit des estimations faites pour la Flandre, et peut-être valables pour l'Angleterre aux XIVe et XVe siècles, les pratiquants auraient pu être répartis de la façon suivante, selon les catégories proposées par Gabriel Le Bras :

10 % de pratiquants fréquents,
40 % de pratiquants réguliers,
40 % de pratiquants « saisonniers »,
10 % de pratiquants négligents [10].

D'autre part, les excommunications étaient nombreuses, et, fait qui pourrait paraître plus grave aux yeux de qui voudrait en dégager un indice de degré de religion, de plus en plus objet de l'indifférence. De leur côté, les moralistes et les écrivains ecclésiastiques, tels le vieil abbé de Saint-Martin de Tournai, Gilles de Muisit, et Nicolas de Clamanges, en sa *Ruine de l'Eglise,* ont déploré les déficiences de la pratique religieuse et de la moralité. Enfin, on peut citer des cas d'irrévérence caractérisée, auxquelles donnaient lieu la fête des Fous, le Carnaval, les charivaris : le voici, cette fois, le folklore; et quelques cas d'anticléricalisme, par exemple en 1302, lorsque des révoltés flamands en voulaient à la vie des prêtres.

Quelles conclusions tirer de tels faits ? Sans doute, le tableau présente beaucoup d'ombres et certains ont dégagé des aperçus exagérément pessimistes [11]. Des manquements à la pratique légale sont certains, mais en aurait-il été autrement et le conformisme eût-il été plus général que l'optimisme ne serait peut-être pas de mise, si l'on voulait apprécier l'intensité réelle des aspirations religieuses. Les moralistes, par définition, ont toujours tendance à généraliser les vices. Quant à l'inefficacité des excommunications, souvent sans rapport avec la pratique religieuse et encore moins avec la piété (non-paiement des dîmes, procès avec le curé...), est-il bien sûr qu'elle

(10) G. LE BRAS, *Etudes de sociologie religieuse,* 2 vol., Paris, 1942. J. TOUSSAERT, *Le sentiment religieux en Flandre à la fin du Moyen âge.* P. ADAM, *La vie paroissiale en France au XIVe siècle,* Paris, 1964.

(11) J. TOUSSAERT, *op. cit.*

ne soit pas l'indice d'une saine distinction entre le sacré et le profane ? Enfin, sans jouer du paradoxe, n'oublions pas que l'irrévérence et l'anticléricalisme sont le fait des pays de Chrétienté, la première en tant que détente, dans un climat de familiarité avec le sacré, la seconde à titre de réaction contre un encadrement jugé pesant. En fait, le pire adversaire du sentiment religieux et le symptôme le plus évident de sa faiblesse, c'est l'indifférence.

Or, c'est bien le contraire de l'indifférence qui caractérise la fin du Moyen Age. Il florissait alors, parmi les laïcs, une exubérance des formes de piété. Lucien Febvre parlait d' « un immense appétit de divin ».

L'insatisfaction résultant de l'obligation et de la routine ne suffirait pas à expliquer la recherche de forme de piété hors des genres accoutumés. On a tôt fait de l'expliquer par les mauvais exemples — moins nombreux qu'on ne l'a cru — du clergé, pour qui on était toujours extrêmement exigeant. Parmi les causes négatives, il faudrait ajouter le caractère, devenu ésotérique et routinier de la liturgie; en plus d'un cas, les statuts synodaux durent permettre l'emploi du français, ou de langues régionales (le breton à Tréguier, le flamand dans les diocèses du Nord), à la place du latin, pour l'administration des sacrements. Dans un sens positif, si l'on peut dire, les guerres, la peste, en aggravant l'inquiétude, avivaient les aspirations religieuses. Enfin, l'influence des ordres mendiants tendit à développer de nouvelles pratiques hors du cadre paroissial traditionnel.

A cet égard, l'essor d'un nouveau type de solidarité horizontale, la confrérie, eut, pour notre sujet, une importance considérable. Le *Corpus Juris Canonici* exprime bien l'aptitude de la confrérie à fournir, par sa spontanéité, un exutoire à des tendances nouvelles, en la définissant : « une association libre de fidèles, érigée canoniquement et se proposant, comme premier but, de promouvoir le culte par des œuvres surrégatoires ». Spontanée, issue du milieu des laïcs, la confrérie, en plein essor aux XIVe-XVe siècles, retrouve des traditions dont on attribue l'ascendance aux « gueldones » païennes; le banquet, dans la ligne de l'antique « potatio » est une sorte de communion profane, qui double la vraie. Malgré l'interdiction des masques, sous Grégoire IX, la longue robe et la cagoule — sortes de survêtements — visaient une certaine dépersonnalisation ou au moins une mutation presque mystique. Le pouvoir du chef, par exemple celui du mayeur de la confrérie des Ardents à Arras, est quasi magique. La confrérie, écrivait G. Le Bras, joue le « rôle supplétoire » d'une «paroisse consensuelle », qui tend à se substituer à la communauté traditionnelle. C'est en son sein que se prend l'engagement personnel des pratiques de la piété et de la charité chrétiennes. C'est par son intermédiaire que le confrère exerce les œuvres de miséricorde et participe, en corps, aux fêtes liturgiques. La confrérie, qui double souvent une association de métier, invite ses membres à se sanctifier dans et par leur profession. Ici se retrouve l'influence de la spiritualité des Mendiants qui fournissait aux confréries leur encadrement sacerdotal.

Collectivement et individuellement, l'accent est mis sur certaines orientations traditionnelles de la piété et les formes de leur expression foisonnent. En des temps d'inquiétude morale et existentielle, le rachat des fautes constitue l'objectif le plus courant. Pour l'obtenir, les œuvres surrégatoires se multiplient; mais les formes accoutumées trouvent leur réplique et leur prolongement dans des formes excessives qui leur sont parallèles. Ainsi au jeûne et à l'abstinence s'ajoutent macérations et flagellations; le culte des saints prolifère dans la recherche de thaumaturges spécialisés dont les plus connus sont saint Roch et saint Christophe; l'aumône et le legs prennent la forme de l'ouverture d'un compte créditeur chez les grands marchands et l'on agit, parfois, comme si l'on achetait la grâce du Ciel; de là, l'abus des indulgences et de leur comptabilité oublieuse de ce qu'elle représente moins des temps de purgatoire que les durées des peines prévues dans les pénitentiels d'antan; de là, la vogue des Jubilés, dont le premier, en 1300, nous a valu le témoignage de Dante; de là encore les pèlerinages, avec l'invention des remplaçants; de là, les privilèges des autels privés et des lettres autorisant le choix du confesseur. Le sens communautaire, très aiguisé au XIVe et XVe siècles, comprend parfaitement la communion des saints. Que le monde des vivants soit en symbiose avec celui des morts, rien de plus naturel alors que l'existence humaine, de nouveau, est précaire. Il est inutile d'insister sur l'importance de la mort dans la société de la fin du Moyen Age. On la redoute, on s'y prépare : *l'Art de bien vivre* et *l'Art de bien mourir* contiennent des recettes de dévotion parfois touchantes. L'homme va passer : son testament prévoit tous les détails des funérailles et des messes par trentain et souvent par centaines, selon les moyens de chacun. Mais on a peur des revenants et les veillées funèbres ont des allures suspectes. Pour apaiser les âmes du Purgatoire, la célébration des messes multipliées ne suffit pas et la pression des fidèles arrache à Calixte III, en 1457, l'application des indulgences au bénéfice des défunts.

Tous, cependant, ne se contentent pas des formes de piété admises par l'Eglise, même avec des exagératoins. L'Au-Delà n'est pas la demeure seulement de Dieu, des Anges, de la Vierge et des saints. Il faut compter avec le Diable. La miniature le présente comme le Prince des Enfers dans les Très Riches Heures du duc de Berry; mais on le sait vaincu d'avance et la foule, qui le prend au sérieux, mais pas au tragique, rit des mésaventures théâtrales du démon Bérik. Pour Jérôme Bosch, Satan est un bateleur. Cet artiste, pourtant, présente des sorcières, dont l'espèce commence à proliférer au moins dans l'opinion et surtout chez les juges. Même des chrétiens pratiquants avaient eu, au XIVe siècle, recours à la magie, aux maléfices, à la divination. Sans rien exagérer ou minimiser, notons que les visites pastorales du diocèse de Grenoble entre 1339 et 1414 ont retenu, en 259 paroisses, seulement six noms de sorcières. Beaucoup d'ignorances, beaucoup d'inquiétude et beaucoup d'espérance : tout se mêle.

Tout se mêle, si bien qu'en face des plus étranges comportements vécurent d'authentiques mystiques au niveau des gens les plus simples. Certains cas sont connus : les mystiques anglaises du XIVe siècle, celles de Rhénanie et des Pays-Bas. Aurons-nous jamais une étude sociologique des béguinages ? D'autre part oserait-on inscrire Catherine de Sienne parmi les simples gens ? A coup sûr, on devra retenir le cas de la bienheureuse Lijdwine de Schiedam, infirme dès sa jeunesse, capable, sans instruction, d'accéder aux états mystiques et à un rayonnement étonnant. On connaît l'exemple de Gerson et de sa famille. Il est banal de citer la réplique de Jeanne d'Arc à propos de l'état de grâce : « Si je n'y suis pas, Dieu m'y mette; si j'y suis, qu'Il m'y garde ». Mais on me permettra de bénéficier d'une observation d'un participant à ce congrès : cette phrase est une formule enseignée par un prône du XVe siècle : une telle référence ne diminue nullement la spiritualité de Jeanne; elle atteste en tout cas le niveau d'un enseignement théologique destiné aux laïcs. A plus forte raison, n'est-il pas étonnant d'entendre une meunière flamande du XVe siècle formuler une définition de la Grâce apprise peut-être aussi, mais comprise : « un don qui se donne de lui-même; une lumière qui jaillit d'elle-même, qui brille dans les saints, les anges et la vie éternelle ».

Conclusion.

Comment conclure un propos à la fois trop long et trop rapide ? En de très belles pages sur la journée du Chrétien au XVe siècle, Lucien Febvre s'écriait avec sa fougue percutante : « Dire d'un air de dédain : ce n'étaient que pratiques. C'est presque une plaisanterie ». Le caractère sérieux de la piété des fidèles au terme du millénaire médiéval n'est, d'ailleurs, plus mis en doute. G. Le Bras, à son tour, estimait qu' « une population qui respecte, depuis le Xe siècle, les lois du mariage chrétien et la parole donnée, même si elle néglige les offices et les sacrements, est plus proche de l'Evangile qu'une population empressée au sermon et offusquée de s'entendre rappeler les devoirs conjugaux et la rigueur de l'honnêteté ». Plus récemment, Fr. Rapp précisait les choses : « Etait-il possible de voir tant de crucifix, tant de « Pietas » sans penser, quelquefois, à la signification du drame que ses images représentent. Le symbole du pressoir ou de la fontaine mystiques, qui décorait des églises villageoises comme les moûtiers dans les villes, était intelligible sans beaucoup d'explications » (12).

(12) F. RAPP, *L'Eglise et la vie religieuse en Occident à la fin du Moyen âge*, Paris, 1971, p. 323-324.

L'explication fut longue et si « la masse des fidèles, travaillée par un esprit nouveau, vivait et voulait un Dieu et une foi à elle » (L. Febvre), c'était le résultat d'un lent travail. Nous admettons, en effet, avec Gabriel Le Bras, que « l'insinuation du Christianisme consiste en une adaptation constante aux circonstances et aux hommes », et que « n'ayant point de terme, elle est une conversion constante » (13). Cette conversion, commencée dans l'Antiquité tardive, a connu au Moyen Age les trois phases que nous avons tenté de dégager : une phase initiale, humble, où la piété des fidèles, encore fortement imprégnée de paganisme et très peu éclairée, tient une faible place auprès de la piété des moines, et vit dans son rayonnement. Le « peuple de Dieu » reste l'héritier du peuple d'Israël, soumis au règne de la Loi et à la révérence de Dieu, père et juge. Appelons cette période, si l'on veut, l'âge du Sinaï.

Une phase d'une tonalité fort différente de la précédente et d'un cours ascendant du XIe au XIIIe siècle, connaît le règne du Christ, vainqueur de la mort, triomphant et libérateur. La piété s'adresse à la Croix, puis à l'Eucharistie. A la crainte qui l'inspirait naguère succèdent l'espérance et l'amour, nourris par une pratique sacramentelle organisée et la vénération de l'Hostie. Ce serait l'âge du Thabor.

La troisième phase, très complexe, a vu se mêler le juridisme et la routine stérilisant avec le foisonnement d'une recherche spirituelle intériorisée et personnalisée. Aux souffrances intimes, la vénération du Christ souffrant et de sa Mère, co-rédemptrice, la confiance en la Communion des Saints et l'attente des ressources du « trésor de l'Eglise » apportent une note d'espoir. Ne serait-ce pas au XIVe et surtout au XVe siècle, au temps des guerres et de la peste, l'âge du Golgotha ?

Ainsi, de sommet en sommet, cahin-caha, par un dur cheminement, dont la fin du Moyen Age trouve l'expression en portant à sa perfection la pratique du « chemin de la Croix », les fidèles, à la suite des mystiques du XIVe siècle, finirent par apercevoir la « montagne de contemplation ». Ou plutôt, peu à peu, la perception de la Grâce était descendue à leur niveau. Une spiritualité faite pour eux, une

(13) G. Le Bras, *op. cit.*, t. II, p. 495.

Ajoutons, à titre d'orientations bibliographiques, les titres de quelques ouvrages postérieurs à la rédaction de cette conférence :

R. Manselli, *La religion populaire au Moyen Age. Problèmes de méthode et d'histoire.* Confér. Albert le Grand, 1973, Montréal-Paris, Vrin, 1975.

A. Vauchez, *La spiritualité du Moyen Age occidental (VIIIe-XIIe s.),* Paris, P.U.F., 1975.

E. Delaruelle, *La piété populaire au Moyen Age* (recueil d'articles), Turin, Bottega d'Erasmo, 1975.

P.-A. Sigal, *Les marcheurs de Dieu. Pèlerinages et pèlerins du Moyen Age,* Paris, A. Colin, 1974.

M. Mollat et coll., *Recherches sur la pauvreté* (*Moyen Age - XVIe s.*), 2 vol., Paris, Public. Sorbonne, 1974.

Du même, *Les pauvres dans la société médiévale,* sous presse, Paris, Hachette.

possibilité de conversion au sein même du siècle leur avaient fait faire cette expérience décisive : la réponse à l'offre de la Grâce par une adhésion personnelle du cœur et du geste. La découverte du sens de la responsabilité de ses « non », le péché, et de ses « oui », la foi et les actes, qu'est-ce donc pour l'historien ? Tout simplement l'étape décisive de l'éducation de la conscience personnelle. La personnalisation de la piété, au terme de son évolution médiévale, apparaît comme la forme religieuse — la plus profonde — de l'Humanisme.

XIV

LA NOTION DE LA PAUVRETÉ AU MOYEN AGE : POSITION DE PROBLÈMES *

La notion que les hommes du Moyen âge eurent de la pauvreté et leurs attitudes envers les pauvres se traduisent dans la diversité des termes latins et français employés pour les désigner et dans la variété des nuances restrictives ou extensives de leur signification. Ainsi les textes donnent au mot *paupertas*, à ses équivalents latins (*inopia, indigentia, egestas necessitas, miseria, miserabilitas, infirmitas*) et à leurs traductions françaises, une gamme de sens allant de la précarité à l'urgente détresse, pour inclure également les misères physiques et intellectuelles. De façon analogue, mais infiniment plus étendue, la troupe des deshérités désignés par le mot « pauvres » (*pauperes, pauperculi*) rameute tous les malheureux (*miseri, miserabiles*) affligés par le dénuement (*indigens, inops, egenus, famelicus, mendicus*), la maladie (*infirmus, vulneratus, claudus, mulier ante et post partum*), la faiblesse de l'âge et l'abandon (*orphanus, senex, valetudinarius*), la déficience mentale (*simplex*), l'abjection de la condition (*subjectus, oppressus, abjectus, humilis, ignobilis*), l'éviction hors des cadres sociaux (*captivus, exiliatus*, prisonniers et bannis). A tous ces stigmatisés par la souffrance, la tradition décernait aussi le titre de *pauperes Christi*. N'était-ce pas les assimiler aux pèlerins engagés vers leur salut sur une route difficile et leur accorder l'estime due aux imitateurs volontaires de la vie apostolique ?

Il n'en fut pas toujours ainsi. Au terme du Moyen âge, c'est-à-dire depuis le milieu du XIVe siècle environ, une nomenclature,

* Conférence donnée à l'Assemblée Générale de la Société d'Histoire Ecclésiastique de la France, à Paris, le 25 mai 1965. — L'enquête sur l'histoire de la pauvreté, menée depuis 1962 au Centre de Recherches historiques du Moyen âge, de la Sorbonne, a fourni le thème d'un certain nombre de mémoires de Diplôme d'Études Supérieures. Les résultats de l'enquête, notamment des résumés des exposés de séminaire, font l'objet, chaque année, d'un recueil ronéotypé.

truculente d'ailleurs, confondit en un mépris commun, sinon une même crainte, les catégories malheureuses et les « classes dangereuses ». Parler de « mendiants valides » eût été encore formule bénigne, si le vocabulaire jargonique et même la terminologie administrative n'eût assimilé, sans discernement, aux véritables pauvres les caïmans, marauds, bélitres (soldats débandés), essorillés (récidivistes auxquels la justice avait fait trancher les oreilles), coquillards, truands de toutes sortes, et même bohémiens. Pauvre et mendiant devinrent synonymes d'oisif, de vagabond et de criminel en puissance.

Les termes « *pauper* » et « pauvre » et leurs correspondants, synonymes ou non, qualifièrent donc la misère matérielle la plus sordide et la vocation mystique la plus élevée, en se nuançant des teintes affectives les plus opposées : pitié, édification, mais aussi dédain et répugnance. *Pauper* et « pauvre » sont à la fois des noms et des adjectifs. Comme tels, leurs emplois comportent de nouvelles et nécessaires distinctions. Adjective, la pauvreté est relative ; son degré varie avec les « états » sociaux ; les documents ne parlent pas seulement de « pauvres laboureurs » ou de « pauvres compagnons », mais de « pauvres écoliers », de « pauvres clercs », de « pauvres prêtres », de « pauvres chevaliers ». Il y a les pauvres des villes et les pauvres des campagnes.

Comme substantif, *pauperes*, « pauvres » prennent une acception concrète, parfois assez éloignée du sens originel. Chronologiquement, au rythme de l'évolution médiévale, *pauper* s'est opposé à *potens*, *miles*, *civis*, et de nouveau à *dives*. Dans les *Capitulaires*, le mot *pauper*, opposé à *potens*, désigne l'homme libre lui-même, qui a besoin de la protection royale, et que, dès le IXe siècle, l'évêque prend sous sa sauvegarde. Le terme exprime la faiblesse, en ce cas, plus qu'une infériorité. Celle-ci apparaît par voie de conséquence, sur le plan juridique notamment. Dans les villes, *pauper*, opposé à *civis*, traduit un « état » juridique fondé sur une infériorité pécuniaire, qu'exprime alors l'opposition à *dives*. Les textes relatifs aux institutions de paix opposent aux *milites* les *pauperes*, et englobent avec eux, dans la même catégorie de personnes ayant besoin de protection et se trouvant dans le même état de faiblesse, tous les *inermes* y compris les femmes de chevaliers sans escorte et les marchands itinérants. « Pauvre » est synonyme d'humble (*humilis*) et même, simplement, de faible [1]. Le pauvre n'est donc pas seulement celui

1. Une des études les plus récentes des sens du mot *pauper* a été donnée par K. Bosl, « *Potens* und *Pauper* », dans *Fetschrift für O. Brünner* (Göttingen, 1963), p. 60-87. E. Maschke, « Continuité urbaine et histoire urbaine médiévale », dans *Annales, E.S.C.*, 1960, p. 936-948, spéc. 940-941 ; G. Duby, « Les Laïcs et la paix de Dieu » (communication à paraître dans les *Atti della*

dont la faiblesse matérielle, physique ou morale appelle la pitié. Quand il s'agit de l'homme dépourvu de fortune, sa situation est quelquefois sanctionnée par un acte officiel (par exemple, un serment d'impuissance pécuniaire attestée par témoins, un certificat d'indigence délivré par l'autorité urbaine). Dès lors, ce « pauvre » est frappé de certaines incapacités ; il est exclu des fonctions municipales, des charges fiscales et du service du guet ; à ces incapacités ou exemptions s'ajoutent, en revanche, ce qui, dans la société médiévale, s'appellerait privilèges : accès aux distributions, admission dans les hôpitaux. L'exemption d'impôt doit retenir un instant l'attention ; en effet, il ne faut pas se faire illusion sur la terminologie employée par les documents fiscaux : l'exonération reculait assez loin ses limites supérieures. Le terme « pauvre » n'y exprime pas nécessairement l'indigence ; il semble qu'il en est de même de l'expression de *nihil habens*. Les vrais pauvres, on ne les mentionne parfois pas ; et c'est logique, puisque, dépourvus de tout, ils ne doivent rien. La notion du « pauvre fiscal » est très variable. D'une telle remarque découle l'exigence d'une sélection et d'une critique rigoureuses de la documentation.

En résumé, la notion exprimée par le mot « pauvre » et ses équivalents n'est pas absolue. Relative, elle ne désigne pas, de soi, un milieu, encore moins une classe. Elle est, par essence, une situation caractérisée par une prédisposition ou une condition effective de faiblesse, d'incapacité, de dénuement, et la privation de tout moyen personnel d'y remédier. Elle entraîne l'impossibilité de tenir son « état » naturel, c'est-à-dire d'en acquérir, conserver ou recouvrer les instruments ou les signes : par exemple, la charrue ou le bétail pour le paysan, l'outil pour l'artisan, la boutique pour le marchand, les armes et le cheval pour le noble, les livres pour le clerc, voire la crosse et la mitre pour l'évêque. On pourrait, alors, établir une typologie très variée de la pauvreté.

Jusqu'à présent, à part une allusion rapide, nous n'avons considéré que le sens concret et matériel de la pauvreté involontairement subie, le sens de pauvreté de situation. Or, nous savons que le mot « pauvreté » comporte une signification spécifiquement religieuse : elle est, pour le pauvre, l'acceptation de sa condition ; pour le riche, la disposition à la perte éventuelle de sa fortune et le consentement à se dépouiller d'une partie de

Settimana Internazionale di Studio su I Laici nella « Societas Christiana » dei secoli XI e XII, La Mendola, 1965). Une brève position des problèmes relatifs à la pauvreté ne permet pas de donner une bibliographie tant soit peu étendue, mais seulement les indications et les références correspondant aux textes cités ou commentés.

ses biens en faveur des déshérités ; pour le religieux, l'élection librement consentie de la condition de vie du pauvre. Pour tous, l'esprit de pauvreté est le détachement spirituel. En somme, la pauvreté est une « condition » et une vertu.

Nous voilà donc en présence d'une notion multiforme de la pauvreté dont les aspects historiques suivent, au long des siècles, des trajectoires concordantes ou discordantes. Quel rapport y a-t-il entre elles ? quelle relation les associe à l'évolution de la spiritualité d'une part, à la conjoncture économique et sociale de l'autre ? C'est ici l'intérêt majeur d'un problème complexe où se joue l'éternel conflit humain de l'argent et de l'esprit.

* * *

Le scandale du mariage mystique de saint François avec Dame Pauvreté, malgré l'usure du thème, conserve valeur de signe. La proclamation indiscrète du primat de la vertu de pauvreté et de l'éminente dignité du pauvre contenait un virus capable de susciter, au siècle suivant, la réaction du mépris et de la crainte, même sans la pulsion croissante de la misère. Pourtant, ce scandale était-il si profondément novateur ? La solution radicale offerte par lui au problème de la conscience occidentale adolescente, en la mue de ses structures, n'était pas sans précédents, et ses principes étaient, chacun le sait, la résurgence d'antiques valeurs chrétiennes. L'élan franciscain d'ailleurs ne survenait pas seul, car la réflexion canonique et théologique du XIIe siècle achevait, pour sa part, de puiser à la source de ses autorités la formulation des droits du pauvre. De la fin du XIIe siècle au milieu du XIIIe, l'évolution de la pauvreté médiévale, sur le plan des faits comme sur celui des idées, est caractérisée par un virage.

Ressourcement, la sommation franciscaine au retour à la vie évangélique retrouvait, au terme de huit siècles, l'invitation de saint Jérôme à suivre dans le détachement absolu le Christ dépouillé de tout (*nudus nudum Christum sequere*). Dès le IVe siècle, les Pères de l'Église semblaient avoir tout pensé, tout dit, sinon tout fait, quant aux problèmes de la pauvreté évangélique et de la pauvreté sociale. Qu'aurait pu ajouter Césaire d'Arles ou Grégoire le Grand aux principes, aux conseils et aux injonctions de Clément d'Alexandrie, Grégoire de Nysse, Basile, Jean Chrysostome, Jérôme et Augustin [2] ? Après eux, sous

2. Voir par exemple le choix de textes publiés en traduction française par A. HAMMAN, *Riches et Pauvres dans l'Église ancienne* (Paris, 1962). De même : Y. COURTONNE, éd. et trad. des *Homélies de saint Basile sur la richesse* (Paris, 1935).

forme, trop souvent, d'amplifications rhétoriques, on ne put que redire l'égalité du pauvre et du riche, le devoir de l'aumône, même le droit de propriété du pauvre sur les biens de l'Église et sur le superflu du riche. Un des mérites d'un saint Césaire et d'un saint Grégoire le Grand est d'avoir pratiqué cette doctrine et de l'avoir transmise à l'Occident. Sans rupture, la tradition voit dans le pauvre la réplique même du Christ, et la désappropriation personnelle du disciple de saint Benoît, à l'école des Pères du Désert, constitue l'accès à la voie de la perfection [3]. Cependant la perte du contact direct avec les Pères grecs, au moins jusqu'au XIIe siècle, aurait singulièrement affaibli la notion chrétienne de pauvreté, sans les rappels à l'ordre, comme des éclairs dans la nuit, de quelques moines et de quelques évêques. Sur ce point, comme sur tant d'autres, l'influence épiscopale s'exerce fortement sur la royauté carolingienne ; elle lui inspira les capitulaires prescrivant aux comtes d'épargner les pauvres ; à la fin du Xe siècle encore, Abbon de Fleury, reprenant un texte de Jonas d'Orléans et du Concile de Paris (829), inscrivait parmi les devoirs du prince celui de nourrir les pauvres par ses aumônes (*pauperes eleemosynis alere*) [4]. A l'exemple d'un Hincmar, d'autres évêques, sous des apparences de grands administrateurs, n'oubliaient pas que les richesses de l'Église sont les biens des pauvres et que les prélats n'en sont que les « dispensateurs ». Dans la même perspective, on aimerait savoir en quelle mesure le souci de restaurer le « patrimoine des pauvres » a inspiré les réformateurs grégoriens. Il faudrait, pour cela, revoir les textes et connaître le comportement des évêques ainsi que les résultats effectifs de la réforme, au point de vue des pauvres. Les institutions de paix, pour leur part, constituent un effort réel d'éducation de la conscience des chevaliers, astreints ou consentant au serment de protéger les pauvres et les faibles. Et si l'attitude de l'archevêque de Bourges, Aimon, entouré en 1038 d'une *multitudo inermi turbis*, manifeste la vigilance d'un prélat envers les pauvres, ne traduit-elle pas aussi, la reconnais-

3. On se bornera à citer ici : H. G. J. BECK, *The pastoral care of Souls in South East France during the VIth century* (Rome, 1950) ; S. H. MAC GONAGLE, *The Poor in Gregory of Tours* (New York, 1936) ; Mgr LESNE, *Histoire de la propriété ecclésiastique en France*, t. I (Paris-Lille, 1910). Des mémoires de D.E.S. ont été présentés à la Faculté des Lettres de Paris sur la pauvreté à Rome au temps de Grégoire le Grand, la pauvreté dans l'œuvre de saint Césaire, dans celle de Grégoire de Tours et dans divers textes hagiographiques (*Vitae* et *Miracula*). Les résultats sont l'objet de cahiers ronéotypés annuels ; cf. par exemple dans le cahier nº 3 le résumé d'une étude de M. J. RONDEAU, *La Pauvreté chez les Pères du IVe siècle*. Des recherches sont en cours à la Faculté des Lettres de Lille, conjointement à celles menées à la Sorbonne, sur la pauvreté aux IXe et Xe siècles.

4. MIGNE, *Patrologie latine*, t. 139, c. 477 (référence communiquée par notre ami J. F. Lemarignier).

sance de leur droit à être protégés, sinon à se défendre eux-mêmes en s'associant ? [5]

De leur côté les ermites, les prédicateurs errants et les réformateurs monastiques n'innovaient qu'en apparence. Ainsi, lorsque saint Bernard déclarait que c'était se moquer de Dieu que l'honorer d'églises somptueuses en le méprisant dans les pauvres, il n'ajoutait rien à la pensée, un peu oubliée, de saint Jean Chrysostome. Il est vrai que la réflexion des Pères grecs avait été conçue pour les problèmes sociaux de sociétés assez urbanisées, ce qui ne fut plus le cas de l'Occident uniquement paysan jusqu'au XIIe siècle. Pourtant, les générations antérieures avaient cru trouver une formule nouvelle de vie religieuse en allant à la rencontre des deshérités ; on le saura mieux au terme des études entreprises sur la spiritualité du XIe siècle : on souhaite ainsi mieux connaître les origines et l'emploi de la formule *vita apostolica*, en en liant l'étude à celle de la diffusion de la dévotion à la Croix. Sans doute, cela éclairerait l'œuvre et l'influence de Pierre Damien, de Bernard de Tiron et de Robert d'Arbrissel.

On sait que le dynamisme des mouvements de pauvreté, rendus suspects par la pratique de l'errance, de la mendicité volontaire et de la prédication spontanée, fut canalisé, finalement, dans le moule des institutions monastiques : Fontevrault et Grandmont.

La valorisation de la notion de pauvreté se concentrait, traditionnellement, autour de la vie religieuse et cléricale. Les véritables pauvres, voués par nécessité au froid et à la faim, ne manquaient pourtant pas. La pauvreté était endémique : l'anthologie constituée par Curschmann est, à cet égard, convaincante ; le récent livre de Jacques Le Goff sur *la Civilisation médiévale* contient une analyse pénétrante du cercle vicieux dans lequel l'extrême lenteur du progrès technique tenait enclose la société rurale de la première partie du Moyen âge : perpétuelle angoisse d'une société sous-équipée, périodiquement tenaillée par la faim, encore au terme du XIIe siècle.

Voici précisément le double point névralgique de la question. D'un côté, la pauvreté monastique se définit comme une ascèse, une discipline, une obligation, subordonnée à l'obéissance. On ne connaissait que trop les vagabondages auxquels se livraient les gyrovagues, plaçant la pauvreté au dessus de l'obéissance à leur supérieur ; ils mendiaient sans travailler et manquaient à la

5. *Les miracles de saint Benoît*, éd. E. de Certain (Paris, Soc. Hist. France, 1858), p. 192.

6. Fait rapporté par Pierre le Chantre en son *Verbum Abbreviatum*, *P. L.*, t. 205, c. 144-145.

stabilité, condition fondamentale de la vie religieuse. L'aventure d'un Robert d'Arbrissel faillit mal tourner. On reprochait aux Vaudois leur mendicité vagabonde et sans travail, alors que fut tolérée la pauvreté des Humiliés, sustentée par un artisanat modeste. C'était tout juste si un Étienne Harding, au début du XIIe siècle, autorisait ses moines à tendre la main lorsqu'ils n'avaient plus de quoi manger [6]. Ascèse, la pauvreté monastique, bénédictine, cartusienne et cistercienne se définissait, en principe, comme l'usage modéré, pratiqué individuellement et simultanément, de biens collectifs ; l'accent était porté sur la désappropriation personnelle. Ce qui était suspect, c'était la pauvreté accompagnée du refus d'une existence encadrée.

De l'autre côté, en effet, la pauvreté de fait, elle aussi, trouvait, normalement pour ainsi dire, sa place dans la société. Non seulement parce que la précarité de l'existence quotidienne était partagée par tous, mais parce qu'aussi longtemps que l'encadrement de la société rurale conserva sa vigueur, c'est-à-dire sommairement jusque vers la fin du XIIe siècle et la première moitié du XIIIe, la pauvreté ne pouvait être qu'un accident, et non pas un état. Pour les hommes et les femmes des domaines agricoles, l'attachement au sol était compensé par le soutien des solidarités vivantes du village, de la paroisse et de la seigneurie ; et Georges Duby [7] montre qu'en dépit des écarts atmosphériques, on ne s'y trouvait pas habituellement exposé, sans recours, au complet dénuement. Les deshérités étaient connus, car ils appartenaient au groupe social. Les plus chanceux, peu nombreux il est vrai, étaient admis comme pensionnaires dans les abbayes ; les autres étaient des habitués, on dirait presque des prébendés, des distributions de provende des aumôneries. Les grandes calamités enflaient le nombre des parties prenantes : lors de l'entrée en Carême, au XIe siècle, à Cluny, il arrivait, observe encore Georges Duby, qu'on distribuât des jambons à 16.000 pauvres, et Erik Maschke en note plusieurs centaines à Reichenau. Les malheureux connaissaient les usages et les dates des libéralités ecclésiastiques, et s'en avertissaient mutuellement.

C'est qu'en effet, si la pauvreté passe pour une fatalité naturelle inéluctable, on la situe, à l'instar de la pauvreté monastique, sur le plan de l'ordre divin. Elle est un mal, sans doute, et les chroniques d'abbayes du XIIe siècle s'apitoient à l'envie, et avec sincérité, semble-t-il, sur la prolifération de la misère engendrée par le processus infernal des intempéries, de la famine, de la maladie, de la vie chère et de l'endettement. Ainsi, lors de la grande famine de 1194 à 1198, dans toute la région entre Seine

7. Cf. *infra* pour les Pauvres des campagnes.

et Rhin, les pauvres gisaient, à demi-morts de faim, sur les places publiques et s'entassaient, dès la première heure du jour, aux portes des monastères, dans l'attente des distributions [8]. Mais ce mal est considéré comme séquelle de la faute originelle, de la même manière que la servitude, la maladie et le péché actuel. Considéré dans une perspective religieuse, ce mal, inévitable et pérenne, est une épreuve pour ses victimes, une occasion de charité pour les hommes plus favorisés, et une possibilité de péréquation des biens du monde : en bref, ce mal s'inscrit comme une chance, offerte à tous dans une perspective de salut commun. La pensée d'un saint Bernard au XIIe siècle continue celle d'un Pierre Damien au XIe et l'aspect social du problème de la pauvreté s'inscrit sur le plan unique de la charité. Il en fut de même encore pendant des siècles.

Cependant la réflexion des hommes du XIIe siècle, si attentifs à l'analyse et à l'explication de l'ordonnance du monde, ne manqua pas de s'exercer sur l'aggravation de la misère. Il ne leur échappa pas que la pauvreté, tout en étant un élément inévitable d'un ordre corrompu, contenait des germes de désordre. Lesquels ? Les responsables, dénoncés par les canonistes et les théologiens comme Gratien, Raoul l'Ardent, Pierre de Blois, Pierre le Chantre, et par les sermonnaires depuis Pierre l'Ermite jusqu'à Foulque de Neuilly, ne sont pas seulement les évêques infidèles à leur vocation d'économes du patrimoine des pauvres ; ce sont aussi les seigneurs exigeants et les juges iniques. Contre eux, s'élabora la théorie de l'extrême nécessité, affirmant, en pareil cas, la communauté des biens et l'innocence de l'affamé voleur [9]. Formellement, on réclamait qu'en faveur du pauvre, la justice concourût avec la charité. Un siècle plus tard, Philippe de Beaumanoir ne demandera pas autre chose.

On ne saurait, en toute objectivité, nier l'influence des circonstances sur une telle évolution de la pensée. Certes, dès la fin du Xe siècle en Normandie, et ailleurs au cours des XIe et XIIe, certaines révoltes de la faim, la prédication de certains ermites, l'attraction de quelques pèlerinages, surtout la Croisade, avaient déraciné et jeté sur les chemins des bandes hétérogènes de « jeunes » (*juvenes*) : paysans et bergers en surnombre, cadets de familles chevaleresques, mêlés à des criminels en rupture de ban, à de simples amateurs d'aventures, aux inadaptés

8. Nombreux textes cités par F. CURSCHMANN, *Hungersnöte im Mittelalter* (Leipzig, 1900), p. 154 sqq.

9. G. COUVREUR, *Les pauvres ont-ils des droits ? Recherches sur le vol en cas d'extrême nécessité depuis la « Concordia » de Gratien, 1140, jusqu'à Guillaume d'Auxerre, † 1231* (Rome-Paris, 1961). M. MOLLAT, « Pauvres et pauvreté à la fin du XIIe siècle, dans la *Revue d'Ascétique et de Mystique*, t. XLI, 1965, p. 305-324.

de toutes sortes, enfin à des prostituées. A ces gens, parfois, des chefs populaires lançaient des appels incendiaires, tel ce singulier personnage, Guillaume Longue-Barbe, à Londres en 1196, qui voulait « faire du nouveau » (*moliri nova*) [10]. Rien de pire que rompre avec l'ordre établi et que de heurter les esprits, même les plus simples. L'anecdote allemande d'Helmrecht, au XIIIe siècle, est souvent citée, car elle est significative. Ce jeune paysan, quitte délibérément sa ferme, et son père ne peut pas le retenir : « Je veux connaître la vie des cours ; ... je ne veux plus charger le fumier sur ta charrette ; ... Non je ne t'aiderai plus jamais à la culture. — Il est rare, répond le père, que réussisse celui qui se rebelle contre son sang et son rang ; et ton rang, c'est la charrue. » Helmrecht, dit Avale-Pays, parcourut beaucoup de régions, devint chef de bandits et revint terminer ses jours, pendu, non loin de la maison natale [11].

Le fléchissement des cadres traditionnels, résultant du relâchement des liens sociaux, de l'endettement paysan envers les usuriers, des crises économiques, enfin, à partir de la deuvième moitié du XIIIe siècle, repoussa les plus misérables vers les villes en croissance. A la misère stagnante et individuelle des campagnes succédait la détresse collective des villes. Le pauvre rural était généralement un personnage méprisé, mais familier, connu et assisté des siens ; le pauvre urbain devient un être anonyme, souvent vagabond, sans autre recours que la communauté d'un destin marginal, partagé avec ses congénères.

Le vrai scandale du *Poverello* est d'avoir exalté la pauvreté à l'heure même où l'ébranlement de la société préparait la multiplication du nombre des pauvres.

* * *

L'autre page de l'histoire de la pauvreté au Moyen âge est écrite en termes, en une certaine mesure, opposés aux notions antérieures et contradictoires entre eux.

Sur le plan spirituel, d'abord, la Pauvreté est exaltée. Volontaire, elle n'est plus seulement une voie d'ascèse, subordonnée à l'obéissance ; la voici promue au premier rang des vertus sanctifiantes : Dante la proclame « reine ». Toujours, le pauvre involontaire fut regardé comme l'image du Sauveur ; mais au siècle des temps difficiles, à l'école du *Poverello*, beaucoup discernent les stigmates du Crucifié sur le corps douloureux du malade et

10. Wm. of Newburgh, *Chron.*, éd. R. Homlet, dans *Chron. of the reigns of Stephen, Henry II and Richard I* (Rer. Brit., t. 82, vol. II).
11. Cité par J. Le Goff, *La Civilisation de l'Occident Médiéval* (Paris, 1965), p. 395-396.

de l'indigent. A d'autres yeux, au contraire, le pauvre paraît un déchu, un exclu, un ennemi même. Aimés, portés au pinacle ou méprisés, haïs ou craints, la Pauvreté et le Pauvre sont plus que jamais, et deviennent pour des siècles, des signes de contradiction, pierres de touche des consciences. Il faudrait connaître l'étendue réelle de l'influence des ordres mendiants et, pour cela, d'abord, l'importance de leurs couvents, l'origine et la qualité de leur recrutement, leur activité effective sur le plan local.

C'est que la misère prolifère, et ceux que la vue des pauvres trouble de pitié ou de crainte s'inquiètent de leur nombre croissant. Les processus de l'appauvrissement étaient aussi variés que ses causes. L'histoire économique et sociale n'a pas fini d'en noter les aspects. On accuse les déficiences de la production, la perturbation des circuits du commerce, les hausses des prix et l'instabilité du cours des monnaies, dans un contexte de pénurie, de guerre et d'épidémies. Les couches rurales, les plus épaisses de la société, sont très profondément touchées. A juste titre, on considère la désertion des villages comme un symptôme de paupérisation [12]. L'éviction des cultivateurs anglais, chassés par les troupeaux introduits dans les premières « enclosures », demeure un exemple classique. Les usuriers de village ont été, sans doute, encore plus néfastes ; ils sévissaient partout ; or, l'abus des emprunts de consommation mène à la ruine sans recours. La fuite honteuse et l'expulsion infamante pour motif de dettes n'inspirent pas la même pitié que l'exode devant les malheurs de la guerre.

Le « retrait » des gens du « plat pays » vers les villes n'était pas la fin de leurs misères. Bien au contraire, ils alourdissaient de leur incapacité technique la foule des « pauvres valets », sans spécialité, sujets aux variations de l'embauche quotidienne : à Paris, au début du xve siècle, 50 à 60 % de la main-d'œuvre attendaient « en grève » chaque jour, et n'étaient rémunérés que pour 250 jours par an au maximum [13]. Les salaires, précaires, furent l'occasion des conflits de travail que connut la Flandre. Leur infériorité aux prix d'un ravitaillement aléatoire du fait de l'insécurité fréquente, déprime les niveaux de vie, à Toulouse comme à Rouen, à Lyon comme à Paris. Aux notations du Bourgeois anonyme qui dépeint la vie de la capitale entre 1410 et 1450 correspond l'amère remarque, en 1419, d'un autre

12. *Villages désertés et histoire économique, XIe-XVIIIe siècles* (Coll. Les Hommes et la Terre, t. XI, Paris, SEVPEN, 1965).

13. B. Geremek, *La main-d'œuvre salariée dans l'artisanat parisien du XIIIe au XVe siècle. Étude du marché de la main-d'œuvre au Moyen Age* (en polonais, avec résumés de 7 pages en français, Varsovie, 1962).

anonyme, Rouennais cette fois : « Ne pensoit chascun fors que de soi [14]. »

La pauvreté ne frappait pas seulement, comme à l'accoutumée, la masse des humbles, paysans et ouvriers de bras. Sans égard pour les « états » sociaux, l'infortune s'en prenait à tous les vulnérables. De « pauvres clercs » sont débiteurs de leurs professeurs, aussi souvent que d'usuriers. Ils subsistent péniblement en copiant les *pecia*. Quémandeurs évincés de bénéfices mineurs, certains s'en vont grossir les milieux louches des villes et des « compagnies ». Des « pauvres prêtres », il ne s'en trouva pas seulement en Angleterre, rameutant la clientèle des Lollards ; mais les autres supportaient, avec dignité, l'impécuniosité de leur vieillesse, l'incongruité d'une portion paradoxalement déjà dite « congrue », ou l'insuffisance d'une demie-prébende, à juste titre désignée *paupertas* [15]. Il faut aussi rappeler la détresse des familles chevaleresques appauvries par le morcellement de leur patrimoine, les frais des équipements militaires et l'hypothèque des rançons ; certains rétablissaient leur situation en épousant des veuves riches ; mais l'avenir de beaucoup d'orphelins demeurait incertain. Avec le goût de la sensation, la chronique suit la carrière besogneuse des cadets et des bâtards ; mais elle se contente d'allusions aux détresses cachées, « honteuses », des anciens riches, objet, par exemple, à Paris, de la discrète charité d'un maréchal de Boucicaut [16]. La question de la dérogeance se rattache ainsi aux problèmes de la pauvreté.

Évaluer économiquement et numériquement le degré d'indigence et le nombre des infortunes est impossible pour les siècles antérieurs à l'usage des statistiques. Il faut se contenter de l'estimation d'ordres de grandeur. D'ailleurs, les détresses les plus grandes sont parfois celles que la pudeur voile. On sait que les listes fiscales, depuis la fin du Moyen âge, ne sont utilisables qu'avec beaucoup de précautions, puisqu'on ne recensait pas habituellement les personnes incapables de payer des impôts. Au XIVe siècle, en Dauphiné, on distinguait les pauvres, les mendiants et ceux qui ne possédaient absolument rien ; à Toulouse, la moitié des « estimes » concerne des *nihil habentes* ; en Provence, ils composent environ les deux cinquièmes du total des feux [17]. Les observations relevées à Florence, à Bâle et à Heidelberg

14. P. Cochon, *Chron. normande*, éd. Ch. de Beaurepaire (Rouen, Soc. Hist. Norm., 1876), p. 347.
15. Exemple mentionné au Concile de Mayence, 1261 (Mansi, *Ampl. coll.* t. XXIII, p. 1105). Du Cange, *Gloss.*, s. v. *Paupertas.*
16. L. Lallemand, *Histoire de la Charité*, t. III (Paris, 1906), p. 321.
17. Ph. Wolff, *Les « Estimes toulousaines des XIVe et XVe siècles* (Toulouse, 1956) ; F. Baratier, *La démographie provençale du XIIIe au XVIe siècle* (Paris, 1961).

sont du même genre. En fait, la plupart du temps, il faut se contenter des notations inspirées aux rédacteurs d'une documentation éparse par la pitié, l'horreur ou la crainte. Mais, au delà des imprécisions et des exagérations, la conclusion demeure que la mendicité s'accrut dans la deuxième moitié du XIVe siècle. Moins de quinze ans après la Peste Noire, en 1362, l'évêque de Paris déplorait le manque de place, la nuit, pour les malheureux, dans les hospices et les hôpitaux [18]. Lors des distributions de vêtements ou de vivres effectuées selon un calendrier régulier par les monastères et les couvents, les confréries et les hôpitaux, les tables des pauvres ou les aumôneries princières, on voyait quelquefois une ruée d'affamés se bousculant comme des chiens, par exemple aux funérailles du cardinal Pierre de Luxembourg, où, selon Molinet, se pressèrent dix mille pauvres, et trente-huit d'entre eux périrent étouffés [19].

Chroniques, documents administratifs (réglements urbains, ordonnances royales) ou judiciaires (procès, lettres de rémissions), statuts de confréries et comptes d'hôpitaux, sermons et traités spirituels ou philosophiques, textes littéraires, miniatures enfin, composent à l'envi le portrait traditionnel et familier du pauvre. Condensé de toutes les misères, ce n'est toutefois qu'un type d'une situation très diffuse et diversifiée.

Le pauvre, dit Gerson, est celui qui crie, « à grant rage de famine » : « A la pauvre aumône, pour Dieu ». Aux XIe et XIIe siècles, il attendait parfois des nuits entières, à la porte des monastères, les distributions faites à l'aube ; le froid de la nuit le frappait souvent de congestion. Plus tard, dans les villes, on l'entend hucher « d'huis en huis ». Le pauvre est celui qui ne mange pas de viande et ne boit pas de vin.

Le pauvre est un infirme, aveugle, boîteux ou manchot, couvert d'ulcères que des haillons découvrent avec une impudeur répugnante. Il vit dans la saleté.

Le pauvre est laid. Il fait peur. On l'estime méchant. Même les chiens le pourchassent.

Méprisable, le pauvre est méprisé. Les miniatures le présentent, tête basse, isolé dans une encoignure de porte ou à une distance respectueuse de son bienfaiteur. Humilié, humiliant même les autres par son contact, le pauvre n'a pas d'amis. Ses attitudes sont celles de l'inutilité, de l'indignité, de la culpabilité. Rares

18. E. Coyecque, *L'Hôtel-Dieu de Paris au Moyen âge*, t. I (Paris, 1889, p. 293. Il est impossible de donner même un aperçu de l'énorme bibliographie consacrée aux « œuvres de miséricorde ». Sur les hôpitaux, on retiendra les publications de textes de L. Le Grand et les travaux récents de J. Imbert.

19. A. A. Monteil, *Histoire des Français des divers états*, t. I et II : XIVe-XVe s. (4e éd., 1853) a compilé une foule de notations (avec références) sur les pauvres et les mendiants (notamment, t. II, p. 14 sqq.).

sont ses réactions de colère, car il est isolé. La fuite est son recours [20].

Le pauvre est un errant, un vagabond ; sac sur le dos, bâton en mains, il va de bourgade en bourgade. Il demeure « partout ». Il n'a pas de maison, pas de profession. S'il en avait la force, il louerait bien ses bras à la journée, mais qui embaucherait un « ribaud de grève » ? Le type du « mendiant valide » et oisif n'est pas le plus fréquent. De ville en ville, il lui faut toujours aller ; certains réglements urbains lui refusent, parfois sous peine de la hart, le gîte des asiles pour deux nuits consécutives.

La société ignore le pauvre. Les documents ne le désignent pas par son nom, si tant est qu'on lui en connaisse un. L'isolement le poursuit même au delà de la mort. Son cadavre n'a pas de place parmi les autres chrétiens ; au cimetière des Innocents, à Paris, la « fosse aux pauvres » est à l'écart. Se souvient-on, du moins, qu'à cette heure le pauvre est reçu « au sein d'Abraham » ? L'opinion commune a beaucoup évolué à l'égard du pauvre.

Au terme du Moyen âge, certains tiennent la pauvreté pour une déchéance. Le courant naturaliste ne se contente plus de voir en elle une séquelle du péché. On connaît le douloureux portrait de l'allégorie de la Pauvreté dans le *Roman de la Rose* et l'atroce conclusion de Guillaume de Lorris :

> « La pauvreté n'avait sur elle qu'un vieux sac étroit, misérablement rapiécé ; c'était à la fois son manteau et sa cotte, et elle n'avait que cela pour se couvrir ; aussi tremblait-elle souvent. Un peu éloignée des autres, elle était accroupie et rencognée comme un pauvre chien ; car qui est pauvre, en quelque lieu qu'il soit, est toujours triste et honteux. Que soit maudite l'heure où fut conçu le pauvre, car il ne sera jamais ni bien nourri, ni bien vêtu, ni bien chaussé ! Il ne sera pas non plus aimé ni élevé. »

Au contraire, « près de Beauté, se tenait Richesse, dame très noble et de grand prix » [21].

A leur tour, les humanistes (Leonardo Bruni, Poggio Bracciolini, Lorenzo Valla) englobent dans leur réprobation des moines mendiants la mendicité en général, contraire à la dignité de l'homme et à son progrès par son propre effort. De son côté, l'auteur du dialogue du *Songe du Vergier*, par la bouche du Chevalier, jugeait la mendicité du Clerc comme un délit social en

20. F. Poulet, *Les pauvres et la pauvreté dans la pensée de Gerson* (mém. dactyl. Dipl. Ét. Sup. Hist., Paris, 1963) ; M. Reneaux, *Le thème de la pauvreté dans les miniatures de quelques manuscrits français du XIVe siècle* (mém. dactyl. D.E.S. Hist., Paris, 1963) ; B. Hisard, *La pauvreté d'après quelques recueils de prédication populaire franciscaine aux XIVe et XVe siècles* (mém. dactyl. D.E.S. Hist., Paris, 1963).

21. *Roman de la Rose*, éd. A. Mary (Paris, 1949), p. 25 sqq. ; voir aussi p. 142-145, 175-176, 194-195.

infraction avec la loi du travail et un délit canonique contraire à la stabilité cléricale [22].

La pauvreté volontaire des religieux était donc, elle aussi, discutée et blâmée. Ces faits sont bien connus et l'enquête entreprise ne les infirme pas. On en vint à penser que la dureté des temps faisait assez de vrais pauvres pour qu'il ne s'y ajoutât pas la foule des Frères « oisifs » et « gyrovagues ». Il faut reconnaître que la virulence des Spirituels n'a pas peu contribué à discréditer la vertu même de pauvreté et à susciter les inquiétudes. Ainsi, la bulle de canonisation de saint Louis d'Anjou en 1317 n'osa plus désigner explicitement la pauvreté comme l'une des vertus héroïques du saint, ni la présenter en exemple comme une voie sûre vers le salut [23].

Quelques décennies plus tard, un exemple, assez significatif, peut illustrer l'inquiétude née du problème de la pauvreté. Thomas Brinton, bénédictin devenu évêque de Rochester de 1373 à 1389, a laissé une centaine de sermons où il insiste particulièrement, et non sans véhémence, sur la place du pauvre dans la société chrétienne et sur le devoir absolu de l'aumône. L'Angleterre connaissait alors les difficultés économiques et sociales de la fin du règne d'Édouard III. Il peut paraître paradoxal de voir Brinton siéger à la commission d'enquête qui jugea les « travailleurs » révoltés, en 1381, et au concile des Blackfriars qui condamna Wyclif. L'homme n'était pourtant ni courtisan, ni ambitieux. Il parla moins par la suite, mais sa conception de la pauvreté comme valeur spirituelle ne variait pas. C'est que Thomas Brinton avait vu, de ses yeux, le 6 juin 1381, à un jet de pierre de son palais, l'émeute forcer le château de Colchester. Il avait entendu les chants subversifs attribués à John Ball et recueilli l'écho des harangues des « fols prestres » dont parle Froissart, et qui passaient pour disciples de Wyclif. Le schisme, alors, brisait l'Église. Avec sa génération, Brinton éprouvait quelque difficulté à distinguer les « vrais pauvres » des truands et des vagabonds. Il put aussi craindre la conjonction d'une révolte sociale avec l'hérésie. Son cas manifeste l'inquiétude d'une époque et l'évolution d'une mentalité [24].

22. *Le Songe du Vergier*, éd. J. L. Brunet ; P. Dupuy, *Traitez des droits et libertez de l'Église gallicane...*, t. II (s. l., 1731), p. 122-131 ; Y. Congar, « Aspects ecclésiastiques de la querelle entre Mendiants et Séculiers dans la seconde moitié du XIIIe siècle et le début du XIVe », dans *Arch. hist. doctrin. et littér.*, t. 28 (1961), p. 35-158.

23. A. Vauchez, *L'idée de sainteté aux XIIIe et XIVe siècles d'après les procès de canonisation et les documents hagiographiques* (mém. dactyl. présenté à la VIe section de l'École pratique des Hautes Études, 1964, p. 213-214), en attendant la thèse de doctorat préparée par l'auteur sur ce sujet.

24. *The sermons of Thomas Brinton, bishop of Rochester, 1373-1380,* ed. Sister Mary Aquinas Devlin. (Camden third Series, vol. 85-86, Londres, 1954).

Il y aurait injustice à dire que l'assistance fléchit réellement à la fin du Moyen âge. Ce serait méconnaître la pratique, dénombrée selon la manie du XIVe siècle, des sept œuvres de miséricorde : les archives des fondations hospitalières en témoignent. Les testaments permettent une évaluation plus précise de l'importance et de la diffusion sociale de la bienfaisance ; ils révèlent, sous les formules et au delà des conventions sociales, les motivations réelles des dons et des legs : pari sur l'au-delà ou authentique charité. Enfin les confréries apportent la preuve d'une entraide mutuelle organisée.

Une sorte d'encadrement mental et institutionnel, bien caractéristique de la fin du Moyen âge tendait, cependant, à freiner la spontanéité du don. La casuistique de l'aumône donne la réplique à la casuistique de l'usure. L'intervention des pouvoirs publics canalise et réglemente la bienfaisance. L'aumône évolue du cadeau à l'entraide. Peu à peu, vers la fin du XIVe siècle, naît l'idée que le prêt (sans intérêt, bien entendu) est moralement supérieur à l'aumône, parce qu'il encourage et stimule le travail ; cette idée correspond à l'opinion du *Songe du Vergier*, selon laquelle la mendicité est contraire au profit commun et à la notion humaniste de la dignité de la personne. La génération de Giovanni Dominici et d'Antonin de Florence est aussi celle de saint Bernardin de Feltre. Nous sommes à l'origine des Monts de Piété.

Depuis le milieu du XIVe siècle au moins, les villes et l'État entendent contrôler les pauvres et les œuvres instituées pour eux. La législation sur le travail et le paupérisme naît simultanément en France et en Angleterre, au lendemain de la Peste Noire. Les autorités municipales désignent les administrateurs des hôpitaux, vérifient leurs comptes et réglementent l'hospitalisation des mendiants et des vagabonds. L'idée colbertienne de l'enfermement et de la mise au travail des indigents germe au XVe siècle ; Gerson est un des premiers à parler de pauvres « enclos » et de pauvres « non enclos ». La distinction entre les œuvres de miséricorde, inspirées par la charité, et l'assistance administrative, guidée par un souci d'ordre social, s'opère peu à peu. Le développement de la seconde bénéficie sans doute de l'efficacité, mais de la première elle perd la qualité humaine du contact direct entre celui qui reçoit et celui, qui en donnant, se donne lui-même. Le mot de charité se désacraclise. Cette évolution, encore inachevée au temps de saint Vincent de Paul, s'acheva au XIXe siècle ; c'est contre elle que réagirent les initiatives de la génération de Frédéric Ozanam.

* * *

Il faudrait, en guise de conclusion, noter les principales difficultés d'une recherche longue, délicate, extraordinairement ramifiée ; on aimerait aussi relever quelques résultats et proposer quelques étapes.

1) On constatera d'abord la nécessité de clarifier *la terminologie de la pauvreté.* Une recherche sémantique s'impose. On a vu qu'il y a pauvre et pauvre, pauvreté et pauvreté. Une histoire conceptuelle et sociale des termes est de nature à préciser la signification des situations historiques et des attitudes successives d'esprit. A cette fin, l'examen attentif des documents et le relevé systématique des formules, avec leur contexte, nous paraît indispensable. Il faut se méfier des synonymies apparentes ; toutes celles des mots *pauper* et *paupertas* sont chargées de nuances, elles-mêmes sujettes à variations. La « pauvreté apostolique » n'a pas été entendue de la même manière au cours des siècles. L'usage du mot « paupérisme » est postérieur à l'apparition du fait qu'il désigne ; le terme « sensibilité » est entré dans la langue au XIVe siècle [25], alors que celui de « charité » déviait vers la signification prosaïque d'aumône. On pourrait multiplier les exemples.

2) La clarté terminologique devrait conduire à la *clarification des notions.* La pauvreté est à la fois une situation et une vertu : situation subie ou volontairement choisie ; vertu, elle est voie d'ascèse, condition de perfection, occasion de mérites. Dans le temps comme dans l'espace, l'accent a été porté sur l'un ou l'autre de ces aspects, alors que la doctrine de l'Église ne varia pas.

3) Ce sont les *attitudes* mentales et sociales des hommes qui ont changé avec les générations. Ils ont tour à tour méconnu ou partiellement perçu les données paradoxales d'un problème permanent : la conciliation paradoxale du scandale de la misère vécue et de l'estime spirituelle de la pauvreté. A cela rien de nouveau : le problème du mal est ici. Parmi ces attitudes, il faut étudier : la pratique de pauvreté dans l'Église par les clercs et par les laïques ; leurs attitudes envers les pauvres ; les comportements collectifs de la société civile à l'égard de ceux-ci.

4) Chemin faisant, on a noté l'importance des *rappels à l'ordre*, adressés à toute la société chrétienne. Parmi eux, deux genres : les uns, les plus fréquents, invitent à des restaurations et des

25. L. Febvre, « La sensibilité et l'Histoire. Comment reconstituer la vie affective d'autrefois » dans *Annales d'Histoire sociale*, t. III (1941), p. 5-20.

retours en arrière. Au risque de paradoxe, nous rangerons en ce groupe les initiatives de saint Bernard avec les sollicitations des ermites du XIe siècle et les invectives des Spirituels au XIVe. En chaque cas, l'échec était inévitable, à plus ou moins brève échéance. D'abord parce que les invitations à la vertu sont toujours à renouveler. Surtout parce qu'on ne restaure jamais le passé : l'entreprise cistercienne postulait la pérennisation d'une société strictement rurale ; de son côté, la réviviscence de la « vie apostolique » reposait sur l'idéalisation d'une image.

Les pauvres de situation, eux, ne se nourrissent pas de projets. Le deuxième genre de rappel à l'ordre conciliait plus ou moins idéal et réalité. Les actes des évêques administrateurs du haut Moyen âge et ceux des Grégoriens pourraient correspondre à cette catégorie. Nous y incluerions, volontiers, l'authentique attitude du *Poverello*, fondée sur une extrême sensibilité à l'œuvre actuelle de Dieu et le souci de répondre aux besoins moraux et spirituels, tout neufs, d'une société urbaine. Le « fou » d'Assise était, peut-être, plus réaliste que saint Bernard ; il l'était, en tous cas, bien davantage que les rêveurs et les nostalgiques qui se réclamèrent de lui, en cherchant, sous le symbole de la roue de fortune, l'impossible progrès dans l'impossible retour du révolu.

5) Il ne semble donc pas que l'historien puisse dissocier la pauvreté, en tant que *notion spirituelle et réalité sociologique*, du contexte économique et social. De l'évolution entrevue, tenterons-nous de dégager une *conjoncture de la pauvreté* [26] ? Jusqu'au XIIe siècle, avec Georges Duby, nous percevons, dans une société rurale homogène et une économie techniquement stagnante, une pauvreté réelle communément répandue : le plus pauvre, l'indigent, n'y est pas dédaigné ; il y a sa place. La pauvreté de situation est donc respectée ; la pauvreté monastique demeure une discipline et une ascèse ; la pauvreté en esprit est conseillée à tous.

En revanche, dans les siècles suivants, pauvreté sociologique et pauvreté spirituelle évoluent au même rythme que la conjoncture économique et sociale, mais parfois en des sens opposés. Portée au pinacle, concurrençant l'obéissance et même l'humilité, forme suprême de la pauvreté dans l'ordre des vertus monastiques, la Pauvreté connaît ensuite la méfiance et le mépris de certains. Les querelles franciscaines compromettent un idéal et le corps social réagit contre l'inflation de la mendicité. Les initiatives de la Charité, seule, ne paraissent pas pouvoir assumer

26. On trouvera des aperçus sur l'évolution de la notion de pauvreté dans la réunion de quelques études allant du XIIe siècle au XIXe dans *La Pauvreté. Des sociétés de pénurie à la société d'abondance* (Recherches et débats du C.C.I.F., n° 49, Paris, 1964).

la misère. La société civile, prenant les choses en mains, invente la « police » des pauvres.

Faut-il conclure à un affadissement de la Charité ? Serait-elle devenue exceptionnelle ? Beaucoup d'exemples prouvent le contraire. L'institutionnalisation de la bienfaisance par les villes et par l'État n'a-t-elle pas refroidi les élans par la rigidité réglementaire ? Et le « renfermement » des malheureux en a dissimulé le nombre, sans le réduire. C'est dans l'esprit des hommes qu'il faut chercher des explications. L'écho du message franciscain ne s'était-il pas quelque peu assourdi, dès le XIVe siècle, étouffé d'un côté par ceux qui, craignant le nombre des pauvres, n'y voulaient pas répondre, et compromis, d'un autre côté, à la satisfaction des premiers, par les outrances des Spirituels ? Mais il y a plus encore. La véritable raison des échecs sur le plan concret est que le problème de la pauvreté ne pouvait pas, alors, être correctement posé. Jusqu'à une époque proche de la nôtre, on ne concevait la pauvreté que comme une adversité occasionnelle et la misère comme une somme s'infortunes individuelles, non comme une question sociale. On ne percevait pas que c'était le résultat de transformations et d'inadaptations profondes. Bref, en jargon d'économiste, on considérait la pauvreté comme un épisode de conjoncture, non comme un problème de structures. Une telle attitude ressemble à la situation des habitants d'une ville construite toute en bois, qui doivent constamment recourir aux pompiers, faute d'avoir les moyens de construire en pierre leurs maisons.

L'explication, cependant, n'est pas encore suffisante. On ne contestera pas que l'extension sociale de la misère et sa pérennité résultent, principalement, de la conjoncture économique et sociale. Mais peut-on en dire autant des attitudes individuelles et collectives, intellectuelles, morales et spirituelles en face de la Pauvreté, et surtout de cette attitude, humainement aberrante, de la pauvreté volontaire ? Il peut arriver que les situations de pénurie, de détresse, de dénuement suscitent des mouvements de philanthropie, de solidarité, de charité, absolument désintéressés, dont le caractère, parfois héroïque, est la gratuité et la liberté. La conjoncture en ce domaine n'exerce pas le rôle d'un générateur, mais d'un réacteur, ou, si l'on veut, d'un révélateur au sens photographique du terme. Autrement, comment expliquer, par exemple, le comportement d'un François d'Assise [27] ? Celui-ci prit le contrepied de sa génération. Or, au secret

27. Sur l'insertion de saint François d'Assise dans la société de son temps et les liens qui l'unissent à la spiritualité des générations antérieures, cf. deux articles du P. WILLIBRORD DE PARIS, « Rapport de saint François d'Assise avec le mouvement spirituel du XIIe siècle », dans *Études francis-*

inconfort moral et spirituel des plus aisés, comme à l'inconfort matériel involontaire des plus déshérités, il répond par l'exemple déconcertant d'un inconfort matériel volontaire et de la sérénité spirituelle. Aux faits économiques et sociaux il faut des causes économiques et sociales ; aux faits intellectuels, moraux et spirituels conviennent des causes du même ordre. Pourquoi ne pas admettre la résurgence, active et consciente, des principes et des sentiments dont nous avons noté la permanence au niveau le plus profond de la mentalité collective ? c'est-à-dire, en jargon technique, pourquoi ne pas admettre le jeu profond, mais accepté et conscient, d'infrastructures mentales ? Il est vrai qu'à leur seuil s'achève le rôle de l'histoire positive. Mais parce que ce domaine n'est plus de son ressort, l'historien va-t-il le nier ?

Il serait difficile, évidemment, de pousser plus profondément l'investigation sur le plan psychologique. Au plus, pourrait-on en analyser les manifestations extérieures ? D'autre part, une évaluation correcte des dimensions du problème comporte une ouverture très large dans le temps et dans l'espace, au delà des cadres de l'ère chrétienne et de l'espace occidental. Même si, faute de moyens, l'on ne peut entreprendre une étude précise de tels prolongements, on ne peut pas les ignorer. Il faudrait rappeler la pauvreté antique, celle de l'esclavage et des prolétaires urbains et ruraux de Rome et de la Grèce, de l'Égypte et de l'Orient. A chaque page, les écrivains ecclésiastiques du Moyen âge ajoutent aux enseignements scripturaires et patristiques sur la Pauvreté des références à la sagesse antique, celle d'Horace, de Cicéron ou de Sénèque. En revanche, jusqu'à des siècles récents, peu de textes mentionnent les foules misérables de l'Asie. Mais comprendrait-on qu'au XXe siècle les historiens négligent les positions doctrinales du Bouddhisme et les conseils de l'Islam relatifs à la Pauvreté et que les médiévistes eux-mêmes n'aient pas un regard compréhensif pour l'expérience anachroniquement tragique des peuples de la faim ? Les décalages d'évolution sont la chance expérimentale de l'Histoire. Or est-il chapitre plus continu et plus vaste que l'histoire de la peine des hommes ?

caines, t. XII (1962), p. 129-143, et « Signification sociale du franciscanisme naissant », *ibid.*, t. XV (1965), p. 84-94 ; A. Paubert, *Recherches sur la mendicité religieuse avant saint François d'Assise* (mém. dactyl. D.E.S. Hist., Paris, 1965).

XV

LES PAUVRES
ET LA SOCIETE MEDIEVALE [1]

Les honneurs de l'histoire sont accordés aux humbles depuis quelques décennies. Il s'en faut, pourtant, de beaucoup, que leurs visages, leur rôle soient bien connus. Les sources médiévales sont, à leur sujet, plus que discrètes et les problèmes qui les concernent extrêmement complexes. Il faudrait des années entières et des équipes nombreuses pour épuiser le thème. C'est pourquoi le présent rapport n'est pas l'œuvre d'un homme seul, mais celle d'une équipe, annuellement renouvelée, adonnée à la même tâche depuis plus de sept ans (les facultés des Lettres de Lille et de Lyon ont travaillé en collaboration avec nous). C'est aussi pourquoi ce rapport n'est — et ne peut être — qu'un état de la question et une position de problèmes fondés, il est vrai, sur quelques dizaines de conférences, mémoires et thèses présentés en Sorbonne par des collaborateurs français et étrangers. Du moins, à la lumière de ces premiers travaux, il semble possible de recueillir quelques résultats et de définir les démarches capables de les compléter.

I. Dimensions du problème. Distinctions. Définitions.

L'ampleur et la complexité du problème constituent ses principales difficultés.

Complexité du thème : états et notion de pauvreté.

Rappelons qu'il faut distinguer deux catégories de pauvres : les pauvres proprement dits, affligés involontairement par leur pauvreté, et les religieux ayant choisi la pauvreté pour idéal et mode de vie. La distinction entre eux est nette, en droit et en fait. Néanmoins, puisque les religieux entendaient, à des degrés divers, vivre, pour Dieu dans la pauvreté, de façon commune et valable, *mutatis mutandis,* pour les diverses phases de l'évolution historique, et en des régions différentes.

L'état de pauvreté.

L'état des malheureux qu'affecta involontairement la pauvreté et celui des religieux qui l'ont choisie se définit (quels que soient les mots

1 Cet article, publié avec la courtoise autorisation de son auteur, reproduit le texte d'une communication faite lors du *XIIIe Congrès International des sciences historiques,* à Moscou, en août 1970. Nos vifs remerciements à tous ceux qui, soucieux de l'information des professeurs du secondaire, nous ont accordé cette liberté. N.D.L.R.

employés pour les désigner) comme *une situation,* subie ou volontaire, permanente ou temporaire, de faiblesse et d'humilité, caractérisée par la privation des moyens, changeant avec les époques et les sociétés, de la force et de la considération sociale (argent, pouvoir, influence, relations, science ou qualification technique, honorabilité de la naissance, vigueur physique, capacité intellectuelle, liberté et dignité personnelles).

Ainsi le caractère fondamental de l'état de pauvreté est la *relativité.* Le degré de privation s'établit soit par rapport à autrui, soit par rapport à un niveau économique et social, soit par rapport à un idéal religieux de détachement. Il en découle que la pauvreté est d'abord une « qualité », individuelle ou partagée avec d'autres hommes, telle que la noblesse et la liberté. De ce qu'une telle condition est commune à un certain nombre d'hommes, il découle que la pauvreté put dès le Moyen Age caractériser, collectivement, des groupes, des milieux, sinon une classe.

La relativité de l'état de pauvreté implique, par voie de conséquence, l'existence d'un niveau au-dessous duquel le pauvre tombe de la précarité dans le dénuement : c'est ce qu'on peut appeler le *seuil de pauvreté.* Naturellement, ce point de rupture a varié selon les situations personnelles et selon les circonstances. Il constitue le critère même de la misère. Mais il est évident — et on verra plus loin — combien il est difficile d'en déterminer la nature avec précision et sûreté pour le Moyen Age, dans l'état de nos sources. A quoi il faut ajouter que la voie de la paupérisation comporte des *paliers,* jalonnant les étapes de la déchéance.

La notion de pauvreté pourrait être définie comme l'ensemble des concepts intellectuels, moraux ou religieux qui cherchent à expliquer l'état volontaire ou subi de pauvreté, à lui donner un sens ou, au contraire, à le réprouver. Ces concepts se traduisent par les jugements de valeur, ainsi que par le conseil ou la prescription d'attitudes mentales et pratiques, individuelles et sociales, à l'égard de l'état de pauvreté en général et des pauvres en particulier.

Il est ainsi évident que les problèmes concrets du paupérisme n'épuisent pas l'intérêt de la question. Celui-ci consiste, pour une large part, en l'étude de la relation entre la pauvreté réelle et la pauvreté conceptuelle. L'insertion sociale de celle-ci et la conceptualisation de la réalité sociale sont aussi attachantes que la recherche de la nature, de l'intensité et de l'évolution de la pauvreté vécue. L'enquête doit, incessamment, passer du plan intellectuel au plan social et vice-versa.

Extension chronologique et géographique.

Initialement, l'enquête fut limitée aux trois derniers siècles du Moyen Age, c'est-à-dire depuis la fondation des ordres mendiants jusqu'à la Réforme, et du développement de l'économie d'échanges au début du mercantilisme moderne, au XVIe siècle. L'expérience a révélé l'impossibilité d'isoler ainsi une phase d'un problème aussi général. Les mutations, toujours lentes, des sociétés rurales ne sont intelligibles que si on les considère sur une très longue durée ; en l'occurrence, il faut d'une part remonter jusqu'aux origines de l'économie domaniale, et d'autre part l'idéal serait de suivre les grandes lignes de la perspective jusqu'à l'ère industrielle. Quant à l'analyse des textes spéculatifs sur la notion de pauvreté, elle exige, sous peine d'erreurs lourdes, le recours aux *auctoritates* patristiques qui les ont inspirés et même au vocabulaire scripturaire qui leur a légué beaucoup de ses modes d'expansion.

L'encadrement géographique ne devrait pas être moins complexe. Sans doute, il est raisonnable de n'approfondir la recherche que dans une région limitée, en l'occurrence la Chrétienté occidentale. Néanmoins, il est évident que le problème social et moral de la pauvreté, étant universel autant que général et permanent, sollicite des comparaisons. L'historien ne saurait oublier l'ascendance commune de la conception monastique de la pauvreté dans la Chrétienté occidentale et dans la Chrétienté byzantine. Même si les contacts ont été faibles ou intermittents entre les aires culturelles chrétiennes, musulmanes et bouddhiquès, on ne peut omettre de confronter certains faits, par exemple, la pratique de l'aumône et de l'hospitalité dans l'Islam et dans la Chrétienté. Au milieu du XIIIe siècle, un Guillaume de Rubrouck eut la révélation de la misère des peuples asiatiques lorsque, cuisinant une sorte de couscous à Karakoroum, il fut environné de Mongols affamés à qui il distribua son repas. Lui-même et ses successeurs missionnaires ne cachèrent pas une certaine admiration pour l'ascétisme des moines bouddhiques avec qui, grâce à eux, l'Occident prit son premier contact.

II. Qui appelait-on pauvre ? Nécessité de l'enquête terminologique.

Le latin médiéval et, dès leur premier développement, les langues nationales semblent avoir disposé d'un outillage verbal assez abondant pour exprimer les nuances de la notion de pauvreté et la variété de ses aspects sociaux. Une collecte déjà abondante de citations textuelles datées permet une ébauche d'inventaire des termes et des expressions, ainsi qu'un début d'analyse du langage médiéval de la pauvreté. Poussée méthodiquement à travers des séries documentaires homogènes et continues, la quête des textes fournirait les matériaux d'une exploitation systématique par les techniques du calcul électronique. Déterminer la nature, la fréquence, la diversité et les relations des termes et des expressions employés à des périodes différentes données, en des types variés de documents et par des auteurs divers, conduirait, sans doute, à de très intéressantes conclusions sur l'évolution des faits, des attitudes et des notions. En voici quelques indices concernant la pauvreté de situation, indépendamment de la pauvreté volontaire des moines. Qualitative et relative, comme nous le disions plus haut, la condition du pauvre s'exprime d'abord par un adjectif : *pauper,* pauvre et leurs synonymes sont accolés au substantif qui désigne l'individu affecté d'une frustration quelconque : on est un pauvre homme, une pauvre femme, un pauvre pèlerin, un pauvre laboureur, un pauvre compagnon, un pauvre chevalier, un pauvre clerc, car toutes les conditions sociales sont vulnérables. Adjectivement, la qualification de pauvre peut n'être que passagère. Employés comme noms *pauper,* pauvre, leurs dérivés et synonymes expriment que la condition malheureuse est un « état », donc une certaine permanence. Par une sorte de progression, l'usage, au pluriel, du terme *pauperes* suggère l'existence d'un groupe ou de plusieurs groupes finissant par constituer une masse.

Les faits de synonymie, d'antonymie et d'association permettent de détecter les formes de pauvreté et les catégories de pauvres, et même d'entrevoir les aspects évolutifs de leur état. Tenons-nous-en d'abord au vocabulaire latin remarquablement riche. Un premier classement typologique, très simple, révéla toutes les variétés de l'adversité, avec, parfois, dans les diminutifs *(pauperculus, paupertinus)* une nuance supplémentaire de *commiseratio* ou de pitié. C'est la gamme des faiblesses pécuniaires, allant de l'impécuniosité à la détresse absolue (*miser, miserabilis, miserabilis persona, inops, egens, famelicus, esuriens...*), les faiblesses et infirmités physiques de l'âge et de la maladie *(infirmus, vulneratus, claudus, caecus, senex, valetudinarius),* la déficience mentale *(simplex),* l'adversité *(orphanus, vidua),* l'éviction par la captivité, le bannissement ou l'exil *(captivus, exiliatus).* Au dernier échelon de la déchéance, le pauvre apparaît sous l'aspect physique du loqueteux *(pannosus).*

Certaines assimilations par associations de termes sont assez significatives ; par exemple dans le titre des sermons *ad pauperes et afflictos,* et dans le couple *pauperes et peregrini.* L'association entre *pauper* d'une part, *agricola* et *laborator* d'autre part, en dit long sur l'identification du pauvre avec l'homme qui travaille de ses mains aux champs pour gagner la vie quotidienne, dans l'insécurité du lendemain. Les misères qui valent toutes ces épithètes aux malheureux qui en sont affligés sont englobées à leur tour sous quelques vocables chargés de l'angoisse devant la menace de la déchéance ; la notion de *paupertas,* en effet, se précise et se développe dans une foule d'autres mots *(angustia, anxietas, carestia, egestas, indigentia, infirmitas, inopia, mendicatio, miserabilitas, necessitas, penuria).*

Paupertas et *pauper* portent donc non seulement une marque de pitié, mais sont chargés déjà de l'ombre de la déchéance sociale, physique, intellectuelle, morale, selon les cas. Ce n'est donc pas sans intention qu'un complément vint honorer d'un complément *(pauper Christi)* la désignation du moine pauvre volontaire, et, plus tard, qu'un adjectif *(pauper verecundus)* qualifia ceux qui, par pudeur autant que par honte, cherchaient à dissimuler leur détresse.

La désignation des détresses matérielles n'a guère changé de sens. En revanche, certaines antonymies sont révélatrices d'un élargissement du sens de la pauvreté sociale et de son évolution. De tout temps, *pauper* a été opposé à *dives.* Mais il y a beaucoup plus à tirer des oppositions *pauper — potens, pauper — miles, pauper — civis.* Le *pauper* que les Capitulaires du IXe siècle plaçaient sous la protection royale, ou épiscopale selon la vieille tradition de l'évêque procurateur et père des pauvres, n'est pas un indigent, ni même un *servus ;* c'était un homme libre dont il convenait de sauvegarder la liberté. Le *pauper* des textes, des mouvements de paix, au XIe siècle, c'était l'*inermis* que devait respecter la force du *miles ;* le mot *pauper* pouvait donc désigner le paysan propriétaire d'alleu, le marchand itinérant et tout non-combattant. Opposé enfin à *civis,* à l'époque communale, *pauper* désigne celui qui ne jouissant pas des droits de la bourgeoisie, est frappé d'incapacité civique.

Donc, sans perdre sa signification essentielle, le mot *pauper* comportait une acception juridique comme une acception économique, physique ou morale. Cela s'explique parce que la pauvreté sociale était caractérisée par la précarité de la condition, quelle qu'elle soit, par une prédisposition à tomber sous la dépendance des autres hommes en raison de circonstances variables qui pouvaient rompre l'équilibre entre les besoins et les ressources :

— la destruction des moyens d'existence du fait de calamités naturelles, d'incendies, de pillage ou de guerre ;

— la surnatalité relative, aggravée par les partages successoraux (problème des cadets — les *juvenes* — et des bâtards). La natalité était-elle plus ou moins forte chez les pauvres que dans les autres milieux ?

— la privation de liberté et les sentences de confiscation et de bannissement ;

— l'incapacité physique (accident, âge, maladie) ;

— l'absence de soutien de la part des parents et « amis charnels ».

Ici intervient la notion de *seuil* définie plus haut et qui pose diverses questions :

— seuil d'incapacité physique : à quel âge cessait l'aptitude au travail ? quelles infirmités empêchaient l'homme de travailler ?

— seuil biologique : déterminé par le minimum vital d'alimentation, de vêtement, de logement, de revenus, dont la privation entraîne la détresse ;

— seuil de déchéance sociale, caractérisé par la privation des instruments de travail (terres, bétail, outils, échoppe) ou des signes de sa condition (armes, cheval du noble ; livres du clerc), bref des moyens de « tenir son état » ou son rang *(ordo).*

Faute de quoi, l'homme est déclassé, exclu de son milieu, voué à l'errance ou à l'émigration. Le pauvre est seul et sans attaches.

Le langage traduisait donc la déchéance sociale à laquelle pouvait conduire la précarité de la pauvreté. A la précarité de l'état, à la vulnérabilité à toutes les misères matérielles, physiques et morales, s'ajoutait l'humilité de la condition. Deux autres termes, employés adjectivement ou substantivement au singulier et au pluriel exprimaient admirablement la situation périlleuse du pauvre au seuil de la déchéance : *debilis* et surtout *humilis.* Au-delà du seuil, les voici devenus *vilissimi, infimi* et, ce qui est, étymclogiquement, plus expressif encore, *abjecti.* C'est le monde des exclus, comme le Moyen Age en a connu beaucoup d'exemples au XIe siècle.

Où se plaçaient alors les *pauperes Christi* sur cette échelle des degrés de pauvreté ? La tradition du monachisme antique cherchait avant tout le détachement personnel. La *Vita apostolica* prônée au XIe siècle offrait le partage de la précarité des pauvres de situation. Convenait-il de franchir le « seuil », avec les plus pauvres des pauvres ? Si oui, le religieux sortait de la stabilité inhérente, jusque-là, de l'*ordo monasticus,* et voici l'errance érémitique menée jusqu'à l'extrême. Si non, le moine retrouvait même dans la stabilité cartusienne, la sécurité de l'insertion dans un cadre sûr et la certitude d'un pain quotidien, tout frugal qu'il fût. *Pauper Christi :* le terme recouvre des réalités diverses ; il évoque l'interminable et difficile problème de la pratique religieuse de la pauvreté individuelle et collective ; il rappelle que, malgré des échecs constants, des hommes ont, aussi constamment, voulu vivre comme des pauvres et certains, parmi eux.

A part quelques formules, l'expression latine des états de pauvreté semble traduire souvent une constatation objective et, en quelque mesure, une certaine considération de l'affliction. L'expression *pauperes Christi,* s'étend parfois des moines aux pauvres bénéficiaires des œuvres de miséricorde. Le pauvre est objet de pitié. Il n'en fut pas toujours ainsi. A partir de la dernière partie du Moyen Age, la nomenclature en langue vulgaire s'enrichit, si l'on peut dire, de termes, truculents d'ailleurs, et paraît confondre les malheureux avec les « classes dangereuses ». Il y a déjà une nuance de réprobation dans la formule nouvelle et présentée en toutes langues de « mendiant valide ». Mais les documents législatifs comme les chroniques et les textes littéraires assimilent indistinctement les vrais pauvres avec les milieux de la « gueuserie » (gueux, truands, coquillards, caïmans, marauds, etc. ...). Pauvre et mendiant deviennent synonymes d'oisif et vagabond ; tous sont des criminels en puissance. Le pas, quelquefois, est franchi. Ainsi, la manière dont les chroniqueurs et les textes administratifs et judiciaires parlent des participants aux agitations populaires du XIVe siècle, glisse d'une expression initiale neutre, parfois bienveillante, « povres gens mécaniques », à la condamnation sans appel des perturbateurs de l'ordre établi. L'enquête terminologique devrait être poussée ; commencée pour la langue française, elle annonce d'abondants résultats ; des sondages indiquent qu'il en serait de même en anglais, en allemand, en italien, en espagnol et en portugais. Les innovations du langage semblent ainsi traduire l'augmentation du nombre des pauvres, des modifications dans la composition des groupes, qu'ils constituent et une aggravation de leur situation dans la société. Cependant, pour féconde qu'elle soit, en précisant les significations verbales, l'enquête terminologique ne suffit pas à dégager les fluctuations de la condition réelle des pauvres.

D'ailleurs, cette enquête serait incomplète, si elle s'en tenait à l'étude sémantique des termes qualifiant directement les pauvres eux-mêmes. Elle doit conduire aussi à l'analyse des attitudes mentales et des comportements sociaux à leur égard. L'investigation doit interroger contradictoirement les expressions latines et, en langue vulgaire, des dispositions psychologiques, opposées entre elles, de charité, miséricorde, compassion, largesse, justice, d'un côté, et de dureté, cupidité, avarice, superbe, injustice. L'analyse des changements de signification des mots exprimant l'aumône et l'hospitalité éclaire la pratique des œuvres de miséricorde. Cela conduit aussi à l'examen, encore plus sujet à mutations dans le temps et dans l'espace, du sens précis des noms des institutions de bienfaisance : l'hôpital du XVe siècle n'est plus la *Domus Dei* du XIIe siècle, encore moins le *xenodochium* mérovingien ; tout un chemin a été parcouru depuis la matricule du haut Moyen Age jusqu'aux aumôneries monastiques épiscopales ou princières ; à l'aumône, héritée de l'économie du « cadeau » à l'époque féodale, on a commencé à préférer le prêt sans intérêt (Monts de piété), parce qu'il stimule le travail et que l'Humanisme naissant voyait en cette mutation la reconnaissance de la dignité de l'homme. Les termes de loi, d'ordonnance, de ban concernent désormais les pauvres et signifient que l'assistance n'est plus seulement une question posée aux consciences individuelles, mais un problème administratif : les temps étaient proches pour les nouvelles formules d'Hôpital ou d'aumône *générale,* d'ateliers de travail, enfin de « police des pauvres ».

La prudence, en tout cas, est de règle dans l'interprétation des termes. Ceux-ci sont, parfois, ambivalents ou ambigus ; empruntés, avec des réminiscences, aux « auctoritates », et employés quelquefois de façon désuète par les auteurs de traités : employés avec des sens différents par les membres de groupes sociaux différents. Certains enfin ont eu une acception préférentielle à certains moments *(elemosina* par exemple) et d'autres sont tombés en désuétude *(matricula, xenodochium).*

A ces conditions et réserves près, l'analyse du langage permet de saisir les traits fondamentaux — avec ses contrastes — de l'évolution de la condition des pauvres dans la société médiévale.

III. Conjoncture de la pauvreté.

La manière de concevoir et d'estimer la pauvreté a subi des mutations beaucoup plus complexes que ne le laissent entrevoir les variations du vocabulaire.

Au moins jusqu'au début du XIIe siècle, et peut-être jusqu'à son terme, la pauvreté fut une notion essentiellement religieuse. Pour les contemporains, la pauvreté n'apparaissait pas comme un problème social, mais comme une condition individuelle ; les chartes monastiques définissent le pauvre comme un individu ayant, par piété, renoncé à ses richesses ; parmi les laïques, le pauvre est celui qu'une infortune a privé de la liberté et plongé dans la détresse. Son malheur est une épreuve personnelle, comme la maladie, permise par Dieu et qui fournit une occasion de sanctification et de salut à celui qui en est accablé comme à celui qui, par miséricorde, cherche à le soulager. Dans une société rurale, caractérisée par la vigueur des liens de solidarités familiales et villageoises, où la pénurie était un sort partagé, les pauvres ne constituaient pas un groupe distinct. Chaque famille, chaque paroisse secourait « ses » pauvres ; les distributions faites à la « porte » des aumôneries épiscopales, canoniales ou monastiques constituaient un rythme liturgique réglé en faveur d'habitués au visage connu. Les seuls qui connaissaient la pauvreté absolue étaient ceux qui vivaient parfois en grand nombre, hors de la société, dans l'errance et le dénuement, sans recours possible ni protection : monde de la route et de la forêt ; les ermites s'y distinguaient mal des foules qui les suivaient, avec leur contingent de voleurs, d'assassins et de prostituées. Cette pauvreté était considérée comme le résultat d'une rupture avec l'ordre établi, plutôt que comme le fruit d'une situation économique défavorable.

Le développement de l'économie d'échanges, à partir du XIIe siècle fit apparaître une nouvelle forme de pauvreté, caractérisée par le dénuement, l'incapacité d'en sortir, le nombre, parfois l'anonymat. Le progrès économique, l'accroissement démographique, l'essor urbain n'eurent pas que des résultats bénéfiques. Le nombre des déracinés que les fléaux naturels et les difficultés des temps, en particulier, obligeaient à s'endetter, à vendre leur lopin de terre et à émigrer s'accrût. Des calamités générales vers 1125, de 1144 à 1147 et de nouveau de 1194 à 1199, sans omettre des difficultés locales et passagères, condamnaient à l'errance, à la mendicité, au délit, voire au crime une multitude croissante de pauvres (*crescens pauperum multitudo*). L'anthologie constituée par F. Curschmann est tristement éloquente. A la pauvreté occasionnelle s'ajoutait une autre forme, structurelle celle-là. La colonisation agraire, l'artisanat urbain, l'expansion de la croisade et de la « *reconquista* » ibérique ne suffirent pas à éponger le surplus des cadets rejetés par les pratiques successorales et le recul de la famille patriarcale. L'augmentation du nombre des vagabonds — supérieur à celui de la fin du XIe siècle — apparut comme un danger social, sans qu'on en pût, alors, percevoir les causes structurelles. Les centaines d'affamés qui stationnaient, de jour et de nuit, aux portes des abbayes n'offraient que la désolation de la misère. Entre 1180 et 1200, il en alla tout autrement avec les « témérités » égalitaires des « Capuchonnés » du centre de la France, et les violences préconisées à Londres par Guillaume Longuebarbe, le « sauveur des pauvres ».

La virulence du problème social rénova les vieux principes de la miséricorde chrétienne et stimula la recherche de solutions intellectuelles et spirituelles. Le développement institutionnel des offices d'aumôneries dans les monastères traditionnels reprit la tradition des matricules, devenues désuètes. La double réflexion des théologiens et des canonistes renoua avec la tradition des Pères (St Jean Chrysostome, St Ambroise, St Grégoire) sur les impératifs du devoir de l'aumône ; allant plus loin, elle formula la notion de l'*elemosina negotialis,* aumône engagée où le bienfaiteur donne de soi-même pour aider l'assisté à retrouver, par le travail, subsistance et dignité. Elle dégagea, ensuite du devoir de l'aumône, de la part du riche, la conséquence que le pauvre a droit, non seulement à recevoir le don, mais, en cas de nécessité, à prendre ce qui lui est refusé et qui est indispensable à son existence.

L'élan charitable entraîna plus concrètement encore la société laïque. Le XIIe siècle connut une floraison de fondations charitables, notamment hospitalières, dues à l'initiative des seigneurs et, de plus en plus, de bourgeois de communautés paroissiales, et de confréries. C'est alors — au terme du XIIe siècle — qu'en conseillant d'être un « pauvre parmi les pauvres » un Pierre de Blois, contemporain d'un Pierre Valdès, ouvrait le chemin du Poverello d'Assise.

Saint François n'innova pas essentiellement en renouvelant l'invitation, formulée huit siècles auparavant par saint Jérôme, à suivre l'exemple du détachement total du Christ *(nudus nudum Christum sequere).* Le vrai scandale de son mariage mystique avec Dame Pauvreté fut d'opposer au primat de la richesse, en train de s'affirmer, la proclamation indiscrète de celui de la pauvreté et l'éminente dignité du pauvre. Le scandale résidait dans un effort de solution des ambiguïtés de la notion de pauvreté : déchéance humaine et valeur spirituelle. Le Poverello exalta la pauvreté au moment où les transformations de la société médiévale préparaient la multiplication du nombre des pauvres.

Ambiguïtés et contrastes s'accentuèrent pendant les deux derniers siècles du Moyen Age, quand augmenta le nombre des nouveaux pauvres, au temps de la grande dépression, des guerres, et des calamités. Un petit nombre d'hommes seulement put profiter de la contraction du marché de la main-d'œuvre consécutive aux fonctions démographiques des « pestes » successives. En revanche, toutes les catégories sociales furent touchées : clercs faméliques en quête de chapellenies, cadets sans héritage obligés de s'embaucher dans les « compagnies », seigneurs ruinés par les guerres et par les rançons, paysans abandonnant leurs villages ruinés ici par la guerre, là par l'extension des prairies d'élevage (*enclosures),* et venant gonfler la foule anonyme des pauvres des villes. Car un prolétariat véritable se développait surtout dans les régions industrielles de Flandre et d'Italie : il n'était pas composé seulement des « ouvriers de bras » sans qualification professionnelle qui, à Paris, par exemple, « faisaient Grève », sur les rives de la Seine, en attendant une embauche hypothétique ; la plupart étaient les ouvriers des tâches les plus ingrates des métiers textiles : fileurs, cardeurs, ourdisseurs, teinturiers *(ongles bleus)* et foulons, dont les salaires et les conditions de travail dépendaient d'un petit nombre de marchands-entrepreneurs, maîtres des administrations municipales.

Combien étaient les pauvres ? Il est difficile de le savoir. Les recensements fiscaux (estimes, *catasti*) sont muets ou imprécis, car la limite du dégrèvement variait d'une ville ou d'une année à l'autre et distinguait parfois les pauvres, les mendiants et ceux qui ne possédaient rien *(nihil habentes).* A travers l'Europe, le nombre des exempts pour incapacité financière fut rarement inférieur à 20 %, souvent supérieur à 50 % du total de la population.

Partout, s'accrut le nombre de ceux qui, dans les rues ou aux portes des églises, criaient, « à grand rage de famine » : « A la pauvre aumône pour Dieu », ainsi que l'a écrit Gerson. L'iconographie s'est emparée, comme la littérature, du portrait humilié du mendiant, infirme, horrible de laideur, rejeté par tous et pourchassé par les chiens mêmes. Sac sur le dos, sans domicile fixe, le pauvre est un errant. Il colporte les « mortalités », peut-être le crime et les haines. Avec lui beaucoup de fainéants ; on ne distinguait pas le chômeur involontaire du paresseux. Au début du XVe siècle, survinrent les Tsiganes, dont le nomadisme fut confondu avec le vagabondage.

Le problème social éclata simultanément à peu près partout au tournant des XIVe et XVe siècles, à la suite d'agitations locales latentes depuis des décennies. Il ne semble pas qu'il y ait eu d'autre lien qu'un synchronisme entre les troubles florentins, catalans, parisiens, rouennais, anglais, flamands et bientôt tchèques et encore moins conscience de classe en chaque « *commotion* » populaire. Personne, en aucun milieu, ne pouvait encore saisir les causes structurelles des troubles ; ni les Ciompi, ni les Travailleurs, ni les Maillotins, ni les gens de métier de Gand n'avaient d'autre programme que d'annexer à leur profit les cadres institutionnels existants. Les « slogans » égalitaires de Langland et de ses émules hussites évoquaient tout comme le « Roman de la Rose », l'âge d'Or de nos premiers parents et leur seul programme politique et social consistait à faire tourner la « roue de fortune » au bénéfice de ceux qu'elle avait, jusque-là, maintenus au bas de sa circonférence.

Dans cette absence à peu près générale d'idées neuves en face d'un problème inaccoutumé, les attitudes ne pouvaient guère se renouveler. La stabilité sociale n'était-elle pas, au demeurant, l'idée traditionnelle ? Dans la société chrétienne, l'effroi a pu, parfois, égaler la miséricorde en face de l'ampleur de la pauvreté.

Plusieurs circonstances ont, en outre, transformé, chez certains la pitié en mépris. Dans le « Roman de la Rose », Guillaume de Lorris avait conclu un portrait allégorique de la Pauvreté de façon atroce : « *Que maudite soit l'heure où naquit le pauvre !* » Après lui, les Humanistes éprouvaient la mendicité comme une infraction à la loi du travail et une indignité pour l'Homme. Comme le vagabondage, elle était une plaie sociale à cacher et un délit à réprimer. Ainsi apparut à partir de la deuxième moitié du XIVe siècle l'attitude négative en face de la misère, du pouvoir réglementaire des villes et des gouvernements : on ne toléra pas la présence des vagabonds au-delà d'un délai fort court ; l'idée naquit d'astreindre les désœuvrés au travail dans des ateliers collectifs ; « l'enfermement » des pauvres dans des hospices fut proposé dès le début du XVe siècle.

A la dévaluation de la pauvreté dans l'opinion communale, il n'est pas sûr que l'interminable « querelle de la Pauvreté » dans les ordres mendiants n'ait pas contribué elle aussi. En une certaine mesure, elle a stérilisé, au XIVe siècle, le rôle et l'influence que ces Ordres avaient acquis auprès du peuple. Les frères Mendiants ont été dénoncés comme des hérétiques à cause des excès mêmes de leur pauvreté, et comme des oisifs perturbateurs de l'ordre social à cause de leur mendicité. Il est significatif qu'après avoir placé saint Louis d'Anjou sur les autels en 1317, l'Eglise, dans les bulles de canonisation, cessa de proposer la pauvreté comme l'une des vertus héroïques de la sainteté. Ne l'estimait-on plus comme une valeur ?

Certainement pas. Le pauvre demeurait, dans la perspective chrétienne, un ami de Dieu, une image du Christ, un juge dénonçant les pharisaïsmes de la mondanité, un intercesseur né. Sans doute, prédicateurs et moralistes présentaient-ils souvent le pauvre comme un instrument de salut du riche, subordonnant ainsi le premier aux intérêts du second jusque sur le plan spirituel. Néanmoins, les réponses traditionnelles de la miséricorde cherchaient confusément les solutions, sinon plus adaptées, du moins plus efficaces, aux problèmes étranges et déconcertants de la pauvreté. Les fondations individuelles étaient moins nombreuses et l'aumône monastique, gênée par les difficultés économiques et le déplacement de la misère des campagnes vers les villes, diminuait d'ampleur. Alors les pouvoirs urbains, d'accord avec l'autorité ecclésiastique, se prirent à contrôler de près la gestion des institutions hospitalières ; mais celles-ci demeurées sous la loi canonique et gérées conjointement par les clercs et par les laïcs, ne furent pas l'objet d'une laïcisation au sens moderne du mot. Elles demeurèrent chose d'Eglise, même quand, dans la première partie du XVIe siècle, elles furent regroupées dans les aumôneries ou hôpitaux généraux des grandes villes. Parallèlement à cette évolution, l'aumône se transformait aussi. Elle se normalisa sous l'action des confréries et des autorités urbaines dans les Tables des Pauvres. Pour des considérations morales, que la loi du travail inspira autant que le souci de la dignité de l'homme, on en vint à estimer le prêt supérieur à l'aumône : le « relèvement » du mendiant, par le travail, s'imposait d'autant plus que sa déchéance semblait profonde.

C'est de cette manière que s'achevait l'évolution de la condition des pauvres dans la société médiévale.

Le tableau ainsi tracé n'est qu'une esquisse sans nuances suffisantes et une position très incomplète, des problèmes et des tâches à accomplir.

Parmi ces tâches, l'une des premières est le dépouillement systématique d'une documentation énorme et diverse. Au premier rang et surtout les premières phases de l'évolution, les sources et la documentation ecclésiastiques sont très importantes : traités moraux, théologiques et canoniques (notamment du XIe au XIIIe siècle), canons conciliaires, coutumiers monastiques. Les cartulaires avec de nombreux textes de la pratique charitable (donations, testaments, fondations). Les annales et les chroniques fourmillent d'indications.

La deuxième partie du Moyen Age ajoute à cette masse documentaire l'appoint très important des documents fiscaux (liste de contribuables), administratifs (visites pastorales, comptes d'hôpitaux et d'aumôneries), législatifs (ordonnances sur les salaires et l'ordre public), réglementaires (bons échevinaux et statuts de métiers), judiciaires (jugements pour ou contre les pauvres).

D'une façon générale, les comportements des consciences en face des problèmes de la pauvreté sont éclairés, très vivement, non seulement par les dons et legs individuels, mais par les manuels de confesseurs, les correspondances, les sermons, les textes hagiographiques, sans oublier les sources littéraires de toutes les époques.

On n'oubliera pas ce que peut donner la documentation non écrite : l'iconographie (spécialement la peinture et la miniature) ; et les monuments subsistants, en totalité ou en vestiges, de l'architecture hospitalière.

Cette dernière remarque conduit à signaler l'importance de la représentation cartographique des faits de l'histoire de la pauvreté, époque par époque, ou aux époques de crises : localisation des zones de détresse, répartition des institutions de bienfaisance, voies et zones du vagabondage, etc... L'expression statistique de la pauvreté sera très difficile à construire, faute de données numériques.

Donc, c'est au prix d'un effort assez long et d'un travail d'équipes ordonnées qu'il sera possible de parvenir à des conclusions nettes et à la solution des problèmes multiples. De ceux-ci, nous avons noté seulement les principaux, qu'il n'est pas inutile de grouper, pour conclure :

— Une recherche terminologique méthodique est nécessaire, afin de clarifier les notions : il y a pauvre et pauvre, pauvreté et pauvreté.

— Cela fait, on pourra, moins difficilement, discerner, sinon résoudre le paradoxe de la notion de la pauvreté — déchéance matérielle et de la pauvreté — valeur spirituelle.

— Ainsi, se dégageront plus clairement les attitudes mentales et pratiques, individuelles et sociales. Ainsi s'expliquera la nécessaire répétition des protestations élevées au nom de la pauvreté, dans ou hors l'orthodoxie, à partir des principes de charité, de justice et d'humanité. Ainsi, surtout, apparaîtront les motivations et les formes des gestes de charité ou de méfiance envers les pauvres.

— Enfin, on pourra mieux définir et mesurer la relation entre ce que nous avons appelé la conjoncture de la pauvreté et la conjoncture économique et sociale générale. Les coïncidences entre elles ne sont pas fortuites et l'interaction des conditions d'existence et des faits de mentalités est évidente. Il paraît arbitraire cependant d'établir entre eux des correspondances trop étroites et de chercher à expliquer les seconds par les premiers. Leur jeu est trop complexe, et finalement le choix déterminant n'appartient-il pas à la conscience des hommes ?

XVI

PAUVRES ET PAUVRETÉ
A LA FIN DU XIIe SIÈCLE

Tout invitait les spéculateurs de la fin du XIIe siècle à déterminer la place respective et corrélative de la pauvreté et de la richesse dans leur vision organisatrice du monde. Nous sommes invités à le rappeler par les recherches poursuivies, ici ou là, sur les conceptions médiévales de la pauvreté et des valeurs du monde[1]. Certes, tout historien porte en soi la marque des préoccupations de son temps et, grâce à elles, projette un éclairage particulier sur les aspects du passé qu'il dégage de l'ombre. Mais l'objet de son étude, foncièrement concret, les sociétés et les hommes *tels* qu'ils furent, s'impose et se refuse à tout gauchissement. Eclairer des problèmes actuels par leurs cheminements passés, c'est le propre de l'histoire. Ce l'est encore davantage que de restituer le contexte social, économique, mental, politique, etc..., de l'évolution des idées ; mais il est moins légitime de poser aux hommes du passé des questions auxquelles ils n'ont pu songer ; pire serait l'anachronisme — faute majeure — de les condamner pour n'y avoir pas répondu. L'historien, d'ailleurs, ne juge pas : il s'informe et explique. Dépourvu de « la sympathie qui le rend connaturel à autrui »[2], il déchoit. Poursuivant sur la pauvreté et les pauvres une recherche à

(1) Faute de pouvoir développer ici une bibliographie exhaustive, nous nous bornerons à donner une idée de l'intérêt porté actuellement à l'histoire de la pauvreté, en rappelant le nom de quelques auteurs de travaux récents : en Allemagne K. Bosl et E. Werner, en Angleterre B. Tierney, en Italie P. Morghen et C. Violante, en Pologne T. Manteuffel, en Tchécoslovaquie F. Graus. En France et en Belgique, outre les travaux cités ci-dessous, on notera ceux de Y. Congar, J. Leclercq, M.D. Chenu, H. de Lubac, M.T. d'Alverny, C. Thouzellier, ainsi que les auteurs du recueil collectif *La Pauvreté. Des sociétés de pénurie à la société d'abondance* (Recherches et Débats du C.C.I.F., n° 49, 1964).

(2) A ce propos, cf. H.I. MARROU, *De la connaissance historique* (Paris 1954), spéc. les ch. 4 et 9.

l'intersection de l'histoire des idées et de l'histoire sociale[2bis] nous voudrions montrer, par un exemple choisi à un moment capital, combien les faits contribuent à éclairer les notions.

*
* *

Les services que l'histoire sociale et économique est capable de fournir à l'histoire de la pensée sont rendus évidents, par exemple, par les remarquables travaux, récemment publiés, de Gilles Couvreur sur quelques points précis de l'histoire de la notion de la pauvreté aux XIIe et XIIIe siècles[3]. L'auteur a montré comment la réflexion théologique et canoniste, de Gratien à Guillaume d'Auxerre, a su fonder une théorie des droits des pauvres et des devoirs des riches sur la convergence du double héritage de la pensée juridique et patristique. Il a, très judicieusement, indiqué le rôle joué en cette élaboration, par les auteurs du XIIe siècle. C'est, plus spécialement, sur l'importance primordiale des deux dernières décennies du XIIe siècle, que nous voudrions revenir, en quelques pages, afin d'insister sur le contexte proprement historique des spéculations alors poursuivies.

Il n'est pas nécessaire de rappeler longuement la multiplicité des ouvrages composés en ces vingt années du XIIe siècle. Les maîtres chartrains, en englobant les œuvres dites « serviles » elles-mêmes au nombre des arts mécaniques admis à figurer parmi les rouages de la machine du monde, inséraient ainsi les catégories les plus défavorisées dans les relations organiques réglées par les lois morales et les coutumes sociales. Mais ce n'était pas tout. En quelque vingt ans, en effet, les développements consacrés par un nombre croissant d'auteurs à la considération de la pauvreté sont nombreux et longs ; dépassant parfois les clichés traditionnels, ils se sont faits l'écho, de façon souvent précise, des situations concrètes de leur temps. Pierre le Chantre, comme Gilles Couvreur le note avec raison, est animé du « sens du pauvre ». Or, si le chanoine-chantre du Chapitre de Notre-Dame de Paris fut, en quelque sorte, le directeur de

(2bis) Depuis trois ans, l'étude historique des pauvres et de la pauvreté fait l'objet des travaux de notre Séminaire de recherches médiévales à la Sorbonne.

(3) G. COUVREUR, *Les pauvres ont-ils des droits ? Recherches sur le vol en cas d'extrême nécessité depuis la « Concordia » de Gratien (1140) jusqu'à Guillaume d'Auxerre († 1231)*, Rome-Paris 1961. Du même : « Pauvreté et droit des pauvres à la fin du XIIe siècle », dans *La Pauvreté...*, p. 13-37.

conscience d'un Raoul l'Ardent et d'un Foulques de Neuilly, il fut aussi le contemporain de l'Anglais Richard de Mores et de Jean le Teuton, de Pierre de Blois et d'Etienne de Fougères, d'Alain de Lille, d'Huguccio, de Lothaire de Segni. L'œuvre de Pierre de Blois et celle de Pierre le Chantre, respectivement disparus en 1196 et 1197, n'étaient pas encore terminées quand Foulques de Neuilly se dévouait aux déshérités de la région parisienne et quand Lothaire de Segni consacrait à la morale de l'argent et de la pauvreté de longs passages de son *De Miseria humanae conditionis*, écrit avant son accession au trône pontifical[4]. Ainsi deux générations éprouvèrent ensemble le même souci de la pauvreté ; le contexte historique était assez exceptionnel, d'une part encadré par Pierre Valdès et saint François, et d'autre part soumis à la double pression d'une misère criante et des exigences cathares de pureté.

*
* *

En effet, beaucoup plus qu'à l'accoutumée, vers la fin du XIIe siècle, la réflexion théologique et canoniste sur la pauvreté déborde la considération de la pauvreté spirituelle et du détachement monastique. Il n'est pas étonnant, sans doute, que les auteurs de ce temps prennent conscience, en ce domaine comme dans les autres, de nécessaires distinctions et élaborent, avec Pierre le Chantre en particulier, les éléments d'une casuistique de la pauvreté et de l'aumône. De plus, aux invitations traditionnelles à la pratique de la pauvreté spirituelle, le rappel des devoirs du chrétien envers la pauvreté involontairement subie ajoute les principes d'une véritable pastorale de la charité. On ne spécula pas dans l'abstrait. Avec sa précocité et son acuité coutumières, la pensée de la fin du XIIe siècle poursuivit son chemin jusqu'aux confins des plans moraux, et même sociaux, des problèmes de la pauvreté. Gilles Couvreur a eu raison de saisir et d'analyser cette démarche. La condition du pauvre comporte divers degrés allant de la précarité de l'existence au besoin, à la détresse, enfin à la nécessité absolue : la variété des substantifs du latin médiéval pour désigner les étapes du dénuement (par exemple : *paupertas, inopia, penuria,*

(4) Nous utilisons surtout les œuvres de Pierre le Chantre (*PL* 205), Pierre de Blois (*PL* 207), Raoul l'Ardent (*PL* 155) et Lothaire de Segni (*De miseria humane conditionis*, éd. M. Maccarone, Lucques 1955).

egestas, indigentia, necessitas) contraste, de façon significative, avec les fréquentes déficiences de l'outillage verbal du moyen âge. Pour mesurer le chemin parcouru par la spéculation, il faut se placer à l'ultime étape de la misère, c'est-à-dire au moment où le malheureux est menacé d'une mort imminente par le froid ou la faim. On l'avait d'abord excusé, s'il volait vivres ou vêtements pour subsister, mais son acte en soi demeurait délictuel ; maintenant l'excuse fait place à la justification et la théorie de l'extrême nécessité considère ce qui était jugé coupable comme l'usage légitime d'un droit. De Gratien, voire de Burchard de Worms, à Guillaume d'Auxerre, une conception fut élaborée du droit du pauvre : droit à recevoir, et voici l'aumône fondée sur la justice autant que sur la charité ; droit à revendiquer du juge une équitable distribution des biens ; droit enfin, lorsque nécessité fait loi, à se saisir soi-même du bien indispensable et qui est refusé.

A quelles impulsions immédiates ou profondes, contemporaines ou lointaines, répond une telle évolution des esprits ? En premier lieu, l'histoire des idées a raison d'observer la résurgence de courants et de traditions jusque là plus ou moins dissimulés sous le boisseau. Voilà, d'abord, retrouvées, directement ou indirectement, par la voie des *auctoritates,* les formulations sans ambages de Basile, Ambroise, Jérôme, Léon le Grand, Césaire et Grégoire le Grand. Ainsi, là où les Pères affirmaient que le superflu du riche appartient au pauvre, le XIIe siècle reconnaît la similitude de leur pensée avec celle du droit. La *lex Rhodia* invoquée par Richard l'Anglais, entre 1194 et 1197, déclarait que, de droit naturel, en temps de nécessité, toutes choses sont « communes » ; et nos auteurs d'assimiler la situation d'un équipage d'un navire en détresse à celle d'une société aux prises avec la famine[5].

Ce que l'histoire de la pensée théologique et canoniste a pu ainsi dégager, l'histoire sociale, de son côté peut elle aussi l'expliquer. Une première remarque, d'ordre sémantique, pourrait faire observer combien l'emploi, dans l'exemple précédent, du qualificatif *communis* et de l'adjectif verbal *communicandus,* appliqués à la nature des biens en droit naturel et à l'obligation de les partager (*communicare*) contient de résonances mentales spécifiques du XIIe siècle ; c'est qu'alors

(5) Couvreur, *op. cit.,* p. 92 sqq.

la vieille tradition des solidarités terriennes du lignage se prolongeait dans les nouveaux liens associatifs des communes, des métiers, des confréries, des universités. Une deuxième remarque observerait que la théorie de la communauté naturelle des biens, ainsi que le principe du droit du pauvre sur le superflu du riche, n'étaient pas, tant s'en faut, inconciliables avec les conceptions féodales du « domaine divisé ». De nouveau, l'historien souscrit à l'observation de Gilles Couvreur. Exception faite de l'alleu (et encore, jusqu'à quel point ?), la distinction entre domaine utile et domaine éminent, la notion que le même bien peut être la « chose » de plusieurs ayants droit, s'accommodent, sans difficulté majeure, de l'idée que les biens peuvent être, à la fois, propres et communs. Aisément, la théorie peut concevoir la possession comme un usufruit et le possesseur comme un dispensateur, plus encore que comme un « dominus ». « Dispensator » : le terme désigne, selon une longue tradition, l'évêque gérant des biens d'Eglise, patrimoine des pauvres, et leur avoué en face des cupides.

Toutefois, il est possible d'aller beaucoup plus loin dans l'analyse du contexte historique de l'évolution de la pensée théologique et canoniste à l'égard des pauvres et de la pauvreté. Confrontés aux réalités de leur temps — la fin du XIIe siècle — certains auteurs semblent en avoir éprouvé une particulière conscience. Nous en retiendrons spécialement trois exemples : Pierre le Chantre, Raoul l'Ardent, Pierre de Blois.

*
* *

La sollicitude pour la misère ne manquait pas d'objet. L'élan de la civilisation urbaine vers la fin du XIIe siècle ne voile pas l'incapacité persistante de la terre à alimenter de façon régulière le nombre croissant des bouches à nourrir. De brillantes études publiées récemment[6] nous dispenseront d'analyser l'aspect majeur du problème des subsistances, au moment qui nous occupe comme pendant tout le moyen âge : la difficulté des « soudures », faute de stocks suffisants, faute de savoir les conserver, car les intempéries n'expliquent pas tout. Au XIIe siècle, même les défrichements, même les pro-

(6) G. DUBY, *L'économie rurale et la vie des campagnes dans l'occident médiéval*, 2 vol., Paris 1962 ; J. LE GOFF, *La civilisation de l'occident médiéval*, Paris 1964.

grès de la circulation des vivres ne compensaient pas l'insuffisance technique ni les incertitudes du climat. Par surcroît, les contrastes locaux de disette et de relative abondance offraient aux plus malins des occasions de spéculations avantageuses. Le plus sûr gagnant, en tout cas, c'était la Faim. Quant à l'émancipation des vilains, favorable en ce qu'elle relâchait les contraintes, elle avait, pour le pauvre, l'inconvénient de distendre les encadrements sociaux où il trouvait un secours naturel contre l'adversité[7].

La faim, au XIIe siècle, ne tenailla probablement pas les hommes de manière aussi fréquente, durable et générale qu'aux deux époques antérieures, à en juger, notamment, par les précieux témoignages textuels compiles par F. Curschman[8]. Cependant, au cours des vingt dernières années, la famine semble avoir sévi, avec ses effets coutumiers, particulièrement dans l'Europe du Nord-Ouest, et surtout de 1194 à 1198. L'enchaînement et l'accumulation des fléaux, furent conformes au schéma commun. En voici la chronique : en France et plus spécialement dans la région parisiene, le temps avait été pluvieux en 1194 et l'année suivante les prix du blé, de l'orge et du sel avaient beaucoup monté[9]. En 1195, persistance des pluies, inondations ; les grains germent avant la moisson. En Alsace, en Bavière et jusqu'en Autriche, la famine règne[10].

1196 : les pluies continuent, retardant les moissons jusqu'à la fin d'août, d'ailleurs médiocres. Des troupes de loups descendent des Alpes, infestent les routes jusqu'aux abords des villes. La famine règne dans toute l'Europe occidentale « de l'Apennin à l'Océan », surtout à l'ouest du Rhin jusqu'à la Seine. Le prix du blé décuple dans la France du nord. Multiplication générale des pauvres, dont beaucoup moururent. A quoi s'ajouta une épidémie, comme à l'accoutumée, dont les ravages, notés par Guillaume de Neubourg, s'exercèrent pendant la moitié de l'année[11].

(7) G. DUBY, *Les pauvres des campagnes dans l'occident médiéval jusqu'au XIIIe siècle* (exposé à la Conférence de recherches de J. Le Goff à l'Ec. Prat. des Htes Etudes, VIe Section, en 1963-64).

(8) F. CURSCHMAN, *Hungersnöte im Mittelalter*, Leipziger Studien VI, 1 (1900), p. 1-217.

(9) RIGORD et Guill. LE BRETON, *Œuvres*, éd. F. Delaborde, Paris (Soc. Hist. France) 1882, p. 132.

(10) CURSCHMAN, *op. cit.*, p. 155.

(11) *Ibid.*, p. 156-157. W. of NEWBURGH, *Chron.* (éd. R. Howlet, *Chron. of the reigns of Stephen, Henry II and Richard I*, Rer. Brit., 82, t. II).

1197. Le désastre atteint son maximum, dans toute l'Allemagne du sud et de l'ouest, aux Pays-Bas, dans la France de l'est et du nord, en Angleterre. L'hiver s'était prolongé ; dès le mois de janvier, en certains lieux, la disette régnait. La « soudure » fut partout très difficile. Les prix montèrent tellement vers juin et juillet qu'en certains lieux les pauvres, par nécessité pressante, mangeaient les dépouilles des animaux crevés. A l'époque des moissons, le temps continuait à être si mauvais que les vendanges, en Champagne par exemple, furent tardives et médiocres. Les chroniques sont unanimes à observer que la détresse résultait d'une succession d'années très difficiles. L'annaliste de l'abbaye de Vicoigne déplore ainsi qu'en raison de la continuité de la famine qui durait, sans discontinuer, depuis cinq ans, son abbaye n'ait pas pu soutenir ses libéralités coutumières envers les pauvres; ceux-ci, ajoute-t-il, périrent de faim par milliers. Il n'est pas le seul à tracer le tableau des malheureux battant chaque matin les portes des monastères dès l'heure de matines. Le style des déplorations prend parfois l'allure d'un lieu commun dans les chroniques, mais la concordance de leur intensité n'en est pas moins révélatrice[12].

1198 fut la dernière année de ce cycle de misères. Affectée, naturellement, par la stérilité de la moisson précédente, elle connut encore les intempéries et les inondations. Dans la région parisienne, orages et tempêtes en juin et juillet dévastèrent encore les récoltes. En beaucoup d'endroits, la cherté des vivres dura toute l'année[13].

La série malheureuse des années 1194 à 1198 n'était que le paroxysme de difficultés latentes. Pour connaître les pauvres de leur temps, théologiens et canonistes n'avaient, comme les annalistes, qu'à considérer autour d'eux. Leurs observations ne diffèrent pas entre elles. Chez tous, la terminologie qui désigne les pauvres, les caractères qui leur sont reconnus, sont identiques. Le pauvre est un affamé et un mal vêtu, couvert de haillons (*pannosus*). Sa caractéristique est d'être dépourvu du nécessaire (*inops, egenis*), par opposition à ceux qui ont leur suffisance (*qui putabantur sibi sufficientes esse*)[14]. L'analyse des textes précise les catégories. Pierre le Chantre

(12) Sigeb. cont. Acquict., M.G.H., SS VI, 433. CURSCHMAN, *op. cit.*, 156-160.
(13) RIGORD, I, 140 et 201.
(14) *PL* 207, 575-79. Contin. Gembloux, M.G.H., SS VI, 368.

suit la tradition, demeurée conforme, d'ailleurs, aux réalités de son temps ; il trouve, d'abord les pauvres dans les couches inférieures des milieux paysans, parmi les rustres (*rustici*) et particulièrement les bergers (*pastores*)[15]. Sensible à toutes les détresses, il différencie d'autres catégories. Fidèle à la ligne commune, il inclut parmi les pauvres ceux qu'affectent toutes les souffrances. La chronique s'apitoyait sur les femmes enceintes accouchant avant terme, en pleine nature, aux temps des famines et des intempéries. Pierre étend sa commisération aux malades, aux estropiés, aux infirmes de tout genre, aux prostituées ; de la même manière l'historien de Philippe-Auguste, Rigord, paraphrasait, à propos de la prédication de Foulques de Neuilly en 1198, la parole scripturaire : « Les pauvres sont évangélisés »[16]. Mais le chantre de Notre-Dame est plus compréhensif encore. Pour lui, des pauvres il y en a dans tous les milieux. Il conte, par exemple, l'anecdote d'un vieux chevalier, débile et pauvre, criblé de dettes, puis libéré de cette charge par la charité d'un convers chartreux employant à cette fin 40 livres destinées à des achats en foire[17]. Les pauvres, ce sont aussi les prisonniers, les familles que leur chef réduit à la misère par de folles dépenses en compagnie d'histrions et de femmes légères. Pauvres eux-mêmes, les voleurs que le devoir de restitution du bien volé voue, avec leurs proches, à une existence misérable.

En présence de criantes détresses, la réflexion des hommes d'Eglise n'était pas une pure abstraction. Leur analyse des causes de l'appauvrissement n'est pas moins concrète. Elle rejoint les observations vécues des chroniqueurs dans la relation immédiate établie entre les calamités naturelles et la misère. Elle les dépasse, en déterminant les responsabilités des hommes. L'avarice et la cupidité sont stigmatisées par le *Verbum Abbreviatum* de Pierre le Chantre comme par le *De Charitate* de Pierre de Blois, le *Speculum Universale* de Raoul l'Ardent, le *De miseria* de Lothaire de Segni, leurs sermons et leurs lettres. Ce sont les thèmes courants des moralistes médiévaux, mais les développements de nos auteurs correspondent souvent à des situations réelles et précises. La protestation de Pierre le Chantre contre les abus des corvées (*angariae*) est contemporaine de l'époque des

(15) *PL* 205, 145 et 151.
(16) Curschman, *op. cit.*, 160 ; Rigord, *éd. cit.*, I, 139.
(17) Pierre le Chantre, *PL* 205, 279.

chartes de franchises[18] ; il en est de même de sa réprobation des exigences excessives des dîmes. L'iniquité des juges, indulgents pour le riche et impitoyables pour le pauvre, lui paraît également une source de misère. Mais il en trouve une origine plus criante encore dans le détournement dont des laïcs et des ecclésiastiques se rendent coupables en s'appropriant, avec les revenus d'Eglise, le bien même des pauvres[19]. C'est ce que Pierre de Blois, vers le même temps, reprochait à un évêque de Lisieux, en une lettre qu'on retrouvera plus loin. Tous dénoncent l'aveuglement des calamités et des hommes. A l'époque et longtemps encore, personne ne pouvait songer à imputer aux structures sociales plus qu'à la conjoncture la responsabilité du malheur des humbles. L'historien ne peut pas sans anachronisme en faire grief aux hommes du XIIe siècle.

D'autre part, les processus de l'appauvrissement et ses effets sur la condition des pauvres sont notés avec des touches souvent fort précises. Premier méfait : le déracinement. La stabilité sociale avait force de principe et Pierre le Chantre citait en exemple un propos de saint Anselme admettant comme un bien le maintien des siens dans l'humble condition des *pauperes et rusticani*[20]. Or, voilà que les calamités arrachaient à leurs terres les paysans malheureux : le continuateur de la chronique de Gembloux, à Anchin, parle du grand nombre de ceux qui passaient pour aisés mais qui, frappés du glaive de la famine, furent, en 1196, contraints de déguerpir ; selon le même auteur, l'année suivante, les vignerons des pays à l'est de Paris, débiteurs d'avances sur le revenu de la future vendange, abandonnèrent aussi leurs vignes dévastées[21].

L'endettement mène à la détresse. La détresse à l'abandon et la nécessité à la mendicité ou au crime. Pierre de Blois parle à l'évêque de Lisieux des « publice mendicantes » et les chroniques nous en ont montré la horde aux portes des monastères. Combien ? Mille cinq cents par jour, en 1197, dans les semaines qui précédèrent la moisson, à l'abbaye du Val Saint-Pierre[22]. La réflexion théologique et canoniste sur le vol de l'affamé n'était pas sans références à des réalités

(18) *PL* 205, 302.
(19) *Ibidem.*
(20) *PL* 205, 151.
(21) M.G.H., SS VI, 433 et XVI, 516, 652.
(22) *PL* 207, 286 ; CURSCHMAN, *op. cit.*, 160.

immédiates ; Pierre de Blois, archidiacre de Bath, s'élève contre la répression rigoureuse des infractions à l' « Assise de la Forêt » commises par les pauvres aux abois ; il justifie l'homme durement condamné à mort vers 1196-1198, pour avoir volé, afin de subvenir aux besoins de sa famille. Au même moment, en 1197, un chroniqueur des Pays-Bas rapporte, qu'au cours de la famine, « beaucoup furent contraints par la nécessité de rompre avec leur genre de vie habituel, devinrent larrons et finirent pendus ». Terminons par cette autre notation de portée générale et contemporaine des mêmes misères que la précédente : « propter imminentem necessitatem desperatur »[23].

Le pauvre désespère. Il attend cependant quelque chose. Il est sensible au moindre signe. La misère engendre psychose et phantasmes ; et l'espérance, contre toute espérance, suscite la foule autour de qui lui promet un monde meilleur. Les malheureux des années 90 du XIIe siècle n'ont pas manqué à cette règle. Le fait est connu. En 1196 et 1198, la rumeur de prodiges et de miracles se répandait en France et en Angleterre : signes dans le ciel, et même résurrections. Les vieux rêves eschatologiques affleurèrent de nouveau au niveau de la mentalité collective, polarisés par des orateurs populaires surgis, simultanément, un peu partout, comme naguère au temps des Wanderprediger. Les épisodes sont notoires ; cependant, le contraste entre un Guillaume Longuebarbe et un Foulques de Neuilly mérite un instant d'examen[24].

Guillaume et Foulques sont animés d'un zèle égal pour les pauvres, mais leur colère contre l'insolence des cupides ne prend pas les mêmes formes. Sans doute, ne connaissons-nous l'un que par les sources hostiles de la réprobation et l'autre par les éloges de l'hagiographie. Guillaume menaçait les riches londoniens de l'usage des « ferramenta » dont il aurait constitué un stock « ad effringendas domos munitiores ». Foulques rappelait aux riches le risque infernal du mauvais usage de leurs biens et de la dureté du cœur. Propos bien opposés. Avec ses émules, Pierre de Roucy en France, Herluin en Bretagne, Eustache de Flay en Angleterre, le disciple de Pierre le Chantre prêchait pénitence et charité : « Nourris

(23) COUVREUR, *Les Pauvres...*, p. 9-10. *PL* 207, 1108 ; M.G.H., VI, 453, et XVI, 652.

(24) P. ALPHANDÉRY et A. DUPRONT, *La chrétienté et l'idée de Croisade*, t. II (Paris 1959), surtout p. 45-74.

celui qui meurt de faim ; si tu ne le nourris pas, tu es son meurtrier ». Guillaume, au contraire, appelait les déshérités à la subversion, présentée comme l'accomplissement d'une vocation collective : « Le Procureur des pauvres, c'est moi. Vous, les pauvres, qui connaissez les mains dures des riches, puisez à mes sources les eaux de la doctrine du salut, et faites-le dans la joie. Car vient le temps de votre délivrance. Je séparerai les eaux d'avec les eaux. Les eaux sont les peuples. Je séparerai le peuple humble et fidèle du peuple superbe et perfide. Je séparerai les élus des réprouvés, comme la lumière des ténèbres »[25].

La haine et la charité avaient ceci de commun d'exprimer l'émergence explosive du même problème : pauvreté, richesse. Mais quelle pauvreté ? et quelle richesse ? quelles formes d'exigences la conscience formulait-elle au regard de l'une et de l'autre, dans le contexte historique du moment ? enfin, l'estime de l'une entraînait-elle simple priorité, ou mépris et condamnation de l'autre ? Tels sont les derniers points du problème sur lesquels nous attendons les réponses des auteurs interrogés.

*
* *

Bien entendu, l'obligation de l'aumône est formulée par eux d'une manière absolue et générale. « Aucune fonction, aucun sexe, aucune condition, aucun âge, ne dispense du devoir de miséricorde » (Pierre le Chantre, *Verbum Abbreviatum*, chap. 46)[26]. Il serait banal de s'en tenir aux argumentations théoriques et traditionnelles. Les louanges et les blâmes à l'égard des attitudes observées chez les contemporains sont, historiquement, plus convaincantes. Les comportements blâmés par tous sont ceux des seigneurs oppresseurs, des juges iniques, des clercs simoniaques, des usuriers, des fraudeurs, des accapareurs, des spéculateurs. La littérature que nous utilisons s'adresse, la plupart du temps, à des clercs. Ainsi, Pierre le Chantre stigmatise durement les abus des prélats, des chanoines, des archiprêtres, doyens, prévôts et clercs de tout ordre qui « creusent la tombe des pauvres »[27]. En des termes qui rappellent saint Bernard, il blâme la somp-

(25) Chron. de Wm. of Newburgh, réf. citée *supra*.
(26) *PL* 205, 145.
(27) *PL* 205, 90.

tuosité des églises comme un détournement des aumônes destinées aux pauvres et aux rançons des captifs : Pourquoi la soie, pourquoi l'or ? — « Melius ista exponuntur ad usuram quam pauper ad imbrem »[28]. Au cours de la grande famine de 1195-1198, les annalistes monastiques déploraient la diminution des aumônes de leurs abbayes, du fait de leur propre pénurie ; en 1197, celui de Vicoigne reprochait à un évêque du nom d'Arnoul de vivre largement, avec sa « familia » et de se désintéresser des pauvres[29]. Aucun de ces textes, cependant, n'atteint la rigueur d'une lettre de Pierre de Blois à l'évêque de Lisieux, Raoul de Wanneville, ancien archidiacre de Rouen et chancelier du roi d'Angleterre. Pourtant, les circonstances auxquelles cette lettre, antérieure à 1193, fait allusion, n'avaient pas atteint la profondeur des misères de 1194 à 1198. La moisson se faisait attendre ; les pauvres avaient faim. Les greniers de l'évêque étaient pleins ; il ne songeait qu'à spéculer. Une fois formulées, avec déférence, les salutations d'usage envers un évêque, l'archidiacre de Bath s'adresse personnellement à son correspondant, et sur quel ton !

« Le Seigneur, lui écrit-il, t'a institué pour être le sel de la terre ; prends garde de devenir le sel affadi qu'on jette sur le seuil pour être foulé aux pieds... Tu livres le service du Christ à l'opprobre et au mépris... Le Seigneur a ouvert devant toi une route directe vers le salut ; en effet, une horrible famine exerce sa fureur sur les pauvres... *Pauper Christi vicarius est*... Ouvre donc aux mendiants tes entrailles et tes greniers, pour ne pas encourir la sentence de la damnation... Déjà des milliers de pauvres sont morts de faim et de misère, et tu n'as pas encore posé sur l'un d'entre eux la main de la miséricorde... Déjà les moissons jaunissent dans les champs, et toi, tu n'as pas encore réconforté un seul pauvre. Tu te proposes d'ouvrir tes greniers, non pour soulager la misère des affligés, mais pour vendre plus cher... D'autres évêques, ici et là, ont emprunté pour secourir les pauvres. A toi, il suffit d'encaisser les deniers »[30].

Les modèles d'œuvres de charité tirés de la vie courante voisinent, également, chez nos auteurs, avec les traditionnels *exempla*, recopiés ou fictifs. La chronique monastique loue

(28) *PL* 205, 251-258, spéc. 250-251.
(29) M.G.H., SS XXIV, 302.
(30) *PL* 207, 285-288.

ainsi l'abbé du Val Saint-Pierre d'avoir sacrifié le bétail du couvent pour nourrir les pauvres en temps de famine, et tel autre de n'avoir pas craint de s'endetter pour les secourir. Rigord célèbre la générosité de Philippe Auguste lors des mauvaises récoltes de 1195 et met à son actif le mérite de monitions pressantes adressées aux prélats et à tout son peuple en faveur des pauvres du royaume. Un geste analogue du comte de Champagne est proposé par Pierre le Chantre à l'imitation des princes : Thibaud avait prescrit à ses barons l'assistance des pauvres et l'avait même organisée par voie d'autorité[31].

Au-delà d'anecdotes exemplaires, la réalité vécue nourrissait la réflexion sur l'aumône d'un Pierre de Blois et d'un Raoul l'Ardent. Si tous doivent donner chacun selon ses moyens, à qui et que doit-on donner ? A diverses reprises, la casuistique de Pierre le Chantre insiste sur la nécessité du discernement (*Vide cui des*) et rappelle avec saint Jérôme qu'il est sacrilège de donner ce qui revient aux pauvres à qui ne l'est pas. Indignes de l'aumône sont ceux qui vivent dans l'oisiveté aux crochets d'autrui : histrions, gens de mauvaise vie, et surtout faux-mendiants, voleurs des vrais pauvres ; de ces derniers, l'auteur trace un portrait pittoresque (*clamitant per plateas sub specie pauperum ... trivialiter se influantes, tremulosi et varias figuras aegrotantium induentes*). Il leur adjoint les faux-prédicateurs, armés de fausses reliques, et munis de fausses bulles, à moitié bateleurs et prestidigitateurs[32]. La mise en garde est moins nette chez Pierre de Blois. Peu importent, à son avis fondé sur saint Jean Chrysostome, la vertu ou le vice de l'indigent, puisqu'il est indigent ; l'aumône est due même au méchant et ne supporte pas de limite. Saint Ambroise lui inspire un ordre dans la charité : *parentes, socii, fratres,* les autres ensuite. Dieu, en tout cas, premier servi : dans un dialogue prêté à Henri II et à l'abbé de Bonneval, Pierre de Blois attribue au roi cette ordonnance en ses aumônes : la plus grosse part pour la libération de la terre où vécut le Seigneur, ensuite la part des pauvres, le reste pour les orphelins et les autres nécessiteux[33].

La nature de l'aumône peut être diverse, mais l'origine des biens donnés n'est pas indifférente. On ne peut donner

(31) RIGORD, *éd. cit.*, I, 132 ; *PL* 205, 290. COUVREUR, *Les pauvres...*, p. 160.
(32) *PL* 205, 147 et 153.
(33) *PL* 207, 519-525 et 904.

que ce qu'on possède légitimement. On ne peut pas offrir le bien d'autrui. Une phrase de Jean de Salisbury résume la position adoptée par tous : celui qui offre ce qu'il a volé aux dépens du pauvre est semblable à un fils qui immolerait son père[34]. L'aumône du bien mal acquis est mauvaise, et, en soi, irrecevable. Avec Raoul l'Ardent, la réflexion sur l'aumône atteint un développement qui lui est propre. Sa formule d'*eleemosyna negotialis* est difficilement traduisible. Pour en exprimer le sens, on a proposé les termes d'aumône « engagée »[35]. Non sans raison, car l'aumône ainsi conçue trouve les dimensions synthétiques du don de soi-même au service des autres. Raoul en énumère les formes. Il fait, du même coup, une analyse exhaustive des genres de richesses et une démonstration de l'universel devoir de charité. Riche, celui qui a de l'argent : qu'il aide les indigents, les orphelins, les filles à marier, les veuves ; qu'il accorde délai à ses débiteurs et prête aux marchands en difficultés. Riche, celui qui a de l'influence, du pouvoir, de l'éloquence : seigneur, officier, juge ou procureur. Riche encore, celui qui a la force physique : à lui de secourir et de défendre le faible. Riche celui qui connaît un métier manuel ; riche enfin, celui qui a la science. Nouveauté du propos ? certes non, car Raoul s'inspire de la parabole évangélique des talents et du conseil paulinien d'être « tout à tous ». Anachronique ? pas davantage. L'urgence de la charité et de la justice à l'égard des pauvres foisonnait dans les mouvements des Vaudois et des Humiliés, dans les agitations de Guillaume Longuebarbe, les foules de Foulques de Neuilly, et dans les justifications scolastiques des droits des pauvres. En outre, comme pour inspirer, ou illustrer, la portée effective de la notion d'aumône « negotialis », la génération de Raoul l'Ardent soutenait, par un afflux de bonnes volontés et l'encouragement de privilèges spirituels et matériels, le dévouement indiscutablement social des religieux hospitaliers et constructeurs de ponts : il suffit de rappeler les exemples des frères du Saint-Esprit et de l'Hôpital Saint-Jean de Jérusalem. Le fait que Raoul l'Ardent ait été presque seul à formuler aussi clairement la dimension sociale des œuvres de miséricorde lui donne sans doute allure de précurseur. Néan-

(34) J. DE SALISBURY, *Policraticus*, liv. II, c. 27 (éd. Cl. C. I. Webb, t. II, Oxford 1909).

(35) COUVREUR, « Pauvreté et droit »..., p. 21-25.

moins, les générations de la fin du XIIe siècle, immédiatement antérieures au Poverello, paraissent très conscientes de l'élection du pauvre.

*
* *

L'exaltation du pauvre fut-elle, à la fin du XIIe siècle, une protestation et une réaction montées des profondeurs contre les attraits des biens matériels, dont les progrès de l'économie monétaire rendaient la possession plus facile à certains et plus enviable à tous ? Paul Alphandéry et Alphonse Dupront ont clairement dégagé le rôle de cette idée aux origines de la troisième et de la quatrième Croisades[36]. Avant Foulques de Neuilly, Pierre de Blois et Alain de Lille puisaient aux sources évangéliques le thème de la prédilection de Dieu pour les humbles. « Ce sont les pauvres, les plus faibles, écrit le premier, qui auront le royaume de Dieu et la Terre Sainte, les deux Jérusalem, la terrestre et la céleste. » En 1189, devant une nombreuse assistance, Alain de Lille n'exprimait guère différemment la vocation des petits : « Le Christ ne peut pas faire sa demeure chez les prélats que la simonie habite. Refuge lui est refusé chez les chevaliers qui abritent la rapine. Il n'y a pas de logis pour lui chez les bourgeois, car l'usure y est installée. Il est rejeté par les marchands que domine le mensonge. Dans le commun, il n'a pas sa place, parce que le vol y règne. Où donc habitera le Christ ? Seulement chez les pauvres du Christ, de qui il est dit : Bienheureux les pauvres d'esprit »[37].

L'estime de la pauvreté spirituelle et volontaire et la compassion pour la pauvreté subie reposaient-elles sur le mépris et la condamnation absolus de la richesse ? Il ne se pose aucun problème en ce qui concerne la réprobation de l'attachement aux biens temporels, et les écrivains ecclésiastiques n'ont, en aucun temps, cessé de commenter la parabole du chameau incapable de passer par le chat d'une aiguille. Il suffit de rappeler le chapitre consacré par Pierre le Chantre à la Pauvreté en son *Verbum Abbreviatum*, le *De Caritate* (surtout le chap. V) de Pierre de Blois ainsi que son sermon LXV (*Ad populum*, le seul du genre en son œuvre), fort sévère

(36) *PL* 207, 1069. ALPHANDÉRY-DUPRONT, *op. cit.*, p. 146.
(37) Sermon « De Cruce », éd. par M.-Th. d'ALVERNY, *Alain de Lille* (Paris 1965), p. 283.

pour le riche (*Omnis enim dives iniquus aut haeres iniqui*), sans oublier les longs développements de Lothaire de Segni sur la richesse dans le *De Miseria humane conditionis*. Les auteurs médiévaux sont intarissables sur le thème de l'avarice.

Le contraire de l'estime est le mépris. Mais les nuances du mépris sont grandes et le vocabulaire médiéval restreint. Distinguons dédain et négation de valeur. N'oublions pas davantage les conditions de personnes et les différences entre l'attitude intellectuelle ou sentimentale du mépris. Nos textes s'adressent à des chrétiens et pour la plupart à des clercs, voire à des moines. Les auteurs confrontent les biens d'un monde transitoire à ceux, spirituels, de l'Eternité ; visant à l'édification, ils pouvaient, en toute logique, n'accorder aux premiers qu'une valeur relative, voire nulle, par rapport à celle de l'Absolu. Pris dans leur contexte, chez un Pierre de Blois par exemple, *odium, contemptus mundi* sont ainsi placés en parallèle avec *compassio Christi, amor Dei*, pour constituer un quadrige qui entraîne le contemplatif vers Dieu. Ailleurs, *contemptus terrenorum*, est donné pour équivalent de *voluntaria paupertas*[38]. Nulle part, en ce genre de littérature, nous n'avons trouvé, à l'époque considérée, autre chose, que l'idée — banale, avouons-le — de la nécessaire *conversio*, c'est-à-dire du renoncement (mépris si l'on veut), aux « vanités » du monde en faveur de la seule richesse divine. Hors de ces notions, on sortirait du cadre historique des catégories mentales de ce temps. De plus, renoncer au monde, c'est renoncer, d'abord, à soi-même. Pierre de Blois a cette formule, classique d'ailleurs : « pauper spiritu... deficiens a se ipso et se totum pro Christo abnegans »[39]. Se méprise-t-on soi-même ? et quelle offrande serait celle d'un objet méprisé !

Même dans la théorie, le « mépris » aurait eu ses limites. Un demi-siècle avant la querelle fransciscaine sur l'usage

(38) *PL* 205, 711 et 776.

(39) Sermon XLII (*PL* 207, 690). La question du mépris du monde chez les auteurs des XIe et XIIe siècles a fait récemment l'objet des travaux très documentés de R. Bultot, et des controverses qu'ils ont suscitées, principalement : *La doctrine du mépris du monde*, t. IV, 1 et 2 : le XIe siècle (Paris-Louvain 1963-64) ; « La doctrine du mépris du monde chez Bernard le Clunisien », dans *Le Moyen Age*, LXX (1964), p. 179-204 ; « Mépris du monde, misère et dignité de l'homme dans la pensée d'Innocent III », dans *Cahiers de civil. méd.*, IV (1961), p. 441-456. Voir F. Lazzari, « Saint Pierre Damien et le *Contemptus mundi*. A propos d'un livre récent », dans *RAM* XL (1964), p. 185-196, et R. Bultot, « Méthode et conditionnement », *ibid.*, p. 481-492.

pauvre, Pierre le Chantre le définissait, au chapitre « De Mediocritate » de son *Verbum Abbreviatum :* « Habentes alimenta simplicia, non delectamenta, non gulae irritamenta, et vestes quibus tegamur, non ornemur et luxuriemur, his contenti simus »[40]. Les biens matériels ne sont donc pas considérés comme mauvais en soi, même pour le pauvre volontaire ; à plus forte raison pour l'homme du siècle. Sans doute Innocent III, comme tous les théologiens et moralistes, flétrit-il la recherche de la fortune, au chapitre « De contempnenda possessione divitiarum » ; mais le contexte prouve que ceux qu'il vise, une fois de plus, ce sont les cupides. Un autre chapitre, « De licitis opibus », s'appuie sur les modèles d'usage, Abraham, Job et David, et s'accompagne des mises en garde accoutumées. La pensée des moralistes se montre aussi nuancée que claire, et leurs apparentes contradictions se résolvent si l'on tient compte de la diversité de leurs lecteurs et de leurs auditeurs. Pierre de Blois, dont on a vu les exigences à l'égard d'un évêque, expose, en une autre lettre adressée aux chanoines de Chartres, les règles du bon usage de la fortune : « Que ceux qui ont des richesses, les conservent... pour des usages licites, pour exercer l'hospitalité, non pas pour les accumuler mais pour en faire l'aumône aux pauvres. La pauvreté, ajoute-t-il, est plus appréciée quand elle procède de l'humilité du cœur que quand elle résulte de la faiblesse des ressources »[41]. Ailleurs, dans le *De Caritate*, il conclut un éloge de la pauvreté spirituelle en évoquant les « sanctos inter divitias »[42]. La sanctification peut donc se réaliser au milieu des richesses : Innocent III n'allait pas tarder à le proclamer en élevant sur les autels, dès le début de son règne, un authentique marchand de Vérone, qui avait fait son salut dans un état social couramment décrié, sinon maudit.

Si l'exaltation de la pauvreté, même spirituelle, ne s'explique pas par un mépris foncier et général des biens matériels, on ne la justifiait pas davantage par sa seule valeur intrinsèque. Là encore, les auteurs sont clairs. La véritable indigence, involontaire, est considérée comme un mal résultant du péché, la mendicité commme un désordre, les deux comme

(40) *PL* 205, 70-72.

(41) Lothaire de Ségni, *De miseria, éd. cit.*, liv. II, c. 11, p. 47. P. de Blois, *Lettre* 229, *PL* 207, 522.

(42) *PL* 207, 901.

des calamités, sinon comme des malédictions. Ce sont des occasions de péché. Innocent III décrit la souffrance, les imprécations et la révolte du pauvre, s'en prenant à Dieu même : « O miserabilis conditio mendicantis »[43]. De soi, la pauvreté ne fait pas le saint, même celle du moine : « Bienheureux les pauvres en esprit, mais non pas tous » s'écriait Pierre de Blois, dans un sermon de Toussaint. Et il explicitait sa pensée en d'autres occasions semblables : « La pauvreté n'est pas méritoire sans la charité ». A ce prix, du moins, le dur et long chemin de la pauvreté spirituelle était estimé comparable aux rudes mais rapides tortures du martyre[44]. En définitive, on ne pensait pas que la pauvreté, par elle-même, soit la sainteté même ; on ne disait pas non plus que la richesse était en soi intrinsèquement mauvaise. On estimait que la pauvreté mène à la sainteté et que la richesse en détourne, sous réserve des libres dispositions intérieures de l'homme. Pierre de Blois écrit encore quelque part que « Dieu n'accepte que ce qui procède de la volonté » et développe la même idée, en un autre endroit, en parlant de ceux qui ont « laissé la chlamyde pour se revêtir de la nudité du Christ »[45].

Voilà le terme. Le point d'arrivée comme le point de départ de la pensée de la fin du XIIe siècle sur la pauvreté est essentiellement christocentrique. Alphandéry et Dupront ont montré, comment, mêlé aux mythes eschatologiques ancestraux, le rêve de la pauvreté salvatrice anima la résurgence collective de l'idéal de Croisade, un siècle après Pierre l'Ermite[46]. La pauvreté, alors, s'impose partout. Piété populaire et religion savante convergent en la même direction. Aller au pauvre, ce n'est pas seulement imiter Dieu providence, « fidéijusseur » des pauvres, et obéir aux préceptes évangéliques de charité. Rencontrer le pauvre, c'est trouver le Christ, car le pauvre est son « vicaire ». « Les pauvres sont nos seigneurs » : ainsi commençait la règle, alors nouvelle, des frères Hospitaliers de Saint-Jean. Enfin, devenir pauvre, c'est imiter le Christ lui-même. Le vieil appel chrétien « nudus nudum Christum sequere » se retrouve maintes fois chez chacun de nos auteurs. Il se fait pressant dans un sermon du chanoine-chancelier de Paris, Prévotin, peu après la bulle de

(43) LOTHAIRE DE SÉGNI, *De miseria*, liv. I, c. 15, p. 20.
(44) *Sermons 42, 43* et *49* (*PL* 207, 689, 694 et 704).
(45) *Sermon 42* (*PL* 207, 689) ; *Lettre 229* (*ibid.*, 522).
(46) ALPHANDÉRY-DUPRONT, *op. cit.*, réf. cit.

croisade d'Innocent III en 1198 : « En quoi m'imites-tu ? Tu crains d'être pauvre et j'ai été encore plus pauvre, partout où j'ai vécu... ».

Ainsi, en pleine fermentation sociale et intellectuelle, à la fin du XIIe siècle, la pauvreté est au premier plan. Elle est réelle et elle est idéale. Elle s'étale au cours des famines ; elle déferle en imprécations et violences dans les rues de Londres en 1196 ; elle entraîne des foules vers la Croisade ; elle échauffe la charité. Sous toutes ses formes, elle est « valeur ». Pauvreté d'état et pauvreté spirituelle se retrouvent de nouveau. Vertu, la pauvreté n'est plus seulement, à la mode bénédictine, un moyen d'ascèse, une servante de l'obéissance religieuse. Elle devient principe même de vie. Le chemin s'ouvre vers le Poverello. Etre un pauvre parmi les autres pauvres, c'est déjà le programme que Pierre de Blois, peu d'années avant lui, proposait en ces termes : « Locum eligisti ubi posses inter multos pauperes unus esse »[47].

(47) *PL* 207, 744.

Le pauvre Lazare
(Fresque de Saint-Clément de Tahull)

XVII

LE PROBLÈME DE LA PAUVRETÉ AU XIIe SIÈCLE

La tradition veut que Vaudès, en 1173, fit simultanément la rencontre de la pauvreté vécue et de la pauvreté idéale. Le chant, par un jongleur, de la Légende de saint Alexis, lui aurait dévoilé les réalités du dénuement. Consulté sur le sens du choc psychologique ainsi éprouvé, un théologien aurait orienté son aspiration à la perfection : « Va, et donne tous tes biens aux pauvres » : pauvreté évangélique et volontaire, séculaire et toujours actuelle. Sur deux plans, le drame se jouait, ainsi, sans relâche, avec ses personnages constants : le pauvre, l'appelé et le Christ; en trois actes : présence des pauvres, malaise et crise de conscience, engagement sur la voie salvatrice d'une pauvreté acceptée ou voulue. Ces données et ces phases pourraient résumer les termes du problème de la pauvreté vers la fin du XIIe siècle, et éclairer certaines circonstances fondamentales du Valdéisme (1).

PRÉSENCE DES PAUVRES

Un « problème social palpitant et poignant » environna, dès ses origines, la question cathare. Il s'en fallait de beaucoup que les indéniables progrès accomplis depuis le début du XIe siècle suffisent à pallier le froid et la faim dont les paysans demeuraient les premières victimes. Pourtant, la dévastation des champs par la guerre n'était plus également chronique, et la mise en valeur des terres neuves parvenait, dans les bonnes années, à équilibrer, à peu près, les récoltes et l'appétit de bouches plus nombreuses; d'autre part, l'amélioration des communications permettait, à l'occasion, de suppléer aux déficiences, et l'augmentation de l'élevage du mouton offrait, déjà, au rustre la possibilité de troquer pour du drap la toison dont il se vêtait. Les progrès étaient, cependant, insuffisants, et la moindre disette multipliait, comme naguère, le nombre des malheureux. La génération de Vaudès connut une succession de crises locales entre deux séquences de calamités générales, l'une de 1144 à 1147, l'autre de 1194 à 1199, environ. Annales, chroniques, cartulaires en témoignent; les sermons, les traités, les correspondances, les textes littéraires ne manquent pas non plus d'allusions pitoyables à la misère de leur temps. Pour cette période comme pour les précédentes, l'anthologie de Fritz Curschmann est convaincante (2). Il n'est guère besoin d'insister longuement sur le thème de la permanente hantise de la faim, dont Jacques Le Goff a donné la synthèse la plus récente (3).

Peu avant qu'un Vaudès ait pu prendre conscience de la précarité de l'existence des pauvres, la famine avait régné de l'Angleterre et de l'Allemagne à la Catalogne. Après des symptômes mentionnés dès 1142 par les Annales de Lobbes, une grande disette consécutive à des pluies prolongées et accompagnée d'une hausse accentuée des prix sévit en 1144 aux Pays-Bas, dans l'Est de la France et en Angleterre. L'année suivante, la famille fut extrêmement vive (*fames gravissima, fames valida ubique terrarum*); les paysans rhénans mangèrent de l'herbe; à Mormal, on ne pouvait dénombrer les pauvres sustentés par la distribution quotidienne; en 1147, la faim paraît plus localisée, mais une épidémie survint (4). En plein milieu du siècle, l'auteur du *Roman des Romans* s'apitoyait sur les « dolentes gens » : « pour un manant y a des povres cens »; puis selon la coutume de considérer le passé avec un regard favorable, il ajoutait qu'autrefois — mais quand? — on rencontrait difficilement un seul mendiant (5).

Les retours de la misère étaient incessants. Un passage des actes du pape Alexandre III signale en 1161-62 une « solide » (*valida*) famine en Aquitaine et dans les régions voisines et la vive inquiétude (*vehemens timor*) éprouvée en toute la France (6). On souffrit également dans la France de l'Est; en Anjou, des mères abandonnèrent leurs enfants aux portes des monastères, faute de pouvoir leur donner à manger. L'Anjou fut de nouveau éprouvé de 1175 à 1177; au même moment, selon la Chronique d'un chanoine d'Auxerre, la disette imposait un effort particulier de bienfaisance aux abbayes cisterciennes de la France entière.

Le pire survint au cours de l'ultime décennie du siècle. La banalité du schéma a d'autant plus de signification historique : aux pluies incessantes succédèrent des inondations, les grains pourrissaient dans les épis et les raisins avant la vendange; faute de soleil le sel manquait; les prix montèrent et jusqu'à décupler dans les plaines céréalières du Nord de la France; la détresse s'acheva en épidémie. Toute l'Europe occidentale « de l'Apennin à l'Océan », semble avoir été touchée. Dans l'entre temps, de 1194 à 1198, les textes répètent, à l'envi, comme un refrain, la croissance de la multitude des pauvres (*excrescens pauperum multitudo*). La charité monastique ne suffisait plus; ainsi l'annaliste de Vicoigne déplore que son abbaye n'ait pas pu faire face à la détresse des pauvres qui mouraient, dit-il, par milliers.

Les textes fourniraient les éléments d'une typologie de la pauvreté, d'abord par la variété du vocabulaire qui servait à la désigner et à la qualifier avec des nuances allant de la simple précarité à l'urgente détresse; les pauvres, à la fin du XIIe siècle, sont appelés : *egeni, indigentes, inopes, mendicantes*, et *paupertas* alterne avec *penuria, egestas, inopia, necessitas, imminens necessitas, angustia famis*. La faim n'est qu'un prélude à des souffrances plus graves encore par leurs effets au point de vue individuel et social. Il y avait toujours eu, en chaque paroisse, des déshérités de la fortune, de la santé, de l'âge, de l'esprit; connus de tous et de chacun, ils étaient pris en charge, de façon coutumière, par la communauté des fidèles. Chaque paroisse nourrissait ses pauvres et, bien que l'institution de la matricule ne fut plus qu'un souvenir, la réalité de son objet et de sa fonction demeurait. Tout changeait à l'occasion d'une calamité exceptionnelle; le nombre des malheureux excédait les moyens de l'entraide locale, car tous étaient frappés. Le malheur, alors, rejetait les plus atteints sur les chemins de l'inconnu. En 1144 dans la région de Cambrai, en 1161 dans la vallée de la Loire, en 1196 dans les pays entre la Seine et l'Escaut, nombre de paysans furent chassés de leurs terres par la faim ou par la pauvreté. Déguerpir brisait les liens naturels avec le milieu et la parenté (*nonnulli propter famis intemperiem compulsi sunt de terra sua et cognitione egredi*), condamnait à l'errance, à la mendicité et, sous l'empire de la nécessité, au vol (*multos... malum famis ad mendicitatem deduxit*), parfois au crime. La foule anonyme des « pauvres occasionnels », selon l'expression de Georges Duby (7), enflait ainsi le groupe des habitués, permanents et connus, des distributions périodiques des abbayes : à Reichenau, au début du siècle, on les comptait par centaines; à Cluny, il fallait tuer 250 porcs pour nourrir 1 600 pauvres le dimanche des Rameaux; au Val Saint-Pierre, en 1197, il y en avait 1 500 chaque jour à la porte de l'aumônerie; de Saint-Denis, de la Trinité de Vendôme, du Ronceray, on pourrait en dire à peu près autant. La veille des distributions, les mendiants s'installaient, dès le soir, devant les monastères, afin d'être aux premiers rangs des bénéficiaires, à l'heure des matines; ils s'entassaient jusqu'à étouffer, et des femmes accouchaient, parfois avant terme, dans la foule (8).

L'iconographie complète le portrait du miséreux tracé par les documents. Il est hirsute, car la prolifération désordonnée du poil passa toujours pour le signe outrancier du non conformisme social; il est en haillons (*pannosus*) ou mal protégé par une méchante peau de mouton; il tend des mains décharnées, pâles et vides. Et c'est dans un manuscrit amiénois du XIIe siècle que, pour la première fois, l'iconographie de saint Martin donne au pauvre l'aspect d'un loqueteux infirme, appuyé sur des béquilles (9)

L'adversité frappait partout et la pauvreté se recrutait en tous les milieux. Les rustres, particulièrement vulnérables, fournissaient le gros de la troupe, mais l'errance était le sort des éléments en surnombre d'une société en pleine croissance démographique. Combien de jeunes, pour chercher leur subsistance, devaient franchir le seuil de la chaumière et même du château. Un certain fléchissement des liens traditionnels du lignage patriarcal achevait de priver d'attaches ceux qui ne se sentaient plus à l'aise au foyer, devenu étroit, de la famille conjugale : cadets, cousins... Les laissés-pour-compte des villages et des maisons chevaleresques, « pueri » et « juvenes », entendaient simultanément l'appel de la route. « Menue gent » et « povres chevaliers » ne devaient pas tarder à faire, ensemble, les frais de la quatrième croisade, évincés qu'ils furent du meilleur du butin, à Zara et à Constantinople (10).

A des degrés divers, c'était les mêmes causes qui menaient vers la pauvreté les rustres et les nobles; tous ruraux, ils étaient exposés aux mêmes calamités. L'endettement étreignait sans recours les paysans dépouillés par la pratique du mort-gage, interdit enfin par l'Église en 1179; des vignerons de la Haute Picardie furent contraints à l'abandon de leurs vignes parce que les intempéries de 1196 avaient coupé, avant la vendange, l'espoir de rembourser les emprunts contractés par anticipation. L'usure semble avoir été un fléau général des campagnes. Il n'était pas unique le cas du boucher Hagenel et de sa femme Hersent, mis en scène dans la Chanson d'Aiol; d'abord « chétifs et mendiants... ils firent tant, prêtant à usure, qu'en cinq ans, ils amassèrent une fortune, ... achetant partout fours et moulins et déshéritant tous les francs hommes » (11). On sait, enfin, combien de patrimoines aristocratiques furent ébranlés, sinon ruinés, par les dépenses de la troisième et de la quatrième croisades.

L'appauvrissement des paysans et des nobles ne profitait pas seulement aux spéculateurs, aux usuriers et aux prêteurs laïques. On connaît le rôle des monastères normands comme établissements de crédit. On voudrait savoir également si, et en quelle mesure, au XIIe siècle, l'extension des granges cisterciennes, accompagnée d'un essai de restauration du faire-valoir direct, contribua, par l'éviction des tenanciers, à l'accroissement du nombre des déracinés. On souhaiterait également ne pas trouver trop d'imitateurs de cet évêque de Lisieux, Raoul de Wanneville, dont Pierre de Blois, vers 1190-93, blâmait avec véhémence les spéculations sur la famine, analogues à celles qu'avait déjouées à Bruges, en 1125, le comte de Flandre Charles le Bon (12). Un Pierre de Blois, un Étienne de Fougères, un Jacques de Vitry n'avaient pas de paroles assez dures pour dénoncer les exactions seigneuriales et les dénis de justice commis aux dépens des humbles.

La pauvreté, du reste, ne régnait pas seulement chez les campagnards. Elle accompagnait l'essor urbain. Venu de Bourgogne s'installer à Orléans, le boucher Hagenel, désigné plus haut, passait pour tenir en gage les deux tiers de la ville. Dans les villes, les tâches manuelles pesaient lourd aux échelons inférieurs des métiers textiles. Astreints à un dur travail avant l'invention du moulin à fouler les draps, les foulons peinaient « nus et essoufflés », et les teinturiers, au témoignage de Jean de Garlande, étaient si peu considérés, avec leurs ongles colorés en rouge, en noir ou en bleu, que « les jolies femmes les méprisaient, à moins qu'elles ne leur fissent bon accueil pour leurs deniers » (13). On pourrait aussi rappeler les propos prêtés par Chrétien de Troyes aux fileresses de Provins dans le « Chevalier au Lion » : « Nous serons toujours pauvres, toujours nous aurons faim et soif... Celui pour qui nous travaillons s'enrichit de notre gain » (14). Ainsi, la pauvreté apparaît associée étroitement à la nécessité absolue du travail quotidien, et liée à la précarité des conditions d'existence. Il y a une certaine perspicacité chez le Continuateur de la Chronique de Gembloux qui, tout en s'étonnant de leur commune affliction, oppose les pauvres aux gens pourvus de leur « suffisance » (15). La pauvreté, avant de devenir dénuement et détresse, est un état vulnérable à toutes sortes d'épreuves; elle est un seuil. C'est pourquoi, aux *egeni* sont assimilés tous les déshérités et tous les faibles : malades, infirmes, veuves, orphelins. Leur présence s'affirmait assez, à la fin du XIIe siècle, pour constituer, ici et là, selon les circonstances, une cause de trouble et, chez les consciences plus sensibles, une inquiétude morale.

Par surcroît, des contrastes accusaient alors, plus fortement, les différences des conditions matérielles d'existence. Les progrès de l'économie d'échanges et de la circulation monétaire, au cours du XIIe siècle, conféraient à l'argent, sonnant et trébuchant, une valeur sociale nouvelle; ses rares détenteurs jouissaient du privilège, rare, d'un train de vie plus confortable et de possibilités d'influence sociale jusque là réservées aux détenteurs du sol. Changeurs et marchands commençaient à tenir le haut du pavé. Il n'est donc pas étonnant que les différences entre fortune et pauvreté soient plus vigoureusement accusées dans les régions et les villes d'industrie et de commerce, opposent artisans et marchands, débiteurs et créanciers. Tout cela est mis en lumière par les historiens de l'économie; il suffit de le mentionner. Mais il n'est pas superflu de faire remarquer ce qui n'est pas le fruit du hasard. C'est en la capitale des foires de Champagne que Chrétien de Troyes trouve les plaintes — sinon les revendications — d'humbles ouvrières textiles. Le fondateur des Pauvres de Lyon est un marchand; les Pauvres de Milan ont pour foyer principal l'active métropole de la Lombardie. Quant au Poverello d'Assise, est-il besoin de se souvenir qu'il était l'héritier d'un marchand fréquentant les foires françaises? La relation est étroite entre la conjoncture économique, la présence des pauvres dans la société, la prise de conscience du problème moral et religieux, les exigences, enfin, de l'idéal de la pauvreté spirituelle.

MALAISE ET CRISE DE CONSCIENCE

Des deux plans, social et spirituel, sur lesquels se posait le problème de la pauvreté, le second, très naturellement dans l'atmosphère mentale médiévale, dominait le premier de très haut. Même les agitations populaires les plus violentes de la fin du XIIe siècle ne furent pas, en leur temps, interprétées autrement que dans une perspective religieuse. L'historien commettrait donc un anachronisme en cherchant à faire entrer les faits dans les catégories de l'histoire sociale actuelle, une injustice en reprochant aux acteurs et aux contemporains de ces faits de ne pas les avoir compris comme nous; enfin, il s'exposerait au risque de la déformation en voulant les conformer à un schéma d'ensemble.

Il était généralement admis que l'état involontaire de pauvreté était considéré comme une affliction de caractère individuel, analogue à une maladie, et l'existence d'un grand nombre de pauvres comme un phénomène aussi inéluctable qu'une pandémie. Ainsi interprétait-on : « Les pauvres, vous les aurez toujours avec vous » (16). Une telle conception n'a-t-elle pas duré aussi longtemps que l'impuissance technique en face de la Nature et l'insuffisance — sinon l'absence — d'analyse des faits sociaux? Assimilée à une maladie, la pauvreté aurait pu l'être aussi à la guerre : un mal, auquel on ne pouvait remédier que par un effort de limitation de sa fréquence et de ses effets. Comme toutes les souffrances humaines, la pauvreté est née du péché : péché individuel et péché commun à la collectivité, engageant, selon une formule de Rupert de Deutz, la responsabilité de l'Eglise, en tant que communauté (17). Cette pensée ne se situe pas sur le plan philosophique et sociologique et actuel, mais sur le plan théologique, ecclésial et eschatologique. Ainsi, la pauvreté s'inscrit dans une perspective de salut; elle est une épreuve pour le pauvre, pour le riche une occasion d'exercer sa charité, comme un élément nécessaire de l'économie générale de la Rédemption.

En route vers l'Au-delà en compagnie des autres fidèles, le pauvre prend alors sa place dans un ordre concret. A la traîne ou à l'avant-garde du peuple de Dieu? cela dépend du point de vue d'où on le considère. Dans la théorie des « états du monde », la place du pauvre est inconfortable, mais on estime que la Providence la lui a assignée en vue de l'accomplissement de la cité de Dieu. « Inops et egenus : sic natura creavit », lit-on dans le *Speculum stultorum*. Cependant, la confusion médiévale du temporel et du spirituel avait tôt fait de mêler les plans. La notion spirituelle de vocation s'entendait comme une sorte de prédestination sociale, la stabilité des conditions comme une donnée de droit divin, les mutations de fortune comme des accidents. En un tel contexte, le seul scandale *social* imputable à la pauvreté n'éclatait que lorsqu'elle semblait, d'une façon ou d'une autre, mettre en cause l'ordre des états du monde. En revanche, on pouvait être — et on fut — pitoyable, jusqu'au sublime, envers l'excès des souffrances *individuelles* du pauvre, image du Crucifié. La mentalité médiévale — et ses héritières — comportaient et justifiaient un pareil contraste, et bien peu en perçurent la contradiction et l'insuffisance.

Précisément, à la fin du XIIe siècle, certains mouvements polarisèrent les rêves des malheureux et, à leurs yeux, transformèrent les espérances eschatologiques en mirages d'une meilleure existence matérielle : promesses du paradis sur terre. Les épisodes du mouvement des « Capuchonnés » dont Le Puy fut le foyer en 1182, et la France centrale le théâtre, pendant les deux années suivantes, sont connus. Ses caractéristiques sociales méritent l'examen. Les débuts de l'affaire mettent en relief l'humilité de la condition de son initiateur, jointe à sa valeur morale : la Vierge aurait honoré d'une apparition un homme du peuple, portant le nom banal de Durand, vulgaire (*vultu abjectus*), mais simple et craignant Dieu, type modeste du laïc pieux du XIIe siècle (*simplex et timoratus..., vir secundum possibilitatem laïcam Deo devotus*). L'objet du mouvement, la paix publique, rappelait les rassemblements populaires du XIe siècle. L'insigne de la confrérie, autorisée par l'évêque du Puy à la sollicitation du visionnaire, sur l'ordre de la Vierge, portait l'inscription « *Agnus Dei... dona nobis pacem* »; les confrères portaient le capuchon des gens du commun, en lin ou en laine, mais blanc. Avec rapidité, le mouvement s'était étendu à l'Auvergne, au Berry, à la Bourgogne, à l'Aquitaine et à la Provence, recrutant les « sectateurs de la paix » dans tous les milieux, mais surtout dans le peuple. C'est alors qu'il faut observer l'état d'esprit des chroniqueurs dans leur description du mouvement. La Chronique de Laon, celle de Limoges et l'Histoire des évêques d'Auxerre sont unanimes dans leur condamnation. Pour eux, la confrérie a dégénéré en une entreprise de Satan, dont la ruse s'est travestie en œuvre de charité mutuelle; aucune formule n'est assez défavorable : *horrenda et periculosa presumptio; formidabilis pestilentia, diabolicum inventum, pestis, insana rabis*. Toutes les suspicions habituellement conçues contre les conjurations communales sont dépassées, parce qu'au-delà des innovations abhorrées, c'est la subversion pure et simple de l'ordre social qu'on redoute. L'entreprise des pauvres (*plebei, servi, stultus populus et indisciplinatus*) est jugée téméraire (*temeritas*). Le Chroniqueur de Laon leur attribua un manifeste exigeant que les seigneurs se contentent des rentes qui leur étaient dues. Celui des évêques d'Auxerre leur prêta un idéal égalitaire, fondé sur la condition des premiers hommes et négateur de toute hiérarchie (*negantes insolenter subjectionem, minoris majorisve nulla esset distinctio*). Leur dessein d'extermination des autorités ne pouvait mener qu'à la confusion et, à échéance, à la ruine. On redoutait le pire : les Capuchonnés, en s'insurgeant contre l'ordre, favorisaient les progrès de l'hérésie et, en quelque sorte, étaient eux-mêmes hérétiques. Sans doute, la rigueur du châtiment inspira au Chroniqueur d'Auxerre une certaine pitié pour les victimes (*miserandos homines*) et la commisération de l'oncle de l'évêque d'Auxerre (*humanitatis commotus visceribus super illos*) envers eux lui paraît louable. Mais à son sens, l'erreur était de méconnaître que la servitude est le fruit du péché (*ignorantes peccati fuisse meritum servitutem*). Il se réjouissait donc finalement que, Dieu aidant, la subversion fût radicalement réprimée (17).

Londres, quatorze ans plus tard, en 1196, connut des événements analogues. La Chronique de Guillaume de Neubourg campe sous un aspect franchement révolutionnaire un étrange personnage, Guillaume Longuebarbe. Sa clientèle était une foule de pauvres, et particulièrement de petits artisans; là encore, les conjurés s'étaient liés par serment; là encore, les revendications fondaient sur la Sainte Écriture les promesses millénaristes. Contre les « superbes », Longuebarbe se qualifiait « sauveur des pauvres » et appelait la réprobation éternelle. Aux pauvres, les « élus », la « lumière », il annonçait « la proximité du temps de la délivrance ». Cette délivrance, Longuebarbe projetait, paraît-il, de la conquérir par l'action directe. Pendu « pour la justice et la piété », on lui attribua des miracles; il fallut, par la force, empêcher la naissance d'un culte populaire (18).

La gravité d'épisodes comme celui des Capuchonnés et de Guillaume Longuebarbe ne consistait pas seulement en leur propre violence. Ils accompagnaient une fermentation intellectuelle et sociale généralisée. L'exemple et le souvenir récents d'Arnauld de Brescia et d'Henri de Lausanne pouvaient servir d'encouragements. En prophétisant le règne de l'Esprit, Joachim de Flore apportait, dans le temps même des agitations de la fin du siècle, des promesses aux effets insoupçonnables. Et même parmi les clercs, attachés intellectuellement et sentimentalement à la stabilité des « ordines », quelques-uns tiraient sans ambiguïté les conséquences du principe fondamental de la charité. Ainsi, l'autorité raisonnée de Pierre le Chantre et de Pierre de Blois rappelait aux riches leurs responsabilités, tandis que l'éloquence ardente de Foulque de Neuilly et de ses émules annonçait la bonne nouvelle aux pauvres. L'un des plus soucieux d'orthodoxie, Alain de Lille, déclarait, de son côté, que le pauvre était le seul capable d'accueillir le Christ (*Ubi ergo hospitabitur Christus? In solis Christi pauperibus*) (19). La pauvreté, une vocation? le pauvre, un élu? Quels courants de fond inspiraient les protestations simultanées et contradictoires de la haine et de la charité?

En effet, vers la fin du XIIe siècle, le malaise éprouvé à cause de la pauvreté était, sans doute, plus intellectuel, moral et spirituel que social. Les composantes de cet aspect, principal, du problème, sont diverses et complémentaires : retards et inadaptations des attitudes mentales et pratiques envers les pauvres, discordances et infidélités à l'égard de l'idéal chrétien de la pauvreté. Ce n'était pas qu'au XIIe siècle, comme à toute autre époque, la pratique des œuvres de miséricorde ni l'esprit de la pauvreté monastique fussent négligés. Au contraire, une floraison de fondations hospitalières d'initiative laïque correspondait à l'essor des ordres cistercien et cartusien. Précisément, les aspirations à la pauvreté évangélique, plus vivement ressenties jusque dans une élite laïque, souffraient d'autant plus des manquements à la pauvreté chrétienne que la misère se faisait plus pressante vers la fin du siècle. De tels manquements se rencontraient dans l'ordre monastique comme dans l'épiscopat, et, à plus forte raison, parmi les laïcs fortunés. « Dieu cousin est devenu aux gros », constate le Roman de Carité vers 1185 (20). Il est inutile de développer les rappels à l'ordre nécessaires et constatés, adressés aux évêques quant à leur rôle de « dispensateurs des pauvres », depuis saint Bernard jusqu'à Innocent III. On se contentera de citer, comme un exemple maintes fois repris, l'avertissement sans détours prêté par saint Bernard aux pauvres, aux nus, aux faméliques, à l'adresse des prélats : « C'est notre vie qui forme votre superflu. Tout ce qui s'ajoute à vos vanités est un vol fait à nos besoins » (*De moribus et officio episcoporum*).

Il semble y avoir eu dans l'ordre monastique, entre la mort de saint Norbert et celle de saint Bernard (respectivement 1134 et 1154) d'une part, et la vocation de saint François de l'autre, comme une sorte de vide, de temps de recherche vers un nouvel équilibre dans la pratique de la pauvreté et l'exercice de la charité. Les formes de la miséricorde envers les malheureux et la règle du détachement individuel, en grand honneur dans l'ancien monachisme, ne répondaient plus complètement aux exigences nouvelles de certains. La pauvreté y demeurait un ascétisme, au service de l'obéissance et de la stabilité monastiques et au bénéfice spirituel immédiat et personnel du moine : « La pauvreté, écrivait saint Norbert, nous fait, dès maintenant, posséder le royaume des Cieux » (24). La *vita apostolica,* pour sa part, demandait, en plus de la pauvreté absolue, un contact plus ou moins régulier avec les fidèles. Le XIIe siècle, qui vit naître les communes, les confréries, les écoles, manifesta son sens collectif sur le plan du salut comme dans les domaines profanes.

Or, il arriva, dans la deuxième moitié du XIIe siècle, que bien des expériences tentées pour répondre aux tendances nouvelles dévièrent plus ou moins de leur destination. Certains s'installèrent en ce qu'on ose à peine appeler un « embourgeoisement »; par exemple : les Cisterciens, en acceptant des rentes et le fruit du travail des tenanciers;

les Fontevristes, les Grandmontains, les Prémontrés, en se résignant à muer la plasticité de la vie érémitique en institutions stables et réglées. D'autres, c'est-à-dire les Chartreux, préservèrent leur rigueur initiale par le choix d'une vie essentiellement contemplative, excluant le contact extérieur.

Une solution adéquate devait d'abord concilier la pratique la plus rigoureuse de la pauvreté individuelle et collective avec l'exercice illimité de la miséricorde sur le plan social. Là cependant n'était pas la difficulté majeure. Les expériences les plus hardies du XIe siècle l'attestent. Une difficulté survenait au moment où, logiquement, la « vie apostolique » passait de la prédication exemplaire de la pauvreté à sa prédication orale : l'enseignement de la pénitence. La pauvreté religieuse, de méthode d'ascèse personnelle, se transformait en un moyen d'évangélisation et devenait une fin. Or, canoniquement, la prédication exige deux conditions : d'abord la qualité conférée par l'autorité légitime compétente dans le sacrement de l'Ordre, ensuite le mandat, c'est-à-dire une délégation de mission décernée par l'autorité hiérarchique habilitée. Sans ces deux conditions, ni clercs, ni laïcs à plus forte raison, ne pouvaient exercer l'apostolat. Le problème de la pauvreté se situait au plan canonique et théologique. Là où Robert d'Arbrissel, prêtre et mandaté régulièrement, ne trébucha pas, un laïc Vaudès, rencontra l'obstacle. Faute de distinctions claires, la solution n'était pas encore en vue. L'expérience aidant, et surtout l'esprit d'humilité agissant, saint Francois et sa génération réussirent où Vaudès et ses disciples avaient échoué. Jusque là, on demeura en pleine recherche, si tant est, d'ailleurs, que le problème fut définitivement résolu ensuite (22).

***

Pour essayer de résoudre le double problème posé par les pauvres et la pauvreté, le XIIe siècle mit en œuvre toutes les ressources de la mystique et de la spéculation canoniste, théologique et philosophique. Ainsi retrouva-t-il des éléments de synthèse, capables de formulations nouvelles ou rénovées.

De la prédilection mystique du pauvre à la conception juridique de ses droits, le chemin a été parcouru en moins d'un siècle. La base, on le conçoit, est essentiellement christocentrique et le mouvement qui en est issu, en ce qui concerne la pauvreté, s'apparente au courant, alors très vif, de la dévotion à l'humanité du Christ. C'est à cause du Christ qu'on secourt le pauvre, et la vie religieuse veut suivre, de nouveau, la pauvreté évangélique.

Entre autres preuves, il suffisait de retenir les motivations des innombrables donations et fondations laïques du XIIe siècle, pour attester la conviction d'une relation directe entre les pauvres secourus et le Christ qu'on voulait honorer. Toutes nos régions, l'Anjou par exemple, fourniraient des témoignages variés (23). Les anciennes formules pénitentielles, exprimant la crainte de la damnation et le souci de réparer ses péchés, font place à des expériences empreintes de charité à l'égard des pauvres. L'intention réparatrice demeure, mais elle semble moins simpliste et plus réfléchie; le marchandage spirituel en vue du salut, s'il persiste, est moins primitif, car il cherche à s'appuyer sur une donnée authentiquement spirituelle; le pauvre, réplique du Christ souffrant et intercesseur auprès de lui, partage la fonction salvatrice : « Ce que vous ferez à l'un de ces petits, c'est à moi que vous le ferez ». Il serait banal de développer quelques traits connus : la formule célèbre des règles hospitalières « Nos seigneurs les pauvres »; la fréquence des sermons sur les Béatitudes; certains propos des contemporains de Vaudès, Pierre de Blois, Pierre le Chantre, Raoul l'Ardent ou Foulque de Neuilly. N'en citons qu'un. Pierre de Blois ne rappelait-il pas à l'évêque de Lisieux dont il tançait vertement la cupidité, que les pauvres sont les « vicaires du Christ », employant ainsi une qualification réservée, la plupart du temps, au Pape (24) ? Ces pauvres, aimés du Christ, c'est par eux, lit-on dans les Visions de sainte Hildegarde, que l'Église est très honorée, et l'*Hortus deliciarum,* au milieu du XII siècle, réserve une place de choix sur l'échelle de perfection aux fidèles de la pauvreté (25).

Membres chéris de l'Église, ils sont des membres nécessaires du corps social. La réflexion de la deuxième moitié du siècle exprime, à son tour, la promotion conceptuelle du pauvre. Certes, la vieille théorie des « ordines » inclut celui qui travaille et qui peine. Mais certains expriment clairement les principes. Au nom de la charité, Étienne de Fougères proteste contre les exactions dont le pauvre est victime. Jean de Salisbury déclare, de son côté, avec la sérénité de la science, que la « chose publique est, en quelque sorte, déchaussée lorsque les laboureurs et les artisans sont en proie à l'injustice » (26).

La pensée rationnelle appelle à la rescousse le droit naturel et déclare son accord avec la doctrine évangélique, la pensée patristique et la pastorale traditionnelle. L'effort de synthèse conduisait vers des développements nouveaux. Une originalité fut de transposer et d'intervertir les termes des principes, pour en dégager des virtualités neuves. En considérant les droits du pauvre autant que les devoirs des riches, on cherche à concilier les exigences de la justice et les sollicitations de la charité.

La réflexion faite à partir de l'aumône constitue un exemple particulièrement révélateur. Déjà, en consacrant un sermon à cette question, Abélard avait emprunté des arguments à Cicéron. Finalement la pensée du XIIe siècle admet que la communauté originelle des biens, la considération de l'intérêt commun, déduites du droit naturel, concourent, avec des arguments théologiques, à la formation du principe, formulé par les Pères, que le superflu des riches est le bien des pauvres. L'analyse fondée sur ces bases devient très articulée et met en relief que, si la justice doit engendrer l'aumône, la charité doit l'informer. Pierre le Chantre exige le discernement dans le don, mais rappelle l'universalité de l'obligation. Pierre de Blois discerne un ordre dans l'exercice de la charité et n'en exclut pas le méchant même, car la charité ne connaît pas de limites. Raoul l'Ardent va plus loin et souhaite que dans l'aumône, acte intérieur autant que geste extérieur, le donateur mette quelque chose de soi-même et, en quelque sorte, se donne; c'est l'*eleemosina negotialis*, que Gilles Couvreur propose d'assimiler à une aumône engagée. On arrive ainsi à la pointe la plus fine de la charité (27).

La notion de justice conduisit à des conséquences plus neuves pour l'époque. On dépassa, de très loin, la conception de l'aumône en tant qu'acte personnel de réparation pénitentielle du péché et de geste purificateur de miséricorde. On poussait ainsi jusqu'à sa dernière conséquence la notion christologique. En toute logique. Si l'aumône est le devoir du riche, elle est en contrepartie un droit pour le pauvre. Si le superflu du riche est le bien du pauvre, l'aumône prélevée sur ce superflu cesse d'être un cadeau, mais une restitution. D'où, pour le pauvre, le droit de revendiquer son dû. La tradition connaissait une procédure de recours à l'évêque, « défenseur des pauvres », appelée « dénonciation évangélique ». Les canonistes reconnurent désormais au pauvre le droit, dans sa détresse, de prendre lui-même ce qui lui est refusé. Le cas de nécessité cesserait d'être une simple circonstance atténuante du vol, mais légitimerait la prise, qui ne serait plus un délit. On ne s'étonne pas que la jurisprudence ait été lente à faire sienne un tel principe. Il y avait une réelle hardiesse à le concevoir, mais la convergence, sur ce point, des réflexions canoniste et théologique, démontrée par la thèse récente de G. Couvreur, est extrêmement frappante (28).

Une coïncidence chronologique mérite l'attention. D'une manière radicalement opposée à celle des spéculateurs et par les voies de la violence et de la haine, les « slogans » des Capuchonnés et de Guillaume Longuebarbe proclamaient, eux aussi, le principe de la communauté originelle des biens et les droits des pauvres. La coïncidence atteste, en tous cas, l'existence d'un problème aigu à la fin du XIIe siècle, la recherche de solutions et, de la part des spéculateurs, une attention, plus vive qu'on ne le croit communément, aux réalités concrètes de leur temps.

L'assistance au pauvre et la reconnaissance de ses droits, pour être des voies nécessaires de salut, n'en sont pas cependant l'itinéraire le plus direct. Le plus parfait passe par le partage même de la vie des pauvres. Mais cet idéal peut s'entendre d'une double manière. Personne ne doutait, depuis les origines mêmes de l'Église, que vivre *comme* les pauvres était la voie parfaite, celle du Christ; Innocent III, en conseillant l'imitation de pauvreté du Christ, ne faisait que suivre une constante tradition (29). C'était celle que maintenaient, par exemple, les Clunisiens au temps de Pierre le Vénérable, quand ils consommaient à leur table du gros pain semblable à celui des pauvres. A dire vrai, ils ne le rompaient pas en leur compagnie. Une cinquantaine d'années plus tard, Pierre de Blois voulait, peut-être, en dire davantage et anticipait, sans doute, sur François d'Assise, avec ce conseil impératif : « Locum eligisti ubi posses *inter* multos pauperes unus esse ». Dans les mêmes temps, Foulque de Neuilly se mêlait à la foule des humbles et l'historiographe du règne de Philippe Auguste louait son apostolat charitable en lui appliquant une phrase évangélique qui a valeur de signe : « Les pauvres sont évangélisés ». C'était aussi le temps des premiers Vaudois. Partager la vie des pauvres était donc, plus encore que vivre comme eux, vivre *avec* eux (30).

Ce n'était pas là non plus une découverte. Depuis les premiers siècles chrétiens un tel style de vie connut des exemples. Cependant, le terme du XIIe siècle recueillait le fruit des expériences de la *vita apostolica* réalisées depuis plus de cent ans. Un siècle auparavant, Bernard de Tiron et Robert d'Arbrissel avaient choisi pour mode d'existence la *conversatio inter pauperes* (31). Rénovation, la *vita apostolica* telle qu'elle était alors conçue, avait le mérite de concilier l'ascèse traditionnelle individuelle du détachement, en lui donnant un caractère collectif, avec le partage du dénuement effectif des pauvres. Grâce à de telles expériences, sereines ou explosives, les conditions d'une nouvelle forme de vie religieuse pauvre sont clairement discernables. Elles sont modelées sur les traits mêmes de l'existence des humbles que nous a révélées l'analyse sociale : précarité, travail, mendicité itinérante.

Les pauvres parmi lesquels ils voulaient se mêler, Bernard de Tiron et Robert d'Arbrissel, les ont eux-mêmes nommés et décrits. Ce sont les travailleurs manuels des métiers et des champs (*fabri, tignarii, ferrarii, aurifabri, pictores, coementari, vinitores et agricolae*) (32) et tous les méprisés, bergers, estropiés, lépreux, filles-mères. La clientèle de Foulque de Neuilly ne fut pas différente.

La précarité volontaire fut, de tous temps, un caractère de l'érémistisme, au XIe siècle occidental comme chez les anachorètes orientaux. Quelques décennies avant les courants vaudois et franciscain, Étienne de Muret célébrait la vertu de sainte imprévoyance et posait le problème de fond : le renoncement à la possession, même collective, de biens matériels et même de toute réserve de sécurité (33). Alors se présentait le dilemme : travail ou mendicité, avec ses complications canoniques, selon qu'on était clerc ou laïc. Avant de se poser aux Vaudois comme aux Franciscains, la question du travail avait été l'objet d'expériences et d'opinions contradictoires. La tradition de la pauvreté monastique individuelle impliquait le travail, et pas seulement à titre d'antidote de l'oisiveté. Des séculiers, voire des évêques, ont exercé des métiers : Julien, évêque de Cuenca, mort en 1207, gagnait sa vie en fabriquant des paniers d'osier; Guillaume de Marnès, évêque de Cambrai, mort en 1219, travaillait lui aussi de ses mains, et certains synodaux du XIIIᵉ siècle énuméraient encore les travaux autorisés ou interdits au clergé. En revanche, on attribue à Geoffroy Babion, écolâtre d'Angers au début du XIIᵉ siècle, de véhémentes paroles sur l'incompatibilité de la dignité sacerdotale avec le travail manuel. Ces quelques exemples illustrent un problème fort discuté; mais il s'en dégage, une fois encore, une relation directe, conceptuelle et réelle, entre le travail au jour le jour et la précarité, voisine de la pauvreté. Qui cherchait la seconde trouvait le premier (34).

Si l'expérience volontaire de la pauvreté supposait l'adoption du travail des pauvres, elle leur empruntait aussi, logiquement, le risque de la mendicité. Les ermites des XIᵉ et XIIᵉ siècles n'y recouraient que si le travail ne leur suffisait pas. Étienne de Muret était formel : « Évitez de demander quoi que ce soit au dehors »; il était aussi prudent, car s'il admettait la sollicitation de l'aumône « en cas de nécessité absolue », il voulait qu'elle ne soit confiée qu'à des frères de religion éprouvée. Alors ces frères partageront encore le sort commun des pauvres; ils iront « tendre la main aux moulins, aux maisons, de porte en porte, comme les autres miséreux ». D'autre part, l'exemple des premiers ermites de l'Artige semble bien, pourtant, avoir été celui d'une mendicité active et coutumière, puisqu' « ils se mêlaient aux malheureux, aux distributions des monastères, pour recevoir chaque jour le quart d'un pain de seigle ». Comme dans le cas du travail, l'expérience de la mendicité religieuse connut aussi celle de la contestation. La mendicité de l'indigent apparaissait à Innocent III une « condition misérable, indigne de l'homme »; à plus forte raison, si elle était pratiquée par le clerc, elle lui semblait « l'opprobre de l'état ecclésiastique »; avant lui, Yves de Chartres l'avait dénoncée comme nuisible à la tenue et au ministère du clergé et même comme une forme de simonie. On dénonçait souvent les faux prédicateurs mendiants; Pierre le Chantre était sévère à leur égard. Alain de Lille leur reprochait surtout de commettre une injustice, un vol véritable à l'égard des vrais pauvres, en détournant les aumônes. L'argument, au contraire, en faveur de la mendicité religieuse, était celui du dépouillement absolu, d'une pureté totale, d'une méfiance même à l'égard des fruits du travail. Faudrait-il alors poser, ici encore, la question, actuellement débattue, de la valeur des biens terrestres et du mépris du monde : négation de valeur ou simple renoncement?

Avec la précarité, le travail et la mendicité : l'itinérance. Le type des *sabatati* vaudois, pour préfigurer les premiers Frères mineurs, allant de maison en maison, deux par deux, vêtus de laine, selon la description de Gautier Map (35), ne rappelle pas moins les mendiants de l'époque de Robert d'Arbrissel; comme ceux-ci, ils se réfugiaient dans les forêts. On invente rarement, et l'historien doit, en effet, se souvenir des *peregrinationes* du haut Moyen Age. L'itinérance de la *vita apostolica,* à la fin comme au début du XIIe siècle, semble vouloir contester à la stabilité la valeur de principe que la mentalité médiévale lui conférait sur le plan ecclésiastique et sur le plan laïque.

*
* *

Une courte analyse des circonstances et des données du problème de la pauvreté, à la fin du XIIe siècle, peut aider à comprendre le développement du mouvement vaudois comme les origines des courants franciscain et dominicain. Tous ont cherché réponse aux mêmes questions. Questions anciennes et complexes. Quête de solutions préparée par des expériences diverses, plus ou moins couronnées de succès. La conjoncture sociale et économique y a sa part; elle présente des situations angoissantes, susceptibles de désordre. Elle stimule la recherche, mais celle-ci s'enracine beaucoup plus loin et ses propositions sont des résurgences évangéliques. La considération spirituelle et morale du pauvre et la notion de pauvreté involontaire et volontaire en furent renouvelées. Le fondement de l'une et de l'autre est christologique. La relation de similitude du pauvre avec le Christ souffrant détermine sa vocation et sa place dans la société chrétienne; elle fonde, du même coup, ses droits, qui constituent les devoirs des autres. La pauvreté volontaire tend à prendre, dans la vie religieuse, le rôle jusque-là dévolu à l'obéissance. L'idéal de la « vita apostolica » fait d'elle la clé de la perfection. Ne pensait-t-on pas, déjà que la privation collective et individuelle de toute sécurité, au milieu des pauvres, peut suppléer à la protection offerte au moine par la séparation du monde? N'est-ce pas mettre l'accent sur l'intériorisation de la « fuga mundi »? N'est-ce pas, non plus, la faire sortir du cloître et la proposer aux laïcs? Vivre avec les pauvres et pas seulement comme eux; c'est vivre avec et comme le Christ. Une légende qui courait en Anjou assurait, dit-on, que l'Empereur Henri V, mort en 1125, vint finir ses jours à l'hôpital d'Angers (fondé en 1180) parmi les pauvres. L'erreur chronologique importe peu, si l'on considère que le XIIe siècle finissant enseignait aux générations ultérieures qu'il n'était pas indigne d'un empereur au seuil de l'éternité de vivre en pauvre, avec les pauvres (36) Ce qu'un prince faisait, un marchand de Lyon, un fils d'un marchand d'Assise, pouvaient le faire. Enfin, reconnaître la valeur de la pauvreté, voulue ou non, c'est-à-dire d'un état pénible et socialement humiliant, l'adopter et la proposer comme une voie de salut et d'ascension vers Dieu, n'est-ce pas une solution au problème du mal, le Mal que le Catharisme dressait, alors, en rival de Dieu?

Notes

(1) Nous renvoyons le lecteur une fois pour toutes, à l'ouvrage de Chr. Thouzellier, *Catharisme et Valdéisme en Languedoc à la fin du XIIe siècle et au début du XIIIe* (Paris 1965). — (2) F. Curschmann, *Hungersnöte im Mittelalter,* Leipziger Studien VII, 1 (1960), 1-217. — (3) J. Le Goff, *La civilisation de l'Occident médiéval,* Paris 1964, 290 sqq. — (4) Curschmann, *op. cit.*, et M. Mollat, Pauvres et pauvreté à la fin du XIIe siècle, *Rev. Ascét. et myst.*, XLI, 1965 (Toulouse), 305-323. — (5) J. Batany, Les pauvres et la pauvreté dans les revues d' « Etats du monde » dans Recherches sur les pauvres et la pauvreté au Moyen Age (3e *recueil* dactyl., *Trav. Sémin. Sorbonne,* 1964-65). — (6) Curschmann, *op cit.* — (7) G. Duby, Les pauvres des campagnes dans l'Occident médiéval (*Rev. hist. Egl. France,* t. 149). — (8) *M.G.H.*, SS, XVI, 652, 41. — (9) D. Goubert, Rech. sur le culte de saint Martin dans la première partie du Moyen Age. Mém. dactyl. Dipl. Et. sup. Paris (1966) (résumé dans 4e *recueil* (dactyl.). Trav. Sém. Sorbonne, 1965-66). — (10) P. Toubert, Croisades d'Enfants et mouvements de pauvreté au XIIIe siècle, et J. Le Goff, Riches et pauvres à la quatrième croisade (4e *recueil...,* 1965-66). — (11) A. Luchaire, *La société française au temps de Philippe Auguste,* Paris 1909, 412. — (12) Galbert de Bruges, *Hist. du meurtre de Charles le Bon,* éd. H. Pirenne, Paris 1891. — (13) Jean de Garlande, *Dictionnarius,* éd.

Th. Wright, *A Volume of Vocabularies*, t. 1, 1873, 128-155. — (14) Chrétien de Troyes, *Yvain ou le Chevalier au Lion* (vers 5300-5301, 5318-5319), éd. Foerster, Halle 1891. — (15) *M.G.H.*, SS. VI. 368, 33. — (16) Jean, XII, 8 (éd. Bible de Jérusalem, Paris 1953). « Penitentis Ecclesiae, in plerisque peccavit » (De glorificatione Trinitatis, PL 169, 1550, cité par Y. Congar, *Eglise et Pauvreté*, Paris 1965, 136, n. 5). — (17) *H.F.*, XVIII, 219, 251, 705-706, 729-730. — (18) Wm. of Newburgh, Chron., éd. R. Howlet, *Chron. of the reigns of Stephen, Henry II and Richard I*, Rer. Brit. Script., 82, t. II, ch. 20. — (19) M. Th. d'Alverny, *Alain de Lille. Textes inédits*, Paris 1965, 283. — (20) Batany, *art. cité*. — (21) PL 172, ch. XIV. — (22) M. H. Vicaire, *l'Imitation des Apôtres*, Paris 1963, 78, note. — (23) J. M. Bienvenu, Fondations charitables et hospitalières laïques en Anjou au XIIe siècle (4e *recueil, Trav. Sém. Sorbonne*, 1965-66) et Pauvreté, misère et charité en Anjou aux XIe et XIIe siècles (*Le Moyen Age*, t. LXXII, 1966, pp. 389-425). — (24) PL 207, 285-288. — (25) Y. Labande-Mailfert, La pauvreté dans l'iconographie romane : pauvreté et paix 4e *recueil...*, cité supra). — (26) Nous nous sommes déjà exprimé sur ce qui suit dans l'art. cité plus haut, n. 4. Nous nous permettons de renvoyer aux développements donnés plus loin par M. le chan. Delaruelle. — (27) G. Couvreur, Pauvreté et droits des pauvres à la fin du XIIe s., dans *La Pauvreté. Des sociétés de pénurie à la société d'abondance* (Rech. et débats du CCIF n° 49) ; Paris 1964, 13-37. — (28) G. Couvreur, *Les pauvres ont-ils des droits? Recherches sur le vol en cas d'extrême nécessité depuis la « Concordia » de Gratien (1140) jusqu'à Guillaume d'Auxerre (+ 1231)*, Rome-Paris 1961. — (29) *De miseria humane conditionis*, éd. M. Maccarrone, Lucques 1955. — (30) PL 207, 744. Rigord et Guill. Le Breton, *Œuvres*, éd. F. Delaborde, Paris. Soc. Hist. France, t. I, 1882, 239. — (31) PL 132, 1143. — (32) *Ibidem*. — (33) A. Paubert, *La mendicité religieuse avant saint François d'Assise*. Mém. dactyl. Et. Sup. Faculté Lettres, Paris 1966. *L'eremitismo in Occidente nei sec. XI e XII* (Atti della II^a^ Settimana intern. di studio. La Mendola 1962), Milan 1965. — (34) B. Jacqueline, Le travail manuel du clergé séculier (*Masses ouvrières*, n° 225, 1966, en notes). — (35) Chr. Thouzellier, *op. cit.*, 294-295. — (36) Bienvenu, *art. cit.*

XVIII

LES MOINES ET LES PAUVRES

XIe-XIIe siècles

Un épisode de la *Chronique* de saint Martin de Tournai pour 1095 pourrait servir d'introduction à l'étude des relations du moine et du pauvre à l'époque des grandes mutations religieuses et sociales du XIe et du XIIe siècles. Le thème est banal: la détresse résultant d'une famine généralisée et l'ultime réconfort d'une nouvelle multiplication des pains attribuée à la miséricorde divine. En fait la banalité des détails fait apercevoir la réalité des rapports habituels et exceptionnels, tangibles et spirituels, des « pauperes Christi » avec les malheureux [1].

Voici d'abord les éléments d'un schéma habituel: la précarité, communément partagée par les rustres et les possesseurs du sol dans une économie sous-équipée; à cette situation, l'abbaye procurait le palliatif de quelques réserves (*in horreo et in cellario*). Le texte évoque ainsi les règles établies selon des données numériques routinières, des distributions coutumières (c. 76): *more solito elemosinas erogare* et plus loin: *consueto numero*. Deux mots expriment le caractère juridique, périodique et stable de ces distributions, en les appelant: revenus — ou rentes — des pauvres (c. 72: *pauperum redditus*). L'aumônier n'est pas nommé; c'est l'abbé, qui avec l'aide du prieur, exerce la bienfaisance au nom de la communauté. Père des moines comme des pauvres, l'abbé, en distribuant les stocks du monastère à tous ceux qui recourent à lui (*omnibus pauperibus ad se confugientibus*), s'était fait un devoir de préserver la sérénité du cloître des inquiétudes de la calamité; mais il arriva que la gravité du malheur l'obligea à révéler, en plein chapitre, qu'une grande multitude d'hommes et de femmes, dépourvue de quoi vivre, était

[1] *M.G.H., SS.*, XIV, 307^{42}, 308, 311^{16}.

à la charge du couvent. Parmi les frères, l'irruption des soucis extérieurs (*exteriorum cura*) dans le silence de la « *fuga mundi* » provoqua la stupeur.

Du schéma coutumier et paisible, on arrivait à l'exceptionnel et à l'innovation. Les moines demandèrent (*rogaverunt*), c'est-à-dire exigèrent, ou imposèrent, que l'abbé désignât trois personnages (le cellerier, le prieur et un *socius* de celui-ci) pour l'aider à remédier à la situation. La cuisine des frères était vide et l'on prit contact, aux portes de la ville, avec les citadins, parents des moines pour un certain nombre. Leurs aumônes secoururent le couvent, pendant quelque temps. Toutefois le prieur constata vite l'insuffisance des revenus affectés aux pauvres et, dit le texte, s'appliqua à acquérir des terres dont les ressources les feraient vivre. Pour parer à l'urgence, le prieur songeait à réduire les rations des distributions. L'abbé s'y refusa et renvoya le moine chargé de cette tâche (*minister*) vérifier le contenu de la huche (*archa*). Il l'avait vue vide; il la retrouva pleine à ras bord; la distribution continua pour tous les pauvres qui survenaient et, conclut le narrateur, plus on distribuait, plus la maigre réserve (*substantiola*) du couvent paraissait s'accroître selon le bon vouloir de Dieu. Presque rien ne manque à ce récit; il évoque la pérennité de la misère, ponctuée de crises conjoncturelles fréquentes; la mission charitable des moines sous ses formes permanentes et ses adaptations improvisées pour faire face aux circonstances difficiles de la fin du XIe siècle; la conception providentialiste de la condition humaine dominant une économie du miracle. L'analyse peut aller plus loin et, replaçant l'épisode en question dans un environnement plus vaste, dégager les problèmes de la relation du moine et du pauvre dans la perspective des renouvellements de l'époque grégorienne.

Sans diminuer aucunement l'incidence des circonstances économiques, jouant, dans le cas de l'exemple choisi, le rôle de stimulant de la bienfaisance, on ne peut pas y trouver la source et la causalité mêmes de la charité monastique. Ce n'était pas en vain que la Charte de fondation de Cluny avait rapproché, en les distinguant sans les opposer, les *pauperes indigentes* et les *pauperes de seculo egressi* [2]. Elle témoignait ainsi de la tradition séculaire du monachisme, c'est-à-dire aussi bien des Règles de saint Fructueux et de saint Isidore,

[2] *Recueil des Chartes de l'abbaye de Cluny*, éd. A. BERNARD et A. BRUEL, t. I, Paris 1876, n. 112.

que de celles de saint Benoît d'Aniane et de saint Benoît de Nursie, sans oublier les ancêtres comme Cassien et les Pères Orientaux. Deux considérations contribuent à définir la nature et les caractères de la relation historique du moine et du pauvre. Celle-ci résulte, d'abord, de la conception de la pauvreté volontaire. Ensuite, elle est marquée par l'acception extensive du mot *pauper* et de ses équivalents, nullement limitée à la détresse économique. La relation du moine avec l'indigent résulte essentiellement d'un élan de charité du pauvre volontaire vers le pauvre involontaire.

I - UN ÉLAN SPIRITUEL PORTE VERS LE PAUVRE

C'est immédiatement et naturellement que la relation du moine et du pauvre procède de la pratique du détachement personnel. Il n'est pas besoin d'y revenir après ce qui a déjà été dit de la pauvreté vécue par le moine. La Règle du Maître, celle de saint Benoît n'exigent d'ailleurs sur ce point ni glose, ni exégèse. Il suffit de rappeler le sens social interne de l'esprit bénédictin, résumé parfaitement dans un adage célèbre d'Odon de Cluny: « Hic modus est monachis quos vita ligat socialis ». Sous la structure hiérarchique, l'idéal d'unanimité et de concorde repose sur une conception de « juste égalité », dérivée de la charité et assez compréhensive pour déborder le cercle de la communauté conventuelle [3]. « Esclave ou libre, nous sommes tous un dans le Christ » dit la Règle de saint Benoît (II, 19-20), reprenant à l'*Epître aux Galates* (III, 28) un principe auquel fait écho, à l'époque qui nous préoccupe, la *Panormia* d'Yves de Chartres: « Pauperes et divites Dominus ex uno limo fecit, et pauperes et divites una terra supportat » [4]. « Le sens de l'hospitalité monastique » s'adresse à tous, mais le discernement, qui ne manque pas en l'art d'« honorer tous les hommes », fait la part belle au pauvre; une fervente charité doit l'accueillir [5]: on sait donc pourquoi, mais qui donc est pauvre?

Le terme *pauper* demeura marqué d'une nuance religieuse et d'une tonalité sacrale jusqu'au moment où, aux derniers siècles

[3] C. VIOLANTE, *Il monachesimo cluniacense di fronte al mondo politico ed ecclesiastico, secoli X e XI*, III Convegno del Centro di Studi sulla spiritualità medievale, 1958, Todi 1960, pp. 188-192.

[4] *P.L.*, 161, 1096 A.

[5] A. DE VOGÜÉ, « *Honorer tous les hommes* ». *Le sens de l'hospitalité bénédictine*, « Rev. d'Ascétisme et de Mystique », XL (1964), 129-138.

du Moyen Age, s'est introduite une synonymie péjorative avec le mot mendiant. Georges Duby l'a observé dans un article récent [6]. Dans un état social sous-développé économiquement, où la précarité économique et le dénuement étaient ou risquaient d'être, à la fois nulle part et partout, la pauvreté constituait surtout un état de faiblesse matérielle et de dépendance [7]. Si l'extension sociale de la pauvreté débordait largement le plan économique quand on la considère d'un point de vue temporel, à plus forte raison en est-il ainsi d'un point de vue chrétien, celui des moines. Il y a d'ailleurs beaucoup plus qu'une référence évangélique dans la motivation de l'accueil des pauvres formulée par la Règle de saint Benoît (53, 15) (« c'est surtout en eux qu'on reçoit le Christ ») et développée, entre autres textes, par les Statuts donnés à Cluny par Pons en 1109 (« si nous voulons l'indulgence du Seigneur, nous devons le soulager dans les pauvres et les indigents ») [8].

La référence paulinienne au « Christ qui pour nous s'est fait pauvre » [9] n'invitait pas seulement à la vocation monastique; elle signifiait aussi le rapport de similitude établi entre la personne du Christ et celle des pauvres. Le culte de la Croix, très vif au XIe siècle [10], devait rendre les hommes, spécialement les moines, accessibles à l'idée que les pauvres continuent d'assumer, eux aussi, les péchés et les souffrances de l'humanité. On s'explique ainsi que les textes informés par la notion de la communion des saints, justifient telle aumône faite à Saint-Benoît-sur-Loire par la considération de la masse des péchés (*exigente mole peccaminum*) [11] ou que la même abbaye monnaye la valeur d'un beau crucifix d'argent en vue de consoler, soulager ou rafraîchir les pauvres, « membres du Christ » [12].

[6] G. Duby, *Les pauvres des campagnes dans l'Occident médiéval jusqu'au XIIIe siècle*, « Rev. hist. Eglise France », CXLIX (1966), pp. 25-33.

[7] K. Bosl, *Potens und Pauper*, dans *Festchrift für O. Brünner*, Göttingen 1963, pp. 60-87; J. Devisse, « *Pauperes* » *et* « *Paupertas* » *dans le monde carolingien: ce qu'en dit Hincmar de Reims*, « Rev. du Nord », XLVIII (1966), pp. 273-289.

[8] G. Charvin, *Statuts, Chapitres Généraux et Visites de l'Ordre de Cluny*, t. I (1965), n. 3: « ... si eum placabilem habere volumus, in pauperibus et egenis illum reficiamus ».

[9] *Un exemple* dans les *Chartes de Cluny*, n. 3737.

[10] A. Frolow, *La relique de la vraie Croix*, Paris 1961; E. Delaruelle, *La piété populaire au XIe siècle*, X Congresso Internazionale di Scienze Storiche, Relazioni, III, 309-333, Firenze 1955.

[11] *Les Miracles de Saint-Benoît*, éd. E. de Certain, Paris 1858, VIII, 20, p. 304.

[12] *Cartulaire de l'abbaye cardinale de la Trinité de Vendôme*, éd. Ch. Métais, Chartres 1893-1904, c. 150: « undique ... copiosa turba egentium ad hoc monasterium confluerat spe beneficii corporalis ».

Considérée d'une telle hauteur, la pauvreté n'a pas de limites définies: on la reconnaît en toute souffrance et toute affliction. Et il est normal qu'une telle méditation s'imposât avec force lorsque la misère devenait plus générale, par exemple à la fin du XIe siècle. Il était aussi naturel que les moines « pauvres du Christ » aient été considérés et se soient considérés eux-mêmes comme les mandataires perpétuels de la société chrétienne auprès des pauvres du siècle. Certains actes et certaines notices de fondations, donations ou legs, stipulent de façon explicite la volonté que, par les soins des moines, « les pauvres et les pèlerins soient accueillis et nourris » [13] ou les malades soignés [14]. Tel moulin du pont d'Angers sur le Maine est affecté par le comte Foulque Nerra à l'usage des pauvres assistés par les moniales du Ronceray, tandis que l'un de ses successeurs autorise l'aumônier de Saint Aubin, en 1067, à couper du bois en l'une de ses forêts pour que les pauvres puissent se chauffer et construire leurs maisons [15]. Quelquefois, les moines eux-mêmes semblent prendre l'initiative et manifester leur gratitude envers un bienfaiteur en ajoutant à la teneur de la donation, outre la promesse de prier pour lui, celle d'affecter à son intention un pauvre qu'en tout temps ils habilleront, chausseront et nourriront [16].

D'ailleurs, même si les laïcs ne destinaient pas de façon précise leurs dons au soulagement des pauvres, l'idée en était nécessairement, quoiqu'implicitement, présente, car les règles et coutumiers monastiques, autant que les prescriptions canoniques, prévoyaient l'affectation obligatoire d'une part des revenus de l'Eglise à la bienfaisance. Or personne ne pouvait l'ignorer. Il était couramment rappelé que, selon l'Ecriture, l'aumône aux pauvres « éteint » le péché, et que les pauvres occupent dans les rangs de la société chrétienne la fonction d'intercesseurs privilégiés. L'iconographie en fait foi en plaçant, par exemple, le pauvre à un rang honorable sur l'échelle des conditions humaines représentée dans l'*Hortus Deliciarum* de

[13] *Chartes Cluny,* n. 1264: « Bernardus dat monasterio Cluniacensi curtiulum cum vinea in villa Ruffiaco ea ratione ut pauperes et peregrini inde sustentur et recreentur ».

[14] *Chartes Cluny,* n. 3406: « Charta qua Jozerannus dat monasterio Cluniacensi domum suam in villa Cluniaco ad fundandum pauperibus hospitium ».

[15] J.M. Bienvenu, *Pauvreté, misère et charité en Anjou aux XIe et XIIe siècles,* « Le Moyen-Age », LXXIII (1967), 6-7.

[16] *Chartes Cluny,* n. 2112: « in missis, in psalmis, in orationibus et in cunctis obsequiis donamus etiam eis unum pauperem omni tempore quem vestiemus et calciabimus et pascemus ».

Herrade de Landsberg[17]. Dans l'économie du salut, la sainteté ne s'acquiert pas seulement par le détachement personnel, mais par le mérite de la pauvreté d'autrui.

Une telle considération s'ajoutait à celle qui proposait aux laïcs, l'exemple monastique comme un modèle. Le moine Helgaud[18] exprime le sentiment également commun en exhaltant chez Robert le Pieux l'imitation des gestes de la charité monastique, et Suger ne fait pas autrement à l'égard de Louis VI[19]. L'aumône est si bien fonction abbatiale qu'à Fleury, la coutume prescrit au camérier de veiller à ce que l'abbé dispose toujours de l'argent nécessaire à son exercice[20]. La prodigalité dans la bienfaisance était, aux yeux des hagiographes, une des vertus les plus appréciées chez les grands abbés exactement comme la largesse chez les plus hauts barons: à cet égard, les *Acta Sanctorum* donnent l'écho aux gestes et romans chevaleresques. L'honneur d'Odilon fut d'être le « bâton des aveugles, la subsistance des affamés, l'espoir des malheureux, la consolation des affligés »; saint Hugues était constamment entouré de pauvres et jugeait que la miséricorde ne doit jamais se faire attendre; à Fleury sur Loire, les aumônes de Gozlin, et à Eversham celles d'Aetherling, n'avaient pas de limites; et pas davantage celles de l'abbé de Saint-Martin de Tournai, dont on a vu la confiance en la Providence obtenir un miracle.

Etaient-ce des types courants ou des exceptions proposées à l'édification des moines et des fidèles? A maintes reprises il fallut rappeler aux moines certains de leurs devoirs, et ce n'était pas sans motifs qu'Yves de Chartres estimait opportun d'écrire, en l'une de ses lettres, que tout abbé était tenu, par la promesse faite lors de sa bénédiction, à user fidèlement des biens de son monastère pour les frères et les pauvres[21].

On s'explique, également, la prudence méticuleuse des règles et des coutumes: si l'aumône, jaillissement spirituel, est associée et

[17] Y. Labande-Mailfert, *L'iconographie des laïcs dans la société religieuse aux XIe et XIIe siècles*, dans *I Laici nella « Societas Christiana » dei secoli XI e XII*, Atti della terza Settimana internazionale di studio, Mendola, 21-27 agosto 1965, Milano 1968, pp. 498-500. Du même auteur, *La pauvreté dans l'iconographie romane*, dans *Recherches sur les pauvres et la pauvreté*, IV cahier, Sorbonne, Paris 1965-66, dactyl.

[18] Helgaud de Fleury, *Vie de Robert le Pieux*, éd. R.H. Bautier, Paris 1965, p. 121, § 25.

[19] Suger, *Vie de Louis VI le Gros*, éd. H. Waquet, Paris 1964, pp. 6, 88, 182.

[20] Textes inédits utilisés par D.W. Witters, *La pauvreté dans les coutumiers monastiques*, dans *Recherches sur les pauvres et la pauvreté*, V cahier, Sorbonne, Paris 1967-68, pp. 25-32.

[21] Yves de Chartres, *Lettres*, *P.L.* 162, 149-150, Ep. 143 à Robert, comte de Meulan.

proportionnée à la prière, elle se concrétise aussi naturellement par des actes qui l'accompagnent et la soutiennent [22].

II - UN RYTHME LITURGIQUE

La relation du moine et du pauvre, par son association à la prière, devient prière elle-même. Elle en emprunte le rythme, se moule en ses rites, devient un aspect même de la liturgie. A partir de cette définition, l'analyse de la relation du moine et du pauvre peut s'opérer de trois points de vue fondamentaux: l'inspiration profonde de ses attitudes, le cycle de ses gestes, leurs formes institutionnelles.

Puisqu'un lien logique unit l'esprit de détachement individuel du « pauvre du Christ » à son attention aux pauvres du siècle, un des fruits du jeûne, au-delà d'une ascèse personnelle, est d'augmenter, de ses privations, la part du pauvre accueilli et secouru. De plus, le sens du rachat spirituel se joignant à celui de la bienfaisance matérielle, il est normal que les manifestations variées de l'aumône et de l'hospitalité accompagnent la prière pour les morts, aux jours déterminés par la liturgie de l'Eglise et la coutume des monastères. En définitive, l'aspiration majeure est l'imitation du Christ miséricordieux et rédempteur, de qui le cycle temporel et férial propose en exemple les gestes d'accueil, de compassion et même de service. C'est le Christ à travers le pauvre, et Lui plus que le pauvre, que le moine cherche à atteindre dans ses oeuvres de miséricorde.

Par voie de conséquence, les actes de la bienfaisance monastique doivent être d'abord décrits, compris), interprétés dans leur rapport avec le cycle liturgique. C'est d'ailleurs ce qui ressort, immédiatement, des statuts et des coutumiers, grâce auxquels nous les connaissons le mieux. Les progrès continus de leur publication et de leur analyse fournissent une documentation abondante et plus diverse qu'on imagine. Ainsi apparaissent, dans le cadre spatial de la Chrétienté et le cadre temporel des siècles, des nuances variées et des aspects évolutifs, en rapport avec les tempéraments, les circostances de la vie religieuse et sociale, spécialement au XIe et au XIIe siècles. La tâche des historiens est loin d'être achevée; il est seulement possible de présenter quelques résultats et certaines perspectives de recherche. Parmi la documentation, nous utiliserons principalement certains

[22] J. LECLERCQ, *Culte et pauvreté à Cluny*, « La Maison Dieu », LXXXI (1965), 50.

textes, majeurs, il est vrai, comme les Coutumiers de Cluny, du Bec (avant 1074), de Fleury-sur-Loire (1020-1030), d'Eynsham (Oxford), de Gorze (1030), de Saint-Vanne, de Saint Père de Chartres (vers 1010), de la Trinité de Vendôme. Les Statuts d'Adalard pour Corbie datent du IXe siècle, mais constituent une base commode pour l'étude; ensuite, ceux d'Odilon, de Lanfranc (vers 1074), d'Hugues Ier (vers 1108), de Pons (1109) et de Pierre le Vénérable pour Cluny portent témoignage de la vitalité de l'esprit charitable et de son adaptation à des conditions nouvelles de vie religieuse.

Au double cycle temporal et sanctoral, la liturgie monastique des pauvres conforme ses temps simples et ses temps forts, ses rites quotidiens et ses rites de fêtes; elle s'exprime en des actes réservés à un petit nombre fixe, restreint ou élargi, de bénéficiaires permanents ou occasionnels, ou étendus à l'effectif illimité des « pauperes supervenientes ». Quant aux gestes eux-mêmes, ils consistent essentiellement en allocations exceptionnelles ou en la fourniture permanente de vivres et de vêtements, en soins corporels autant que spirituels. Cette miséricorde monastique s'exerce, aussi, au domicile même du pauvre. De tous ces actes, le plus complet, le plus riche de signification symbolique et, pour cette raison, le plus détaillé par les statuts et les coutumiers est le « mandatum » des pauvres, célébré logiquement avec une solennité particulière, le Jeudi-Saint.

Nous ne pouvons pas, en quelques pages et dans les limites actuelles de l'érudition, entrer dans le détail de la diversité des coutumes. Signalons, du moins, cette voie de recherche. Mais déjà le caractère liturgique, absolument général, du cérémonial, permet de dégager la portée et les bornes de la bienfaisance monastique sur le plan de l'histoire religieuse et sociale.

Quotidiennement, la « refectio pauperum » et l'hospitalité permanente de certains d'entre eux au monastère, réalisent la symbiose du moine et du pauvre comme celle du moine et du Christ. Il s'agit, en effet, d'un symbole car le nombre des bénéficiaires, déterminé par les coutumiers, a la plupart du temps, une signification mystique sans rapport avec la conjoncture économique et sociale. Très souvent, ils sont trois, comme dans la Trinité, parfois douze ou treize comme dans le collège apostolique; Cluny, chaque jour, marque sa préséance sur les autres monastères en nourrissant dix-huit prébendiers et en ouvrant ses distributions à soixante-douze malheureux, en souvenir des soixante-douze disciples. Aucun des jours de la semaine, pas plus que ne cesse l'office choral, l'accueil n'est fermé aux pauvres de passage, à qui, comme aux pèlerins, Cluny au XIIe siècle, accorde, après un lavement traditionnel des pieds (*mandatum*) une livre de pain et cette ration de vin qu'on appelait, de façon significative, *caritas* ou *justitia*; sans doute, pèlerins et pauvres de passage n'étaient-ils hébergés qu'une journée et une nuit, mais pour viatique ils recevaient une demie ration.

Chaque semaine, à Cluny comme dans l'Angleterre de Lanfranc, l'aumônier, assisté de *famuli*, recherchait et visitait à domicile les pauvres malades, leur apportant ce qu'il pouvait avoir de meilleur et qu'il savait leur être nécessaire.

Les temps forts étaient, naturellement, les fêtes doubles et majeures, ainsi que les époques de la pénitence. Pour les préparer, six fois par an à Cluny, l'aumônier procédait au nettoyage du pavement de l'abbatiale avec le concours de quelques pauvres, auxquels cette tâche procurait travail et rémunération; c'était le service des joncs, coupés et fournis par d'humbles gens, en échange de quelques tourtes. Noël, Pâques, la Pentecôte, la Toussaint donnaient lieu à des « réfections » copieuses, où ne manquaient ni pain, ni viande, ni vin, servis, parfois, à un nombre de pauvres égal à celui du couvent (ex. Statut d'Hugues Ier de Cluny, vers 1100-1108, pour la Pentecôte); à ses prébendiers, Cluny distribuait des chaussures à Noël et des vêtements de laine à Pâques. Les plus grandes solennités étaient l'occasion de distributions générales, sur lesquelles nous reviendrons plus loin. Les jeûnes des moines, sans fournir aux pauvres l'occasion de bombance, leur étaient cependant favorables, ainsi que les jours de deuil et d'anniversaires des défunts. Ces jours-là, les restes de la table conventuelle (pain, vin), étaient recueillis à leur intention par le religieux chargé de leur accueil, selon les dispositions des coutumiers locaux. En fin de compte, le nombre des jours de collecte au profit de l'aumônerie pouvait devenir assez élevé, puisqu'elle recueillait pendant trente jours la pitance de tout moine décédé et que les annniversaires d'obit se multipliaient, selon les maisons, avec la générosité des donateurs et la cadence de succession des abbés dont on commémorait le souvenir. Dans l'ensemble de l'ordre de Cluny, au temps de Pons, la commémoraison de tous les défunts, spécialement ceux de l'ordre et de leurs parents, était ainsi particulièrement célébrée (1109).

Le sommet de la liturgie de la miséricorde était atteint le Jeudi Saint. Chaque coutumier consacre un chapitre long et détaillé au

Mandatum pauperum de cette fête. On peut imaginer, d'abord, le contraste des deux cortèges: l'arrivée des pauvres préalablement choisis par l'aumônier, amenés et soutenus par des religieux, puis la théorie des moines venant se placer chacun en face d'un pauvre. Alors, au signal donné par l'abbé au prieur, tous « s'inclinent, fléchissent les genoux et adorent le Christ en ses pauvres ». Chacun lave ensuite les pieds de son pauvre, les essuie et leur donne un baiser. Les pauvres, enfin, sont bénis; on leur distribue à boire en leur baisant les mains, et ils reçoivent quelques deniers. Tout est symbolique, mais c'étaient de véritables pauvres qui représentaient Jésus-Christ. A cette fin, le matin même, une cérémonie de purification les avait préparés aux rites du mandatum: la « messe des pauvres », à l'issue de laquelle on leur distribuait des hosties non consacrées, « en signe seulement de la Sainte Croix tracée sur eux au nom de Dieu »; un premier lavement des pieds à l'eau chaude, « ut mundi sint », et un repas avaient refait leurs forces et leur propreté.

Chaque geste était ainsi défini dans son esprit et sa signification, réglé dans ses rites, ses moyens, ses acteurs, ses lieux, ses moments. Toute liturgie est nécessairement institutionnelle et la relation du moine et du pauvre était organisée avec la prudence que suggère l'expérience et qu'exige la pérennité. Les institutions du service monastique des pauvres se sont précisées peu à peu; aux XIe et XIIe siècles particulièrement, elles apparaissent clairement établies.

L'assistance aux pauvres étant un élément liturgique avait pour lieu naturel le monastère lui-même. Les pauvres venaient vers les moines, plus que les moines n'allaient à eux. Cela était conforme au principe même de la vie claustrale, la « fuga mundi », aux règles canoniques réservant aux séculiers l'exercice du ministère paroissial, ainsi qu'aux habitudes de l'économie domaniale. Les ressources, en argent et en nature, employées à l'entretien et aux secours des pauvres étaient concentrées au couvent. Là étaient offerts l'hospitalité et les soins. Sauf dans le cas des visites hebdomadaires aux malades et des cas de desservance de paroisses par des religieux, les moines chargés des pauvres ne quittaient pas le couvent.

La même remarque vaut également pour le petit nombre, privilégié, de pauvres nourris au monastère ou habituellement secourus par lui. Ils faisaient partie de la maison, ou du moins étaient rattachés aux cadres habituels de son fonctionnement; avec les religieux dont ils partageaient les prières, ils composaient le personnel de la liturgie de la pauvreté. Leur présence pose des problèmes complexes à l'historien de la société, autant qu'à celui de la vie monastique. Le « pauvre d'abbaye » est une institution, mais qui est-il? A l'époque qui nous préoccupe, c'est-à-dire du milieu du XIe siècle au milieu du XIIe siècle, l'« ancienne matricule » a tout à fait cessé de vivre; le terme, pour autant qu'on l'employait encore, s'appliquait à des serviteurs de l'Eglise, et non à des pauvres stipendiés par elle [23]. La vieille institution avait perdu son caractère d'institution charitable et c'est à l'*hospitale pauperum* ou parmi les rangs des pensionnés et des dépendants des monastères qu'il convient de retrouver les véritables successeurs des *matricularii* de l'ancien temps. Les contours juridiques et réels de cette catégorie complexe sont assez mal définis. Ne faudrait-il pas y inclure ou y rattacher tous ceux qui, de près ou de loin, à ce titre ou à un autre, recevaient en permanence leur subsistance des moines [24]: oblats donnés, prébendiers, serfs d'église, ayant loué leur personne, parfois leur maigre chevance par un don ou par un contrat, en échange de leur entretien? N'est-ce pas aussi tous les *minuti* dont parle le Coutumier d'Eynsham? [25]. Si les uns vivaient au monastère, d'autres demeuraient sur leur ancienne tenure, dans un voisinage très proche. Parmi eux, orphelins, vieillards, malades constituaient un groupe particulier, dont les plus atteints étaient, en bien des cas, admis à l'infirmerie des religieux [26].

Les considérations précédentes expliquent l'importance de l'organisation de l'accueil au sein des monastères. Leur disposition topographique et monumentale met en évidence la place essentielle de la porte et de la porterie et l'importance du rôle du frère portier; il reçoit ceux qui se présentent et les dirige vers le service qui s'occupera d'eux. Une évolution, achevée au milieu du XIIe siècle à peu près partout, a distingué les deux fonctions du *custos* ou *hospitalarius* et de l'*elemosinarius,* le premier chargé des hôtes riches, le second des pèlerins et des pauvres. Tout n'est pas clair dans les modalités locales de cette distinction, car la fonction d'aumônier ne s'est pas particularisée sous le même nom, ni simultanément, partout. Une chronologie comparée des origines de l'aumônerie trouverait de nombreux éléments dans les cartulaires comme dans les

[23] E. LESNE, *Histoire de la propriété ecclésiastique en France,* t. VI, Lille 1943, pp. 160, n. 4; 163; 169; 172.

[24] LESNE, cit., J. MARCHAL, *Le « droit d'oblat ». Essai sur une variété de pensionnés monastiques,* Paris 1955.

[25] *Customs of Abbey of Eynsham*, éd. A. GRANSDEN, Siegburg 1963, t. II du *Corpus Consuet. Mon.,* ch. 17, VI, p. 186.

[26] LESNE, cit., pp. 42-43, 93.

statuts et les coutumiers. L'aumônerie, comme beaucoup d'institutions à leur origine, apparut d'abord comme une fonction; elle devint un office et se transforma en bénéfice. La fonction apparaît déjà avec le *ministerium elemosinae,* désignant le service de l'hospitalité des pauvres à Saint Bertin de Saint-Omer, dès la fin du Xe siècle. Un peu partout, au cours du XIe siècle, et d'une façon particulièrement nette vers son terme, l'aumônerie devint un service constitué et doté; son titulaire, un officier. La distinction entre hôtellerie et aumônerie et l'importance croissante de cette dernière traduisent la discrimination sociale entre les puissants et les humbles, et l'importance numérique des seconds.

L'aumônier était, par définition, le mandataire de l'abbé et du couvent auprès des pauvres, et son rôle, liturgique, tendit à devenir social. L'aumône est qualifiée *communis* dans les coutumiers, par exemple à Cluny sous Pierre le Vénérable[27]; il est précisé parfois qu'en dehors des aumônes coutumières, l'aumônier en réfère à l'abbé. Les qualités, exigées de lui et de ses *famuli,* énumérées par certains coutumiers, par exemple à Eynsham et par Lanfranc, mieux encore à Fleury, sont essentiellement morales et charitables: il doit être d'une ardente charité, d'une miséricorde sans limites, d'une piété profonde, secourable aux orphelins, paternel pour les déshérités et réconfortant pour les pauvres. Cela s'explique par le fait qu'il fut un agent de distribution des dons, avant de devenir un administrateur. Répartiteur des revenus de la dîme et des surplus de nourriture et de vêtements, il ne bénéficia que plus tard d'une part déterminée du capital foncier du monastère avec charge de gestion.

Cependant, l'aumônier, ou celui qui en remplissait le rôle, exerça très tôt la gérance de l'*hospitale* ou de la *domus pauperum,* avec le gouvernement de ses hôtes et clients. Mais là encore le caractère spirituel et liturgique de son rôle l'emportait, d'après les coutumiers, sur le caractère administratif. La preuve en est dans les rites de l'accueil et de l'hospitalité, ainsi que dans l'exemple laissé par certains aumôniers monastiques. Les bâtiments réservés à l'*elemosinaria* et à l'*hospitale pauperum* étaient généralement situés auprès de la porterie, comme le plan de Saint Gall en témoignait déjà au IXe siècle. Ils s'élevaient à l'écart des bâtiments claustraux et comportaient, semble-t-il, cuisine, réfectoire et dortoir[28]. Il est difficile d'en connaître la capacité d'accueil, d'autant plus que, parfois dans les

[27] CHARVIN, cit., n. 4.
[28] H. REINHARDT, *Der St. Galler Klosterplan,* Saint Gall 1952.

textes, la distinction n'est pas nette entre la maison des pauvres et l'infirmerie des moines. En outre, à partir de la fin du XIe siècle et au début du XIIe les moines et leurs bienfaiteurs instituèrent, hors des monastères, quelquefois à une distance relativement grande, de véritables hôpitaux et des léproseries [29]. Dans tous les cas, ces institutions furent considérées par le droit canonique comme parties intégrantes du monastère à la vie liturgique duquel elles participaient. L'aumônier choisi pour son expérience de la pauvreté, c'est-à-dire la faim, le froid, la précarité, devait accueillir les hôtes avec compassion, et les soins de propreté qu'il leur ménageait avaient pour objet de détendre leurs membres contractés (*ad recreandos membros obuncatos pauperum*). De même en ce qui concerne les vêtements; les pauvres ne devaient pas être déguenillés (*depannati*), mais corrects, selon l'exemple de saint Martin, dit le Coutumier de Fleury, car il s'agit de refaire et de vêtir le Christ en ses pauvres [30]. La liturgie enfin s'accorde avec la charité, encore une fois, lorsqu'elle assigne à l'aumônier le choix des pauvres bénéficiaires du *mandatum* du Jeudi-Saint.

L'hagiographie et les annales d'abbaye, leurs cartulaires, ont transmis le souvenir de quelques aumôniers. Au risque de revenir sur un exemple connu, rappelons celui de Saint-Chaffre, non loin de La Chaise-Dieu. Par sa date, sa durée et son efficacité, le rôle de Géraud, aumônier pendant une trentaine d'années, illustre la rénovation de l'aide aux pauvres au cours de la deuxième moitié du XIe siècle. Avant lui, à Saint-Chaffre, faute de local approprié et de ministre désigné, l'assistance avait été *exigua aut nulla*. Tout changea avec Géraud: dîmes, pitances, restes de repas, revenus d'une villa affectée à l'office, acquisition de terres et de dîmes, approvisionnèrent ses libéralités d'un volume jusque-là inconnu. « Une multitude de pauvres, de pèlerins et d'infirmes de toutes sortes se donnaient rendez-vous » [31]. Ainsi, dans la mesure où les annalistes n'ont pas trop amplifié les faits, un aumônier avait à s'occuper de bien d'autres gens que de quelques dizaines de pensionnaires permanents et de rationnaires attitrés que la routine, fille bâtarde de la coutume, risquait de muer en figurants du cérémonial liturgique. Les épisodes vécus à Saint-Chaffre en 1087 ressemblaient à ceux de l'Anjou et de Tournai en 1095; et bien d'autres exemples pourraient être cités.

[29] J. Imbert, *Les hôpitaux en droit canonique*, Paris 1947, pp. 209-210.

[30] Witters, cit.

[31] Lesne, cit., pp. 127, 149, 176.

L'organisation et le développement des aumôneries correspondirent, en effet, à la réforme grégorienne et coïncidèrent avec l'accroissement du nombre des déshérités et des vagabonds venus tendre la main à la porte des monastères. La bienfaisance monastique s'insérait plus profondément dans les réalités sociales.

III - UNE INSERTION SOCIALE

Si la relation du moine et du pauvre s'en était tenue aux gestes et aux symboles de la liturgie de la miséricorde, le ritualisme et l'institutionnalisme eussent risqué de la couper de son jaillissement spirituel. En même temps, la contemplation du Christ dans le pauvre eût été singulièrement étriquée par la limitation de cette miséricorde à un petit nombre de bénéficiaires. La valeur spirituelle de la charité était donc liée à sa diffusion sociale. Certains furent conscients du danger. Il ne consistait pas seulement dans le fixisme de pratiques institutionnalisées, avec le risque de l'affadissement administratif d'une charité mal comprise. La sérénité monastique, procurée par la « fuga mundi », pouvait se doubler d'une bonne conscience sur le plan de la charité, grâce à l'accomplissement de certains rites et la délégation de quelques membres de la Communauté à l'exercice de la bienfaisance. L'épisode de Saint Martin de Tournai en 1095, évoqué au début de cet exposé, montre comment un abbé charitable entendait sortir ses moines de l'ignorance des misères des pauvres. Guillaume de Volpiano avait fait encore mieux en 1032, au temps d'une famine célèbre [32]. Il revenait d'Italie et trouva les moines de Dijon ne manquant de rien et se bornant aux aumônes coutumières, incapables de soulager les pauvres. « Ubi est Caritas? » répéta-t-il, avant de leur distribuer les réserves de l'abbaye. Les négligences devant les misères exceptionnelles furent rares. En revanche, le souci d'une gestion bénéfique des domaines monastiques se traduisait quelquefois par de véritables injustices. En 1136, l'évêque d'Angers, Ulger, reprochait sévèrement à l'abbé de la Trinité de Vendôme d'avoir « étouffé, du fait de leur propriété et par le poids de leurs ressources » un certain « pauvre Jean » et son « très

[32] F. Curschmann, *Hungersnöte im Mittelalter*, « Leipziger Studien », VII, 1 (1960), 114. Témoignage analogue sur les exigences de la pauvreté monastique de la part de Théofrid, abbé d'Echternach, *P.L.* 157, 348-349, cité par U. Berlière, *L'ordre monastique des origines au XIIe siècle*, Maredsous 1912, p. 103.

pauvre terrain » [33]. De même s'est posée la question des conséquences de l'éviction par les Cisterciens des vilains qui cultivaient les terres acquises par leurs couvents.

Certaines faiblesses s'expliquent par l'insuffisance des ressources des monastères. Il faudrait chercher quelle fut l'incidence des usurpations d'églises et de dîmes sur l'assistance aux pauvres. Yves de Chartres note encore dans la lettre à Robert de Meulan que tout nouvel abbé doit, au profit des pauvres comme à celui des moines, s'engager à « rassembler tous les biens de son monastère qui avaient été indûment dispersés » [34]. On aimerait savoir en quelle mesure la préoccupation de restaurer le patrimoine traditionnel des pauvres a été consciente chez les réformateurs grégoriens. Quelques documents sont explicites; il conviendrait de recueillir systématiquement les textes de restitution des biens dont la destination charitable est exprimée. Ainsi, en 1055, des droits de dîme et de sépulture furent attribués aux moines de Saint Florent pour le motif expressément formulé qu'ils ne doivent pas servir aux *stipendia militum,* mais à la subsistance des moines, des clercs, des pèlerins et des pauvres. Dans les mêmes années, en 1051, l'empereur Henri III restituait une *curtis* à Saint-Maximin de Trêves en vue de subvenir aux besoins des pauvres et des pèlerins comme à l'usage des religieux et de leurs hôtes [35]. La préoccupation des pauvres demeure souvent implicite; cependant, lorsqu'elle n'est pas exprimée, ce n'est pas user de l'argument *ex-silentio* que de tenir compte de l'intérêt effectif de la restitution des dîmes pour l'assistance des pauvres. En effet, au IXe siècle (un texte de Paul Diacre en fait foi [36]), la dîme, doublée, avait une destination exclusivement caritative: la première part était strictement réservée aux pauvres; or, par la suite, elle appartint simplement aux établissements ecclésiastiques, à charge pour eux d'aider les pauvres selon leurs moyens et à leur gré.

L'aumône et l'hospitalité n'étaient pas, on le sait, les seules formes

[33] *Cartulaire Vendôme,* n. 477 (1136): « Caritas et pietas nos impellunt ut respondeamus pro Johanne paupere isto et pro loco suo pauperrimo quos Vindocinenses abbas et monachi, aptitudine suae affinitatis et mole facultatum suarum quos ipsi habent nimias, moliuntur, suffocare ».

[34] Yves de Chartres, Lettre n. 34, éd. cit.

[35] Cité par Lesne, cit., pp. 178-179. Fiat analogue dans *Gallia Christ.,* t. X, instr. 26 (1067): l'acte de fondation de Saint-Denis de Reims par l'archevêque Gervais note une concession: « omnium redituum meorum decimas... quas antecessor meus ad hospitium pauperum... concesserat ».

[36] *Expositio Regula,* c. LIII, Mont-Cassin 1880, pp. 417-420; communication Witters, cit. plus haut.

d'aide aux plus défavorisés. Sans s'y attarder, on pourrait noter le service rendu par les monastères aux petits paysans par la prise en charge, en précaire ou par achat, de leurs biens, moyennant la garantie de leur subsistance jusqu'à la fin de leur vie [37]. Combien trouvaient ainsi sur les terres d'abbaye travail et nourriture, et grossissaient la *turba famulorum*, dont parle un document de la Trinité de Vendôme en 1075 [38], certains souscrivaient des contrats d'hôtise sur des terres neuves; d'autres trouvaient [39], s'ils étaient serfs, refuge et liberté sur des terres d'Eglise. De ce côté, le grief fait aux Cisterciens d'avoir évincé des tenanciers trouve une compensation. La discussion est ouverte sur le problème de l'origine des frères convers et le pose en termes sociaux autant que religieux. Il est vrai qu'à ce moment de l'évolution, les données du problème de la pauvreté avaient évolué [40].

En fait, la question, au moins jusqu'à la fin du XIIe siècle, ne se posait qu'épisodiquement, lors des calamités. Georges Duby a montré qu'en temps normal [41] il n'existait pas d'indigence véritable. Dans une société rurale, fortement structurée, les infortunes individuelles n'étaient jamais ignorées des membres du groupe auquel on appartenait. De la même manière que la solidarité vivante du village jouait en faveur des malheureux, ceux-ci étaient pris en charge par les aumôneries abbatiales de façon permanente ou occasionnelle, mais toujours réglée. Les habitués des distributions monastiques étaient connus et ils se connaissaient entre eux. Ils constituaient une sorte de groupe social.

Les choses pouvaient changer à l'occasion des grandes famines, car elles frappaient toute la société sans exception. Ainsi, en 1095, à Gembloux comme ailleurs à Tournai, en Anjou et en Angleterre, la chronique nota que ni la production du sol ni les dîmes ne procuraient la subsistance du monastère [42]. Or, tandis que leurs greniers et

[37] *Chartes Cluny*, n. 1270, 1701, 1757, 2431; 1322, 2118, 2480, 2685, 2883.

[38] *Cartulaire Vendôme*, n. 248: Lesne, cit., pp. 191-194.

[39] J.M. Bienvenu, cit., LXXII (1966), p. 411.

[40] Voir à ce propos l'opinion de L. Grille, *Saint Bernard et la question sociale*, dans *Mélanges St Bernard*, Dijon 1953, pp. 194-203; J. Dubois, *L'institution des convers au XIIe siècle. Forme de vie monastique propre aux laïcs*, dans *I laici nella « Societas Christiana » dei secoli XI e XII*, Atti della terza Settimana internazionale di studio, Mendola 21-27 agosto 1965, Milano 1968, pp. 183-203; W. Witters, cit. R. Genestal note l'inutilité des ventes de rente pour les vendeurs, surtout au XIIIe siècle: « *Le rôle des monastères comme établissements de crédit, étudiés en Normandie du XIe jusqu'à la fin du XIIIe siècle* », Paris 1901, pp. 181 ss.

[41] Duby, cit.

[42] Curschmann, cit., p. 125.

leurs celliers étaient vides, les moines, dépourvus eux-mêmes, devaient secourir un nombre exceptionnel d'affamés: ceux des alentours et ceux que rameutaient de loin les distributions des grandes fêtes. Les normes de la liturgie de la miséricorde étaient dépassées et, pour parer à l'urgence, c'est-à-dire pour acheter des vivres, on vendait les objets précieux du culte. Annales et vies de saints en citent maints épisodes, dans tous les pays, en Angleterre comme en Italie, aux Pays-Bas et en France: un des épisodes les plus significatifs eut lieu à Saint-Benoît au terme de notre période (1146-1147), avec la vente d'un magnifique crucifix d'argent, du poids de 40 marcs, « pour la subsistance, dit le cartulaire, des membres du Christ, c'est-à-dire les pauvres, dont nous nourrissions alors, chaque jour, de 500 à 700 ». De toutes parts, ajoute le texte, « une grosse horde d'affamés afflua devant le monastère dans l'espoir d'un soulagement corporel » [43]. Car c'était essentiellement de la nourriture que les pauvres attendaient en période de famine. Un épisode curieux survient à Trèves en 1032: les pauvres refusèrent une distribution de deniers, « tous clamant d'une seule voix que l'argent ne leur servirait de rien parce qu'ils ne pourraient rien acheter », car tout était trop cher. Ils exigèrent et obtinrent de l'évêque qu'il abattit ses chevaux et les leur donna à manger [44].

Bien que les grandes famines fussent moins fréquentes, le problème de la pauvreté se posa, à partir des dernières décennies du XIe siècle, avec une ampleur et une permanence insolites. Entre deux grandes séquences de calamités, distantes d'un demi-siècle (1095-1145), une sorte de continuité s'établit; au temps de Pierre le Vénérable, une part notable des revenus de Cluny était absorbée par l'entretien d'un « nombre infini de pauvres » [45]. Un texte allemand des environs de 1125 assimile l'affluence des pauvres aux distributions à celle des marchands aux foires internationales [46]. C'était aussi l'épo-

[43] *Recueil des chartes de l'abbaye de Fleury,* éd. M. Prou et A. Vidier, Paris 1900-1932, c. 150. Autres exemples dans *Hugonis Flaviae Chr.*, lib. II, c. 27, *M.G.H.*, *SS.* VIII, 399, 45, cité par F. Curschmann, cit., p. 113; R. Glaber, IV, c. 4, éd. M. Prou, Paris 1886, pp. 99-102; Herimanni *Libri de restauratione S. Martini Tornacensis continuatio,* C. 13, *M.G.H.*, *SS.* XIV, 323, cité dans J. Curschmann, cit., p. 134.

[44] Curschmann, cit., pp. 115, 116: *Gesta Trevenorum,* cont. I, *M.G.H.*, *SS.* VIII, 118, 11.

[45] Duby, *Economie domaniale et économie monétaire: le budget de l'abbaye de Cluny entre 1080 et 1155,* dans « Annales, ESC » (1952), pp. 155-172.

[46] Heribordi *Dialogus de vita Ottonis episcopi Babenberg,* lib. I, c. 31 - *M.G.H.*, *SS.* XX, 715, 19, cité dans Curschmann, cit., p. 135: « ... ecce, quasi ad universales nundinas, de tota provincia famelicorum turbae concurrunt ».

que où la Flandre connaissait une famine atroce [47] dont l'ouest de la France prit le relais [48].

Les clients de la charité monastique n'avaient plus seulement le visage familier de jadis. Certes, on retrouvait, et plus nombreux, si l'on juge par exemple d'après les Miracles de Saint Benoît, les types habituels des infirmes, des orphelins et des veuves [49]. Le mot *pauper* désigne toujours le faible, victime des exactions fiscales et de l'iniquité judiciaire. Son travail quotidien aux champs ne lui procurait que l'*inopia,* état de précarité inférieur à la *mediocritas,* encore que celle-ci fût la pauvreté en puissance, à l'opposé du sort de ceux qui étaient « réputés avoir leur suffisance » [50]. Les Miracles de Saint Benoît présentent un malheureux qui voit flamber la méchante cabane d'osier et de genêt (*mansiuncula, tuguriunculum*) édifiée sur son maigre héritage, toute sa chevance [51].

Le drame survenait quand, pour une raison quelconque, l'homme était acculé à rompre avec son milieu naturel. Des calamités naturelles, l'endettement contraignaient l'un à vendre ses boeufs et à laisser sa terre non labourée (*terram inaratam relinquere*) [52]. Un autre, ruiné par la dureté des temps et la cherté des prix, recourait aux moines de la Trinité de Vendôme parce que lui et sa femme, « n'ayant pas de quoi vivre, ne pouvaient trouver aucune aide auprès de leurs proches par le sang » [53]. Parfois, il fallait quitter le pays et sa parenté, tels certains manants de la région de Gembloux en 1144: « compulsi sunt de terra sua et cognatione egredi » [54]. Les difficultés conjoncturelles n'étaient pas les seules causes du développement de la pauvreté. Les structures sociales rejetaient aussi nombre de gens qui n'y trouvaient pas place: cadets de famille nobles ou humbles que le régime du droit d'aînesse et l'excédent démographique écar-

[47] GALBERT DE BRUGES, *Histoire du meurtre de Charles le Bon,* éd. H. PIRENNE, Paris 1891 (année 1127).

[48] BIENVENU, cit., LXXIII, pp. 390-400. M. MOLLAT, *Le problème de la pauvreté au XIIe siècle* (*Vandois langue dociens et Pauvres Catholiques, Cahiers de Fanjeaux,* n. 2, Toulouse 1967, pp. 23-48).

[49] *Mir. S. Ben.,* I, 23, p. 53, II, 14, p. 116, VIII, 44, p. 349.

[50] *Cont. Gembloux* (a. 1144) *M.G.H., SS.* VI, 388, 33, cité dans CURSCHMANN, cit., p. 67 n. 3: « Nec tantummodo pauperes et mediocres sed et eorum multi qui putabantur sibi sufficientes esse, duro famis gladio perurgente coacti sunt alias emigrare... ».

[51] *Mir. S. Ben.,* I, 37, p. 79.

[52] CURSCHMANN, cit., p. 116.

[53] *Cartul. Vendôme,* n. 233 (v. 1072): « ... At mulier et vir ejus, cum unde possent vivere non haberent, nullumque adjutorium apud sibi proximos sanguine reperirent... ».

[54] *Ann. Camerac.* (a. 1144) *M.G.H., SS.* XVI, 516, 3, cité dans CURSCHMANN, cit., p. 67; MOLLAT, l. cit.

taient d'une terre familiale insuffisante à les nourrir, serfs en rupture de dépendance. D'ailleurs, le relâchement des liens avec la famille et la paroisse baptismale était facilité par le fractionnement des tenures, la multiplication des lieux habités et la possibilité de contracter mariage hors du milieu immédiatement proche. Tous les stimulants de la mobilité sociale sont à considérer en relation avec le développement de la pauvreté [55]. On n'oubliera pas non plus, bien entendu, l'invitation aux voyages, formulée par l'amélioration des communications, le développement des échanges et la vogue des pèlerinages. Plus délicat à discerner, mais tout aussi réel, fut le rôle des attitudes psychologiques: lassitude de la banalité des horizons ancestraux, goût de l'aventure, refus des contraintes familiales, sociales, communautaires, rejet, par le groupe naturel, des éléments onéreux, rebelles et scandaleux. Car dans une société où la stabilité de l'état de vie était la règle, la mentalité collective excluait les vagabonds et, ce qui est plus grave, refusait de les excuser. Comme toujours, la détresse morale et matérielle conduisit au délit et au crime; alors pour échapper à une répression impitoyable, la forêt devenait l'unique refuge. Le thème a été maintes fois abordé. De plus, Georges Duby a démontré la profondeur du clivage des générations et l'afflux des jeunes dans les marges de la société [56]. On sait aussi quelle place y tenaient, avec les clercs échappés à leur incardination canonique, les ermites et les moines gyrovagues, milieu composite, étrange et généreux, que le canon 9 du concile de Melfi appelle « novum clericorum acephalorum genus » [57].

En quoi le développement de la pauvreté sociale et la diversité de sa typologie ont-ils affecté la relation du moine et du pauvre? Pour le savoir, il ne faut jamais dissocier la considération des faits sociaux et économiques de l'évolution de la notion spirituelle de la pauvreté. Leurs mutations furent liées et, en une certaine mesure, solidaires. Réserve faite d'une attitude parfois plus que réservée à l'égard des gyrovagues et des clercs vagabonds, la mansuétude monastique se manifesta généralement à l'égard des malheureux, quels qu'ils fussent. A l'époque même où la réflexion canonique s'interrogeait sur le vol du nécessiteux [58], les annalistes d'abbayes distinguaient le larcin,

[55] VIOLANTE, cit, pp. 222-226.

[56] DUBY, *Dans la France du Nord-Ouest, au XIIe siècle: les jeunes dans la société aristocratique*, « Annales ESC », 1964, 835-847.

[57] Cité par VIOLANTE, cit., p. 226.

[58] G. COUVREUR, *Les pauvres ont-ils des droits? Recherches sur le vol en cas d'extrême*

simplement délictueux, du vol criminel « magis per indigentiam quam per malitiam commisisse » [59].

Parmi les attitudes des moines envers les pauvres au tournant des XIe-XIIe siècles, celle des moines noirs sut-elle simplement adapter ses traditions à l'accroissement de la misère? L'institutionnalisation de l'aumônerie et la fondation d'hôpitaux étaient une normalisation et une extension des moyens traditionnellement efficaces de l'assistance. La pratique de la pauvreté religieuse demeurait personnelle, apte à s'accentuer, s'il était besoin de répondre aux exigences accrues de la charité collective. Mais la vie claustrale communautaire interdisait à la plupart des frères le contact direct et permanent avec les pauvres; et la porte du monastère, même entr'ouverte, pouvait, en certains cas, apparaître comme une frontière entre un monde de pénurie et un ilôt d'abondance [60]. Les autres attitudes furent toutes caractérisées par une réaction novatrice en vue du partage collectif de la condition matérielle du pauvre. Toutefois, les modalités de ce partage différèrent selon le degré de contact avec la misère sociale réelle.

La misère du pauvre, le Chartreux décida, sans doute, de la vivre intégralement. Lui aussi est un homme de la solitude et de la forêt; mais il n'en sort pas et sa relation avec la détresse des hommes passe par le seul intermédiaire de Dieu. Pour Guigues, courir à la recherche du pauvre n'est pas la vocation du moine et Guibert de Nogent dit que les Chartreux sont les gardiens jaloux de leur dénuement personnel [61].

Le Cistercien, si l'on peut dire, cherche davantage un compromis entre la rigueur de la pauvreté et la vie cénobitique; il se rend ainsi plus accessible aux pauvres dont il partage les travaux, et jusqu'à la tâche la plus méprisée, celle des gardiens de troupeaux. Mais le partage de la pauvreté peut paraître lointain et imparfait aux indigents et aux vagabonds qui n'ont pas les mêmes garanties quotidiennes d'un pichet d'eau, d'une croûte de pain, d'une compagnie silencieuse, à l'abri de l'immunité d'un enclos sûr. La foule des errants et des asociaux était prompte à s'attacher à qui viendrait à eux et partagerait effectivement leur vie, en pleine nature. Des études pré-

nécessité, depuis la « Concordia » de Gratien (1140) jusqu'à Guillaume d'Auxerre († 1231), Roma - Paris 1961.

[59] *Mir. S. Ben.*, VIII, 44, p. 349.

[60] BIENVENU, l. cit., 15.

[61] GUIBERT DE NOGENT, *De Vita Sua*, I, 7, éd. G. BOURGIN, Paris 1907, p. 34.

sentées ici même, en 1962, il se dégage avec évidence que la motivation de la vocation érémitique à travers la Chrétienté entière fut à la fois sociale et religieuse.

Parmi les origines de la crise monastique, le scrupule et le désir de soulager les pauvres et d'aller vers eux accompagnèrent le souci d'une pratique personnelle plus stricte de la pauvreté [62]. Guibert de Nogent parle d'un moine de Saint Germer tourmenté de remords pour avoir brutalement écarté un mendiant importun à la porte abbatiale [63]. Dans les mêmes temps, les religieux de la Trinité de Vendôme desservaient aux portes d'Angers le sanctuaire de Toussaint fondé pour assister les pauvres et les visiter chez eux [64]. Un exemple significatif vient d'Allemagne, avec la Vie de Guillaume d'Hirschau; ici même, il y a quelques années, le chanoine Delaruelle le signalait comme représentatif du rayonnement charitable et apostolique d'un monastère; les miracles du saint furent presque tous au bénéfice des pauvres, dont il recherchait la société [65].

Il ne convient pas d'opposer, purement et simplement, l'aspect charitable du mouvement érémitique à la bienfaisance bénédictine traditionnelle. L'un et l'autre ne furent nullement incompatibles, mais parfois complémentaires. La vie du bienheureux Girard, en Anjou, en apporte une preuve. Moine de Saint Aubin d'Angers, il fut envoyé par son abbé diriger successivement deux défrichements au tournant des XIe et XIIe siècles; il vivait au milieu des vilains dont il partageait les travaux, d'abord dans une hutte de branchages au milieu des bois, puis dans une cabane jouxtant l'abbatiale, et continuait à participer aux offices de la communauté. Sa nourriture, du pain pétri dans de l'eau mêlée de cendres, des racines, des oignons et des noix, sa boisson, une décoction de feuilles de laurier, n'avaient rien à envier à l'austérité des ermites de la forêt de Craon [66], ses voisins. Des cas intermédiaires furent sans doute nombreux.

La nouveauté fut de rechercher les rebuts de la société, prostituées et lépreux, et de les intégrer à la communauté chrétienne. Ber-

[62] J. LECLERCQ, *La crise du monachisme aux XIe - XIIe siècles*, « Bullettino dell'Istituto per il Medio Evo » (1958), 19-41.

[63] GUIBERT DE NOGENT, I, 24, p. 92.

[64] BIENVENU, cit., LXXII (1967), 14.

[65] *Vie de Guillaume de* .*lirschau, AA. SS.*, Juillet II, pp. 155-165, sourtout ch. 33. E. DELARUELLE, *La vie commune des clercs et la spiritualité populaire au XIe siècle*, dans *La vita comune del Clero nei secoli XI e XII*, Atti della prima Settimana internazionale di studio, La Mendola, 1959, I, Milano 1962, pp. 160 ss.

[66] BIENVENU, cit., 19 ss.

nard de Tiron, Etienne de Muret, et surtout Robert d'Abrissel n'avaient pas d'autre intention. Telle était la pensée de ce dernier quand il conseillait à la comtesse Ermengarde dans une lettre admirable par l'ardeur de sa charité: « Soyez miséricordieuse... surtout envers les plus pauvres ». Ainsi pouvait-il, à bon droit, s'approprier « ses très chers infirmes et ses très chers lépreux ». On ferait fausse route en interprétant ces comportements comme suscités par le jeu des préoccupations purement sociales et encore plus économiques. La « vita apostolica », de par son nom même, ne saurait se définir par la seule pratique d'une pauvreté absolue; son but de l'imitation du Christ comportait d'aller vers les pauvres et de vivre avec eux afin qu'ils soient évangélisés.

C'est dans le même esprit qu'il faudrait aussi parler des autres mouvements monastiques charitables (ordre de Chalais, Antonins, Hospitaliers) ainsi que de la charité canoniale. Leur développement confirme l'originalité de l'évolution de la relation du religieux et du pauvre, et le renouvellement de ses formes au cours du siècle considéré. Pourtant cette originalité et cette nouveauté ne sont pas complètes, ni même certaines, enracinées qu'elles sont dans la tradition évangélique. D'autre part, un doute demeure quant à l'influence déterminante des forces économiques sur cette évolution [67].

Certes, que le moine religieux cherche à aller vers le pauvre et ne s'enferme pas en un cloître, constituaient une transformation notable; mais les mouvements érémitiques, pour durer, se sont moulés dans les formes de vie monastique et ont donné Fontevrault, la Roë et Grandmont. Or, au fond, quelle différence essentielle d'objectif, matériel et spirituel, y a-t-il entre l'hospitalité bénédictine et la présence du prédicateur errant parmi les foules, si l'on considère leur nature religieuse propre? La deuxième forme est novatrice, mais, dans tous les cas, l'intention est évangélique. On fait aussi état de la naissance des hérésies des XIe et XIIe siècles. Ce serait poser le problème de l'efficacité de la bienfaisance monastique.

Cette question est sans doute un faux problème sur le plan économique. Après l'observation de Georges Duby, on ne peut guère penser que, jusque vers la fin du XIIe siècle, le nombre des vrais pauvres n'était pas si élevé que les moyens traditionnels de l'assistance ne pussent y faire face, exception faite des temps de calamité. De plus,

[67] E. Werner, *Armut und Reichtum in der Vorstellungen ost. und westkirchlicher Haeretiker des 10.-12. Jahrhunderts*, dans *Povertà e ricchezza nella spiritualità dei secoli XI e XII*, VIII Convegno del centro di studi sulla spiritualità medievale, t. VIII, Todi 1969, pp. 81-127.

comment attribuer aux hérétiques plutôt qu'aux autres chrétiens une analyse économique, structurelle que nul, alors, ne pouvait concevoir?

A mon avis, il y aurait anachronisme à situer le problème de la relation moine-pauvre sur un autre plan que le spirituel: la pauvreté sociale était considérée comme une affliction, conséquence du péché. Il fallait en soulager les victimes et, en leur enseignant que la pauvreté, involontaire comme volontaire, est, dans le plan divin, un moyen de salut, oeuvrer à ce que les pauvres soient évangélisés. Historiquement, la relation moine-pauvre n'eut pas, à cette époque, d'autre signification.

XIX

Déjà tout « appauvri » après avoir livré, de çi de là, les résultats d'une dizaine d'années de recherches collectives, que dire encore ? Riche de la science des autres, qu'apporter de neuf sur le thème de la pauvreté médiévale ? La distinction entre la pauvreté religieuse volontaire et la pauvreté involontaire de situation est claire. L'étude terminologique du vocabulaire de la pauvreté, en latin comme dans les diverses langues vulgaires de l'Europe, a composé un panorama nuancé des formes de la faiblesse économique et sociale, biologique et culturelle. La fragilité des seuils entre la précarité, la détresse et la déchéance apparaît comme l'un des symptômes les plus évidents de l'infortune. La conjoncture de la pauvreté sociale comme de la pauvreté spirituelle correspond assez étroitement à l'évolution de la conjoncture générale et suit l'influence de ses composantes. Enfin, d'une façon coutumière, la pauvreté paraît, en son histoire, caractérisée par une ambiguïté interne aussi grande que le contraste de la misère avec l'éclat de la puissance et de la richesse. Tout cela est su, a été dit. Qu'ajouter ?

Heureusement, l'énoncé du thème du « Convegno » et les titres des rapports inscrits au programme suggèrent plusieurs thèmes de réflexion. L'un d'eux semble pouvoir contribuer à éclairer notre recherche. Partant de la considération globale de l'histoire de la pauvreté médiévale, nous pourrions chercher à déterminer la situation et à mesurer la place de saint François dans cette perspective. Nous pourrions ainsi user du projecteur de l'historien comme d'un instrument optique. Grossissant peu à peu l'objectif, nous pourrions, par des comparaisons diachroniques avant et après saint François, et synchroniques autour de lui, déterminer une image et reconnaître ses rapports avec son environnement : c'est à dire la part de la rupture avec le passé et celle de l'innovation, celle de la tradition et l'importance de l'initiative personnelle et le degré d'expressivité du milieu.

De la démarche ainsi proposée, beaucoup de pas ont déjà été effectués. Nous les retrouverons, mais il est, semble-t-il, possible de procéder aussi d'une autre manière. Où chercherons nous saint François ? Avant comme après lui, la pauvreté et, avec elle, le pauvre, volontaire et involontaire, ont été l'objet d'une considération ambigüe, allant, d'un côté, du mépris à la crainte et à la haine, et de l'autre, de la compassion à l'estime et à l'amour : saint François n'a-t-il pas fait scandale, comme un signe de contradiction ? Avant lui, comme après lui, la pauvreté fut une source de protestations et de contestations, en des sens divers. Avant lui comme après lui, elle fut une source d'idéalisations chargées de significations opposées. En cette double alternative, la pauvreté, concrète et spirituelle, a engendré de véritables mythes, au sens philosophique du mot. C'est dans un pareil complexe que nous tenterons de situer saint François.

La pauvreté de saint François et celle de son temps ne tirent pas leur originalité d'un caractère insolite, nous le savons bien. Ce rappel est un lieu commun, mais nécessaire. Les circonstances du début du XIIIe siècle résultent, sans doute, d'une mutation des données du problème de la pauvreté sociale et des orientations de la pauvreté religieuse. Sans les engendrer ni les épuiser, elles en ont, tout au plus, accentué l'intensité et accéléré l'évolution. La pauvreté fut-elle alors plus méprisée ou plus estimée qu'autrefois ? Ce n'est pas certain. Et plus tard, immédiatement et longtemps après saint François, la charité, puis la bienfaisance, tout ardentes qu'elles fussent, ne furent-elles pas neutralisés par une indifférence, une crainte, voire par une haine, impitoyables ? Tandis que la pauvreté religieuse connut une dépréciation contre laquelle le redressement de l'Observance fut une réaction nécessaire. À quoi tient donc que, sous un apparent échec, le problème de la pauvreté matérielle et spirituelle, après saint François, ne fut plus le même qu'auparavant ?

Ne nous faisons pas trop d'illusions sur la généralisation de l'estime pour la pauvreté à l'époque féodale. La floraison des œuvres de miséricorde fut indéniable et n'appartient pas au seul domaine de l'exemple pieux. Elle complétait « l'économie du cadeau » qui corrigeait les effets d'un sous-développement commun à tous les niveaux de la société. C'étaient les dons des seigneurs à leurs hommes ; l'entraide des paroissiens au bénéfice des disgraciés de la nature et des défavorisés du sort ; les distributions aux portes des monastères lors des « soudures » difficiles entre les récoltes et des cataclysmes destructeurs de moissons. Legs et donations, fondations de maladreries et de maisons-Dieu emplissent les cartulaires ; ils proviennent de chrétiens de toutes conditions, et des milieux ruraux, ils gagnèrent, au XIIe siècle, les groupes citadins. La formule *pauperes Christi* dont il conviendrait d'étudier systématiquement l'emploi, s'étendit de ceux (moines, chanoines et pèlerins) qui avaient renoncé au monde définitivement ou temporairement, à toutes les victimes d'un sort malheureux. Pourtant les bénéficiaires mêmes des largesses n'étaient pas l'objet d'une estime sans limites. Le mépris des humbles est un risque moral commun, à des degrés différents, aux sociétés d'ordres hiérarchisés et aux sociétés fondées sur la différence des niveaux de richesse. Chez Raoul de Cambrai, le malheur du rustre a peu d'importance ; et l'auteur d'Aucassin et Nicolette présente le manant comme un semi-animal dépourvu de sensibilité. Ces thèmes ne sont pas purement littéraires. Les comportements réprouvés par les mouvements de paix au XIe siècle étaient réels ; les dénis de justice dénoncés par les prédicateurs du XIIe et redressés par les «bons princes», de Thibaud de Champagne à saint Louis, ne sont pas des légendes. Néanmoins, la réprobation et l'invitation à la réparation des torts correspond à une distinction entre « bons » et « mauvais » pauvres.

L'existence des premiers était reconnue utile à l'ordre spirituel ; car elle fournissait l'occasion de l'aumône qui « éteint le péché ». À condition d'accepter leur condition humiliée (peut-on leur demander de l'aimer ?), ces pauvres étaient acceptables et acceptés, dans une proportion numériquement raisonnable. Quant aux autres ? Ce n'est pas leur misère qui les condamnait, mais plutôt leur situation marginale, leur refus ou leur exclusion de la société.

En effet, dans une société rurale, proche du sol nourricier, la déchéance ne dépend pas essentiellement du manque de ressources alimentaires. Entraient ainsi en jeu : le défaut de puissance, alors que la force régentait les rapports sociaux ; la pesanteur des dépendances alors que les liens d'homme à homme, de lignage à lignage, réglaient les relations ; la faiblesse devant l'injustice, alors que s'enchevêtraient les juridictions. Survint, du XIe au XIIIe siècle, l'expansion démographique, plus rapide et, sans doute, moins spasmodique que celle de la production ; les défrichements, l'émigration n'absorbèrent pas les surplus d'une surnatalité relative ; d'où la prolifération, au XIe et au XIIe siècles, des laissés pour compte et des marginaux. Le développement de l'économie d'échanges et de la circulation monétaire enrichissant les uns, appauvrissant les autres, allaient attirer vers les villes régénérées ceux qui, naguère, trouvaient refuge dans les forêts. Les voilà, les pauvres absolus : ceux qui vivent dans la servitude et la précarité, les sans-terre et les sans-emploi, les cadets sans avenir, les fugitifs et les exclus. Depuis la fin du XIe siècle et jusqu'au temps de saint François, les marginaux ont constitué la clientèle des ermites, qui partageaient leur vie, celle des *Wanderprediger*. Ils ont suivi Robert d'Arbrissel dans la forêt de Craon et Pierre l'Ermite jusqu'en Orient. Ils ont écouté Arnauld de Brescia et Henri de Lausanne et certains sont allés mourir, au cours de la deuxième croisade, sur les côtes d'Asie Mineure où ils furent abandonnés à leur malheureux sort, faute de navires pour les transporter à Antioche. Les grandes calamités s'espacèrent pourtant au XIIe siècle, mais à chaque résurgence du malheur, voilà que s'accroissait, par centaines, la clientèle de la charité monastique. François d'Assise était jeune quand, au cours des deux dernières décennies du siècle, l'Occident subit une succession de moissons désastreuses. L'errance se développait. Les Capuchonnés du centre de la France et Guillaume Longuebarbe en Angleterre y recrutaient leurs troupes. Valdès avait écouté leurs plaintes ; Foulque de Neuilly et ses émules, comme les ermites d'un siècle plus tôt, étonnaient et choquaient leurs contemporains par une clientèle de clochards et de prostituées. La quatrième croisade abandonna beaucoup de pauvres à Zara et négligea de réserver une part du butin à ceux qui avaient pu aller jusqu'à Constantinople. Et voici que d'autres humbles, vers le temps où François épousait Dame Pauvreté, des « Enfants », tentèrent de renouveler la pureté pénitentielle originelle du voyage d'outremer ; l'âpreté soupçonneuse des armateurs génois les abandonna à leur malheureux sort. Les survivants rentrèrent chez eux, un à un, en silence. Cependant, la peur du pauvre était née.

Après saint François, les disputes soulevées parmi ses disciples au sujet de la pratique de la pauvreté spirituelle pourraient voiler les réalités sociales d'un siècle qui passe pour un modèle d'équilibre. Les historiens nuancent l'impression trop simple de l'euphorie du XIIIe siècle. La ville, fabricante et refuge de pauvres, se développait et dès le dernier quart du siècle, les symptômes des crises sociales de la fin du Moyen Age commençaient à se manifester. François et Dominique seraient donc venus à leur heure et, pour leurs fils, la tâche ne devait pas manquer. La description de l'évolution des crises a déjà été faite. Énonçons seulement les principaux problèmes dont l'importance peut, *a posteriori*, éclairer la place du « Poverello » dans l'histoire de la pauvreté. Le nombre croissant des pauvres, la diversité de leur sort résultaient de faits attestés par une documentation abondante et diverse : hausse des prix et insuffisance des salaires, chômage, sous-alimentation, incapacité fiscale d'un grand nombre, démembrements des fortunes, développement des institutions d'assistance, multiplicité des mendiants et des vagabonds, et en fin de compte, aggravation de la criminalité. L'enrichissement — si l'on peut dire — du vocabulaire désignant les pauvres et les états de pauvreté est un signe de la prolifération de la misère, mais aussi de graves confusions. La similitude et l'analogie des noms et des adjectifs appliqués aux vrais pauvres et aux classes dangereuses en dit très long sur la compromission des premiers avec les seconds. Progressivement, en dépit d'un développement remarquable des œuvres de bienfaisance individuelles et collectives (legs et aumônes, actions des confrèries et des tables des pauvres, fondations d'hôpitaux), il se manifeste une certaine inadaptation des esprits et des institutions à des circonstances nouvelles. Les administrations communales prennent en charge un grand nombre de maisons hospitalières. Les confrèries, où les Mendiants jouent un grand rôle, prennent le relais des traditions paroissiales. Il était trop tôt pour que les esprits prennent conscience des données économiques de problèmes sociaux. Pour cette raison, la prédication des Mendiants, sauf de rares exceptions à Florence par exemple, paraît inadaptée aux véritables problèmes de la misère. L'attachement à la stabilité des états sociaux empêchait de concevoir autre chose que des secours, alors qu'il aurait fallu des solutions organiques.

Mais certains ne sont aveugles que parce qu'ils ne veulent rien voir. Le pauvre était un gêneur et un trouble-fête. A la fin du XIIIe siècle, un Jean Boinebroke, à Douai, renvoyait une femme qui réclamait son salaire: « Allez ! commère. Retournez à l'ébourage. Votre vue me pèse ». Le pauvre est dangereux, porteur de contagions, fauteur de troubles, criminel en puissance, vagabond, oisif et grossier : il faut l'enfermer. L'idée a germé au terme du Moyen Âge. Soustraire la pauvreté à la vue des hommes, comme une lèpre qu'on cache, n'etait–ce pas l'antithèse de l'esprit franciscain ? Saint François avait–il donc échoué ?

La place de saint François dans l'histoire de la pauvreté n'est pas seulement celle d'une expérience vécue, idéalisée et proposée en modèle de vie. Elle est, parmi d'autres au cours du Moyen Âge, une protestation, la plus percutante sans doute, au nom de la pauvreté. Où situer cette protestation ?

Que la pauvreté soit un sujet de protestation, rien n'est plus normal. La répugnance à une telle condition est naturelle et ce ne peut être que par humilité religieuse et dévouement que certains, dans le Christianisme et hors de lui, par exemple dans l'Islam et le Boudhisme, ont choisi une vie de dénuement en marge de la considération des hommes. Reconnaissable à sa condition d'humilié, avec ou sans humilité, le pauvre, volontaire ou non, constitue par lui–même un sujet ou un objet de réprobation. Qu'elle soit notion ou condition vécue, la pauvreté, par son ambiguïté et son ambivalence, suscite la protestation, voire la contestation. Au nom de la pauvreté, la protestation s'est élevée pour les pauvres, par les pauvres, contre les pauvres, tout autant que la pauvreté peut être contestée et contestataire.

Partons d'une définition empruntée à Joachim Wash (*Sociologie de la Religion*, Paris 1953) : « La protestation au sein (ou en dehors) d'un groupe religieux est une réaction contre les manquements ou les déviations par rapport à la doctrine et à la pratique, en vue de revenir à l'expérience originelle du fondateur et de la communauté primitive ». Parmi les mobiles d'une telle attitude, on reconnaît aisément les soucis d'authenticité, de loyauté et de pureté. Dans sa forme, cette attitude est, étymologiquement, la prise à témoin d'un ou de plusieurs principes de base servant de point ou d'échelle de référence. En ce qui concerne la pauvreté, la protestation peut s'affirmer de deux manières, simultanées ou non. L'une est négative : le refus de certaines situations et attitudes en face de l'argent et de la puissance, ou, au contraire, de la pauvreté. L'autre est positive : elle est l'affirmation, par la parole et l'exemple vécu, d'un style de vie conforme à la référence invoquée.

Dans la société médiévale les références sont claires. Elles résultent, à l'évidence, des constatations faites précédemment. L'une est le devoir d'assistance au pauvre, d'abord en tant qu'image du Christ, conformément aux préceptes évangéliques, ensuite en tant qu'homme ayant droit à la dignité. Charité et justice, ainsi, convergent. En second lieu, avec le précepte, vient le conseil de l'imitation du Christ et de la vie apostolique. Pauvreté–affliction, pauvreté–pénitence, pauvreté–vertu : ces notions associent la contradiction interne de l'abjection et d'une valeur morale avec la puissance explosive de défis multiples : défi de la pauvreté à la richesse, de l'exigence de la charité et de la justice envers l'égoïsme et l'iniquité, de l'humilité envers l'orgueil. Tour à tour ces défis ont été relevés, soutenus, contestés, et c'est dans la succession historique de ces tensions que se place saint François.

Une approche typologique suivie d'un essai de périodisation pourra contribuer à éclairer la démarche. Au passage, notons d'abord comme une forme de protestation la protestation contre l'absence de protestations. Dans l'Église, des hommes ou des groupes, avec ou sans mandat, par exemple, les ermites, les prédicateurs spontanés, ont rappelé les évêques à l'ordre. L'analyse doit retenir cette sorte de mission « prophétique » qui contraste avec les simples déclarations de principes, d'un caractère formel, platonique, et souvent sans effet ; celles–ci ne furent pas de véritables protestations.

Cela dit, nous distinguerons les protestations faites à propos de la pauvreté selon leur objet, leurs intentions, la qualité des protestataires et les réactions suscitées.

Quant à l'objet, on ne saurait s'attendre à trouver dans les textes ecclésiastiques (traités, sermons etc.) une analyse critique de l'état de pauvreté. Il serait impensable qu'un esprit médiéval pût concevoir le problème de la pauvreté sous son aspect social en termes modernes. Insérée dans l'ordre des choses terrestres sur le plan divin, la pauvreté est considérée comme une situation inéluctable. La protestation, quand elle existe, est d'ordre moral et s'élève contre les actes peccamineux à l'égard des pauvres et de la vertu de pauvreté. Les critiques se placent à trois niveaux et s'adressent généralement à trois groupes d'individus. Aux fidèles, c'est à dire à la société chrétienne en général, on reproche, sur le plan de la charité, les manquements au devoir d'aumône, la spoliation des faibles, les abus de pouvoir et les excès de la force, les iniquités judiciaires, la rapacité des usuriers. A la fin du XIIIe siècle, Raoul Ardent avait poussé très loin sa réflexion sur les obligations de la miséricorde. Du plan de la charité, la protestation s'élève à celui de la justice et reproche aux responsables, particulièrement aux évêques, de manquer à leur vocation de protecteurs et de dispensateurs des pauvres. Au troisième niveau, celui de la fidélité, les pauvres volontaires s'entendent accuser de rompre leurs engagements ou de les tourner ; contre les moines, les chanoines et plus tard les religieux mendiants, on invoquait, surtout depuis le XIe siècle, l'exemple de la pauvreté collective des Apôtres qu'ils s'étaient proposé de suivre.

On pourrait multiplier les citations extraites de lettres, de sermons et de traités. Le ton est parfois violent, mais la reprise incessante du thème correspond à la persistance et à la résurgence des actes incriminés. La source était chez les Pères des premiers siècles (Chrysostome, Basile, Grégoire de Nazianze), puis, au haut Moyen-Âge, chez un Grégoire le Grand et un Césaire et chez certains évêques dont Grégoire de Tours vante le courage en face des Mérovingiens. Pour retrouver la même vigueur, il faut attendre le XIe siècle, avec un Pierre Damien, les injonctions des assemblées de paix et les invectives des ermites et des prédicateurs nomades. Les générations qui précédèrent saint François unirent la profondeur de la réflexion à l'énergie de la protestation. Conrad de Waldhausen déclare que « les beaux vêtements du riche sont souillés du sang et de la sueur de ses serfs » ; saint Bernard place dans la bouche des « pauvres », des « nus », des « faméliques » cette apostrophe adressée aux évêques : « C'est notre vie qui forme votre superflu. Tout ce qui s'ajoute à vos beautés est un vol fait à nos besoins ». Très direct, Pierre de Blois stigmatise un évêque de Lisieux pour ses spéculations sur les grains en temps de famine : « Des milliers de pauvres sont morts de faim et de misère et tu n'as pas encore posé sur l'un d'entre eux la main de la miséricorde ». C'était le temps où Innocent III reprochait aux évêques d'être « des chiens muets qui ne savent plus aboyer ». On sait ce que fut la protestation des Pauvres de Lyon et de ceux de Lombardie et de Huesca. Celle de saint François s'inscrit dans une ligne continue.

Après saint François constate-t-on du changement ? Nous aurons certainement, au cours de ce « Convegno », l'occasion de parler du rôle des Mendiants dans le ministère pastoral, de leurs interventions dans la vie sociale, ne serait-ce que pour apaiser les dissensions internes des communes italiennes. On ne saurait minimiser leur influence au sein des confrèries, dans l'attribution des legs testamentaires aux pauvres, dans les fonctions hospitalières, et plus tard, dans l'institution des Monts de Piété. Mais à côté des hommes qui se libéraient la conscience par des aumônes au moins posthumes, d'autres se montraient durs. On connaît la réponse de Jean Boinebroke de Douai à une ouvrière qui lui réclamait son dû (fin XIIIe s.) ; au propos déjà noté il ajoutait : « Je ne sais pas ce que je vous dois, mais je vous coucherai sur mon testament ». La bonne et la mauvaise conscience coexistent. Toutefois, la considération aimante du pauvre, selon saint François, s'altérait. Les dissensions de ses fils y ont, il est vrai, quelque peu contribué. D'ailleurs, le grief de mendicité oisive qui leur était fait ne les compromettait pas seuls. Entre la pauvreté authentique née de la guerre et des crises économiques d'une part, et l'errance et la criminalité d'autre part, la confusion a été faite. L'ironie voulut aussi que le grief d'exploitation des pauvres se retourna plus tard contre les religieux mendiants. Non seulement on leur reprochait de détourner à leur usage les aumônes destinées aux pauvres, mais eux-mêmes s'accusaient mutuellement d'infidélité à la règle de la pauvreté. Le grief est devenu un poncif ; deux citations suffiront pour en témoigner. L'une est extraite du *Songe du Verger* (XIVe siècle) : « Ils [les frères mendiants] sont gros et gras. Et comme le commun, ils ne veulent filer ne ils ne veulent labourer ne travailler. Mais [ils] sont oyseux et vont de lieu en lieu, de ville en ville, de cité en cité ». L'autre texte est le jugement très dur de Poggio Bracciolini, dans son *Éloge de la Richesse,* à l'égard des frères mendiants, « parasites, grossiers, hypocrites, qui pirouettent en faisant la chasse à la subsistance, sans travail ni fatigue, sous couleur de religion, en prêchant aux autres la pauvreté... Ce sont des larves d'hommes ».

La protestation ultime devenait une contestation fondamentale de l'état même de pauvreté. A force d'assimiler les indigents aux truands et de généraliser à l'ensemble des religieux mendiants l'accusation d'une oisiveté parasitaire, un courant d'opinion oublia la référence théologique qui liait les pauvres d'état et d'élection à la personne du Christ. Son image disparaissait sous l'inquiétante grimace du gueux et le frère passait pour un simulateur de la vie apostolique. Seule restait en jeu la nature. La disgrâce du malheureux démentait la beauté et la bonté originelles de nos premiers parents : « Maudite soit l'heure où naquit le pauvre », s'écrie le *Roman de la Rose.* La mendicité est indigne de l'homme, contraire à la *virtù ;* le vagabondage des religieux mendiants, contraire à la stabilité traditionnelle du ministère paroissial, passe pour une attitude a-sociale, leurs quêtes pour une infraction à la loi du travail : « Même les dieux n'aiment pas les pauvres », déclara Leon Battista Alberti. À quelles conclusions pratiques aboutissait la contestation de la pauvreté? Il était facile de réclamer l'interdiction de la mendicité religieuse. Mais, faute de moyens — ou d'idées — pour attaquer à ses sources structurelles la pauvreté sociale, on proposait de la voiler. Le travail forcé, l'enfermement, voilà les contradictions des promoteurs de la dignité humaine.

Dans le courant des protestations et des contestations formulées à propos de la pauvreté, sous toutes ses formes, le mouvement franciscain se présentait à la fois comme agent et comme objet. Néanmoins pour préciser sa place et son action, il faudrait approfondir les intentions et les modalités des oppositions. Pour ou contre la pauvreté et les pauvres, on agit de façon désintéressée ou intéressée. En faveur des pauvres, la charité demeura, jusqu'au cours du XIIe siècle, l'inspiratrice fondamentale des rappels à l'ordre, mais au temps où vécut saint François les réflexions théologiques et canoniques du XIIe siècle achevaient de fonder sur la justice les devoirs du chrétien à l'égard du pauvre ; elles reconnaissaient désormais la légitimité du vol en cas de nécessité, substituant non seulement l'excuse à la circonstance atténuante, mais la justification à l'excuse.

À l'appui de la pauvreté volontaire, la référence à l'exemple du Christ et des Apôtres n'était pas le seul argument. Il se renforçait de celui du mépris du monde matériel et charnel, mais avec bien des nuances. Dans la même ligne, avant et après saint François, l'exigence d'un retour à la pureté guida les ermites, les *Wanderprediger*, Valdès et Durand de Huesca, comme les Spirituels, les Fraticelles et les Béguins, sans oublier naturellement le mouvement cathare. L'osmose est complète, en effet, sur le plan spirituel, entre la pauvreté et la pénitence.

Au contraire, les arrière-pensées quittaient ces sommets lorsque l'on protestait par intérêt au nom de la pauvreté ou contre elle. Il en fut ainsi, simultanément, lorsque d'une part, par envie et par haine autant que par impatience de leur malheureux sort, se rebellèrent les paysans normands en 995, les Capuchonnés et les Londoniens entre 1180 et 1196, les Flamands vers 1300, les Jacques en 1358, les Ciompi florentins, les Ongles bleus gantois, les Travailleurs anglais et les Tuchins languedociens vers 1378–1382, et que d'autre part, par peur de la subversion et avec une haine égale, la répression s'abattit sur ces révoltés. La même panique animait les réflexes de défense sociale en faveur d'une législation et de règlements coercitifs de la mendicité. L'intérêt n'était pas exempt, non plus, des clameurs retentissantes des Séculiers contre les Mendiants, mais cela n'est plus à démontrer.

Il est vrai que les motifs ne furent jamais clairement tranchés ; de tous côtés, les « bonnes consciences » se sécurisaient par des justifications. C'est une vision de la Vierge qui détermine Durand du Puy à lancer le mouvement des Capuchonnés. À Florence en 1378 les conjurés s'assemblaient à Santa Croce. En 1380 les Gantois allèrent à la bataille sous l'influence de l'éloquence interminable et passionnée de frères mendiants. Une anecdote de Ramon Lull dans *Blanquerna* est significative : son héros descend dans la rue pour rameuter les pauvres ; un chanoine conduit l'émeute devant le palais de l'évêque aux cris de « Justice ! Justice ! » et de « Faim ! Faim ! ».

En sens inverse, l'opposition aux agitations des pauvres ne résulta pas toujours d'une simple crainte viscérale de la subversion. L'inquiétude de l'hérésie s'y mêla, au XIe et au XIIe siècles, comme au terme du XIVe. Ainsi, la présomption de complicité entre les Travailleurs anglais et les disciples de Wycliff laissa sans voix et rangea parmi les juges un Thomas Brinton, évêque de Rochester, qui, auparavant, avait mis son éloquence au service des pauvres. Ne disait-on pas, alors, que le chef de l'insurrection flamande, Philippe van Artevelde, avait des attaches avec les Lollards?

Les exemples cités indiquent qu'on peut classer de bien des manières encore les protestations et contestations relatives à la pauvreté. Il faudrait ainsi considérer les acteurs de ces réactions : champions et adversaires de la pauvreté ; parmi les premiers, il y eut ceux qui soutinrent le parti des pauvres sans l'être eux–mêmes et des pauvres qui prirent en mains leur propre cause. Ce dernier cas soulève une question importante : les pauvres ont–ils eu une notion claire de leur état et, déjà, une sorte de conscience de classe ? Ce problème a été posé surtout pour les révoltes simultanées de la fin du XIVe siècle et il n'est pas possible de conclure positivement. En même temps, il faudrait discerner l'importance des initiatives individuelles et des actions concertées. Parmi celles–ci des distinctions s'imposent selon le sort qui leur fut réservé. Des protestations furent étouffées (les Pastoureaux) ou réprimées (les agitations de la fin du XIIe et du XIVe siècles, les mouvements des Spirituels et des groupuscules analogues, l'action d'un Savonarole). D'autres furent tout simplement exploitées, déviées et orientées vers d'autres fins. Mêlant encore une fois des protestations de natures et de formes différentes, nous rappelerions comment l'assimilation, sincère ou non, des mendiants avec les criminels a nui à la cause des pauvres à la fin du Moyen Âge, comment les troubles de Florence et de France entre 1378 et 1382, nés de problèmes sociaux et fiscaux, ont finalement été exploités par des ambitieux, comment les aspirations réformistes du mouvement érémitique, avec Fontevrault et Grandmont au début du XIIe siècle, ainsi que les initiatives des Pauvres de Huesca et le courant franciscain en sa branche conventuelle, observante plus tard, furent canalisées dans les cadres institutionnels de l'Église. Enfin, parmi les protestations réprimées et les protestations assimilées ou, si l'on peut dire, récupérées, certaines protestations rejetées furent assez résistantes pour survivre temporairement ou durablement : celles des Fraticelles et surtout des Vaudois ; il a été démontré qu'un Valdès fut, en quelque sorte, acculé à la dissidence.

Une dernière question se pose avant de conclure cet essai

d'analyse typologique des protestations de la pauvreté : peut-on discerner entre elles une tendance commune et continue ? Autrement dit, furent-elles les étapes d'un cheminement progressif ? Certes, la notion de progrès n'était absolument pas concevable à la manière moderne pour les esprits du Moyen Âge, comme une marche en avant se détournant du passé. Toutes les protestations et contestations partagèrent en commun le rêve, ou la volonté, de restaurer la pauvreté primitive de l'Église, de renverser en faveur des humiliés le tour de la roue de Fortune, ou de revenir à l'âge d'or de l'humanité primitive. Au XIIe siècle, on s'en prenait à la donation de Constantin, thème repris ensuite par Dante. Les Joachimites attendaient le retour de l'Esprit. Le *Roman de la Rose* célèbre la simplicité vertueuse du temps de nos premiers parents. Pierre Plowman invoquait l'image bucolique d'Ève et d'Adam filant et labourant. Sur la même scène, saint François, à la suite de ses prédécesseurs, proposait à ces disciples et successeurs l'imitation du Christ. Simple « revival » ou actualisation, au cours des avatars successifs de l'histoire, de principes inspirés de la vertu éternelle de charité ?

Toutes les protestations et contestations que nous avons notées comportent une référence à l'Église, elles visent principalement les clercs et la hiérarchie, sans épargner cependant l'ensemble du peuple chrétien. On s'en prend à Constantin, pourquoi pas à Charlemagne ? Propriété foncière, revenus, honneurs et charges, puissance épiscopale et pontificale, monopole du savoir constituaient l'envers d'une autorité sociale irremplaçable par ailleurs. Le nom de Grégoire VII est lié à une réforme, mais certaines réclamaient une réaction plus radicale, une Église de pauvres, qui serait aussi l'Église des pauvres. Vers 1185, c'est à dire en l'un des temps forts du problème de la pauvreté, alors que François n'était qu'un enfant, l'auteur du *Roman de Carité* exprimait encore ainsi le scandale : « Dieu est devenu cousin aux gros ».

Le débat, jamais clos, est entre l'aspiration à une Église intégralement composée de pauvres et une Église ouverte aux pauvres. L'équilibre n'est pas aisé. Il était particulièrement difficile pour le hommes du Moyen Âge, inaccessibles à la conception et à la formulation du problème de la pauvreté en termes sociaux. Sauf auprès d'un petit nombre, l'état de pauvreté passait pour un fait, déplorable certes, mais établi, et nécessaire à l'équilibre socio-spirituel. La pauvreté était considérée comme un « ordre » comme les autres, chargé d'une fonction de prière souffrante, réglé par une morale de résignation silencieuse, doté même de privilèges ouvrant droit sur terre à l'aumône et dans l'Au-delà à l'accomplissement des promesses des Béatitudes. Chez d'autres, nous avons vu, par épisodes, le refus de la pauvreté exploser en condamnation de l'ordre social et en révolte contre l'Église.

Au point de vue ecclésiastique proprement dit, le conflit se plaçait sur deux plans : pauvreté individuelle et pauvreté collective, d'une part, degré de pratique de la pauvreté d'autre part. Ici encore ce qui était en question, c'était le tout ou le rien. Le monachisme traditionnel avait cherché son équilibre entre la désapropriation individuelle et la sécurité matérielle collective dans une certaine richesse. Les circonstances ayant changé, un Étienne de Muret avait fait à Grandmont, un siècle avant saint François, l'expérience d'une vie communautaire en marge de l'économie sociale, où la mendicité pouvait, exceptionnellement, suppléer le manque de ressources normalement attendues du travail. De leur côté, les chanoines réguliers connurent, au XIIe siècle, une alternative, semblable, entre l'*ordo antiquus* et l'*ordo novus*. Entre l'absolu et le relatif, la dialectique est constante. C'est un problème analogue qui gît au fond du dissentiment interne des frères mineurs sur la pauvreté absolue ou mitigée, et qui explique dans l'Observance, au XVe siècle, la résurgence d'aspirations plus rigoureuses. Mais n'y avait-il pas de décalages chronologiques entre les problèmes des formes de la pauvreté vécue ?

Entre les tenants de l'absolu et du relatif, le compromis n'est guère possible et en tous cas peu propice à l'exercice d'une pauvreté authentique et à la sérénité d'une communauté. Alors un auteur du XIVe siècle a pu définir sur le plan global de la société, une répartition des aspects complémentaires de la pauvreté : la pauvreté des indigents, involontaire et diverse ; celle des religieux, volontaire et totale ; celle des riches tout en esprit, faite du non-attachement à la facilité de leur existence et de disponibilité à la charité. Un certain laxisme et une casuistique facile pouvaient résulter d'une telle vue ; mais, sur le plan religieux et social celle-ci offrait une possibilité de co-existence à une Église de pauvres et à une Église des pauvres. L'idéal d'une Église de pauvres visait à instituer, dès ici bas, une Église de saints, celle d'une élite. Pour généreux que ce fût, n'était-ce pas un rêve ? L'expérience, méritoire, d'un Valdès, l'aventure du Joachimisme et des Spirituels permettent de le supposer. L'efficacité s'est mieux manifestée par la recherche de « l'innovation dans la continuité de la tradition ». Sans doute, certains devaient, pour imiter le Christ, vivre dans l'humilité en pauvres, avec les pauvres, et relever le défi insolent de la priorité de la fortune. Leur exemple inciterait l'ensemble des fidèles à vivre, chacun selon sa condition, une pauvreté matérielle et spirituelle aussi complète que possible, dans la diversité des vocations. Ainsi se préparerait pour le Dernier Jour, grâce au ferment d'une Église de saints, la transformation de tout le peuple chrétien en une Église des saints. C'est sur ce plan là, peut-être, que le dynamisme, humble et passionné à la fois, du « Poverello » se place dans l'histoire de la pauvreté.

XX

HOSPITALITÉ ET ASSISTANCE AU DÉBUT DU XIIIe SIÈCLE

Hospitalité, assistance, appelons-les „oeuvres de miséricorde“ comme les contemporains de saint François. Celui-ci n'avait pas vingt ans quand commença le XIIIe siècle. Cinq ans plus tard, il s'engageait sur son itinéraire spirituel. Ce moment, c'est à dire les environs de 1200, est favorable à l'étude des oeuvres charitables. Les circonstances sont convergentes. Quelque trois années de misère (1195-1198) ont aggravé le contraste entre les pauvres — les pauvres contre leur gré *(inviti)* selon l'expression de Raoul Ardent — et les bénéficiaires des progrès de l'économie monétaire. La vieille dialectique des pauvres et des puissants *(pauperes-potentes)* fait place à l'opposition des pauvres et des riches *(pauperes-divites)*. D'autre part, la réflexion canonique et théologique, la méditation mystique en arrivent à formuler une doctrine, des préceptes et des conseils clairs. François atteint l'âge d'homme au terme d'une époque de recherche où Valdès a trouvé sa voie et les Humiliés ont louvoyé entre l'hérésie et l'orthodoxie. Les grands noms de la réflexion charitable du XIIe siècle finissant viennent de s'éteindre: Pierre de Blois est mort en 1196, Pierre le Chantre en 1197, Pierre le Mangeur en 1198, Raoul Ardent en 1200, Simon de Tournai en 1201, Foulque de Neuilly en 1202. Ainsi, la conjonction du problème criant de la détresse avec l'achèvement d'une recherche intellectuelle et spirituelle procure l'occasion de chercher la relation entre la pauvreté matérielle et involontaire et la pauvreté spirituelle et volontaire.

Le XIIe siècle avait laissé l'exemple d'une floraison remarquable d'oeuvres charitables. Jacques de Vitry a consacré le chapitre 29 de son *Historia occidentalis*[1] aux oeuvres hospitalières et ce qu'il a écrit vers 1223-1225 reflète la situation du début du siècle dans la Chrétienté toute entière. Né dans la région de Reims entre 1160 et 1170, élève de Pierre le Chantre à Paris, ensuite chanoine régulier d'Oignies au pays de Liège, chargé de prêcher la croisade contre les Albigeois, participant à la cinquième croisade d'Orient, évêque de Saint-Jean d'Acre et finalement cardinal, Jacques de Vitry fit des expériences variées, et son *Historia* autant que ses sermons et ses lettres manifeste chez lui une vive attention aux misères physiques et morales. L'auteur connaît bien les clients des hôpitaux. Il les nomme: avec les pauvres ce sont les infirmes, les „pusillanimes,“ les débiles, les misérables, ceux qui pleurent et ceux qui ont faim, les lépreux; mais il y a aussi les „hôtes sains,“ c'est à dire les pélerins. Tous composent la famille des „pauvres du Christ.“ Dans la diversité des maisons d'assistance Jacques fait des distinctions. Selon leur destination, il y a des maisons de lépreux et des hôpitaux de pauvres; selon le caractère religieux

---

1 Jacques de Vitry, *Historia occidentalis*. Éd. J.H. Hinnebusch, Fribourg, 1972. Le chapitre 29 („De hospitalibus pauperum et domibus leprosorum“) y occupe les pages 146 à 151.

des desservants, des hôpitaux de congrégations, de couvents et de chapitres canoniaux. Le statut canonique des maisons est défini par la possession d'un cimetière et d'une chapelle desservie par un chapelain. De la vie des religieux, l'auteur mentionne les voeux, l'habit, les heures canoniales diurnes et nocturnes, le temps de silence et la lecture de l'écriture sainte, le chapitre et la correction fraternelle, la règle, celle de saint Augustin. Auprès de ces religieux et religieuses, frères et soeurs, les besognes matérielles sont assurées par des „barbati fratres." Le tableau de Jacques de Vitry n'est pas uniformément louangeur; il dénonce de criants abus et de graves négligences. Néanmoins, avec son tempérament optimiste, il rend hommage à certains pour „l'ardeur de leur charité, l'onction de leur piété, leur honnête dignité et la rigueur de leur discipline." En revanche, Vitry stigmatise par des formules directes la conduite des religieux négligents; il en est qui traînent au lit, détournent à leur usage personnel le produit de quêtes alors déjà bien organisées et dupent les donateurs à l'aide de fausses bulles d'indulgence. Pour Jacques de Vitry le service des pauvres est un ministère du Christ prioritaire, même avant l'office du choeur, et par surcroît très méritoire. Il faut le courage d'un martyr, écrit-il, pour surmonter les répugnances devant les saletés et les odeurs insupportables des malades[2]. Par un effet de style, Vitry sublime l'horreur de la déchéance par la valeur de la charité. La clé du problème de la pauvreté est ici.

Jacques de Vitry cite des exemples. Il les choisit de Constantinople à l'Espagne, de Liège à Rome. Fondations pontificales, épiscopales, monastiques, royales, aristocratiques ou bourgeoises, nées d'initiative individuelle ou confraternelle, affectées à des destinations diverses, les maisons citées par l'auteur composent un ensemble. L'existence de la plupart d'entre elles date, au plus tard, du début du XIIIe siècle. L'échantillonnage est donc représentatif d'une situation donnée à un moment donné et la vérification en est facile dans l'abondante documentation de l'histoire hospitalière.

Le choix de Jacques de Vitry concerne d'abord les deux métropoles du monde chrétien. Il mentionne l'hôpital Saint-Samson à Constantinople, un des plus anciens, puisque, selon certains, il remonte à la générosité d'un sénateur de l'époque constantinienne; destiné aux invalides, aux vieillards et aux hôtes de passage, il fut placé, sous le régime latin, sous la protection d'Innocent III en 1208[3]. Puis voici la principale fondation de ce pape, à Rome, non loin de Saint Pierre, dans le Borgo, l'hôpital du S. Spirito, toujours existant. En 1204, le pontife avait appelé à Rome Gui de Montpellier et lui avait confié la création d'un asile pour les enfants trouvés. Cette maison devenait en même temps le centre de l'Ordre hospitalier du

---

[2] *Ibid.*, 149: „Tantas autem plerumque pro Christo sustinent infirmorum immunditias et fetorum molestias pene intolerabiles, sibimet violentiam inferentes, quod nullum aliud penitentie genus huic sancto et pretioso in conspectu Dei martyrio posse arbitrer comparari."

[3] E. Janselme et L. Oeconomos, „Les oeuvres d'assistance et les hôpitaux au siècle des Comnènes" dans *Actes de premier Congrès de l'Art de Guérir*, Anvers, 1921. Voir aussi la note de A. Candille dans *Bull. Soc. franc. Hist. Hôpitaux* 20 (1968) 22.

Saint Esprit, institué par Gui vers 1180 et recommandé aux évêques par le pape en 1198[4]. Ainsi Jacques de Vitry évoque l'exemple donné par le pape et le rôle joué par les congrégations nouvelles et spécialisées dans l'assistance aux affligés.

Innocent III qui, avant son pontificat, avait écrit un *De miseria* n'a pas ménagé son attention aux pauvres, une fois devenu pape. Indépendamment des bulles promulguées en faveur de maisons hospitalières et de son attention pour les fraternités religieuses vouées à la pauvreté (Humiliés, compagnons de saint François), on dit qu'en tant qu'évêque de Rome, il consacra aux pauvres les dons offerts à la basilique de Saint Pierre et que, pendant une disette, il entretint jusqu'à 8000 indigents chaque jour[5]. Innocent III continuait l'exemple de ses prédécesseurs; la fonction bienfaitrice n'était-elle pas traditionnellement conçue, dans l'opinion générale, comme un attribut de l'autorité ecclésiastique ou temporelle.

On pourrait multiplier les exemples de la bienfaisance des évêques du début du XIIIe siècle. Elle prend la forme des fondations dont Jacques de Vitry trouve des exemples à Paris, Provins, Noyon, Tournai, Bruxelles et Liège. Ailleurs en son *Historia,* il précise l'existence à Paris des hôpitaux de Saint Gervais, Saint Catherine, datant respectivement de 1171 et 1188, et naturellement l'antique Hôtel Dieu. En 1202, l'Hôpital de la Trinité avait été ouvert pour les pélerins. Les autres fondations mentionnées par Vitry sont concentrées dans la France du nord et l'ancienne Lotharingie, parce qu'il les connaît et, peut-être, parce que les progrès de l'urbanisation aggravaient la condition des pauvres, déracinés de leur terroir et isolés dans un milieu nouveau. L'auteur aurait pu relever d'autres aspects et d'autres lieux, par exemple les fondations de Guillaume, archevêque de Reims (1201), de Richard, évêque d'Amiens (1207), de l'évêque de Coutances, Hugues de Morville, en Angleterre celles des évêques de Rochester et de Winchester en 1194 et 1215, et de combien d'autres.

A côté des fondations, cas le plus courant, venaient les distributions aux pauvres. Ainsi le „pain de mai", institué pour les pauvres des montagnes de la Tarentaise par l'évêque saint Pierre II en 1175, se renouvela chaque année jusqu'à la Revolution au moment difficile de la „soudure"[6]. Plus original et plus personnel fut le cas de saint Julien, évêque de Cuenca, mort en 1207. Il gagna sa vie en fabriquant des paniers d'osier, utilisant tous les revenus de son église en oeuvres

[4] Sur l'Ordre du Saint-Esprit et l'hôpital du S. Spirito à Rome, voir la bibliographie donnée par J. F. Hinnebusch dans Jacques de Vitry, *Historia occidentalis,* 282-284; et y ajouter M. Revel, „Recherches sur l'Hôpital du S. Spirito à Rome. Édition du bullaire", Mémoire Diplôme Et. Sup., Paris-Sorbonne, 1967.

[5] L. Lallemand, *Histoire de la Charité* III (Paris, 1906), 306. On consultera le *De miseria humanae conditionis* dans l'édition de M. Maccarone, Lucques, 1955. Sur l'ensemble de la question, voir J. Imbert, *Les Hôpitaux en droit canonique. Histoire des hôpitaux français,* Paris, 1947.

[6] *Acta Sanctorum* 2, 323-325: „Maxime tamen ante messem mensibus tribus, cum maxime solent, illis praesertim in montibus, illis in rupibus, alimenta deficere."

charitables[7]. Aux gestes individuels des évêques s'ajoutaient, au début du XIIIe siècle, des actions collectives. En 1212, le concile de Paris et celui de Rome en 1214 se préoccupèrent de l'organisation des institutions hospitalières, en imposant une limitation, en chaque maison, du nombre des personnes soignantes, et en exigeant de celles-ci les trois voeux monastiques. Cette législation naissante porte la marque du cardinal de Courçon, que Jacques de Vitry connaissait bien depuis qu'ils avaient été condisciples chez Pierre le Chantre. Elle avait peut-être aussi pour origine les statuts de l'Hôtel-Dieu de Montdidier formulés en 1207 par l'évêque d'Amiens. Le quatrième concile du Latran s'inspira à son tour des conciles de Paris et de Rouen et stabilisa le régime des congrégations hospitalières vivant sous des règles dérivées de celle qu'on attribuait à saint Augustin[8].

Déjà, l'exemple de l'hôpital romain du S. Spirito a permis d'évoquer l'importance des Frères du Saint Esprit. On ne saurait la minimiser, non plus que celle d'autres ordres. Ce n'est pas par hasard qu'ayant mentionné la règle de saint Augustin, Jacques de Vitry complète son échantillonnage d'hôpitaux urbains par le souvenir d'un hôpital de pélerinage, celui de Roncevaux sur la route de Saint-Jacques de Compostelle, desservi déjà par des chanoines augustins et en pleine renommée au début du XIIIe siècle. D'ailleurs, la maison de Roncevaux était chef d'ordre et régissait des maisons en Espagne, en France et en Angleterre[9]. D'autres ordres encore étaient venus ajouter leur activité à celle de leurs prédécesseurs. Sans entrer dans les discussions sur les origines quelque peu confuses des Ordres Rédempteurs, rappelons le nom des Trinitaires à qui Jacques de Vitry consacre son chapitre 25. Au rachat des captifs ils associaient l'accueil des pauvres malades. Le rayonnement géographique de l'ordre de Saint-Antoine était plus étendu, grâce à une organisation bien structurée de commanderies et d'hôpitaux analogue à celle des Ordres militaires. Jacques de Vitry avait vu l'une de leurs maisons à Acre. Il cite celle de Constantinople, ce qui rapelle l'origine même de cette congrégation laïque fondée en Viennois vers 1070 à la suite de guérisons miraculeuses du „mal des Ardents" attribuées à des reliques de saint Antoine l'Ermite, rapportées de Constantinople. Le succès populaire de cette dévotion, qui avait déterminé l'extension de la congrégation, fut un soutien du développement de son activité bienfaisante, mais fut l'occasion de ces abus des quêtes qui provoquèrent envers elle l'opinion réservée de Jacques de Vitry et une rigoureuse mise en garde du pape Innocent III

---

[7] *Acta Sanctorum,* janvier 3, 510. B. Jacqueline, „Le travail manuel de clergé séculier" dans *Masses ouvrières* no 225 (1966).

[8] *Conciliorum oecumenicorum decreta.* Ed. G. Alberigo *et al.,* Freibourg en B., 1962. R. Foreville, *Latran I, II, III et Latran IV;* Paris, 1969. Héfélé-Leclercq. *Histoire des Conciles* VI, 2, Paris, 1913.

[9] Bibliographie de J. F. Hinnebusch dans Jacques de Vitry, *Historia occidentalis,* 280. Un poème du XIIIe siècle parle de la maison de Roncevaux en ces termes: „Domus venerabilis, dominus gloriosa . . . Universis gentibus valde gratiosa."

en 1210. En tous cas, l'histoire peut enregistrer la rencontre du développement des établissements charitables avec une abondance d'aumônes[10].

Un trait caractéristique du XIIe siècle avait été l'essor de la participation des laïcs aux oeuvres d'assistance. Les libéralités royales et princières pourraient être citées en premier lieu, car elles constituent une sorte de transition avec la bienfaisance ecclésiastique. Le pouvoir, surtout lorsqu'il est consacré, implique le double devoir de la justice et de la charité. Ainsi les libéralités d'un Philippe-Auguste, particulièrement nombreuses et presque méthodiques à l'égard des léproseries, s'inscrivent dans la tradition qui relie la „piété" du roi Robert à la sainteté de Louis IX[11]. On pourrait en dire à peu près autant des souverains contemporains, par exemple d'Henri II Plantagenet, bienfaiteur des hôpitaux d'Angers et du Mans[12] et en Espagne d'Alphonse X le Noble, fondateur de „l'Hôpital del Rey" à Burgos, en action de grâces pour sa victoire d'Alarcos (1195)[13]. Le même exemple était donné par les maisons princières, parmi lesquelles les comtes de Champagne ont laissé une réputation bien établie de générosité, notamment dans les villes des foires, à Provins, dont l'hôpital, rénové à la fin du XIIe siècle, fut ouvert aux vieillards et aux enfants comme aux pauvres, et à Bar-sur-Seine doté d'un établissement analogue en 1210. A Dijon, l'hôpital de la Charité est organisé par le duc en 1204[14].

Dans les campagnes, il était de tradition de pourvoir à la subsistance et au soulagement des paroissiens dans le besoin ou l'infortune. Cette coutume semble, aux environs de 1200, une pratique établie des premières confréries et des tables ou caisses des pauvres[15]. Mais c'est dans les villes et parmi les milieux bourgeois que la charité des laïcs se manifeste avec une activité nouvelle. Ses formes, individuelles ou collectives, sont multiples, comme leur importance et leur objet. Elles vont de l'aumône manuelle, rarement attestée par des documents à la fondation d'un hôpital solennellement établi par voie testamentaire. Celle-ci devint fréquente. On la constate en Provence, où la pénétration du droit romain procure, vers 1200, une forme à beaucoup de legs en faveur de pauvres (souvent au nombre de 13), de filles

---

10 Jacques de Vitry, *Historia occidentalis,* 281. B. Bligny, *L'Eglise et les Ordres religieux dans le royaume de Bourgogne aux XIe et XIIe siècles* (Grenoble, 1960), 446-452.

11 E. Berger et H. F. Delaborde, *Recueil des Actes de Philippe-Auguste,* Paris 1916: 5, 34, 39, 49, 59, 70, 73, 105, 139, 152, 166, 185, 212, 301, 401, 416, 448, 479.

12 L. Delisle, *Recueil des Actes de Henri II . . .* (Paris, 1909-1927), I, 211; II, 206.

13 L. Lallemand, *Histoire de la Charité* III, 48.

14 Sur la bienfaisance des comtes de Champagne, on trouve des développements intéressants chez Gilles Couvreur, *Les pauvres ont-ils des droits? Recherches sur le vol en cas d'extrême nécessité depuis la „Concordia" de Gratien (1140) jusqu'à Guillaume d' Auxerre († 1231),* Rome-Paris, 1961. L. Lallemand, *Histoire de la Charité* III, *passim.*

15 G. Duby, „Les pauvres des campagnes dans l'Occident médiéval" dans *Rev. Hist. Eglise de France* 52 (1966) 25-32. Mathieu Paris atteste la même coutume dans les campagnes anglaises comme une tradition (*Chronica Maiora.* Ed. H. R. Luard, *Rerum Brit. Scrip.* 57, London 1872-1883. IV, 582-583). Nombreuses notations chez J.-M. Bienvenu, „Pauvreté, misères et charité en Anjou aux XIe et XIIe siècles" dans *Le Moyen-Age* 72 (1966) 389-424 et 73 (1967) 5-34 et 189-216.

à marier, d'infirmes, de lépreux, pour le rachat des captifs et la construction d'un hôpital[16]. A plus forte raison, trouve-t-on des actes analogues dans les villes italiennes, par exemple à Ferrare où, vers la fin du XIIIe siècle, 18 établissements charitables, d'un seul coup, bénéficient des libéralités posthumes d'un riche citoyen. S'il n'est guère de villes européennes où l'on puisse citer des faits analogues, fort logiquement la charité bourgeoise se développe particulièrement dans les régions fortement urbanisées d'Italie et de la France septentrionale. A Paris, l'Hôpital de la Trinité est fondé par des bourgeois de la ville en 1202 pour héberger les pauvres pélerins qui, arrivant tardivement le soir, ne pouvaient entrer dans la ville et couchaient sur le sol. La même année, un Valenciennois fait construire, à lui seul, un hospice pour les pélerins. Il se dessinait déjà une certaine tendance à la spécialisation soit selon les maladies (léproseries), soit pour le seul hébergement (asiles pour pélerins), soit en fonction de la profession. A cet égard, une tradition des premières années du XIIIe siècle attribue à un ménage de La Rochelle, les Auffredy, la fondation, alors originale, d'une aumônerie en faveur des marins.

Les institutions charitables prenaient souvent une allure coopérative, dans le cadre des confréries, alors à leur début. Celles-ci ont vocation de sociétés de secours mutuels matériels et spirituels. Sur ce dernier plan, l'assurance de prières pour les défunts et le service de leur inhumation sont fréquemment énoncés dans les statuts. Fondée en 1187 — et toujours existante — la confrérie des Charitables de Saint-Eloi, à Béthune, a pour destination principale les enterrements et les suffrages pour le repos de l'âme des confrères décédés. En une toute autre région, à Saint-Austremoine, à la fin du XIIe siècle, il existait un „cimeteri almorner" destiné à l'inhumation des personnes ayant fait des aumônes. Le caractère collectif des oeuvres de miséricorde ne s'en tenait pas là. Déjà à la fin du XIIe siècle, les autorités municipales commencent à intervenir dans le contrôle et la gestion des institutions d'assistance, à commencer, pour des raisons évidentes, par les léproseries. Ce fut le cas en Italie et dans les villes du Nord; ainsi au Pays Liégeois, toujours à la pointe de l'histoire urbaine, les bourgeois de Huy participaient dès avant 1200 à la gestion des biens de la maladrerie dite des „Grands Malades"[17].

Concluons. Aux environs de 1200, l'assistance et l'hospitalité connaissent un développement important. Leur charge jusque-là était dévolue principalement aux monastères et aux chapitres, et soutenue par l'aumône individuelle. Désormais, elle

---

[16] M. L. Carlin, „La pénétration du droit romain dans les actes de la pratique provençale XIe-XIIe siècles", thèse, Faculté du Droit, Aix, 1964. L. Lallemand, *Histoire de la Charite* III, *passim.* J. Imbert, *Les Hôpitaux en droit canonique . . .*, 123.

[17] E. Guilbert, *Histoire de l'antique Confrèrie des Charitables de Saint-Eloi de Béthune fondée en l'an 1188,* Béthune, 1934. J. Bousquet, „Les plus anciennes chartes de Saint-Austremoine (XIe-XIIe siècles)" dans *Annales du Midi* 73 (1961) 257-286. A. Soris, *La ville de Huy au Moyen-Age,* Paris, 1969. J.-M. Bienvenu, „Pauvreté, misères et charité . . .", 200-206; et „Fondations charitables laïques au XIIe siècle. L'exemple de l'Anjou" dans *Etudes sur l'Histoire de la Pauvreté.* Éd. M. Mollat (Paris, 1974), 563-569.

concerne de plus en plus les milieux laïques, citadins surtout, et prend des formes constitutionnelles plus nettes. N'était-ce pas l'effet de mutations profondes?

Aux environs de 1200, la société commence à éprouver les effets de transformations sociales perceptibles vers 1180. Dans la paysannerie d'une part, dans les villes de l'autre, l'expansion, née respectivement des défrichements et de l'économie d'échanges, ne dispensait pas à tous les mêmes avantages. Certains, sans doute, ont bénéficié de la limitation des charges seigneuriales et de fructueuses spéculations à la vente. La documentation confirme les nuances assez sombres des „Estats du Monde" chez un Etienne de Fougères et un Guiot de Provins. Que l'évêque de Rennes tienne la pauvreté pour une malédiction et n'autorise pas la rébellion, son propos n'en atteste pas moins la situation misérable de beaucoup de vilains à la veille du célèbre mouvement des Capuchonnés. Qu'on puisse interpréter les propos de Guiot de Provins, trente ans plus tard, comme un indice d'une mauvaise conscience à l'égard des malheureux, le fait résulte d'une misère étendue. Et quelle que soit la date, 1185 ou 1220-1230, du Roman de Carité, la chose à retenir c'est que le Reclus de Molliens, en disant que „Dieu cousin est devenu aux gros", exprime son scandale devant la pauvreté profonde d'un nombre croissant de malheureux. Ces auteurs ont pensé surtout aux vilains; mais chacun sait que la pauvreté des fileresses a inspiré à Chrétien de Troyes une page trop célèbre pous qu'on la lise une fois de plus. Or le poème d'Yvain est contemporain du *Livre des Manières* d'Etienne de Fougères[18]. Pour les pauvres des villes comme pour ceux des campagnes, un rien suffisait à leur faire franchir le seuil de la détresse. Une poussée des prix par exemple: si l'on admet un indice du prix du froment égal à 100 entre 1160 et 1179, on observe d'après les mêmes calculs qu'en Angleterre le même indice monte à 139 au cours des deux dernières décennies du XIIe siècle (1180-1199) et à 203 pendant les deux premières du XIIIe (1200-1219): la hausse est de 100 %[19]. Or, les dernières années du XIIe siècle ont été marquées par une succession de calamités dont les éphémérides, glanées dans les chroniques et les cartulaires, prennent des allures de nécrologie:

1194. Des pluies diluviennes.

1195. Les pluies et les inondations font germer les grains prématurément et la moisson est impossible. Selon Rigord, les prix du blé, de l'orge et du sel montent à Paris. Disette généralisée jusqu'en Autriche. Philippe-Auguste invite les gens aïsés, les évêques, les abbés et la population tout entière à aider les pauvres par des aumônes accrues.

---

18 J. Batany, „Les pauvres et la pauvreté dans les revues des ‚estats du monde'" dans *Etudes sur l'Histoire de la Pauvreté*. Éd. M. Mollat (Paris, 1974), 469-486 (475-477). Chrétien de Troyes, *Yvain ou le Chevlaier au Lion*. Éd. W. Foerster (Halle, 1891), vers 5298-5324.

19 W. Beveridge, *Prices and Wages in England XIIth XIIIth Centuries*, Londres, 1939. B. H. Slicher van Bath, *De agrarische Geschiedenis van West-Europa (500-1850)*, Utrecht, Anvers, 1960.

1196. De nouvelles pluies retardent jusqu'à la fin d'août des moissons médiocres. La famine sévit „de l'Apennin à l'Océan" et les prix décuplent. On consomme des viandes corrompues et des légumes inaccoutumés. Le froid survenant, les loups descendent des Alpes jusque vers les routes et les villes proches.

1197. Les difficultés atteignent leur maximum. L'hiver est d'une longueur insolite. En raison des mauvaises récoltes de l'année précédente, les grains manquent en certains lieux dès le début de janvier; le prix du pain croît sans cesse; le vin fait défaut dès le mois de mai et la cervoise toute l'année. Les monastères, à Vicoigne par exemple, ont épuisé leurs réserves et doivent aller acheter au dehors des vivres pour la maisonnée et de l'avoine pour les chevaux. L'abbaye Saint Pierre distribue du boeuf bouilli avec des légumes et du pain à 1500 pauvres chaque jour, jusqu'à la moisson. Or celle-ci, tout comme les vendanges, fut tardive, et, de nouveau, médiocre. Après avoir abattu ses troupeaux „pour les besoins des pauvres", l'abbaye mit en gage ses calices et ses livres. La faim tenaillait les pauvres à ce point que les femmes enceintes attendaient le moment d'accoucher dans le bois en face de la porte du monastère. La chronique de Saint-Amand, de son côté, dit que la famine fut générale.

1198. Les fléaux continuent ici et là. Dans la région parisienne, selon Rigord, un orage violent ravage les champs vers la Saint-Jean, suivi d'une tempête en juillet. Les prix montent encore.

Après 1199, la situation est, dans son ensemble, moins catastrophique. Les intempéries, plus localisées, atteignent moins les grains que les vignes et les troupeaux. En 1205, l'hiver est encore rigoureux et long; la mortalité du bétail, gros et petit, sévère. Au contraire, la récolte de 1208 fut d'une abondance inconnue depuis 40 ans, disait-on, et la prospérité s'étendit sur l'année suivante, avec une baisse extraordinaire des prix: alors que pour 40 sous en 1197 on n'achetait qu'un muid de seigle, en 1209 on en avait 40, et la chronique qui rapporte le fait conclut ainsi: „Cette année-là fut glorieuse pour les pauvres, triste pour les riches, car on avait du pain selon son désir" („annus iste pauperum gloria, divitum mestitia, habundans ad votum annona"). On déchanta l'hiver suivant qui fut très rigoureux[20].

Le regroupement de certains détails permet de saisir l'ampleur de la détresse des pauvres, avec la gradation des états. Voici d'abord l'endettement, une plaie généralisée, sous des formes diverses; l'interdiction du mort-gage ne datait que de 1179 et son application n'en était pas encore généralisée; l'emprunt est fréquent, et la rente constituée en train de s'instituer. L'endettement sévit en tout milieu. Voici des vignerons des régions du nord de Paris (Rémois, Laonnois, Soissonnais, Beauvaisis, Vermandois) qui avaient emprunté sur les vendanges à venir; celles-ci sont mauvaises en 1197; ils sont acculés à abandonner leur terroir. L'endettement grève les *milites*. Pierre le Chantre en a décrit un, âgé, débile et criblé de dettes; un frère convers le libère au moyen de 40 livres à lui confiées pour des achats en foire. Un

---

20 F. Curschmann, *Hungersnöte im Mittelalter* (Leipzig, 1900), 1-127. On peut y ajouter les notations de Rigord, *Oeuvres*. Éd. H. F. Delaborde (Paris, 1882), I, 132-140.

autre s'est endetté envers l'abbaye de Lyre pour assumer les frais des mariages de ses enfants et de son départ en croisade[21].

Le „déguerpissement", c'était le déracinement, l'exode, le vagabondage, avec toutes leurs conséquences. Le paysan ne quitte sa glèbe que contraint; les textes sont formels („coacti sunt alio emigrare") par exemple en 1196 dans la France du Nord. Déracinés, ils se retrouvent nombreux, couchant à la belle étoile, en attendant de se précipiter quand sonneront matines et que le frère aumônier, ouvrant la porte du monastère, procédera à la distribution. Combien sont blessés, étouffés dans la bousculade; des femmes accouchent prématurément. D'autres sont morts de faim ou de froid, en route ou chez eux. Chez tous un sentiment commun, noté aussi dans les chroniques: le désespoir, „à cause de l'urgente nécessité". Tout cela s'est vu en 1197[22].

D'autres s'en sont allés en ville, enflant une population de journaliers et de serviteurs; c'étaient encore les plus favorisés. Mais il y en avait qui restaient désoeuvrés et gueux dans les faubourgs, constituant le noyau d'une population flottante appelée à se multiplier. Ici comme dans la foule des mendiants d'abbayes, des solidarités nouvelles, horizontales, sont nées du partage d'une commune misère. La nécessité les entraîne au délit, puis au crime, et les conduit au gibet. A ce propos, Sigebert de Gembloux fait une remarque significative de la mentalité sociale de son temps: ces malheureux, dit-il, étaient devenus voleurs parce que la misère les avait contraints à vivre contre la manière accoutumée („contra consuetum vivendi usum")[23]. Voilà donc les marginaux.

Marginaux, ils allèrent parfois jusqu'à la contestation sociale. En 1200, l'aventure des Capuchonnés n'a pas vingt ans; le mouvement né au Puy avait fait tache d'huile sur tout le centre de la France et s'était propagé jusqu'en Provence et Aquitaine, avant d'être noyé dans le sang[24]. Plus près de la fin du siècle, la révolte de Guillaume Longuebarbe s'est déroulée à Londres en 1196, en pleine période de misère. L'affaire ne fit pas long feu, mais fut chaude. Révolte contre les possédants dont elle se proposait de forcer des demeures, l'épisode aurait eu aussi des traits de révolution sociale („coepit moliri nova"). A en croire ses contemporains, inévitablement hostiles, Longuebarbe voulait promouvoir à la place des riches, les pauvres dont il proclamait l'élection divine. Il se déclarait leur „procureur". Les sources le présentent tout à la fois comme un manichéen appelé à „séparer les élus des

---

21 F. Curschmann, *Hungersnöte,* 158. Pierre le Chantre, *Verbum Abbreviatum* dans *PL* 205, 279. L. Delisle, *Etude sur la condition de la classe agricole et l'état de l'agriculture en Normandie* (Paris, 1851; réed. 1906), pièce justificative. G. Duby, *L'économie rurale et la vie des campagnes dans l'Occident médiéval* II (Paris, 1962), 491-500.

22 F. Curschmann, *Hungersnöte,* 157-159.

23 F. Curschmann, *ibid.* L. Génicot, *Le XIIIe siècle européen* (Paris, 1968), 122sqq.

24 *Recueil des Historiens de France . . .* XVIII, 219, 251, 705-706, 729-730; M. Mollat, „Le problème de la pauvreté au XIIe siècle" dans *Cahiers de Fanjeaux* 2 (1967) 23-47 (32-34).

réprouvés comme la lumière des ténèbres", et comme un millénariste, annonciateur de la „doctrine du salut" et du „temps de la délivrance" des pauvres[25].

L'espérance des pauvres était si vive qu'elle était prête à suivre, comme un mage, celui qui lui annoncerait le bonheur. Aurait-il été un autre Guillaume Longuebarbe, cet „énergumène" d'Allemagne dont parle Jacques de Vitry, et qui se disait „forcé par le Seigneur de prêcher la vérité pour la honte de ces chiens muets (les évêques indignes) qui ne savent pas aboyer"? Il se définissait une plume fichée dans le vernis: „penna in inchausto est nomen meum". Il semble que vers 1200 il y ait eu prolifération de „pseudo-prophètes"; Jacques de Vitry stigmatise longuement comme des „cabaretiers de Satan les prédicateurs baladins qui exploitaient la crédulité des laïcs ignorants, leur présentant de fausses reliques et leur extorquant des aumônes pour leur profit personnel"[26]. Vers 1200, comme en 1095, la foule des humbles était disponible, tant elle était pauvre, et la parole des prophètes avait son audience.

Telles étaient les circonstances dans lesquelles Foulque de Neuilly commença à s'adresser aux pauvres, comme jadis Robert d'Arbrissel et Pierre l'Ermite[27]. „Prêtre rural", desservant de Neuilly (sur Marne), Foulque était un humble. Jacques de Vitry, qui est encore une fois une source précieuse, compare sa vocation à celle des apôtres. Converti et sans lettres, il fut transformé par la grâce. Après avoir donné à ses ouailles, l'exemple de la perdition, il leur enseigna la pénitence. Soucieux de cultiver la théologie, il venait à Paris s'instruire auprès de Pierre le Chantre pendant la semaine et prêcher le dimanche. Ce fut un succès. Ses confrères du voisinage l'invitaient à parler chez eux; Pierre le Chantre l'obligea à prêcher à Saint Séverin devant les „écoliers", puis aux Champeaux. La foule se pressait autour de lui et voulait le toucher, emporter un morceau de ses vêtements. On l'appela donc dans toute la France et même en Allemagne, tant correspondait à l'attente des hommes une prédication de pénitence et de pauvreté. Entre Pierre Valdès et saint François, les thèmes n'avaient rien d'original, mais Foulque s'adressait à tous avec force.

Aux chevaliers il enjoignait de ne violenter personne, de réparer les torts et de se contenter de leur solde. Aux usuriers de restituer le bien volé. Foulque s'en prenait particulièrement à la cupidité et à l'accaparement spéculatif. Il criait souvent, dit-on: „Nourris celui qui meurt de faim". Une anecdote est significative de l'actualité de son apostolat en son temps. Il avait dit un jour que, si les hommes maudits qui cachaient des grains les vendaient à bas prix avant la moisson prochaine, la cherté prendrait fin rapidement; alors tous, ajoutant foi à ses paroles comme si c'était Dieu qui avait parlé, mirent leur blé en vente, et on eut des vivres à bas prix. Le récit est hagiographique, mais contemporain de l'épisode, il en exprime l'esprit, sinon la réalité.

---

[25] William of Newburgh, *Historia rerum Anglicarum*. Éd. R. Howlet, *Chronicles of the Reigns of Stephen, Henry II and Richard II. Rerum Brit. Script.* 82. London, 1884-1885. II, 466-473.

[26] Jacques de Vitry, *Historia occidentalis*, 87, 103-106.

[27] Jacques de Vitry, *ibid.*, 89-90, 94-101.

Attentif aux pauvres indirectment quand il s'en prenait aux cupides et aux violents, Foulque s'occupait d'eux directement encore davantage. Son biographe le montre entouré de grabataires qu'on lui amenait et qu'il consolait. On le voit bénir des hôpitaux, exorciser des puits et des fontaines, verser le produit de ses quêtes aux croisés désargentés. Mais un trait qui a frappé ses contemporains et qui a grande portée, c'est son apostolat auprès des prostituées. Il retrouvait en cela les gestes de Robert d'Arbrissel; or, l'un et l'autre eurent le souci de reclasser des exclues qu'une société d'ordres et d'états rejetait, bien qu'elles fussent nombreuses. La fondation du monastère de Saint Antoine à Paris offrit un refuge à celles que Foulque n'avait pas réussi à marier. Aucun des sermons de Foulque n'est parvenu jusqu'à nous, soit qu'il ne les écrivit pas, soit que nul de ses auditeurs ne les ait transcrits. Nous en recueillons seulement l'écho; il s'y joint l'impression d'une parole ardente, soutenue par une vie personnelle de pauvreté, mais, à l'étonnement et, peut-être, à la déception de la foule, sans aucune pratique spectaculaire d'ascétisme.

Un centenaire aurait pu se croire revenu à l'époque des prédicateurs errants, les *Wanderprediger*. Foulque avait des émules: en Angleterre, l'abbé de Flay (Kent), Eustache, qui lutta aussi contre l'usure et fit fermer les marchés le dimanche; en Bretagne, le moine Herluin, venu de saint Denis, qui parcourut les côtes armoricaines et, comme Foulque, entraîna nombre de gens à participer au pélerinage pénitentiel de la croisade. On sait quel fut le sort des pauvres gens à Zara et lors de la prise de Constantinople. Quant aux disciples envoyés par Foulque pour prêcher la pénitence en son nom, le seul que nous connaissions bien est paradoxalement celui qui selon Jacques de Vitry tourna mal: Pierre de Roissy. Que lui reproche Vitry? De s'être enrichi en prêchant la voie de la perfection et de s'être nanti d'un canonicat et de la chancellerie de l'église de Chartres. D'ailleurs Foulque lui-même n'échappa pas au jugement de Vitry. Celui-ci fut déçu de voir l'apôtre des pauvres, par suite d'une sorte d'aveuglement („occulto Dei judicio"), né peut-être de son succès, perdre de son ascendant, parce qu'il recevait trop d'argent, en dépit de la droiture de ses intentions („ejus auctoritas et praedicatio coepit valde diminui apud homines, et, crescente pecunia, timor et reverentia decrescebat"[28]). Cette observation porte loin car elle formule la condition même de la valeur absolue et du succès de tout effort sincère en faveur des pauvres: le partage de leur pauvreté. Foulque et ses disciples ont été, pour la plupart, des disciples de Pierre le Chantre. La bonne nouvelle annoncée aux pauvres aux environs de 1200 était donc à la fois vécue et pensée, adaptée aux circonstances et aux problèmes du moment.

En cherchant à „coller" aux réalités vécues, les oeuvres de miséricorde et la prédication de la pauvreté pénitentielle procédaient tout autant de la réflexion du XIIe siècle que des problèmes de la pauvreté matérielle et spirituelle. Il n'est sans doute pas nécessaire de revenir longuement sur l'analyse de cette réflexion, assez

---

[28] Jacques de Vitry, *ibid.*, et 273-274, 289; Rigord, *Oeuvres* I, 140.

étudiée par des travaux récents[29]. Qu'il suffise de constater les liaisons consciemment établies entre réalités sociales et la pensée théologique, canonique et morale, et de dégager certains des résultats communs de réflexions convergentes à partir de points de vue différents.

Le terme du XIIe siècle semble un moment privilégié dans le cours de l'évolution dont Gilles Couvreur a bien déterminé et le cadre chronologique et les lignes directrices. Parmi les têtes pensantes, Pierre le Chantre, Pierre de Blois et Raoul Ardent ont joué des rôles particulièrement importants. Entre eux, il y a des nuances de rationalité et de sensibilité, sans doute, mais tous ont partagé avec l'„école" de Pierre le Chantre ce „sens du Pauvre" dont parle G. Couvreur. Un trait fondamental, que ce dernier a bien montré, est le retour à des réflexions et des formulations plus ou moins oubliées; l'une des plus frappantes est la référence, assez rare en général, à l'épitre de saint Jacques, où richesse et pauvreté font l'objet d'une vigoureuse antithèse. Jacques de Vitry ne l'a pas omise.

Au contact des réalités sociales, la définition du pauvre acquiert une netteté plus claire. Pour un Pierre de Blois, elle s'applique à toute personne, laïque, cléricale ou religieuse, en état de nécessite matérielle ou dont les droits ont été violés[30]. Pour Jacques de Vitry, le pauvre est celui qui, par le travail de ses mains, acquiert, au jour le jour, sa maigre subsistance et à qui il ne reste rien après qu'il a mangé[31]. Il est difficile de mieux noter la précarité de la condition des pauvres dont le groupe ne se réduit pas aux mendiants et encore moins aux infirmes. La souffrance matérielle et l'angoisse morale sont perçues par tous comme des caractéristiques de la pauvreté vécue; Lothaire de Segni (Innocent III) l'a clairement exprimée dans son *De miseria humanae conditionis* (livre I, Chap. 15), comme en

---

[29] Bien des observations intéressantes dans P. Alphandéry et A. Dupront, *La Chrétienté et l'idée de Croisade* II, Paris 1959. G. Couvreur, *Les pauvres ont-ils des droits?*, Rome-Paris, 1961; et „Pauvreté et droit des pauvres à la fin du XIIe siècle" dans *Recherches et débats du CCIF* 49 (1964) 13-37. E. Delaruelle, „Les problèmes de la pauvreté vus par les théologiens et les canonistes dans la deuxième moitié du XIIe siècle" dans *Cahiers de Fanjeaux* 2 (1967) 48-63. M. Mollat, „Le problème de la pauvreté au XIIe siècle", *ibid.*, 23-47; et „Pauvres et pauvreté à la fin du XIIe siècle" dans *Revue d'Ascétique et de Mystique* 41 (1965) 305-323; et „Les moines et les pauvres" dans *Atti. Quarta settimana . . . de La Mendola* (Milan, 1968), 193-215. *Etudes sur l'Histoire de la Pauvreté.* Éd. M. Mollat, Paris, 1974. A. Lazzarino del Grosso, „Povertà e richezza nella spiritualià dei secoli XI e XII" dans *Annali della Facolta di Giurisprudenza* (Milan, 1967), 532-544. A. Granata, „Un Problema ancora aperto. Petro di Blois come defensore dei ‚Pauperes' " dans *Contributi dell'Istituto di Storia Medioevale* II (Milan, 1972), 429-437. *Povertà e Richezza nella Spiritualità dei secoli XI e XII*, Todi, 1969. On y ajoutera la thèse récente et encore inédite de J. Longère, „La prédication des maîtres parisiens pendant la seconde moitié du XIIe siècle", thèse Let. Paris-Sorbonne, 1974. Quatre volumes, lx + 1286pp.

[30] A. Granata, „Un Problema ancora aperto", 434.

[31] Jacques de Vitry, *Exempla.* Éd. T.F. Crane (Londres, 1890), 27: „. . . qui propriis manibus laborando, victum tenuem omni die sibi acquirebat, nec ei plusquam cenaret quicquam remanebat."

diverses lettres sur l'usure (aux prélats de France, le 28 octobre 1198) et sur la prostitution (à tous les fidèles, mai 1198).

C'est pourquoi l'un des acquis de la réflexion ecclésiastique au terme du XIIe siècle dépasse les notions traditionnelles sur le devoir d'aumône et d'assistance et même sur le droit du pauvre au salut. Le ciel, en effet, ne lui est pas promis en raison de son indigence, car personne ne conteste que la pauvreté soit un mal, sinon une malédiction. Elle ne peut être qu'une voie de salut pour ses victimes, une occasion de rédemption pour ses bienfaiteurs.

Une orientation d'inspiration sociale est sous-jacente; elle insère le pauvre dans une économie globale du salut, où les pauvres — comme un *ordo* — ont un rôle à jouer dans la grande machine du monde conçue par l'école de Chartres. On va même plus loin; un glissement de la pensée, très lent, convenons-en, mais perceptible, tend à considérer l'affligé pour lui-même, et pas seulement en fonction du bien spirituel de son bienfaiteur. L'affligé est un être malheureux, une image du Christ souffrant, et à ce double titre, il a des droits, fondés sur la justice comme sur la charité.

C'est sur ces derniers points que la connexion est évidente entre les situations objectives de la fin du XIIe siècle et la réflexion spirituelle. Des travaux récents sur la question ont dégagé quelques uns des fondements de cette réflexion et certains de ces cheminements: l'identité naturelle des hommes, la communauté du droit à bénéficier des biens de la terre, la relation directe du Christ avec les pauvres, leur droit de propriété sur le patrimoine de l'église. Sur ces bases s'échafauda une première série de conséquences insistant sur la notion de justice, par exemple: l'obligation des oeuvres de miséricorde, qui ne sont pas des actes surrérogatoires et ne concernent pas seulement le superflu, mais entament le nécessaire; le droit, pour le pauvre, en cas de déni de justice sous quelque forme que ce soit, de revendiquer son dû auprès de l'autorité religieuse par la „dénonciation évangélique", et même, en cas d'absolue nécessité, de prendre spontanément ce qui lui est refusé. Tel est bien ce qui ressort des textes déjà publiés de nos auteurs. En somme, ces derniers en arrivent à proposer une véritable révolution morale. A l'économie du cadeau dont on a dit qu'elle caractérisait la société seigneuriale, ils opposent une morale de la restitution librement consentie.

De plus la considération des malheurs des pauvres et des catégories d'infortunes a poussé les conclusions très au delà des devoirs de la justice et même d'une conception stricte de la charité. Cell-ci s'approfondit et s'étend. Ordonnée, intelligente, généreuse, l'aumône doit être générale et donner même au méchant. „Ne considère pas la personne du pauvre", écrit Pierre le Chantre[32]. De son côté, Pierre de Blois, ne se fonde pas par hasard sur des références à Augustin, Chrysostome et Ambroise pour rappeler aux chanoines de Chartres le devoir d'assister les injustes et les pécheurs avec affection, s'ils sont dans le besoin; et l'on a déjà cité ailleurs

[32] *Verbum Abbreviatum* dans *PL* 205, 72.

la sévérité avec laquelle le doyen de Bath a jugé la dureté d'un prélat peu charitable[33]. La conception, chez Raoul Ardent, de *l'eleemosina negotialis* va encore plus loin: ne faut-il pas donner de soi-même? C'est ce que firent les Humiliés, et un Foulque de Neuilly. C'est ce que fit François d'Assise dont on a bien raison de reconnaître l'enracinement dans la spiritualité du XIIe siècle finissant[34]. En définitive, le rapprochement — et le contraste — sont très exacts entre le geste de saint Martin et celui de saint François. Dans une société de pénurie — la fin du monde antique — un chevalier ne peut que partager son manteau avec un pauvre[35]. Dans une société en expansion, mais où l'indigence n'en est que plus vivement ressentie, un fils de marchand peut se permettre le refus de ce qui lui est offert et tout donner. Ensemble, la sensibilité à la misère humaine vécue et la perception de l'appel, renouvelé depuis un siècle, à la perfection évangélique, suscitaient une réponse unique et totale.

Francis grew to manhood in a time when the contrast between the rich and the poor became more marked. Men of thought and men of action had responded to the new social reality in their several ways, so that the medieval mind around 1200 recognized the new contours of poverty.

"Works of mercy", social assistance, abounded. James of Vitry described hospital care as he had seen it in Chapter 29 of his *Historia occidentalis*. He described the different people who sought care while distinguishing between the houses which took them in. He had praise for the religious who served the needy, reproving as well those who pursued private gain beneath the show of charity. The communities which carried out the formal works of mercy usually derived their rule from the one attributed to St. Augustine. Because James of Vitry referred to recent foundations, his information protrays well the situation in the early thirteenth century. Innocent III and many bishops established houses for the needy, in accord with the tradition which expected ecclesiastical authority to exercise public care. Alongside such foundations bishops organized as well distributions to the needy.

During the twelfth century, lay people began supporting social assistance more assiduously. Royalty especially contributed, recognizing the duty of charity as well as of justice attaching to any consecrated authority. Although country parishes offered help to needy parishioners, lay people became active in works of mercy especially in the new urban settings. Around 1200, the new centers began singling out specific groups for care: lepers, pilgrims etc. Public assistance often arose as one service rendered by the guilds. Municipal authorities began putting their

---

33 M. Mollat, „Pauvres et pauvreté à la fin du XIIe siècle" dans *Revue d'Ascétique et de Mystique* 41 (1965) 305-323.

34 W. van Dijk, „Rapports de saint François d'Assise avec le mouvement spirituel du XIIe siècle" dans *Etudes Franciscaines* 12 (1962) 129-142. D. Flood, W. van Dijk, T. Matura, *La naissance d'un charisme. Une lecture de la première règle de saint Francois,* Paris, 1973.

35 J. Le Goff, *Francesco d'Assisi* (Milan, 1967), 29-56 (38).

hand to the conduct of the institutions of care for the needy. In sum, "around 1200 care for the needy underwent an important development. Till then monasteries and chapters, supported by alms, had assumed responsibility for such care. Henceforth laymen, especially in the cities, played an ever growing role in social assistance, which began assuming clear institutional forms. Important changes were occurring".

Around 1200, society was feeling the results of recent transformations. Economic expansion did not bring equal advantage to all. The country and the city poor slipped below the threshhold of distress under slight pressure, whether from natural causes such as drought or from the play of prices in the market. The end of the twelfth century knew a succession of catastrophes, forcing peasants from their land and swelling a population of poor floating around the cities. Horizontal solidarities arose, fed by a common misery. Some turned to crime. Others initiated protest movements, envisaging a new society ("coepit moliri nova"). James of Vitry knew one agitator who in Germany rose up in defense of the poor, flaying the bishops for keeping their peace. Prophets found a ready audience among the needy.

Foulque of Neuilly arose out of lowly circumstances. In Paris to learn theology from Peter Chanter, he began preaching a simple, strong and concrete word against cupidity and for the poor. He sought to reintegrate women into society whom an ordered and layered social system had rendered marginal. He lived poorly but engaged in no spectacular asceticism. James of Vitry noted his decline, attributing it to the money which, in spite of his good intentions, began sticking to him.

Social assistance and poverty preaching proceeded from the reflection of the twelfth century as well as from the public display of poverty. Around 1200, such men as Peter Chanter had developed that "recognition of the poor man" G. Couvreur mentions. They fashioned notions which took account of social reality as well as of theology. Peter of Blois called a man poor who suffered from material need or who had had his rights violated. James of Vitry designated the man poor who worked manually to gain each day the means of subsistence. Gradually theological reflection fashioned a place for the poor man in the economy of salvation: he reached heaven as an individual burdened by poverty and not thanks to his sad plight; image of the suffering Christ, he had rights by justice as well as to charity. The gift economy, whereby the feudal lord bestowed alms, gave way to an economy of moral restitution to the poor. Within this new consciousness, some understood that they had to give of themselves.

INDEX